Princípio da Conservação dos Negócios Jurídicos

Princípio da Conservação dos Negócios Jurídicos

A EFICÁCIA JURÍDICO-SOCIAL COMO CRITÉRIO
DE SUPERAÇÃO DAS INVALIDADES NEGOCIAIS

2016

Alexandre Guerra

PRINCÍPIO DA CONSERVAÇÃO DOS NEGÓCIOS JURÍDICOS
A EFICÁCIA JURÍDICO-SOCIAL COMO CRITÉRIO DE SUPERAÇÃO DAS INVALIDADES NEGOCIAIS
© Almedina, 2016
AUTOR: Alexandre Guerra
DIAGRAMAÇÃO: Almedina
DESIGN DE CAPA: FBA
ISBN: 978-858-49-3117-0

Dados Internacionais de Catalogação na Publicação (CIP)
(Câmara Brasileira do Livro, SP, Brasil)

Guerra, Alexandre
Princípio da conservação dos negócios
jurídicos / Alexandre Guerra. -- São Paulo :
Almedina, 2016.
Bibliografia
ISBN 978-85-8493-117-0

1. Atos jurídicos 2. Atos jurídicos -
Jurisprudência - Brasil 3. Negócios jurídicos
4. Negócios jurídicos - Brasil I. Título.

16-02809   CDU-347.13

Índices para catálogo sistemático:

1. Negócios jurídicos : Direito civil 347.13

Este livro segue as regras do novo Acordo Ortográfico da Língua Portuguesa (1990).

Todos os direitos reservados. Nenhuma parte deste livro, protegido por copyright, pode ser reproduzida, armazenada ou transmitida de alguma forma ou por algum meio, seja eletrônico ou mecânico, inclusive fotocópia, gravação ou qualquer sistema de armazenagem de informações, sem a permissão expressa e por escrito da editora.

Setembro, 2016

EDITORA: Almedina Brasil
Rua José Maria Lisboa, 860, Conj.131 e 132, Jardim Paulista | 01423-001 São Paulo | Brasil
editora@almedina.com.br
www.almedina.com.br

"Deveria ser um trabalho constante dos juristas acender velas,
não tanto imprecar contra a escuridão"
(Celso Antonio Bandeira de Mello)

À terna memória de Cyro Ferraz de Mello, que partiu tão cedo e deixou tanta saudade, na sempre viva certeza de nosso reencontro.

À memória de Antônio Carlos Grimaldi, professor, advogado, julgador e colonizador, exemplo de integridade, sabedoria e generosidade, cuja ausência física é insuperável para todos nós.

Às meninas lá de casa ("as minhas princesas"), sempre a vocês dedico tudo o que tenho e tudo o que sou.

À Alessandra Lopes Santana de Mello, magistrada vocacionada, esposa amorosa e mãe exemplar.
À Giulia, doce razão do meu amanhecer.

À Maria Fernanda que no entardecer, silenciosamente, prova-me que milagres acontecem, fazendo com que eu não caiba em mim por tanto amá-la.

À Ana Clara, de olhos vivos e sorriso puro, que, com seu inexplicável "papai... amigão!" recebe-me no fim de cada luta diária com o seu abraço amoroso e insiste em fazer todo sentido ao meu anoitecer.

AGRADECIMENTOS

Aos ilustres membros da Banca examinadora presidida pelo eminente Professor Doutor Renan Lotufo, Professores Doutores Claudio Luiz Bueno de Godoy, Giovanni Ettore Nani, Manoel de Queiroz Pereira Calças e Teresa Ancona Lopez, João Batista Lopes e Marco Fabio Morsello (suplentes), pelas valiosas contribuições e pelo decisivo estímulo ao aprimoramento da reflexão que ora vem a público.

Aos amigos do Instituto de Direito Privado (IDP), pela feliz comunhão na crença de que "só quem ama é capaz de ouvir e entender o Direito", em especial aos Professores Doutores Cristiano de Souza Zanetti, Marco Fábio Morsello e André Rodrigues Correa, que gentilmente muito contribuíram ao trabalho final que ora vem a público, nas reflexões no Direito "Privado em Debate" que tive a imerecida honra de inaugurar naquele tempestuoso mês de agosto de 2013, na Faculdade de Direito da Universidade de São Paulo, por convite do Presidente do Instituto de Direito Privado Giovanni Ettore Nanni.

A todos os meus alunos, os que passaram e os que ainda passarão, que tanto me estimulam a aprender, permitindo-lhes ensinar.

Ao Professor Doutor Renan Lotufo, amigo e mestre maior, orientador dos meus passos, cujo firme exemplo de integridade moral, de amor ao próximo, de sabedoria e de dedicação ao Direito, fez escrever o curso de minha história, meu profundo respeito e minha sincera gratidão.

APRESENTAÇÃO

É com grande satisfação que apresento a obra do Dr. Alexandre Dartanhan de Mello Guerra, intitulada "Princípio da Conservação dos Negócios Jurídicos", agora levada à publicação e, assim, ao conhecimento do público leitor.

Trata-se de estudo originário de tese de doutorado, apresentada, sob a orientação do Professor Renan Lotufo, na Pontifícia Universidade Católica de São Paulo, cuja banca examinadora tive ocasião de integrar. O candidato, na arguição, defendeu suas proposições, sobre tema tão relevante, com correção e segurança.

O enfoque básico, sob cujo espectro o assunto foi examinado, pôs-se na questão do eventual aproveitamento de negócio jurídico inválido, destarte com ocasional superação de vício por atuação do princípio da conservação e, em última análise, dos princípios da função social e da boa fé objetiva que se defendeu fossem de modo a ampará-lo. A tanto, porém, antes se procedeu a largo escorço da própria tipologia dos fatos jurídicos, até o negócio jurídico e a seus planos de análise.

Do mesmo modo, procurou-se estabelecer um conteúdo visível para o princípio da conservação, indicando-se sua manifestação não só no ordenamento brasileiro como, ainda, na legislação comparada ou, em especial, na perspectiva do *UNIDROIT*.

Neste contexto, os capítulos finais destinaram-se a descortinar institutos típicos de superação de invalidade, como o da conversão substancial, da confirmação e mesmo da redução dos negócios jurídicos, sempre no propósito de demonstrar a eficácia que negócios inválidos podem, mesmo assim, alcançar.

Na sua conclusão, e em palavras textuais, a sustentação do autor foi a que "a superação das invalidades dos negócios jurídicos se faz por nítida manifestação concreta do Princípio da conservação dos negócios jurídicos, veiculado por meio de cláusulas gerais. As exigências de justiça contratual, a funcionalização dos institutos jurídicos, a atenção à boa-fé lealdade, a tutela da confiança despertada e a autorresponsabilidade dos agentes exigem a superação de uma ótica tradicional, excessivamente formalista, mediante a literal interpretação das regras de Direito". É como que uma especial atenção, ainda na visão do autor, à eficácia do negócio jurídico, a que reconhece uma primazia de modo a que o negócio jurídico, na sua expressão, possa *"manter-se vivo"*.

Enfim, apraz-me poder apresentar e mesmo indicar a obra do Dr. Alexandre Dartanhan de Mello Guerra como importante fonte de consulta e auxílio no estudo de tão relevante tema, como é aquele atinente à superação de invalidades do negócio jurídico e à sua conservação.

CLAUDIO LUIZ BUENO DE GODOY
Professor do Departamento de Direito Civil
da Faculdade de Direito da USP

PREFÁCIO

O ilustre magistrado paulista ALEXANDRE DARTANHAN DE MELLO GUERRA, Doutor em Direito Civil pela Pontifícia Universidade Católica de São Paulo, professor de Direito Civil da Faculdade de Direito de Sorocaba, honrou-nos com o convite para a apresentação de sua obra intitulada "Princípio da Conservação dos Negócios Jurídicos". Trata-se da tese que seu autor apresentou junto à Pontifícia Universidade Católica para obtenção do grau de Doutor em Direito, texto elaborado sob a orientação do Professor Doutor Renan Lotufo. Tivemos a honra de participar da banca examinadora, sob a presidência do Professor Doutor Renan Lotufo e composta pela Professora Teresa Ancona Lopes, Professor Doutor Cláudio Luiz Bueno de Godoy e Professor Giovanni Ettore Nanni, que aprovou o candidato com a nota máxima e o louvor merecido. Recomendou, ainda, a banca examinadora a publicação da tese em face da inegável contribuição do estudo para as letras jurídicas.

O trabalho, redigido em linguagem clara e didática, é fruto de profunda investigação e estudos realizados sob o prisma acadêmico, e reflete também a larga experiência de seu autor como consagrado professor de Direito e magistrado respeitado por reconhecida e talentosa atividade jurisdicional, mercê do que é aplaudido como juiz modelar que ornamenta e engrandece o Poder Judiciário do Estado de São Paulo.

Inicia-se o trabalho com o exame dos fatos, atos e negócios jurídicos, estes aferidos sob a clássica trilogia da existência, validade e eficácia. Com fundamento em sólida doutrina estrangeira e nacional o autor examina a vontade do agente e trata das teorias subjetiva, objetiva, estrutural e da autonomia privada, cuidando na sequência da teoria da invalidade do negócio jurídico e dos efeitos do negócio jurídico nulo. Chega-se então ao coração da tese: "O Princípio da Conservação dos Negócios Jurídicos". Prossegue o autor com a análise do instituto da decadência, da confirmação, convalidação, redução parcial e da conversão do negócio jurídico. Finaliza sua pesquisa doutoral com as conclusões que defendeu perante a banca examinadora.

Por tais motivos é que, aliando-se à imensa satisfação de poder apresentar este primoroso trabalho à comunidade jurídica ao honroso convite que nos foi formulado pelo professor e magistrado ALEXANDRE DARTANHAN DE MELLO GUERRA, recomendamos esta obra aos estudantes, estudiosos e aos profissionais do Direito.

MANOEL DE QUEIROZ PEREIRA CALÇAS
Corregedor-Geral da Justiça do Estado de São Paulo (2016/2017)
Desembargador do Tribunal de Justiça do Estado de São Paulo
Professor da Faculdade de Direito do Largo São Francisco (USP)
e da Pontifícia Universidade Católica de São Paulo (PUC-SP)

SUMÁRIO

INTRODUÇÃO 19

CAPÍTULO 1
FATOS, ATOS E NEGÓCIOS JURÍDICOS 27
1.1. Fatos e atos jurídicos 27
1.2. Negócio jurídicos. Perfil dogmático 35
1.3. O plano da existência. Os elementos do negócio jurídico 41
    1.3.1. A inexistência do negócio jurídico no Direito de família:
    o casamento entre pessoas do mesmo sexo na recente jurisprudência
    do Superior Tribunal de Justiça e Supremo Tribunal Federal 49
1.4. O plano da validade. Os requisitos do negócio jurídico 54
    1.4.1. A invalidade negocial como uma sanção jurídica: o Direito premial 59

CAPÍTULO 2
O NEGÓCIO JURIDICO: A VONTADE INTERNA
E A VONTADE DECLARADA 73
2.1. Teorias subjetivas (voluntaristas) 73
2.2. Teorias objetivas (preceptivas) 76
2.3. A definição do negócio jurídico pela estrutura 81
2.4. O negócio jurídico como expressão da autonomia privada.
responsabilidade despertada no meio social além da esfera da vontade das partes,
na perspectiva de Custódio da Piedade Ubaldino Miranda 83

CAPÍTULO 3
A INVALIDADE DO NEGÓCIO JURÍDICO 89
3.1. As bases conceituais da teoria das invalidades.
As origens do princípio da sanação dos atos e negócios jurídicos negocial
e o fundamento axiológico do Princípio da conservação dos negócios jurídicos .. 89

PRINCÍPIO DA CONSERVAÇÃO DOS NEGÓCIOS JURÍDICOS

3.2. A teoria das invalidades dos negócios jurídicos no Direito romano..............101
3.3. A nulidade dos negócios jurídicos e suas hipóteses no Código Civil brasileiro
sob a perspectiva dos meios de superação das invalidades.....................................103
3.4. A anulabilidade dos negócios jurídicos e as hipóteses previstas
no Código Civil brasileiro sob a ótica dos meios de superação das invalidades..109
    3.4.1. A anulabilidade dos negócios jurídicos por incapacidade
    relativa do agente 111
        3.4.1.1 A "capacidade para consentir" e os tratamentos médicos a pacientes
        em estágio terminal.. 113
        3.4.2 A anulabilidade dos negócios jurídicos decorrente dos vícios
        do consentimento: uma leitura inspirada pelo Princípio da conservação
        dos negócios jurídicos...114
            3.4.2.1 Erro 115
            3.4.2.2 Dolo..117
            3.4.2.3 Coação...118
            3.4.2.4 Estado de perigo 119
            3.4.2.5 Lesão 120
            3.5.2.6 Fraude contra credores 121
3.5. Análise crítica do perfil jurídico da expressão "nulidade de pleno direito".... 122
3.6. Análise crítica dos efeitos das sentenças nas ações declaratórias
de nulidade e desconstitutivas de anulabilidade dos negócios jurídicos 127
3.7. A superação das invalidades do negócio jurídico anulável e seu regime
jurídico no Código Civil brasileiro à luz das exigências
do Princípio da conservação dos negócios jurídicos..132

CAPÍTULO 4
OS EFEITOS DO NEGÓCIO JURÍDICO NULO 139
4.1. Os efeitos do negócio jurídico nulo e a superação das invalidades
no Direito material brasileiro: uma análise a partir da concepção
do negócio jurídico como uma manifestação da autonomia privada digna
de proteção jurídica...139
4.2. A aplicação concreta do Princípio da conservação do negócio jurídico
no processo de superação das nulidades dos negócios jurídicos..........................150
4.3. Os efeitos dos atos e negócios jurídicos inválidos
no Direito Público brasileiro 158
4.4. Os efeitos dos atos jurídicos inválidos no Direito Processual Civil brasileiro:
a superação das invalidades, a operabilidade do "Princípio do prejuízo"
e da proteção dos valores constitucionais em nome da eficácia jurídica e social
dos atos processuais.. 162

SUMÁRIO

CAPÍTULO 5
PERFIL DOGMÁTICO DO PRINCÍPIO DA CONSERVAÇÃO
DOS NEGÓCIOS JURÍDICOS..169
5.1. O perfil dogmático do Princípio da conservação dos negócios jurídicos......169
    5.1.1. Conceito...169
    5.1.2. Fundamento constitucional 175
    5.1.3. Natureza jurídica..176
    5.1.4. Correspondência legislativa no Direito estrangeiro 180
    5.1.5. Alcance...183
5.2. A teoria da interpretação jurídica e a "função social" da hermenêutica
contemporânea..186
    5.2.1. A força normativa dos princípios jurídicos no Direito contemporâneo:
    o Princípio da conservação dos negócios jurídicos e sua eficácia intrínseca
    na ordem jurídica 192
5.3. A eficácia jurídico-social como critério maior de interpretação útil
(teleológica-finalística) dos negócios jurídicos.
O "critério realista" de interpretação do negócio jurídico 196
    5.3.1. O perfil da interpretação teleológica do negócio jurídico
    no Direito estrangeiro...202
5.4. A aplicação concreta do Princípio da conservação dos negócios jurídicos
pelo método realista de interpretação jurídica. A primazia da eficácia jurídica
e social, na perspectiva de Silvio Rodrigues 205
5.5. A função social da empresa: considerações a respeito do princípio
da preservação da empresa como uma manifestação do Princípio da conservação
dos negócios jurídicos e da segurança jurídica na ordem econômica...................208
    5.5.1. A natureza jurídica e a "soberania" do plano de recuperação
    empresarial elaborado pela Assembleia-Geral de Credores à vista
    da função social da empresa e do princípio que acena à sua preservação.. 213
    5.5.2. A ineficácia dos atos e negócios jurídicos apontados
    nos artigos 129 e 130 da Lei de Falências e Recuperação Judicial
    e Extrajudicial (Lei nº 11.101/05): reflexões a respeito da invalidade
    e ineficácia e os seus efeitos fáticos e jurídicos......................................217
5.6. Os negócios jurídicos solenes e o Princípio da conservação
dos negócios jurídicos: uma proposta de superação de invalidades formais
com ênfase na primazia da eficácia jurídica e social do negócio jurídico 219
5.7. A boa-fé lealdade como um critério interpretativo do Princípio
da conservação dos negócios jurídicos e o Princípio da eticidade
como seu primeiro fundamento axiológico no Código Civil brasileiro 231
5.8. O Princípio da operabilidade como o segundo fundamento axiológico,
no Código Civil brasileiro, ao Princípio da conservação dos negócios jurídicos 239

PRINCÍPIO DA CONSERVAÇÃO DOS NEGÓCIOS JURÍDICOS

5.9. O Princípio da socialidade, sob a vertente da função social externa do contrato, como o terceiro fundamento axiológico, no Código Civil brasileiro, do Princípio da conservação dos negócios jurídicos...241

5.10. O negócio jurídico e a tutela do equilíbrio contratual: manifestações não tradicionais do Princípio da conservação dos negócios jurídicos.................251

5.10.1. A revisão judicial dos negócios jurídicos e a onerosidade excessiva à luz do Princípio da conservação dos negócios jurídicos..............................251

5.10.1.1. A equidade e a regra prevista no artigo 479 do Código Civil como critério à aplicação concreta do Princípio da conservação dos negócios jurídicos...258

5.10.1.2 A modificação judicial da cláusula penal como instrumento de salvaguarda do sinalagma contratual e de operabilidade do Princípio da conservação dos negócios jurídicos.............................260

5.10.2. A cláusula *hardship* como instrumento de aplicação do Princípio da conservação dos negócios jurídicos..............................261

5.10.3. A teoria do adimplemento substancial dos negócios jurídicos como manifestação concreta do Princípio da conservação dos negócios jurídicos...265

5.11. A aplicação do Princípio da conservação dos negócios jurídicos como um mecanismo de superação da nulidade prevista no artigo 318 do Código Civil brasileiro...268

5.12. O Princípio da conservação dos negócios jurídicos na perspectiva dos Princípios *Unidroit*...270

5.13. O Princípio da conservação dos negócios jurídicos no Direito do Consumidor: reflexões a respeito do artigo 51, § 2º, da Lei nº 8.078, de 11 de setembro de 1990...272

5.14. O Princípio da conservação dos negócios jurídicos e sua aplicação concreta na recente jurisprudência brasileira do Superior Tribunal de Justiça e Tribunal de Justiça do Estado de São Paulo...275

CAPÍTULO 6

DECADÊNCIA...281

6.1. Contornos gerais da decadência do direito de pretender a anulação dos negócios jurídicos à luz do Princípio da conservação dos negócios jurídicos. 281

6.2. A decadência do direito de pretender a anulação no Direito Civil brasileiro: análise das regras previstas nos artigos 177 a 179 do Código Civil brasileiro......287

6.3. A decadência do direito de pretender a anulação dos negócios jurídicos inválidos e sua aplicação concreta. Reflexões a partir da jurisprudência do Superior Tribunal de Justiça...290

SUMÁRIO

CAPÍTULO 7
CONFIRMAÇÃO E CONVALIDAÇÃO DOS NEGÓCIOS JURÍDICOS...........293
7.1. Considerações comuns aos institutos da confirmação e da convalidação
diante do Princípio da conservação dos negócios jurídicos.....................293
7.2. A imprecisão terminológica, no plano da superação das invalidades,
da "ratificação" dos negócios jurídicos...294
7.3. A confirmação dos negócios jurídicos e seu perfil dogmático:
um exame a partir do Princípio da conservação dos negócios jurídicos.............296
    7.3.1. Perfil dogmático da confirmação: conceito, natureza jurídica e espécies296
    7.3.2. As origens históricas e a confirmação dos negócios jurídicos no
    Direito estrangeiro...301
    7.3.3. A confirmação dos negócios jurídicos e sua aplicação concreta
    à luz do Princípio da conservação dos negócios jurídicos.....................306
7.4. A convalidação no Direito brasileiro.................................308
    7.4.1. Perfil dogmático da convalidação dos negócios jurídicos 308
    7.4.2. A convalidação dos negócios jurídicos e sua aplicação concreta.........312

CAPÍTULO 8
A REDUÇÃO PARCIAL DOS NEGÓCIOS JURÍDICOS.....................................315
8.1. Origens históricas da redução parcial dos negócios jurídicos.....................315
8.2. Perfil dogmático da redução parcial dos negócios jurídicos:
conceito e requisitos 317
8.3. A redução parcial dos negócios jurídicos: a objetivação da
"vontade hipotética das partes" no processo hermenêutico de aplicação
do Princípio da conservação dos negócios jurídicos.................................321
8.4. A redução parcial do negócio jurídico nas relações de consumo 326
8.5. A redução parcial dos negócios jurídicos e sua aplicação concreta..............328

CAPÍTULO 9
CONVERSÃO DO NEGÓCIO JURÍDICO 331
9.1. Considerações iniciais...331
9.2. A conversão substancial dos negócios jurídicos como uma manifestação
do Princípio da conservação negocial 334
9.3. Antecedentes históricos da conversão substancial do negócio jurídico.......336
9.4. Requisitos da conversão substancial do negócio jurídico 339
9.5. Espécies de conversão dos negócios jurídicos.................................341
    9.5.1. Conversão substancial e formal 341
    9.5.2. Conversão legal e judicial...342

PRINCÍPIO DA CONSERVAÇÃO DOS NEGÓCIOS JURÍDICOS

9.6. O "interesse *teórico"* na conversão substancial do negócio jurídico:
reflexões a respeito da redação do artigo 170 do Código Civil a partir
das lições de Antonio Junqueira de Azevedo 344

9.6.1. Primeira objeção: a deficiência na redação do artigo 170
do Código Civil em virtude de sugerir o apego à "concepção voluntarista"
do negócio jurídico 344

9.6.2. A segunda objeção: a deficiência lógica revelada na asserção
"se houvesse previsto a nulidade..." constante no artigo 170 do Código Civil 346

9.6.3. A terceira objeção: a possibilidade de ampla aplicação
da norma jurídica em foco, estendendo-a aos casos de anulabilidade
dos negócios jurídicos...347

9.7. A excepcional possibilidade de conversão substancial judicial *ex officio*
do negócio jurídico em atenção à perspectiva preceptiva e da eficácia jurídica
e social externa: a superação do *dogma* da *vontade hipotética das partes*..................349

9.8. A aplicação concreta da conversão substancial dos negócios jurídicos 354

SÍNTESE 357

CONCLUSÕES..369

REFERÊNCIAS BIBLIOGRÁFICAS 373

INTRODUÇÃO

"É estranho que tu, sendo homem do mar, me digas isso, que já não há ilhas desconhecidas; homem da terra sou eu e não ignoro que todas as ilhas, mesmo as conhecidas, são desconhecidas enquanto não desembarcamos nelas".

(JOSÉ SARAMAGO, *O conto da ilha desconhecida*).

O trabalho que ora apresentamos origina-se da tese para a obtenção do título de Doutor em Direito Civil defendida no ano 2012 perante a banca examinadora presidida pelo Professor Doutor Renan Lotufo, na Faculdade de Direito da Pontifícia Universidade de Católica de São Paulo. Visa a examinar o Princípio da conservação dos negócios jurídicos e a sua aplicação concreta a partir da primazia que exerce a eficácia jurídica e social para a superação das invalidades negociais. Como bem salientou o Professor Doutor Claudio Luiz Bueno de Godoy na arguição realizada quando de sua defesa, o seu subtítulo bem poderia ter sido "a máxima expansão dos efeitos do negócio jurídico". Pretendemos submeter à reflexão crítica a possibilidade de recompreensão do "sistema de nulidades" erigido no Direito Privado brasileiro, concentrando-se o intérprete fundamentalmente no plano da eficácia jurídica e social dos atos e dos negócios para, identificar, assim, os mecanismos jurídicos idôneos que permitam a superação das invalidades formais e materiais.

Nos dias que correm, a doutrina afirma com frequência que o Direito atravessa a chamada "crise de eficiência". A eficiência e a eficácia são expressões imbricadas, por certo. A crise que se divisa é "um ponto de comprometimento da própria existência e sobrevivência do contrato social", diz-se, de modo que se faz necessário superar a distância entre a "legalidade e a faticidade das regras jurídicas".[1] Se a tônica do Direito acena no sentido de eficiência e de eficácia, há fortes razões na contemporaneidade para que se compreenda o fenômeno das nulidades dos negócios jurídicos não mais puramente sob uma perspectiva de "sanções" impostas pela ordem jurídica, como se fosse ela a consequência inevitável dos comportamentos que não se ajustem com absoluta perfeição à moldura posta pelo legislador. Nesse cenário sobressai a chamada função promocional do Direito[2], exigindo do intérprete um verdadeiro "esforço hermenêutico" com vistas a efetivamente agir no sentido de salvaguardar a autonomia privada na maior extensão possível. O Princípio da conservação dos negócios jurídicos deve ser reconhecido, assim, como uma verdadeira cláusula geral que assume destaque no processo de interpretação dos atos e dos negócios jurídicos.

No cenário jurídico contemporâneo, é exigida do intérprete também a compreensão adequada do conceito de "sanção positiva", como doravante examinaremos. Necessário é que o intérprete perscrute quais são os meios legítimos que compõem o sistema jurídico e lhe permitem, com "boa vontade"[3], nas palavras de Leonardo de Andrade Mattietto, guardemos com segurança a autonomia privada negocial para promover a superação das invalidades que se podem observar no caso concreto, seja no Direito Processual, seja no Direito Público, seja (como aqui particularmente interessa) na seara do Direito Privado. A ordem jurídica, já se disse e é preciso salientar, não pode ser considerada como uma "inimiga dos interesses dos indivíduos e do desenvolvimento da vida social"[4]. É o que se poderia vislumbrar em uma leitura mais afoita do sistema das nulidades negociais.

---

[1] BITTAR, Eduardo C. B. *O Direito na pós-modernidade (e reflexões frankfurtianas)*. 2. ed. rev. atual. amp. Rio de Janeiro: Forense Universitária, 2009, p. 191.

[2] BOBBIO, Norberto. *Da estrutura à função*: novos estudos de teoria do direito. Trad. de Daniela Beccacia Versiani. São Paulo: Manole, 2007, p. 14.

[3] BOBBIO, Norberto. *A era dos Direitos*. Rio de Janeiro: Elsevier, 2004, p. 232.

[4] MATTIETTTO, Leonardo de Andrade. Invalidade dos atos e negócios jurídicos. In: TEPEDINO, Gustavo (coord.). *A parte geral do novo Código Civil*. Estudos na perspectiva civil-constitucional. Rio de Janeiro: Renovar, 2007, p. 352.

INTRODUÇÃO

A partir disso, urge proceder a releitura adequada e *funcionalizada* do sistema de nulidades dos negócios jurídicos.

O objetivo dessa reflexão é demonstrar que o Princípio da sanação dos atos e dos negócios jurídicos subjaz vivamente sob toda Ciência do Direito. Reclama do intérprete a adoção das posturas que exigem o respeito à "hermenêutica estrutural", tal como reconhecida por Miguel Reale, especialmente concebendo o chamado método realista de interpretação no negócio jurídico[5], de modo que se afaste da exclusiva primazia da vontade das partes, como, em princípio, se poderia reconhecer pela leitura do artigo 112 do Código Civil brasileiro. A nosso ver, o apego excessivo à vontade das partes na celebração do negócio não contribui para a tutela do Princípio da segurança no plano das relações jurídicas, o qual se mostra vital para o desenvolvimento de todo o Direito contemporâneo.

Na advertência de Antonio Junqueira de Azevedo, o negócio jurídico é "a estrada real para o conhecimento do Direito".[6] Nele, confluem os valores fundamentais que a ordem jurídica visa a preservar: a liberdade individual e a "ativação da vida em sociedade" (autonomia privada). É um instrumento que concentra a liberdade individual e a função social. Como alerta o autor, o "negócio jurídico é um conceito de sempre. (...). Não há sociedade sem negócio jurídico".[7] Sendo assim, deve a própria ordem jurídica reconhecer e fomentar os mecanismos de preservação dos seus efeitos sociais e jurídicos, garantindo a primazia de sua eficácia em relação às partes e aos terceiros, o que se consubstancia pela adequada compreensão do Princípio da conservação dos negócios jurídicos.

Em consonância com as lições de Miguel Reale, a tese que apresentamos revela que toda interpretação jurídica tem intrinsecamente uma natureza teleológica (finalística), fundamentada propositadamente na chamada "consistência axiológica (valorativa)". É dizer, todo processo de interpretação do texto e de revelação da norma jurídica deve acontecer necessariamente em meio a uma vasta estrutura de significações e não de forma isolada e destacada. Cada preceito jurídico significa algo inserido

---

[5] DANZ, E. *La interpretación de los negocios jurídicos.* 3. ed. Madrid: Editorial Revista de Derecho Privado, 1955.

[6] AZEVEDO, Antônio Junqueira de. *Novos estudos e pareceres de direito privado.* São Paulo: Saraiva, 2009, p. 599.

[7] AZEVEDO, Antônio Junqueira de. Ciência do Direito, negócio jurídico e ideologia. *Estudos e pareceres de direito privado.* São Paulo: Saraiva, 2004, p. 44.

em um contexto que lhe fornece a totalidade do próprio ordenamento.[8] A chamada compreensão estrutural (sistemática[9]) do Direito reclama do intérprete não mais uma posição de passividade diante de um texto do negócio jurídico, mas, ao reverso, dele exige verdadeiro "labor construtivo de natureza axiológica".[10]

O Princípio da conservação dos negócios jurídicos, nessa precisa perspectiva, consiste em um princípio do Direito que traz em si a tutela de um "esforço hermenêutico" de natureza axiológica. Impõe um dever de agir eficazmente frente aos problemas que dimanam do negócio jurídico com o objetivo de *mantê-lo vivo*, na melhor e maior extensão que lhe permita o sistema e os seus valores. Visa à garantia da supremacia dos efeitos fático-jurídicos do negócio, seja em relação às partes, seja aos terceiros, seja à sociedade em geral.

As reflexões que se desenvolvem no corpo desse trabalho podem ser sintetizadas nas seguintes indagações:

(i) A eficácia jurídico-social deve ser o ponto central de exame do negócio jurídico sob os três tradicionais planos (existência, validade e eficácia)?;

(ii) A distinção entre nulidade e anulabilidade ainda se justifica no Direito contemporâneo ou poderíamos hoje falar apenas em situações de eficácia jurídico-social ou de ineficácia jurídico-social do negócio jurídico?

(iii) A validade dos negócios jurídicos à luz do Direito premial (Direito promocional) é a perspectiva que deve orientar a atual compreensão da teoria das invalidades?;

(iv) A existência do instituto da anulabilidade é marcada pelo Princípio da conservação dos negócios jurídicos ou se trata somente de um instituto jurídico que, coincidentemente, não sendo possível a ratificação ou a confirmação, tornará possível a preservação do negócio?;

---

[8] PIRES, Luis Manuel Fonseca. *Controle judicial da discricionariedade administrativa*: dos conceitos jurídicos indeterminados às políticas púbicas. Rio de Janeiro: Elsevier, 2009, p. 31.

[9] CANARIS, Claus-Wilhelm. *Pensamento sistemático e conceito de sistema na ciência do Direito*. 4. ed. Lisboa: Fundação Calouste Gulbenkian, 2008.

[10] PIRES, Luis Manuel Fonseca. *Controle judicial da discricionariedade administrativa*: dos conceitos jurídicos indeterminados às políticas púbicas. Rio de Janeiro: Elsevier, 2009, p. 31.

(v) Existem realmente "nulidades de pleno direito" no Direito brasileiro ou sempre será necessária a afirmação da nulidade do negócio jurídico pela autoridade judicial, de modo a somente assim autorizar-se a contraparte a não cumpri-lo?;

(vi) O Princípio da conservação do negócio jurídico revela apenas a compreensão dogmática atual do negócio jurídico (especialmente no Direito contratual) ou é um instituto que inspira o Direito desde os primórdios, cujo embrião é o princípio da sanação dos atos jurídicos?;

(vii) O Princípio da conservação dos negócios jurídicos é um princípio de direito veiculado por meio de cláusula geral (cuja existência pode ser apenas inferida) ou é possível reconhecer, no Código Civil brasileiro, regras expressas que tornem induvidosa sua existência?;

(viii) A revisão judicial dos negócios é manifestação do Princípio da conservação dos negócios jurídicos?;

(ix) A eficácia retroativa ou não retroativa das sentenças declaratórias de nulidade ("ex tunc") do negócio jurídico e desconstituiva de negócio jurídico anulável ("ex nunc") é um critério seguro para a distinção entre nulidade e anulabilidade (ou ambas as sentenças terão a mesma eficácia)? e

(x) Conservar ou invalidar o negócio é uma opção que diz respeito à liberdade do intérprete ou, de outro lado, é dever do julgador assim proceder necessariamente atendendo à função social da hermenêutica?

Uma observação preambular é particularmente necessária: no presente estudo, é reiteradamente adotada a expressão eleita pelo Código Civil de 2002, qual seja, "invalidade dos negócios jurídicos". No Direito Civil de hoje, a expressão "invalidade do negócio jurídico" assume acepção geral que pertine às hipóteses de nulidade, de anulabilidade, de ineficácia e de ausência de legitimação para a prática de determinados negócios jurídicos. Por certo, todos esses institutos referem a realidades fático-jurídicas bem distintas. Entretanto, para a suficiente compreensão da aplicação concreta do Princípio da conservação dos negócios jurídicos, serão por vezes empregados sob uma mesma nomenclatura, o gênero "invalidades do negócio jurídico", tal como designa o legislador no Capítulo V, do Título I, do Livro III da Parte Geral do Código Civil brasileiro (artigos 166 a 184).

É preciso destacar ainda que a perspectiva que apresentamos sugere uma abordagem da interpretação do negócio jurídico de modo que o Princípio da conservação não assuma um papel meramente complementar (secundário) no processo de identificação e de revelação do conteúdo do negócio. Significa dizer, a nosso viso, o Princípio da conservação dos negócios jurídicos não deve ser considerado tão-só como um recurso supletivo no processo de colmatação de lacunas, como procuraremos demonstrar ao leitor. Ora, se o fim da norma jurídica é um valor que a própria ordem jurídica visa a preservar armando-a de "sanções", a mesma ordem jurídica (de estrutura essencialmente axiológica) sugere a preeminência do princípio em foco como um cardeal vetor no processo de revelação da norma. A perspectiva que desenvolveremos, destarte, é atenta à chamada "função social da hermenêutica"[11], como tal idealizada por Tércio Sampaio Ferraz Junior. Reclama do intérprete uma eficiente atribuição de efeitos sociais e jurídicos para os negócios celebrados, reconhecendo-os e, acima de tudo, protegendo-os. O Direito (e particularmente os seus intérpretes, que, revelando-o, "criam-no", no dizer de Eros Roberto Grau[12]) somente deve negar eficácia para os negócios celebrados quando assim exijam os valores superiores e os interesses sociais que presidem a própria coordenação e ordenação dos interesses dos membros da coletividade.

Buscaremos examinar sob quais formas opera o Princípio da conservação dos negócios jurídicos. Na ótica da eficácia jurídica e social da autonomia privada, teremos em posição de destaque a realização dos seus efeitos concretos. A eficácia é o cerne do negócio jurídico nos seus três planos, a nosso ver. É, a nosso ver, a sua razão de existir. E a ineficácia do negócio jurídico, nessa ordem, é considerada a decisão excepcional a ele prestada pela ordem jurídica, cabível somente quando o negócio jurídico contrariar aos valores superiores tutelados pelo Direito, notadamente aqueles de índole constitucional. A boa-fé lealdade, a tutela da confiança despertada na contraparte e a autorresponsabilidade proveniente do exercício da autonomia privada conspiram, todos, decisivamente, em favor de uma hermenêutica jurídica voltada à superação das invalidades negociais.

São por esses passos que pretendemos doravante trilhar.

---

[11] FERRAZ JÚNIOR, Tércio Sampaio. *Introdução ao Estudo do Direito*: técnica, decisão, dominação. 2. ed. São Paulo: Atlas, 1994.

[12] GRAU, Eros Roberto. *Ensaio e discurso sobre a interpretação/aplicação do Direito*. 3 ed. São Paulo: Malheiros, 2005, p. V

INTRODUÇÃO

Na sua estrutura, o estudo que ora apresentamos foi dividido em nove capítulos. No primeiro, são tratados os fatos, os atos e os negócios jurídicos, assim como os planos da existência, da validade e da eficácia. No segundo, a análise se prende ao negócio jurídico, ao seu conceito e às teorias que o justificam e o revelam como uma genuína manifestação de autonomia privada. No terceiro, apresentamos as bases conceituais da teoria das invalidades, com referências ao problema da inexistência, das nulidades e das anulabilidades e dos seus métodos de superação. No quarto, sobressaem os efeitos fáticos e jurídicos do negócio nulo e a superação das invalidades nos Direitos Privado, Público e Processual.

A tônica do que se propõe é revelada particularmente no quinto capítulo. Nele desponta o perfil dogmático do Princípio da conservação dos negócios jurídicos; a teoria da interpretação; a interpretação teleológica e o método realista de interpretação negocial, assim como a fundamentação axiológica do objeto à luz dos três princípios cardeais que iluminam o Código Civil. Discorreremos a respeito de sua aplicação tendo em vista a revisão judicial dos negócios jurídicos, a teoria do adimplemento substancial, a cláusula "hardship" e os *Princípios Unidroit*.

A partir do capítulo sexto, estudaremos as tradicionalmente conhecidas "medidas sanatórias dos negócios jurídicos". Primeiro, a decadência do direito de pretender a anulação do negócio jurídico. No capítulo sétimo, serão examinados os institutos da confirmação e da convalidação. No capítulo oitavo, o exame da redução parcial dos negócios jurídicos, em solo civil e consumerista. Por fim, com a profundidade que exigem os propósitos dessa obra, passaremos a versar a respeito do instituto da conversão dos negócios jurídicos nulos no capítulo nono, por revelar-se um valioso recurso posto por lei à disposição do intérprete no processo de superação das invalidades e de garantia de primazia da eficácia jurídica e social.

No intenso exercício da atividade jurisdicional, observamos diuturnamente esforços dos intérpretes (seja da autoridade judicial, seja dos envolvidos na relação de direito material que revela por meio da relação processual) no sentido de reconhecer a máxima expansão de eficácia jurídico-social dos atos jurídicos. É o que acertadamente observa Manoel de Queiroz Pereira Calças por ocasião da defesa da tese objeto do presente trabalho. A existência do desejo de *manter-se vivo* que há em todo negócio jurídico nos parece clara, como notam os que lidam com a concretude da Ciência do Direito. O Princípio da conservação dos negócios jurídicos,

PRINCÍPIO DA CONSERVAÇÃO DOS NEGÓCIOS JURÍDICOS

portanto, palpita de alguma forma e silencioso na intuição e na inspiração de todos nós. Entretanto, embora seja referido muito particularmente e com especial destaque no Direito Contratual, a nosso ver, reclamava tal princípio sua análise sistêmica. Tal constatação, que nos pareceu de todo pertinente, animou nossa reflexão e o desenvolvimento das linhas a seguir, sujeitas às críticas do leitor, pelo que somos especialmente gratos. Nesse horizonte (como convém contextualizar), desembarcamos nós no princípio em estudo. *Verdadeira ilha*. Na verdade (e na advertência de Saramago), o Princípio da conservação dos negócios jurídicos não era uma "ilha desconhecida" no Direito brasileiro. Mas, a despeito disso, como nos ensina o próprio Saramago **"todas as ilhas, mesmo as conhecidas, são desconhecidas enquanto não desembarcamos nelas"**

Enfim, tudo o que se pretendeu nas linhas que seguem foi compreender. Compreender o que se realiza no plano negocial. Compreender o que se deseja ao assim agir. Compreender o que se vive e se vivencia na inesgotável e encantadora experiência jurídica. Compreender e compreender-se. Pois, na fina sensibilidade de Mario Quitana, "esse estranho que mora no espelho (e é tão mais velho do que eu) olha-se de um jeito de quem procura adivinhar quem sou.".

CAPÍTULO 1
FATOS, ATOS E NEGÓCIOS JURÍDICOS

1.1. Fatos e atos jurídicos

O tema que desenvolveremos nas linhas que seguem diz respeito à conformação contemporânea do Princípio da conservação dos negócios jurídicos. Por vezes, a ele refere a doutrina como o Princípio da conservação negocial, derivação cuja gênese encontra-se no princípio da sanação dos atos e dos negócios jurídicos. O estudo tem como essência a perspectiva funcional dos negócios jurídicos e a eficácia jurídico-social do próprio Direito. Antes, contudo, devemos apresentar a posição eleita a respeito dos fatos, dos atos e dos negócios jurídicos, conceituando-os e estruturando-os a partir da tripartição que se tornou clássica na visão de Pontes de Miranda[13], seguida dentre outros por Antonio Junqueira de Azevedo[14] e por Marcos Bernardes de Mello[15]. Estamos a referir à divisão entre os planos da existência, da validade e da eficácia. Os trabalhos neste capítulo inicial serão restritos ao

---

[13] MIRANDA, Pontes de. *Tratado de Direito Privado*. Parte Geral. Validade, nulidade, anulabilidade. 4 ed. São Paulo: Revista dos Tribunais, 1983, t. 4.

[14] AZEVEDO, Antônio Junqueira de. *Negócio jurídico*: existência, validade e eficácia. 4. ed. atual. de acordo com o novo Código Civil (Lei n. 10. 406, de 10.1.2002). São Paulo: Saraiva: 2002.

[15] MELLO, Marcos Bernardes de. *Teoria do fato jurídico. Plano de existência*. 15 ed. São Paulo: Saraiva, 2008; *Teoria do fato jurídico. Plano da validade*. 8. ed. São Paulo: Saraiva, 2008; *Teoria do fato jurídico. Plano da eficácia*. 1ª parte. 4 ed. São Paulo: Saraiva, 2008.

suficiente para se compreender o ambiente em que aflora o Princípio da conservação dos negócios jurídicos, sem incursões outras sobre os campos que escapam do corte científico orientado pelo princípio em evidência.

A premissa fundamental sobre a qual se deve concentrar, em um primeiro momento, fixa-se no fato de que a edificação da Ciência do Direito[16] deve partir de um adequado exame dos fatos pelo intérprete, assim atendendo às exigências da máxima *ex facto oritur jus*. Segundo Miguel Reale, as regras jurídicas não devem ser elaboradas pela sociedade ou pelos órgãos do Estado para valer simplesmente como "formas lógicas" ou como "formas especulativas". Os fatos são a essência do Direito. Dos fatos devem emanar os efeitos concretos na realidade social. Como acentua Reale, "fato jurídico é todo e qualquer fato que, na vida social, venha a corresponder ao *modelo de comportamento ou de organização configurado por uma ou mais normas de direito*. O fato, em suma, repete no plano dos comportamentos efetivos aquilo que genericamente está enunciado no momento normativo"[17].

O jurista não está autorizado a cogitar a respeito da existência de um fato jurídico senão enquanto o considere um fato inserido em uma estrutura normativa. Vale dizer, somente podem ser considerados como fatos jurídicos aqueles eventos ou comportamentos que correspondem a fatos jurídicos possíveis. No dizer de Miguel Reale, "é o motivo pelo qual não há, em Direito, o *fato bruto*, pois o fato já deve conter algumas das notas valorativas que permitem a sua correspondência ao fato-tipo previsto na regra de direito. Em última análise, o *fato-tipo* é um módulo de valoração do fato possível na vida concreta, o que exclui que entre fato e fato jurídico possa existir um nexo de causalidade".[18]

A Ciência do Direito na contemporaneidade revela cuidado com o problema da eficácia social e jurídica dos atos e dos fatos jurídicos. Não somente no Direito nacional, mas também no estrangeiro, é possível obser-

---

[16] Para o profundo exame do papel dos princípios e dos valores na Ciência do Direito, ver: BIANCA, Massimo C. *Realtà sociale ed efettività della norma*. Scritti giuridici. Milano: Giuffrè Editore, 2002. v. 2., t.2; CANARIS, Claus-Wilhelm. *Direitos fundamentais e o direito privado*. Trad. de Ingo Wolfgang Sarlet e Paulo Mota Pinto. Reimpr. Coimbra: Almedina, 2006; MAC CRORIE, Benedita Ferreira da Silva. *A vinculação dos particulares aos direitos fundamentais*. Coimbra: Almedina, 2005.

[17] REALE, Miguel. *Lições preliminares de Direito*. 26. ed. São Paulo: Saraiva, 2002, p. 199-200.

[18] REALE, Miguel. *Lições preliminares de Direito*. 26. ed. São Paulo: Saraiva, 2002, p. 200. No mesmo sentido, v.: VELOSO, Zeno, Invalidade do negócio jurídico. Nulidade e anulabilidade. 2. ed. Belo Horizonte: Del Rey, 2005, p. 01

FATOS, ATOS E NEGÓCIOS JURÍDICOS

var com frequência que o plano da validade assume papel de relevo no tratamento da lei e do negócio jurídico.[19] Não se julga que seja a forma pela qual se deva necessariamente permanecer a reflexão jurídica. No plano do negócio jurídico, almejam-se, na verdade, os efeitos juridicamente protegidos aos interesses revelados de acordo com as permissões da própria ordem jurídica, que assim assume marcadamente o perfil funcional.

A perspectiva funcional do Direito ganha assim elevada importância. Ultrapassa-se hoje a clássica visão meramente estrutural da ciência jurídica. Como observa Fernando Rodrigues Martins[20] com apoio em Norberto Bobbio, a perspectiva funcional do Direito revela o seu "caráter prospectivo e promocional". A eficácia jurídica e social dispensada mantém uma relação direta com o fenômeno jurídico. O fenômeno jurídico, por sua vez, deve ser considerado não como aquele vinculado indissociavelmente a uma postura teórica na qual o enfoque tende a privilegiar as questões formais. Na verdade, como observa Tércio Sampaio Ferraz Junior[21], o fenômeno jurídico prende-se a uma dogmática que encara o seu objeto, acentua ele, "como um conjunto compacto de normas, instituições e decisões que lhe compete sistematizar, interpretar e direcionar tendo em vista uma tarefa prática de solução de possíveis conflitos que ocorram socialmente".

Daí, a nosso ver, a primazia da eficácia jurídica e social.

Etimologicamente, a locução eficácia deriva do latim *efficax*. Significa aquilo que tem virtude, o que tem propriedade, o que *chega ao fim*.[22] Dentre outras acepções, particularmente interessa a compreensão da eficácia ligada à sociologia do Direito. Há que se por em destaque o efeito real e concreto que a norma jurídica produz na sociedade. Carlos Henrique Bezerra Leite[23], com apoio nas lições de Norberto Bobbio e de Miguel Reale, diz

---

[19]   Sobre a primazia tradicional do papel exercido pela validade no Direito, *v*. GUASTINI, Riccardo. *Das fontes às normas*. São Paulo: Quartier latin do Brasil, 2005, p. 87. (Problemas epistemológicos do normativismo).

[20]   MARTINS, Fernando Rodrigues; FERREIRA, Karla Pacheco. *Contratos existenciais e intangibilidade da pessoa humana na órbita privada*. Homenagem ao pensamento vivo e imortal de Antonio Junqueira de Azevedo. Revista de Direito do Consumidor n. 79. São Paulo: Revista dos Tribunais, jul/2011, p. 265 e ss..

[21]   FERRAZ JÚNIOR, Tércio Sampaio. *Introdução ao Estudo do Direito*: técnica, decisão, dominação. 2. ed. São Paulo: Atlas, 1994, p. 83.

[22]   SILVA, De Plácido e. *Vocabulário jurídico*. Rio de Janeiro: Forense, 1996, v. II, p. 138.

[23]   LEITE, Carlos Henrique Bezerra. Justiça, validade e eficácia das normas jurídicas. In: LOTUFO, Renan. (coord.). *A validade e a eficácia das normas jurídicas*. Barueri: Manole, 2005, p. 35.

PRINCÍPIO DA CONSERVAÇÃO DOS NEGÓCIOS JURÍDICOS

que o objeto do problema da eficácia de uma determinada norma jurídica é revelar se é (ou se não é) cumprida por seus destinatários. Se não o for, o problema é analisar quais são os meios que o sistema jurídico oferece para que seja cumprida a norma. A eficácia, diz, é uma situação que se refere à aplicação da norma jurídica no plano concreto dos fatos. Vale dizer, diz respeito à aplicação da regra jurídica enquanto momento e comportamento humano. A sociedade é predestinada a viver o Direito, acentua, e como tal reconhecê-lo nas suas manifestações. Uma vez identificado o Direito, deve ele incorporar-se ao modo de ser e de viver daquele próprio grupo social.

Na perspectiva que observamos (fundamentalmente voltada à eficácia jurídico-social do Direito) os fatos jurídicos (especialmente sob a forma de negócios jurídicos) devem apresentar os efeitos que o ordenamento admite que possam eles ter. O Direito considera que os particulares têm aptidão para criar normas jurídicas por força da autonomia privada que a eles dispensa o próprio sistema jurídico. Nesse sentido é a advertência de Zeno Veloso de que "a relação vinculante que o negócio determina não existe só por si, não preceitua por força própria, mas em decorrência do reconhecimento da ordem jurídica, e nos limites desta".[24]

Notemos ainda que o Direito não provém de um fato qualquer, ou seja, de um fato simplesmente considerado como um acontecimento no mundo fenomênico. O Direito deriva de um fato juridicamente qualificado como tal. Vale dizer, o Direito deflui de um fato sobre o qual o próprio Direito lhe imputa reconhecimento (jurídico) e consequências (jurídicas). Sobre os fatos incidem os valores, a ninguém é dado ignorar. Como ensina Miguel Reale[25], uma vez mais, o Direito não está para os sujeitos como se diante de "uma lei física que resulta de uma experiência realizada em laboratório". O fato juridicamente relevante é aquele que se repete no plano dos comportamentos humanos em sociedade, concretos e socialmente eficazes.

Os fatos jurídicos são os acontecimentos em virtude dos quais as relações de direito nascem e se extinguem. Os fatos jurídicos podem ser naturais, produzindo efeitos jurídicos (nascimento, morte, decurso do tempo etc.), ou ações humanas. As ações humanas ora atuam dependentes da vontade do agente, ora os seus efeitos resultam da vontade da própria lei por elas manifestada e garantida. São estes os atos jurídicos. Quanto aos atos

---

[24] VELOSO, Zeno, *Invalidade do negócio jurídico*. Nulidade e anulabilidade. 2. ed. Belo Horizonte: Del Rey, 2005, p. 13.

[25] REALE, Miguel. *Lições preliminares de Direito*. 26. ed. São Paulo: Saraiva, 2002, p. 200 ss.

jurídicos, de acordo com Clóvis Beviláqua[26], a sua característica é marcada pela "combinação harmônica do querer individual com o reconhecimento de sua eficácia por parte do direito positivo". No campo dos atos jurídicos, insere-se o que particularmente nos interessa: o *negócio jurídico*.

Os efeitos jurídicos das ações humanas, como dissemos, ora podem se prender à vontade do agente (e são os efeitos por ele visados), ora podem resultar da lei, independentemente da vontade colimada, pois. Em ambos os casos, está-se diante do que a doutrina refere como um ato jurídico. No caso primeiro, o ato jurídico *lato sensu*. No segundo, o ato jurídico em sentido estrito. Interessa-nos em especial o negócio jurídico. O negócio jurídico ocupa papel central na Parte Geral do Código Civil. Informa a doutrina que a sua primeira alusão data do ano de 1749, como leciona Renan Lotufo.[27] Pela sua etimologia, no negócio jurídico não se está diante de um único ato, mas, sim, de um conjunto de comportamentos (atividade) que visa a satisfazer as necessidades e os interesses humanos de ordem predominantemente patrimonial.[28]

Inocêncio Galvão Telles enfatiza que se deve considerar como *fato jurídico* todo evento produtor de efeitos jurídicos. O contrato (como ora especialmente nos preocupa) reside indubitavelmente no vasto prado dos fatos jurídicos e, especificamente, no plano dos negócios. Em relação ao fato jurídico, é necessário observar que toda norma jurídica tem uma estrutura complexa composta por duas faces: na sua essência, a norma se decompõe numa *previsão* e numa *estatuição*: *prevê* uma hipótese e, em seguida, *estatui* o tratamento jurídico que há de a ela corresponder quando tal se verificar. No dizer de Telles, "formula-se uma hipótese e formula-se uma tese: se se der determinado facto, produzir-se-ão os efeitos jurídicos tais e tais"[29].

O fato jurídico deve ser considerado todo fato de ordem física ou social contido em uma determinada estrutura normativa, destarte. O fato jurí-

---

[26] BEVILAQUA, Clóvis. *Teoria Geral do Direito Civil*. Campinas: Servanda, 2007, p. 292.

[27] LOTUFO, Renan. *Curso avançado de Direito Civil*. Parte Geral (arts. 1º a 232º). São Paulo: Revista dos Tribunais, 2003, v. 1, p. 211.

[28] LOTUFO, Renan, *Código Civil comentado*, Parte Geral, São Paulo: Saraiva, 2003, v. 1, p. 269.

[29] TELLES, Inocêncio Galvão. *Manual dos contratos em geral*. 4. ed. Coimbra: Coimbra Editora: 2002, p. 9 ss. Ainda: REALE, Miguel. *Lições preliminares de Direito*. 26. ed. São Paulo: Saraiva, 2002, p. 206; ALVES, José Carlos Moreira. O novo Código Civil Brasileiro e o Direito Romano: seu exame quanto às principais inovações no tocante ao negócio jurídico. NETTO, Domingos Franciulli. MENDES, Gilmar Ferreira. MARTINS FILHO, Ives Gandra da Silva (coords.). *O novo Código Civil. Estudos em homenagem ao Prof. Miguel Reale*. 2 tir. São Paulo: Ltr. 2003, p. 116.

dico é todo aquele fato que na vida social corresponde a um modelo de comportamento ou a um modelo de organização configurado por uma ou por mais normas de Direito, esclarece Renan Lotufo.[30] Os fatos jurídicos são aqueles (e somente aqueles) que geram efeitos jurídicos. E os efeitos jurídicos representam uma resposta que a ordem jurídica presta para os vários tipos de situações por ela previstas. Com efeito, à medida que ocorrem os fatos jurídicos, corresponde a *fattispecie* à previsão normativa dos enlaçamentos aos fatos. A *fattispecie* não é o fato puro, decerto, pois é ela constituída pela não somente por ele (fato), mas pela qualificação jurídica do fato, isto é, por uma nova situação jurídica que decorre da hipótese, como ensina Emilio Betti.[31]

O fato jurídico, diante do exposto, é todo evento idôneo segundo o próprio ordenamento jurídico para ter relevância jurídica. É o fato concreto previsto na hipótese de incidência de uma norma jurídica, no dizer de Eros Roberto Grau.[32] É a realização no mundo fático do que está previsto abstrata e hipoteticamente pela norma para o qual o ordenamento lhe atribui uma *qualificação* e uma *disciplina*. Ocorrendo concretamente o fato, constitui-se o "ponto de confluência entre a norma e o dever ser da realidade". O fato jurídico é o modo que o ordenamento jurídico encontrou para sua atuação real, segundo Emilio Betti[33]. Todo fato juridicamente relevante tem nos seus "esquemas típicos" uma "função pré-determinada" pelo próprio ordenamento jurídico, como destaca Norberto Bobbio.[34] Disso deflui, como veremos, o conceito de eficácia da norma jurídica.

A eficácia jurídico-social, ensina Renan Lotufo[35], é o sentido final do poder criador do Direito. A eficácia é, diz, o seu fundamento último. É a verdadeira razão do Princípio da autonomia privada. A Ciência do Direito existe para que os comportamentos sejam e estejam em conformidade com as suas prescrições (e ele sejam conformes, portanto). O Direito sobre a

---

[30] LOTUFO, Renan. Código Civil comentado. Parte Geral, São Paulo: Saraiva, 2003, v.1, p. 262 ss.

[31] BETTI, Emilio. *Teoria Geral do Negócio jurídico*. Campinas: Servanda, 2008.

[32] GRAU, Eros Roberto. *Ensaio e discurso sobre a interpretação/aplicação do Direito*. 3. ed. São Paulo: Malheiros, 2005, p. III.

[33] BETTI, Emilio. *Teoria Geral do Negócio jurídico*. Campinas: Servanda, 2008, p. 262.

[34] BOBBIO, Norberto. *Da estrutura à função*: novos estudos de teoria do direito. Trad. de Daniela Beccacia Versiani. São Paulo: Manole, 2007.

[35] LOTUFO, Renan. *Curso avançado de Direito Civil*. Parte Geral. São Paulo: Revista dos Tribunais, 2003, v. 1, p. 264.

sociedade como se fosse um ente abstrato, inatingível e inerte. O Direito serve, ensina Lotufo, para que na sociedade "penetre" e a "fecunde".

Em síntese do quanto desenvolvemos até o momento, podemos dizer que o ato jurídico é um gênero. Concebidos como "acontecimentos relevantes ao Direito", os atos jurídicos podem ser naturais (ordinários ou extraordinários) ou ações humanas. As ações humanas, podem ser manifestações de vontade com efeitos jurídicos voluntários ou com efeitos jurídicos involuntários (os atos ilícitos). No campo dos primeiros, isto é, das *ações humanas com efeitos jurídicos voluntários*, temos em destaque o ato jurídico em sentido estrito, precisamente do qual deriva o negócio jurídico[36].

Segundo Renan Lotufo, o "elemento dinamizador" da ordem jurídica é o fato.[37] *Ex facto oritur jus*, nos ensinaram os romanos. No mundo fenomênico, somente os fatos alteram as situações existentes. A partir deles, provocam-se os efeitos de Direito. Para ser o fato considerado jurídico, deve ele corresponder a um evento que real e concretamente produza os efeitos jurídicos (isto é, os efeitos relevantes para o próprio Direito). Por força da vastidão da sua abrangência, os fatos englobam os fatos naturais, tais como o naufrágio de uma embarcação ou o nascimento de uma criança, exemplifica o autor em referência.[38] A forma mais relevante dos fatos jurídicos se encontra no campo dos atos jurídicos. Os atos jurídicos correspondem aos atos humanos voluntários. Os fatos jurídicos, em síntese, são aqueles para os quais próprio Direito atribui relevância jurídica, concebendo-os como eventos idôneos para alterar as relações anteriores e para configurar novas situações correspondentes a igualmente novas qualificações jurídicas.

Assim, devendo ser considerado o ato jurídico como uma manifestação de vontade que se direciona a determinadas consequências jurídicas (os denominados efeitos jurídicos), o ato jurídico pressupõe em primeiro lugar uma *vontade interna* e, depois, a *exteriorização* dessa mesma vonta-

---

[36] LOTUFO, Renan. *Curso avançado de Direito Civil*. Parte Geral (arts. 1º a 232º). São Paulo: Revista dos Tribunais, 2003, v. 1, p. 264 ss.

[37] LOTUFO, Renan. *Curso avançado de Direito Civil*. Parte Geral (arts. 1º a 232º). São Paulo: Revista dos Tribunais, 2003, v. 1, p. 265.

[38] LOTUFO, Renan. *Curso avançado de Direito Civil*. Parte Geral (arts. 1º a 232º). São Paulo: Revista dos Tribunais, 2003, v. 1, p. 265.

de.[39] No plano ideal, a exteriorização da vontade interna deve ser clara e perfeita, ou seja, deve ser fiel e convergente com a vontade interna. No entanto, certo é que pode haver discrepância entre a vontade interna e a vontade manifestada (a vontade declarada).[40] Nesse conflito brota a raiz das chamadas "patologias" dos negócios jurídicos, na expressão de Martinho Garcez[41]. São os atos nulos, os atos anuláveis e os atos ineficazes, tal como doravante melhor abordaremos.

1.2. Negócio jurídico. Perfil dogmático

Conforme já exposto, os fatos jurídicos são os acontecimentos que acarretam efeitos no plano das relações jurídicas. Criam situações de poder e dever amparadas pela autoridade da própria ordem jurídica. Derivam de comportamentos humanos ou de eventos naturais. No primeiro caso, ou seja, quando o homem é o agente do fenômeno fatual, surgem, de um lado, os atos jurídicos em sentido lato (nos quais a atuação voluntária se dá na conformidade com as normas do Direito) e, de outro, os atos ilícitos (que se desenvolvem em descompasso com as normas jurídicas). "No primeiro caso (atos jurídicos em sentido lato), o efeito do ato é procurado pelo agente e assegurado pela ordem jurídica. No segundo (atos ilícitos), o efeito é uma *sanção* que se impõe ao transgressor da ordem jurídica. Não é, portanto, o resultado almejado pelo agente", como anota Humberto Theodoro Junior.[42]

A figura do negócio jurídico tem particular relevo no Direito privado. Cuida-se de um campo no qual a vontade individual encontra a sua mais fértil atuação por força da autonomia privada, amparada por mandamento

---

[39] Sobre a dissonância que se pode observar entre a vontade externa e a vontade declarada, ver: NERY JUNIOR, Nelson. *Vícios do ato jurídico e reserva mental*. São Paulo: Revista dos Tribunais, 1983.

[40] Nesse sentido, ver: CORREIA, Ferrer A. *Erro e interpretação na teoria do negócio jurídico*. Coleção Teses. Coimbra: Almedina, 2011, p. 304.

[41] A expressão "patologia" é de Martinho Garcez (*Das nulidades dos atos jurídicos*. 3. ed. atual. Rio de Janeiro: Renovar, 1997). Pertimo-nos a ela recorrer nas linhas que seguem.

[42] THEODORO JÚNIOR, Humberto. *Negócio jurídico*. Existência. Validade. Eficácia. Vícios. Fraude. Lesão. Revista dos Tribunais, RT: São Paulo, ano 89, v. 780, outubro de 2000, p. 11. Ainda: LOTUFO, Renan. *Código Civil comentado*. Parte Geral (art. 1º a 233). São Paulo: Saraiva, 2003, v. 1., p. 268.

constitucional.[43] No Direito Civil contemporâneo, o negócio jurídico ocupa uma posição central na moderna sistematização do Direito Civil. Ele realmente se presta a viabilizar o exercício da autonomia privada; "o negócio jurídico não representa apenas o comportamento humano voluntário e lícito, mas aquele em que o agente, sem vínculo ou obrigação anterior, se propõe a definir e buscar um resultado jurídico concebido, originariamente, apenas em sua vontade livre e consciente".[44]

No plano conceitual, adotamos a clássica definição de Miguel Reale[45]: negócio jurídico é "aquela espécie de ato jurídico que, além de se originar de um ato de vontade, implica a *declaração expressa da vontade*, instauradora de uma relação entre dois ou mais sujeitos tendo em vista um objetivo protegido pelo ordenamento jurídico". É uma espécie de ato jurídico que se origina de um ato de vontade e implica declarações que se expressam por meio desta vontade. Tem por objetivo a proteção de um interesse tutelado pela ordem jurídica. Serve como meio de realização da autonomia privada. "É atividade e potestade criadoras, modificadoras ou extintoras das relações jurídicas entre particulares; portanto, o pressuposto e a causa geradora das relações jurídicas, abstratamente e genericamente admitidas pelas normas de ordenamento", ensina Renan Lotufo.[46]

O negócio jurídico é, dessa forma, manifestação de vontade orientada à obtenção de efeitos jurídicos, os quais são autorizados e previstos pelo ordenamento. Como enfatiza Claudio Luiz Bueno de Godoy[47], "cuida-se de o sujeito declarar uma vontade consciente e qualificada; por isso que se destina, tem por objetivo alcançar determinados efeitos jurídicos relacionais de aquisição, modificação ou extinção de direitos". É uma manifestação de vontade que se dirige essencialmente a um fim prático tutelado

---

[43] Referindo, por exemplo, à autonomia privada e à iniciativa econômica privada assegurada por mandamento constitucional, *v.* PRATA, Ana. *A tutela constitucional da autonomia privada.* Coimbra: Almedina, 1982.

[44] THEODORO JÚNIOR, Humberto. Negócio jurídico. Existência. Validade. Eficácia. Vícios. Fraude. Lesão. Revista dos Tribunais, RT: São Paulo, ano 89, v. 780, outubro de 2000, p. 12-13.

[45] REALE, Miguel. *Lições preliminares de Direito.* 26. ed. São Paulo: Saraiva, 2002, p. 208-209. No mesmo sentido: RUGGIERO, Roberto de. Instituições de Direito Civil. 2. ed. Campinas: Bookseller, 2005, p. 315.

[46] LOTUFO, Renan. *Código Civil comentado.* Parte Geral. São Paulo: Saraiva, 2003, p. 271.

[47] GODOY, Claudio Luiz Bueno de. Dos fatos jurídicos e do negócio jurídico. In: LOTUFO, Renan; NANNI, Giovanni Ettore (coords.). *Teoria Geral do Direito Civil.* São Paulo: Atlas, 2008, p. 390.

PRINCÍPIO DA CONSERVAÇÃO DOS NEGÓCIOS JURÍDICOS

pelo ordenamento jurídico como a revelação legítima da autonomia individual no sentido eficaz de propiciar a autorregulamentação de sua vida e de seus interesses. Como salienta Godoy, o negócio jurídico é a declaração de vontade acrescida de efeito normativo que ela deseja produzir; "é vontade qualificada, particularizada pelo seu objetivo de produzir efeito jurídico".

Impende esclarecer que os fatos e os atos humanos podem ser revelados por meio das relações jurídicas. Não estamos a cuidar, todavia, de quaisquer relações sociais. Somente interessam aquelas relações que reúnam os requisitos previstos nas normas jurídicas. Um dos elementos essenciais da experiência do Direito é a relação jurídica. O seu conceito fundamental foi firmado por Savigny no século XIX, como pontifica Miguel Reale[48]: "uma relação intersubjetiva, ou seja, um vínculo entre duas ou mais pessoas. Em segundo lugar, que esse vínculo corresponda a uma hipótese normativa, de tal maneira que derivem consequências obrigatórias no plano da experiência".

A relação jurídica deriva diretamente da vontade manifestada sob a forma da lei, isto é, sob a forma que em princípio (e idealmente) é inseparável da vontade humana. Havendo a manifestação de vontade por quem detenha legitimação para fazê-lo, surge o negócio jurídico. O conteúdo do negócio jurídico somente resulta da lei indiretamente, isto é, de forma *mediata*. Em todo negócio jurídico, há uma correspondência e uma variação entre o conteúdo específico do *ato* e a qualidade específica do *efeito*.[49]

Quando se pretende produzir o negócio jurídico, importa gizar, o que os sujeitos de direito estão verdadeiramente a desejar produzir (por meio do poder de autorregulação franqueada pela autonomia privada) são os *efeitos jurídicos* que do negócio jurídico dimanam. A compreensão da sutil distinção que estabelece a doutrina a esse re é imprescindível para a conformação da primazia da eficácia jurídica e social como um critério decisivo à aplicação do princípio da conservação. Disso avulta a importância da eficácia jurídico-social na compreensão contemporânea dos negócios jurídicos. Os efeitos jurídicos dos negócios serão alcançados (e somente assim o serão) por meio da própria execução do negócio jurídico.

Destarte, a eficácia jurídica é a própria razão de ser que justifica a existência do negócio jurídico. Para que assim o seja, por certo, devem ser res-

---

[48] REALE, Miguel. *Lições preliminares de Direito*. 26. ed. São Paulo: Saraiva, 2002, p. 216.

[49] REALE, Miguel, *Lições preliminares de Direito*. 26. ed. São Paulo: Saraiva, 2002, p. 224-226.

peitados os elementos de existência e os requisitos de validade, os quais antecedem ao plano da eficácia propriamente dita. Como assinalamos na Introdução, avulta na atualidade o fortalecimento da compreensão funcional da Ciência do Direito no sentido de conferir primazia à eficácia negocial jurídico-social. Observa-se, assim, o afastamento do outrora prevalente apego excessivo ao plano da validade, diversamente do que historicamente se privilegiou nas letras jurídicas nacionais. A nosso ver, os conceitos e a dogmática jurídica clássica estão a exigir uma adequada releitura no que diz respeito à própria teoria das invalidades.[50]

O negócio jurídico (o cerne dos nossos passos), nas palavras de Francisco Amaral, é uma declaração de vontade privada destinada a produzir os "efeitos que o agente pretende e o direito reconhece".[51] Os seus efeitos são a constituição, a modificação ou a extinção de relações jurídicas dotadas de vinculação. São os efeitos obrigatórios para as partes intervenientes e passíveis de proteção contra os terceiros.[52] O negócio jurídico parte, portanto, de dois elementos: i) uma vontade humana criadora dirigida à produção de efeitos jurídicos com a finalidade de permitir a autorregulação dos interesses privados e ii) o reconhecimento pelo ordenamento jurídico do poder que a própria ordem confere aos particulares no sentido de regular os seus interesses. É fora de dúvida que a autonomia privada encontra assento constitucional na liberdade de iniciativa econômica, prevista, dentre outros dispositivos, no Princípio fundamental da República Federativa do Brasil insculpido no inciso IV do art. 1º da Constituição Federal de 1988, como sublinha Francisco Amaral[53].

Impende destacar, ainda em caráter preambular, que o Princípio da conservação dos negócios jurídicos não é um princípio exclusivo do Direito contratual[54]. É o que se poderia cogitar em uma primeira leitura menos atenta, considerando nossa tradição jurídica. Na verdade, o Princípio objeto

---

[50] A esse respeito, *v.* PIRES, Luis Manuel Fonseca; MARTINS, Ricardo Marcondes. *Um diálogo sobre a justiça*: a justiça arquetípica e a justiça deôntica. Belo Horizonte: Fórum, 2012 (Cap. IV: Justiça Deontica, p. 149-244).

[51] AMARAL, Francisco. *Direito Civil. Introdução*. 6. ed. Rio de Janeiro: Renovar, 2006, p. 368.

[52] Sobre os efeitos que incidem sobre terceiros no plano contratual, *v.* BENACCHIO, Marcelo. *Responsabilidade civil contratual*. São Paulo: Saraiva, 2011.

[53] Sobre a conformação do negócio jurídico, ver: AMARAL, Francisco. *Direito Civil. Introdução*. 6 ed. Rio de Janeiro: Renovar, 2006, p. 372-373.

[54] A respeito da conformação e força normativa dos princípios, *v.* FRANÇA, R. Limongi. *Princípios gerais de Direito*. 3. ed. rev. atual. São Paulo: Revista dos Tribunais, 2010.

PRINCÍPIO DA CONSERVAÇÃO DOS NEGÓCIOS JURÍDICOS

do estudo em desenvolvimento é um princípio geral do próprio Direito[55] que radica no princípio mais amplo da sanação dos atos jurídicos. Insere--se no sistema jurídico por meio de uma cláusula geral.

O contrato, nesse panorama, é uma espécie destacada de negócio jurídico, o qual assume proeminência na análise que estamos ora a proceder.[56] Isso não significa, entretanto, que o Princípio da conservação dos negócios seja um princípio exclusivo do negócio jurídico-contratual (de natureza fundamentalmente patrimonial). A nosso ver, assumir tal posição significa minimizar as reais potencialidades do princípio em estudo. O contrato é um negócio jurídico autêntico, decerto, apresentado como a subespécie principal dos negócios jurídicos bilaterais de cunho patrimonial, como anota Vera Helena de Mello Franco[57]. No entanto, não é o único *habitat* em que reside o Princípio sob reflexão, o qual espraia no processo de interpretação sobre todas as normas jurídicas, como demonstraremos.

Concebido pela doutrina como o acordo de vontades destinado a constituir uma relação jurídica de natureza obrigacional com eficácia patrimonial, o contrato é um instrumento vital para a sociedade, anota Mario Allara[58]. A esse propósito, Inocêncio Galvão Telles[59] salienta que "a grande maioria dos negócios jurídicos são contratos, e estes possuem enorme riqueza de problemas e aspectos próprios, que aparecem esbatidos ou ficam esquecidos na análise geral, necessariamente mais abstrata e esfumada, do negócio jurídico". Portanto, devemos buscar compreendê-lo de modo que se lhe permita dimanar os efeitos próprios e em ampla escala.[60] É preciso que o intérprete dele extraia e aproveite o que dele brota ao máximo (daí à alusão à "máxima expansão dos efeitos dos negócios jurídicos" feita na

---

[55] Sobre os chamados Princípios positivos do Direito, ver: MARINO, Francisco Paulo de Crescenzo. *Interpretação do negócio jurídico*. São Paulo: Saraiva, 2011, p. 313-314.

[56] Sobre o princípio da intangibilidade que sacramenta a imutabilidade do negócio jurídico, ver: (SOUZA, Sérgio Iglesias Nunes de. *Lesão nos contratos eletrônicos*. São Paulo: Saraiva, 2010, p. 182.

[57] *V.*, por todos, FRANCO, Vera Helena de Mello. *Teoria geral do contrato*: confronto com o direito europeu futuro. São Paulo: Revista dos Tribunais, 2011, p. 33-34.

[58] ALLARA, Mario. *La teoria generale del contratto*. Corso di diritto civile. Torino: G. Giappichelli Editore, 1945, p. 07.

[59] TELLES, Inocêncio Galvão. *Manual dos contratos em geral*. 4. ed. Coimbra: Coimbra Editora: 2002, p. 64.

[60] FRANCO, Vera Helena de Mello. *Teoria geral do contrato*: confronto com o direito europeu futuro. São Paulo: Revista dos Tribunais, 2011, p. 203.

introdução)[61]. O cumprimento do contrato, cumpre salientar, não interessa somente às partes, mas, na verdade, interessa e pertine à toda sociedade, alerta Claudio Luiz Bueno de Godoy.[62]

Nesse cenário (e justamente para iluminar a vereda que estamos a percorrer) é fundamental registrar a advertência de Celso Antônio Bandeira de Mello: *"Deveria ser um trabalho constante dos juristas acender velas, não tanto imprecar contra a escuridão"*[63]. A lição ministrada ainda nos anos 80 no plano do Direito Público faz revelar uma proposta hermenêutica jurídica distinta das concepções tradicionais então aceitas. A invocação de Bandeira de Mello sugere o relevo que se deve impor ao sistema que permite o reconhecimento de valores superiores (e decisivos à proteção dos direitos fundamentais) mesmo sob a égide e sob as "deficiências" estatais impostas aos cidadãos pela Carta Constitucional de 1967, com as "modificações" introduzidas pelo Ato Institucional n. 5, de 1969.

Celso Antonio Bandeira de Mello acentua que o que move o comportamento dos juristas diante de regras produzidas em um regime de exceção é simplesmente "amaldiçoá-las", vale dizer, negá-las existência, vigência e eficácia. Ainda que inconscientemente, o mesmo se faz quando se está diante de invalidades dos negócios jurídicos. Melhor seria, diz ele, delas sacar todo o proveito possível, isto é, extrair o mais eficaz que se possa haurir. A postura construtiva do intérprete deve ser clara, como anota Bandeira de Mello. Com efeito, diz, "amaldiçoar" (que aqui está a significar simplesmente negar todos efeitos jurídicos possíveis) é uma atitude "pouco prática, pouco eficiente".[64]

Nos dizeres de Celso Antônio Bandeira de Mello[65]:

---

[61] A respeito da distinção entre os efeitos jurídicos do contrato e os efeitos sociais do contrato, bem como no que diz respeito aos efeitos internos e externos do contrato, *v.* MARTINS, Fernando Rodrigues. *Princípio da justiça contratual*. São Paulo: Saraiva, 2009, p. 294. (4.2.2.6. A função social do contrato).

[62] GODOY, Claudio Luiz Bueno de. *Função social do contrato*: os novos princípios contratuais. 2. ed. rev. atual. São Paulo: Saraiva, 2007.

[63] MELLO, Celso Antonio Bandeira de. *Poder Constituinte*. Revista de Direito Constitucional e consciência política. Ano III, n. 4. Rio de Janeiro: Forense, 1985, jan./jun.1985, p. 125.

[64] MELLO, Celso Antonio Bandeira de. *Poder Constituinte*. Revista de Direito Constitucional e consciência política. Ano III, n. 4. Rio de Janeiro: Forense, 1985, jan./jun.1985, p. 127 ss.

[65] MELLO, Celso Antonio Bandeira de. *Poder Constituinte*. Revista de Direito Constitucional e consciência política. Ano III, n. 4. Rio de Janeiro: Forense, 1985, jan./jun.1985, p. 127, destacamos.

Deveria ser um trabalho constante dos juristas acender velas, não tanto imprecar contra a escuridão. Porque são dois trabalhos paralelos.

Se alguém entende que este texto constitucional (o que se aplica aos negócios jurídicos, como a todo texto normativo, acrescenta-se) é uma lástima, seja pela sua origem, seja por suas disposições, então certamente, como indivíduo, como cidadão, cabe realizar um trabalho político para que esse texto possa ser substituído por um outro texto (...).

Mas então ele fará e deverá fazer como cidadão, como indivíduo, mas não deve, segundo me parece, deixar em oblívio este importantíssimo fato de que *enquanto advogado, enquanto jurista, enquanto homem que trabalha com as normas, deve tentar imprimir através de estudos ao máximo da significação do que aquelas regras comportam* e, dada circunstância de que normalmente os textos constitucionais, mesmo os outorgados por ditadores estão prenhes daquilo que chamei fulgurações progressistas, seja, porque vazadas nos textos por mera reprodução do que consta dos dispositivos constitucionais dos países mais avançados, seja porque não se pode incorrer na omissão de dizer, aquilo que de algum modo é patrimônio cultural da humanidade, de certa época, seja como meio de captar as simpatias da comunidade, o trabalho do jurista é importantíssimo em termos políticos.

E continua a esclarecer:[66]

(O trabalho ideal do jurista) é o de procurar fixar, transitar insistentemente sobre aqueles dispositivos que permitem extrair certos valores.

Na medida em que se expande através desse trabalho uma consciência no meio jurídico sobre o alcance daqueles dispositivos, aquele mesmo texto outorgado por um ditador terá uma eficácia em benefício dos administrados muito maior do que tem quando se timbra em ignorar o que consta do texto constitucional a pretexto de que foi produzido de uma maneira espúria. (...).

---

[66] MELLO, Celso Antonio Bandeira de. *Poder Constituinte*. Revista de Direito Constitucional e consciência política. Ano III, n. 4. Rio de Janeiro: Forense, 1985, jan./jun.1985, p. 126-127.

FATOS, ATOS E NEGÓCIOS JURÍDICOS

O esforço hermenêutico de salvaguarda dos Direitos fundamentais naquele momento histórico brasileiro dependeu de um esforço dos intérpretes no árduo labor de "acender velas", como destaca Bandeira de Mello na passagem destacada. A nosso ver, a mesma inspiração interpretativa é a que nos conclama a esquadrinhar os contornos do Princípio da conservação dos negócios jurídicos. Como é elementar, se os princípios constitucionais são dotados de ampla eficácia jurídica, como salienta Ana Paula de Barcellos[67], assim também devem ser os negócios jurídicos. Os negócios jurídicos reclamam uma compreensão "sistemático-teleológica", regista Juarez Freitas[68], de modo coerente com a autonomia privada e com os valores superiores da própria ordem jurídica. No plano das invalidades negociais, a mesma inspiração deve sobressair na tarefa construtiva do intérprete. Somente assim, a nosso viso, será possível atender às exigências impostas pela perspectiva funcional do Direito, como procuramos demonstrar a seguir.

1.3. O plano da existência. Os elementos do negócio jurídico

O estudo do negócio jurídico é tradicionalmente dividido em três planos: o da existência, o da validade e o da eficácia.[69] O primeiro (o plano da existência) é a seara dos elementos do negócio jurídico. O elemento, por conceito, significa tudo o que entra na composição de algo. É cada parte que integra a essência do ser. O plano da existência difere do plano da validade: neste (o plano da validade), sobressaem os requisitos do negócio jurídico, ou seja, aqueles dados referentes às condições necessárias para que atinja ele uma determinada finalidade. O plano da eficácia é também referido como o plano das circunstâncias (dos fatores), as quais orbitam ao redor (isto é, circundam) os requisitos já estabelecidos sobre um suporte

---

[67] BARCELLOS, Ana Paula de. *A eficácia jurídica dos princípios constitucionais*: o princípio da dignidade da pessoa humana. 3. ed. rev. atual. Rio de Janeiro: Renovar, 2011.

[68] Nas palavras de Juarez Freitas: "A interpretação sistemática, decididamente, não deve ser tratada como uma técnica a mais, porque somente a concatenação axiológica revela-se capaz de determinar o alcance teleológico dos dispositivos, na tarefa de harmonização concreta dos múltiplos comandos, de sorte a produzir e, depois, resguardar a unidade axiológica" (FREITAS, Juarez. *A interpretação sistemática do direito*. 5. ed. São Paulo: Malheiros, 2010, p. 275).

[69] A perspectiva que apresentaremos doravante é fundamentalmente a apresentada *in*: JUNQUEIRA, Antônio Junqueira de. *Negócio jurídico*: existência, validade e eficácia. Atual. de acordo com o Código Civil (Lei n. 10.406, de 10.01.2002). São Paulo: Saraiva, 2002.

PRINCÍPIO DA CONSERVAÇÃO DOS NEGÓCIOS JURÍDICOS

fático, na concepção tradicional. São as situações, o estado ou a condição das coisas efetivamente existentes num certo momento.[70]

Com apoio nas lições de Pontes de Miranda[71], Antonio Junqueira de Azevedo propõe o tratamento do negócio jurídico tomando por base um *critério de exclusão*: deve o intérprete, diz ele, verificar sucessiva e progressivamente se o negócio é existente; depois, sendo existente, se é válido; depois, se for válido, se é eficaz. Em sentido contrário, pode-se observar que se não for existente, o negócio jurídico não será válido; e se não for válido, não será eficaz. Os elementos negociais de existência podem ser divididos em elementos gerais, anota, elementos categoriais e elementos particulares. Os primeiros (os elementos gerais) são os comuns a todos os tipos de negócios; os elementos categoriais (os segundos) são os próprios de cada tipo de negócio, de modo que permitem a sua tipificação básica, e os elementos particulares, por sua vez, são os que se encontram em um determinado negócio específico negócio[72].

O primeiro plano de análise dos negócios jurídicos é o da existência. A ele, pois. Conforme ensina Antonio Junqueira de Azevedo, a inexistência de um negócio jurídico diz respeito à falta de um pressuposto essencial de sua constituição. Diante da inexistência, anota, falta ao negócio jurídico um componente da sua materialidade, a fim de que possa ter "força existencial". A teoria da inexistência foi construída para justificar no casamento certas situações em que não se completara o respectivo "elenco definidor"[73]. Eram as situações que pertiniam às hipóteses de união de pessoas do mesmo sexo ou as uniões celebradas perante autoridade incompetente. Mais adiante, estendeu-se a teoria da inexistência para o âmbito da teoria geral do Direito Civil. Com ela, pretendeu-se solucionar questões atinentes aos negócios jurídicos em que não se pode (ou não se deva poder)

---

[70] AZEVEDO, Antônio Junqueira de. *Negócio jurídico e declaração negocial*: noções gerais e formação da declaração negocial. São Paulo: Saraiva, 1986, p. 96.

[71] MIRANDA, Pontes de. *Tratado de Direito Privado*. Parte Geral. 4. ed. São Paulo: Revista dos Tribunais, 1983, t. 3-6.

[72] Sobre os elementos gerais, ver: LOTUFO, Renan. *Código Civil comentado*. Parte Geral (art. 1º a 233). São Paulo: Saraiva, 2003, v. 1, p. 281.

[73] AZEVEDO, Antônio Junqueira de. *Negócio jurídico*: existência, validade e eficácia. Atual. de acordo com o Código Civil (Lei n. 10.406, de 10.01.2002). São Paulo: Saraiva, 2002, p. 254.

FATOS, ATOS E NEGÓCIOS JURÍDICOS

reconhecer quaisquer efeitos jurídicos, quer por ausência de vontade, quer por inexistência de outro "elemento integrante da sua materialidade".[74]

O campo dos elementos é o ambiente natural dos pressupostos dos negócios jurídicos. Carlos Alberto Bittar[75] destaca que os pressupostos são os dados que antecedem à celebração de um negócio jurídico, os quais se relacionam às partes e ao objeto. Os pressupostos dizem respeito à capacidade e à legitimidade de partes, à idoneidade do objeto e à susceptibilidade de ordenação pela vontade humana nos limites da autonomia privada. Os requisitos do negócio jurídico, por sua vez, (que dizem respeito aoplano da validade) concernem aos dados referentes, especificamente, a um determinado "tecido negocial": o consentimento ao ato, a motivação, a operação visada quanto ao objeto e a forma.

Não obstante o Código Civil vigente tenha dispensado especial tratamento à validade e à eficácia dos negócios jurídicos, tal legislativa não significa que se tenha peremptoriamente negado a possibilidade de enfrentar o negócio jurídico também sob o plano da existência.[76] A discussão a respeito do plano da existência rendeu ensejo à acirrada celeuma na doutrina. José Carlos Moreira Alves, eminente jurista responsável pela Parte Geral do Código Civil de 2002, membro da comissão presidida por Miguel Reale, ao ser indagado a respeito de se ter admitido o plano da existência dos negócios jurídicos diante da regra constante no artigo 124 do Código Civil[77], respondeu que, em primeiro lugar, que não havia a necessidade de disciplina expressa da existência na Parte Geral do Código Civil brasileiro em vigor. Entretanto, o próprio José Carlos Moreira Alves não nega a possibilidade de se admitir a análise do negócio jurídico também sob o plano da existência. É inexistência o que ocorre, diz ele, quando o ato considerado não se enquadra adequadamente no conceito do negócio jurídico "não ingressando

---

[74] AZEVEDO, Antônio Junqueira de. *Negócio jurídico*: existência, validade e eficácia. Atual. de acordo com o Código Civil (Lei n. 10.406, de 10.01.2002). São Paulo: Saraiva, 2002, p. 254).

[75] BITTAR, Carlos Alberto. *Teoria Geral do Direito Civil*. 2. ed. Rio de Janeiro: Forense universitária, 2007, p. 190.

[76] A respeito dos planos de existência e validade, ver, por todos: JUNQUEIRA, Antônio Junqueira de. *Negócio jurídico*: existência, validade e eficácia. Atual. de acordo com o Código Civil (Lei n. 10.406, de 10.01.2002). São Paulo: Saraiva, 2002, p. 280.

[77] *O novo Código Civil*, Especial. Informativo Interação Magistratura. Escola Paulista da Magistratura. número 61, abril/2005, p. 05.

no mundo jurídico e ficando apenas no mundo fático"[78]. Ao responder às observações de Clóvis do Couto e Silva à Parte Geral do então Anteprojeto de Código Civil brasileiro, no ano de 1970, o jurista em referência afirma que não mais havia razão para que se modificasse a sistemática quanto aos negócios jurídicos sob dois planos apenas: os planos da validade e eficácia. Não haveria lugar a prevalecer na legislação civil, anota ele, a menção explícita aos planos da existência, da validade e da eficácia.[79]

Observa José Carlos Moreira Alves que dentre as maiores inovações do Código Civil em vigor, está o Livro III da Parte Geral.[80] No seu Título I é disciplinado o que a doutrina contemporânea denomina "negócio jurídico", em substituição à expressão genérica "ato jurídico" (como tal empregada pelo Código Civil de 1916). O sistema legislativo vigente adota expressamente a Teoria do Negócio Jurídico, destaca ele, que no Direito alemão nasceu no século XVIII por força da criação de um sistema de Direito Privado com arrimo na liberdade conferida pelo Direito para os particulares, no qual figurou o negócio jurídico, diz, como figura central.[81] O Código Civil de 2002 baseia se, como acentua Moreira Alves, na dicotomia estabelecida entre a validade e a eficácia. Em termos genéricos, observa, refere o Código Civil à *invalidade do negócio jurídico* não como uma antítese à validade, mas, sim, como o contraponto a ambos os planos da validade e da eficácia negociais.[82]

O ordenamento jurídico em vigor não despreza o plano da existência dos negócios jurídicos, por certo. Na ordem lógica, como é elementar, o

---

[78] *O novo Código Civil*. Especial Informativo Interação Magistratura. São Paulo: Escola Paulista da Magistratura. Numero 61, abril/2005, p. 05.

[79] ALVES, José Carlos Moreira, *A Parte Geral do Projeto do Código Civil brasileiro*. São Paulo: Saraiva, 1986, p. 43.

[80] ALVES, José Carlos Moreira. *A Parte Geral do Projeto do Código Civil brasileiro*. São Paulo: Saraiva, 1986, p. 77.

[81] AMARAL, Francisco. *Direito Civil. Introdução*. 6 ed. Rio de Janeiro: Renovar, 2006, p. 371.

[82] São palavras de José Carlos Moreira Alves: "O Capítulo V (do Código Civil de 2002) se refere à invalidade do negócio jurídico. Duas são as gradações de invalidade a que o anteprojeto alude: a nulidade e a anulabilidade. Os casos de nulidade estão discriminados nos arts. 178 e 179 (este diz respeito à nulidade por fraude a lei imperativa); aos de anulabilidade se referem os arts. 183 e 184. Os vícios resultantes de erro, dolo, coação, simulação, estado de perigo, lesão ou fraude contra credores acarretam a anulabilidade. Não acolhi, portanto, no Anteprojeto, a distinção entre anulabilidade e rescindibilidade, por entender que não há razão de fundo para sua adoção" (ALVES, José Carlos Moreira. *A Parte Geral do Projeto do Código Civil brasileiro*. São Paulo: Saraiva, 1986, p. 78).

plano da existência se impõe como um antecedente necessário aos planos da validade e da eficácia. De acordo com Pontes de Miranda, cuida-se de uma questão preliminar a respeito do "ser ou não ser das coisas": somente o que é pode ser analisado sob o prisma de sua capacidade para alcançar determinada finalidade jurídica, e, depois, conformar-se ou não se conformar com os efeitos que dele dimanam. Daí a pertinência da síntese de Claudio Luiz Bueno de Godoy[83]: "somente o que existe pode valer e ser eficaz". A inexistência, diz, espraia seus efeitos sobre a própria realidade (a pragmática em si considerada), uma vez que o negócio jurídico inexistente (em princípio e como regra) independe de expresso pronunciamento judicial que o *afirme inexistir*.

A respeito do fenômeno da inexistência negocial, merece destaque a orientação do Superior Tribunal de Justiça, por sua Quarta Turma, retratada no Recurso Especial nº 115.966/SP, de relatoria do Ministro Sálvio de Figueiredo Teixeira, julgado em 17 de fevereiro de 2000. Ainda sob a vigência do Código Civil de 1916, é certo, em uma lide relativa à alienação de um imóvel pertencente a uma sociedade empresarial realizado por instrumento firmado por apenas um dos sócios quando previam os estatutos sociais a assinatura de ao menos dois sócios conjuntamente, o Superior Tribunal de Justiça afirmou que a deficiência apresentada no negócio jurídico celebrado sob tais circunstâncias foi tão expressiva que houve a própria inexistência de negócio jurídico de compra e venda. Segundo decidiu a Corte, a "ausência de consentimento" pela empresa alienante nos moldes impostos por seus atos constitutivos conduz à própria inexistência do negócio jurídico, aplicou-se à hipótese a teoria do negócio inexistente:

> (...) no caso de ser o ato praticado pela pessoa jurídica representada por apenas um dos seus sócios, quando seus estatutos determinam seja ela representada pelos dois sócios em conjunto, o que ocorre não é deficiência na representação, no sentido técnico-jurídico, que aceita convalidação, mas ausência de consentimento da empresa, por falta de manifestação de vontade, requisito fático para a formação do ato.

---

[83] GODOY, Claudio Luiz Bueno de. Dos fatos jurídicos e do negócio jurídico. In: LOTUFO, Renan; NANNI, Giovanni Ettore (coords.). *Teoria Geral do Direito Civil*. São Paulo: Atlas, 2008, p. 399.

No julgado em testilha foi observado que o negócio jurídico para o qual não concorre a manifestação de vontade da pessoa jurídica na forma por ela própria estatuída nos seus atos constitutivos deve ser qualificado um "negócio inexistente" (e não apenas como nulo) pois a existência (pres) supõe a validade. O reconhecimento judicial da inexistência naquelas circunstâncias, segundo o próprio julgado em referência, independe do pronunciamento judicial expresso. Por tal razão, restou assentado ao final o entendimento de que não se estaria nem mesmo a submeter ao prazo prescricional gizado pelo artigo 178 do então vigente Código Civil de 1916[84], afinal assim ementado:

> DIREITO CIVIL. Alienação de imóvel pertencente à sociedade em instrumento firmado por um dos sócios. Estatutos que preveem a representação da sociedade por seus dois sócios em conjunto. Ausência de consentimento da alienante. Vontade que somente se forma quando os dois sócios a exprimem em conjunto. Aplicação da teoria do ato inexistente. Desnecessidade de declaração judicial da inexistência. Inocorrência de prescrição. Recurso desacolhido.
>
> I - A manifestação volitiva da pessoa jurídica somente se tem por expressa quando produzida pelos seus "representantes" estatutariamente designados.
>
> II - No caso de ser o ato praticado pela pessoa jurídica representada por apenas um dos seus sócios, quando seus estatutos determinam seja ela representada pelos dois sócios em conjunto, o que ocorre não é deficiência na representação, no sentido técnico-jurídico, que aceita convalidação, mas ausência de consentimento da empresa, por falta de manifestação de vontade, requisito fático para a formação do ato.
>
> III - O ato jurídico para o qual não concorre o pressuposto da manifestação de vontade é de ser qualificado como inexistente, cujo reconhecimento independe de pronunciamento judicial, não havendo que invocar-se prescrição, muito menos a do art. 178 do Código Civil.

---

[84] STJ, REsp. 115966/SP, Rel. Ministro SÁLVIO DE FIGUEIREDO TEIXEIRA, QUARTA TURMA, j. 17/02/2000, DJ 24/04/2000, p. 56.

A nosso ver, considerando a proteção jurídica que deve ser dispensada à contraparte (presumivelmente de boa-fé), a questão não foi adequadamente decidida sob o plano da (in)existência do negócio jurídico. A solução alvitrada desatende, a nosso viso, às exigências do Princípio da conservação dos negócios jurídicos, como demonstraremos. A superação das invalidades permite ao intérprete encontrar solução distinta da alvitrada pela Corte, pois "sempre que os efeitos do negócio puderem ser preservados sem violar os valores fundamentais protegidos pela norma que reconhece a invalidade, será o caso de conservá-lo no lugar de declarar sua nulidade ou anulá-lo", como bem observa Hamid Charaf Bdine Junior[85].

No caso, seria possível afirmar a viabilidade de convalidação (mediante a concordância ulterior manifestada pelos sócios apontados pelos atos constitutivos, por exemplo), para que igualmente se pudesse afirmar a perfeição do negócio por um ato (negócio) posterior. Evidentemente, caso estivesse o intérprete diante de uma hipótese de inexistência, propriamente dita, como acena o Superior Tribunal de Justiça no julgado em análise, não se poderia afirmar a possibilidade de sua convalidação (sanação) posterior. Como nos parece evidente, não se convalida o inexistente. Sob nossa orientação, avulta a necessidade de a Ciência do Direito consolidar situações de fato constituídas com amparo legítimo na aparência da existência de um direito. Devem ser protegidos aqueles de boa-fé legitimamente interessados na afirmação de higidez de um negócio jurídico. A proteção da confiança, a tutela das legítimas expectativas e a segurança jurídica são fatores que acenam conjuntamente no sentido de que a "declaração de inexistência negocial" seria aqui, em princípio, desproporcional.

Tecidas essas considerações, vale reconhecer que a clássica divisão dogmática estabelecida entre os planos da existência/validade/eficácia merece ser revisitada. O plano da eficácia (tradicionalmente relegado a um papel secundário na dogmática da Ciência do Direito) deve assumir posição de destaque nos dias que correm, fundamentalmente em nome da salvaguarda da eficácia jurídica e social dos negócios. Dizer, por exemplo, que a relevância do estudo da eficácia se circunscreve aos chamados elementos acidentais do negócio jurídico (o termo, a condição e o encargo, como

---

[85] BDINE JÚNIOR, Hamid Charaf. *Efeitos do negócio jurídico nulo*. São Paulo: Saraiva, 2010, p. 205.

PRINCÍPIO DA CONSERVAÇÃO DOS NEGÓCIOS JURÍDICOS

preveem os artigos 121 a 137 do Código Civil brasileiro) significa reduzir as suas reais potencialidades sem qualquer justificativa idônea.

O Código Civil brasileiro, por exemplo, alude impropriamente à ineficácia no artigo 125 ao estabelecer que "subordinando-se a eficácia do negócio jurídico à condição suspensiva, enquanto esta se não verificar, não se terá adquirido o direito, a que ele visa"[86]. A interpretação que se extrai da literalidade do Código Civil e dos clássicos manuais de Direito Civil não é suficiente para compreender as suas amplas potências. Não se há castrar as potencialidades do plano da eficácia sem razão suficiente para que assim o seja. A interpretação distanciada do plano da eficácia não se afina com as exigências da hodierna compreensão do negócio jurídico. Por certo, o desafio da eficácia é o desafio da sobrevivência do próprio Direito na pós-modernidade, alerta Boaventura de Souza Santos[87]. Os princípios da operabilidade, da eticidade e da sociabilidade, cardeais ao Código Civil em vigor, servem a lhe guardar.

Compete ao intérprete nesse cenário "esforçar-se" no sentido de conferir eficácia jurídico social para os negócios jurídicos na maior extensão possível e em atenção ao suporte fático que se lhe apresente o caso concreto. Deve promover, com a máxima expansão dos seus efeitos, a sua sanação, com a identificação dos mecanismos de superação das suas invalidades, cristalizando-o substancialmente por meio do Princípio da conservação

---

[86] Em pesquisa temática do Código Civil do termo *"eficácia"*, observamos que o Código Civil de 2002 a ele menciona em vinte e sete passagens. Certo é que todas as vezes que o Código Civil a ele alude, refere o legislador ao efeito que se produz (e como tal se verifica concretamente) a partir de um determinado ato ou de um dado negócio jurídico. É digno de registro o fato de que ao versar a respeito do Direito pessoal de família, notadamente a respeito do casamento, a lei civil denomina *"Da eficácia do casamento"* o seu respectivo Capítulo IX, dos artigos 1.565 a 1.570. Um dado causa perplexidade: tais situações relacionadas ao Direito de família versam a respeito de direitos e deveres dos cônjuges, da administração da sociedade conjugal, da fixação do domicilio do casal e de temas afeitos, os quais, aqui excepcionalmente, não guardam correspondência com o que o legislador civil entende concernir ao conceito de eficácia nas outras passagens. Percebe-se, portanto, não ser mesmo nítida compreensão do conceito de eficácia no Código Civil em vigor.

[87] A esse respeito, por todos, v. SANTOS, Boaventura de Souza. *Pela mão de Alice*: o social e o político na pós-modernidade. 7. ed. São Paulo: Cortez, 2000 (Cap. 4. O social e o político na transição pós-moderna).

negocial, de modo que assim se possa atender à "função social da hermenêutica" preconizada por Tércio Sampaio Ferraz Junior.[88]

1.3.1. A inexistência do negócio jurídico no Direito de família: o casamento entre pessoas do mesmo sexo na recente jurisprudência do Superior Tribunal de Justiça e Supremo Tribunal Federal

Uma observação se faz ainda necessária a respeito do plano da existência. Em princípio, como dissemos, não é possível a superação da invalidade de um negócio jurídico nos casos de inexistência. A inexistência ocorre diante da ausência dos "elementos essenciais": i) ausência de parte; ii) ausência de consentimento; iii) ausência de objeto estruturalmente possível ou iv) ausência de forma.[89] Vale dizer, por ser um "nada jurídico", o "negócio jurídico inexistente" independentemente de declaração judicial, não comporta saneamento ou convalidação e pode ser invocado em qualquer fase processual ou reconhecido *ex officio* pela autoridade judicial. A inexistência não se sujeita a prazos decadenciais ou prescricionais. Por si só, priva o "negócio jurídico inexistente" de quaisquer efeitos[90].

Segundo Álvaro Villaça Azevedo[91], somente excepcionalmente pode haver "eficácia" (em relação a terceiros) nos negócios jurídicos inexistentes. Assim seria caso fossem verificadas alterações concretas na realidade por força de atos decorrentes do próprio negócio inexistente. Os "negócios jurídicos inexistentes", diz, em circunstâncias muito particulares, podem reclamar a declaração judicial de sua ineficácia "pois existem na aparência e esta deve ser apagada".

Inocêncio Galvão Telles[92] enfatiza que a inexistência pressupõe que o negócio jurídico não se amolde ao tipo legal em que pretende o intérprete a ele integrar. Não se ajusta à natureza tal qual a lei o modela. E não

---

[88] FERRAZ JÚNIOR, Tércio Sampaio. *Introdução ao Estudo do Direito*: técnica, decisão, dominação. 2. ed. São Paulo: Atlas, 1994, p. 307.

[89] BATALHA, Wilson de Souza Campos. *Defeitos dos negócios jurídicos*. 3 ed. atual. Rio de Janeiro: Renovar, 1997, p. 05.

[90] Sobre o tema, ver: ANDRADE, Manuel A. Domingues de. Teoria geral da relação jurídica. 3 reimp. Almedina: Coimbra, 1972, v. II, p. 414.

[91] AZEVEDO, Álvaro Villaça. *Teoria Geral do Direito Civil*: Parte Geral. São Paulo: Atlas, 2011, p. 338.

[92] TELLES, Inocêncio Galvão. *Manual dos contratos em geral*. 4. ed. Coimbra: Coimbra Editora: 2002, p. 356.

PRINCÍPIO DA CONSERVAÇÃO DOS NEGÓCIOS JURÍDICOS

se pode enquadrar em qualquer outro tipo legal. Sequer pode valer como um "ato (negócio) atípico", diz o autor. Não depende de expressa proibição legal, pois o Direito não lhe reconhecerá validade e eficácia jurídica precisamente pela inexistência desse substrato fático-jurídico essencial. No início do século XX, a inexistência era sequer aventada pela legislação brasileira. O exemplo recorrente na doutrina era o relativo ao campo dos elementos do negócio jurídico no "casamento entre pessoas de mesmo sexo".

Na estrutura do Código Civil brasileiro, não se atribuía sequer existência aos casamentos entre pessoas do mesmo sexo. O casamento nas circunstâncias de identidade de sexos, dito por outras palavras, era o exemplo clássico de ato (negócio) jurídico inexistente. É verdade que a lei civil não o vedava expressamente. Jamais o fez, por certo. A regra do artigo 1.565 do Código Civil brasileiro alude a "homem" e a "mulher", mas não expressamente proíbe o casamento entre pessoas do mesmo sexo. Sucede que, respeitadas posições contrárias[93], a lei aqui silenciava a respeito da heterossexualidade porque nesses casos era de todo evidente, dizia-se na doutrina repetidamente, que o "negócio jurídico" ressentia-se da ausência de um elemento material vital (a heterossexualidade ou a diversidade de sexos). Não se estava diante de nulidade, a qual exigia um ato material jurídico com um defeito ou vício em sua formação que o privasse de eficácia plena.

As uniões entre pessoas do mesmo sexo com o objetivo de constituição de família, conquanto pudessem para o leigo significar hipótese de "casamento", para o jurista eram inadmissíveis até à pouco tempo, como adverte Renan Lotufo[94]:

> Podem existir relações fáticas entre pessoas que aparentam ser relações jurídicas, mas que submetidas ao exame do ponto de vista jurídico, conclui-se que são negócios meramente aparentes, porque falta um elemento, e assim não podem ser considerados nem existentes.
>
> Exemplo muito comum decorre do que se vê no noticiário jornalístico sobre casamento de duas pessoas do mesmo sexo, em nosso

[93] Por todos, *v.* DIAS, Maria Berenice. *Manual de Direito das Famílias*. 5. ed. rev. atual. amp. São Paulo: Revista dos Tribunais, 2009, p. 147.
[94] LOTUFO, Renan. Código Civil comentado. Parte Geral (arts. 1º a 232º). São Paulo: Saraiva: 2003, v. 1, 274.

País, que a Constituição nunca admitiu que se pensasse em união de pessoas que não fossem de sexos diferentes. Aliás, até pouco tempo, se tinha como pressuposto do casamento a divergência de sexos. Portanto, o uso do termo casamento, que tem um significado unívoco no âmbito do direito começa a ser feito de maneira não unívoca, mas equívoca, o que é agravado pelos novidadeiros e ignorantes do direito.

Certo é que na doutrina nacional, o "casamento entre pessoas do mesmo sexo" foi situação reiteradamente invocada como um exemplo de aplicação concreta da teoria da inexistência dos negócios jurídicos, construção doutrinária originalmente atribuída ao jurista alemão Zachariae, como observa Orlando Gomes.[95] No Direito de família, de acordo com a dogmática jurídica tradicional, vigora o entendimento de que o casamento somente é ineficaz quando a lei assim o declara expressamente. Contudo, a ausência de pressupostos de formação fez reconhecer a categoria de ato inexistente nessas circunstâncias.

A lealdade científica exige que apresentemos a conformação jurídica contemporânea da questão suscitada para que compreendamos a irrefreável evolução dos institutos jurídicos. A jurisprudência dos tribunais superiores cedeu à realidade brasileira do século XXI. De início, o Superior Tribunal de Justiça afirmou que a primeira condição à existência de união estável (não se cuidava, antes, casamento propriamente dito) era a "dualidade de sexos". Se assim não fosse, como dissemos, a inexistência de união estável seria patente. "A união entre homossexuais juridicamente não existe nem pelo casamento, nem pela união estável, mas pode configurar sociedade de fato, cuja dissolução assume contornos econômicos, resultantes da divisão do patrimônio comum, com incidência do Direito das Obrigações".[96]

Mais tarde, em 05 de maio de 2011, na Ação Direta de Inconstitucionalidade 4.277, de relatoria do Min. Ayres Britto, o Tribunal Pleno do Supremo Tribunal Federal firmou o entendimento de que, diante da possibilidade de interpretação "em sentido preconceituoso ou discriminatório" do artigo

---

[95] GOMES, Orlando. *Introdução ao Direito Civil*. 19. ed. rev. atual. aum. Rio de Janeiro: Forense, 2007, p. 419-424.

[96] STJ, REsp. 502.995/RN, Rel. Ministro FERNANDO GONÇALVES, QUARTA TURMA, DJ 16/05/2005, p. 353.

PRINCÍPIO DA CONSERVAÇÃO DOS NEGÓCIOS JURÍDICOS

1.723 do Código Civil, é necessária a utilização da técnica de "interpretação conforme a Constituição" para excluir do dispositivo legal qualquer significado que impeça o reconhecimento da união contínua, pública e duradoura entre pessoas do mesmo sexo como família, "o que é de ser feito segundo as mesmas regras e com as mesmas consequências da união estável heteroafetiva".[97]

Em 21 de junho de 2011, o Superior Tribunal de Justiça, no âmbito da união estável, passou a admitir a possibilidade da sua identificação entre pessoas do mesmo sexo. Argumentou que a regra do art. 226, § 3º da Constituição (que se refere ao reconhecimento da união estável entre homem e mulher) "representou a superação da distinção que se fazia anteriormente entre o casamento e as relações de companheirismo". No caso, afirmou-se merecer prevalecer os comandos contidos nos artigos 4º e 5º da Lei de Introdução às normas do Direito Brasileiro (LINDB), os quais autorizam o julgador a reconhecer a união estável entre pessoas de mesmo sexo, traduzindo a "corporificação dos princípios constitucionais da igualdade e da dignidade da pessoa humana".[98]

A construção jurídica dos negócios jurídicos inexistentes cedeu às exigências da realidade social contemporânea. No atual momento, o casamento entre pessoas do mesmo sexo não mais diz respeito à situação que possa ser aventada como exemplo de negócio jurídico inexistente sob a perspectiva da jurisprudência brasileira. Não mais se pode reconhecê-lo, consoante informa o aresto do Supremo Tribunal Federal em destaque, como um "nada jurídico", com esteio no que recentemente se decidiu. A marcha da evolução do Direito e da sua adaptação às "novas realidades" impõe a leitura e recompreensão de institutos jurídicos já sedimentados.

> (...) O Supremo Tribunal Federal - apoiando-se em valiosa hermenêutica construtiva e invocando princípios essenciais (como os da dignidade da pessoa humana, da liberdade, da autodeterminação, da igualdade, do pluralismo, da intimidade, da não discriminação e da busca da felicidade) - reconhece assistir, a qualquer pessoa, o direito fundamental à orientação sexual, havendo proclamado, por

---

[97] STF, ADI 4277, Relator: Min. AYRES BRITTO, Tribunal Pleno, j. 05/05/2011.
[98] STJ, REsp. 827.962/RS, Rel. Ministro JOÃO OTÁVIO DE NORONHA, QUARTA TURMA, DJe 08/08/2011.

isso mesmo, a plena legitimidade ético-jurídica da união homoafetiva como entidade familiar, atribuindo-lhe, em consequência, verdadeiro estatuto de cidadania, em ordem a permitir que se extraiam, em favor de parceiros homossexuais, relevantes consequências no plano do Direito, notadamente no campo previdenciário, e, também, na esfera das relações sociais e familiares. - A extensão, às uniões homoafetivas, do mesmo regime jurídico aplicável à união estável entre pessoas de gênero distinto justifica-se e legitima-se pela direta incidência, dentre outros, dos princípios constitucionais da igualdade, da liberdade, da dignidade, da segurança jurídica e do postulado constitucional implícito que consagra o direito à busca da felicidade, os quais configuram, numa estrita dimensão que privilegia o sentido de inclusão decorrente da própria Constituição da República (art. 1º, III, e art. 3º, IV), fundamentos autônomos e suficientes aptos a conferir suporte legitimador à qualificação das conjugalidades entre pessoas do mesmo sexo como espécie do gênero entidade familiar. - Toda pessoa tem o direito fundamental de constituir família, independentemente de sua orientação sexual ou de identidade de gênero. A família resultante da união homoafetiva não pode sofrer discriminação, cabendo-lhe os mesmos direitos, prerrogativas, benefícios e obrigações que se mostrem acessíveis a parceiros de sexo distinto que integrem uniões heteroafetivas (...).[99]

Ao final (e aqui particularmente vincamos nossa reflexão) em recente julgamento datado de 25 de outubro de 2011, a Quarta Turma do Superior Tribunal de Justiça, nos autos de Recurso Especial n. 1.183.378/RS de relatoria do Ministro Luis Felipe Salomão, decidiu expressamente não existir vedação expressa a que se habilitem para o casamento duas pessoas do mesmo sexo, sob o argumento de que, entre outros, negar tal direito seria "interpretação implícita constitucionalmente inaceitável". A inexistência de vedação expressa na lei brasileira, como acentuamos, defluía da própria compreensão já sedimentada da conformação dos atos inexistentes. Como assinalamos, o negócio jurídico inexistente, ontologicamente, "não é". Logo, um "não-ato" independe de expressa negação pela norma

---

[99] STF, RE 477554 AgR, Relator: Min. CELSO DE MELLO, Segunda Turma, j. 16/08/2011.

jurídica. A existência é um pressuposto lógico e antecedente à validade dos negócios jurídicos.

Colhe-se do voto em testilha do Ministro Luis Felipe Salomão[100]:

> (...) Os arts. 1.514, 1.521, 1.523, 1.535 e 1.565, todos do Código Civil de 2002, *não vedam expressamente o casamento entre pessoas do mesmo sexo, e não há como se enxergar uma vedação implícita ao casamento homoafetivo sem afronta a caros princípios constitucionais*, como o da igualdade, o da não discriminação, o da dignidade da pessoa humana e os do pluralismo e livre planejamento familiar.

Apresentada nesses termos a evolução do quadro desde a compreensão jurídica do casamento entre as pessoas do mesmo sexo como um "ato jurídico inexistente" até a recente aceitação pelo Superior Tribunal de Justiça do chamado casamento homoafetivo, cumpre observar que somente o tempo dirá o acerto do entendimento prevalente pela Corte Superior no que tange à aplicação da lei federal (Constituição Federal de 1988, art. 105, inc. III). Prosseguir na reflexão a respeito do casamento inexistente (conquanto tenha sido a nosso ver pertinente para ilustrar a compreensão do plano da existência e a sua permanente mutação sóciojurídica) desborda as fronteiras de nosso corte científico. O conceito jurídico de inexistência dos atos e dos negócios ajusta-se ao tempo e às suas vicissitudes. A constante releitura de conceitos jurídicos e dos institutos sedimentados é necessidade própria da Ciência do Direito, assim como lhe são próprios, porque derivados da falível condição humana, os seus desvios e os seus acertos.

1.4. O plano da validade. Os requisitos do negócio jurídico

No segundo plano de exame do negócio jurídico, encontram-se os requisitos de validade. No Código Civil brasileiro, residem tais requisitos no artigo 104: "A validade do negócio jurídico requer: I. agente capaz; II. objeto lícito, possível, determinado ou determinável; III. forma prescrita ou não defesa em lei". Em essência, era o que afirmava a regra constante do artigo 82 do Código Civil de 1916, a qual referia, entretanto, ao ato jurídico.

---

[100] STJ, REsp. 1.183.378/RS, Rel. Ministro LUIS FELIPE SALOMÃO, QUARTA TURMA, DJe 01/02/2012, destacamos.

FATOS, ATOS E NEGÓCIOS JURÍDICOS

Além dos requisitos acima, Renan Lotufo[101] visualiza na boa-fé o "quarto requisito" de validade de todo negócio jurídico. Razão lhe assiste, a nosso ver. Lotufo identifica o "quarto requisito" na regra constante no artigo 113 de referido diploma, segundo a qual "os negócios jurídicos devem ser interpretados conforme a boa-fé e os usos do lugar de sua celebração".[102] Dentre outras funções, a boa-fé (boa-fé lealdade) ocupa o papel de uma verdadeira "regra de calibração"[103] de todo o sistema jurídico. As "regras de calibração", como diz Torquato Castro Junior, são "lugares-comuns", os quais atendem às necessidades do Direito; "como o termostato de uma geladeira, servem para regular a dinâmica funcional do sistema, de modo a conservar o seu equilíbrio, impedindo que ele incorra em disfunção". Seja como "quarto elemento", seja como "regra de calibração", realmente a boa-fé desloca-se dos contornos que lhe impõem o artigo 113 do Código Civil para se unir aos outros três requisitos de validade, assumindo um papel de destaque.[104]

No dizer de Renan Lotufo:[105]

> Muita gente pensa que o Código Civil pegou o conceito de ato jurídico e mudou para a denominação negócio jurídico e é tudo a mesma coisa. Não é. Negócio jurídico é uma construção da doutrina

---

[101] LOTUFO, Renan. Inédito. Palestra de abertura do I Congresso de Direito Civil - As cláusulas gerais vistas pela jurisprudência no limiar da primeira década de vigência do Código Civil brasileiro -, intitulada *A Parte Geral do Código Civil: seus princípios e o papel das cláusulas gerais*, realizada em 08.08.2011, no Salão Nobre da Faculdade de Direito de Sorocaba.

[102] A respeito da boa-fé, ver: MENEZES CORDEIRO, António Manuel da Rocha e. *Da boa-fé no direito civil*, 2. reimpr., Coimbra: Almedina, 2001; MARTINS-COSTA, Judith. *A boa-fé no direito privado*: sistema e tópica no processo obrigacional. São Paulo: Revista dos Tribunais, 1999. A boa-fé pode ser considerada regra de calibração da invalidade dos negócios jurídicos e critério diferenciador entre as patologias, como veremos no capítulo 3º.

[103] Sobre as regras de calibração, ver: CASTRO JÚNIOR, Torquato. *A pragmática das nulidades e a teoria do ato jurídico inexistente*: reflexões sobre metáforas e paradoxos da dogmática privatista. São Paulo: Noeses, 2009, p. 139.

[104] A boa-fé e os usos do lugar da celebração são regras a serem observadas na interpretação do negocial, diz. A boa-fé encerra a admissão de um dado de ordem moral na exegese negocial, assim consagrando o princípio da eticidade.

[105] LOTUFO, Renan. Inédito. Palestra de abertura do I Congresso de Direito Civil - As cláusulas gerais vistas pela jurisprudência no limiar da primeira década de vigência do Código Civil brasileiro -, intitulada *A Parte Geral do Código Civil: seus princípios e o papel das cláusulas gerais*, realizada em 08.08.2011, no Salão Nobre da Faculdade de Direito de Sorocaba/SP.

alemã. O que é importante é que, no negócio jurídico, nós temos os mesmos requisitos que estão no artigo 104, ou seja, sujeito capaz, objeto lícito e forma prescrita ou não defesa em lei. Então, esses são requisitos que estão no artigo 104 do Código Civil. São claros. Continuam sendo os mesmos que nós tínhamos para o ato jurídico enquanto estabelecendo relações jurídicas. Para mim, existe outro requisito, que está no artigo 113. Portanto, o artigo 113 exige que o negócio, para ser válido, tem que ser feito com boa-fé. Ora, o requisito de validade é o que vai permitir que haja produção de efeitos dentro do mundo do Direito. E se o negócio jurídico não tem o condão de estar baseado na boa-fé, não pode produzir efeitos jurídicos. Por isso, os requisitos (aqueles do artigo 104) somam-se aos do artigo 113. Não estão no mesmo artigo, mas nunca no mundo do Direito eu vou poder interpretar (o fato) por um artigo só. Toda vez que tenho requisito de validade, é para que aquela relação jurídica negocial possa produzir efeitos. Por isso mesmo, o artigo 113 do Código Civil é requisito de validade e atua da mesma maneira que os demais do artigo 104.

Segundo Vicente Ráo[106], a boa-fé exerce nos atos e nos negócios jurídicos a função e o efeito de "suprimento de incapacidade, de saneamento de atos nulos ou anuláveis e de aquisição de direitos". Serve, diz Ráo, como um meio de proteção de interesses legítimos das partes e de direitos de terceiros. No Direito português, Joaquim de Sousa Ribeiro[107] identifica a boa-fé como um requisito de validade do negócio jurídico-contratual, referindo a ela como uma verdadeira "norma de validade". O juízo de validade, acentua, é "um juízo de compatibilidade entre a normação privada e o sistema jurídico em que ela visa integrar-se. Está em causa uma relação comunicante entre a norma convencional e as normas do ordenamento geral da coleticvidade que delimitam imperativamente a esfera de autorregulação de interesses".

Uma vez existente o negócio jurídico, como se pretende esclarecer, passa o intérprete para o campo da validade. Nele, para que a declaração

---

[106] RÁO, Vicente. *Ato jurídico*. 4. ed. anot. rev. atual. São Paulo: Revista dos Tribunais, 1997, p. 198.

[107] RIBEIRO, Joaquim de Souza. *Direito dos contratos*: estudos. Coimbra: Coimbra Editora, 2007, p. 215.

de vontade alcance o fim colimado, ou seja, o efeito jurídico, devem ser atendidos os requisitos pela lei impostos.

O primeiro requisito de validade de todo negócio jurídico é a *capacidade do agente*. Os artigos 3º e 4º do Código Civil veiculam o rol de incapazes, absoluta ou relativamente. Merecem referência as profundas alterações introduzidas pelo Estatuto da Pessoa com Deficiência (Lei n.º 13.146/15). Dependem de representação ou assistência, na forma da lei, por quem de direito, sob pena de nulidade absoluta ou relativa dos negócios jurídicos celebrados, respectivamente. Seja por motivos etários, seja por razões psíquicas, o regime jurídico das incapacidades é um regime jurídico de proteção, por opção legislativa, isto é, visa a resguardar os interesses dos sujeitos assim indicados e protegidos pela legislação.

Não é possível confundir, como adverte Claudio Luiz Bueno de Godoy, a incapacidade para os negócios jurídicos em geral com a ausência de legitimação para a prática de determinados negócios jurídicos, como se observa, por exemplo, nas regras constantes nos artigos 496 e 497 do Código Civil.[108] Uma observação pontual é necessária a respeito do problema da ausência de legitimação à prática de um determinado negócio jurídico.[109] Na ausência de legitimação, não se está diante de incapacidade do agente propriamente dita. Está-se, sim, diante de hipótese em que a lei inibe especificamente a capacidade negocial de atuação em nome de um bem jurídico maior, como tal reconhecido pelo legislador. Daí a pertinência da lição de Álvaro Villaça Azevedo[110]: "seria como se, capaz o agente, estivesse ilegitimado ao negócio, não autorizado pela lei a praticá-lo".

O segundo requisito de validade do negócio jurídico diz respeito ao objeto. O objeto do negócio jurídico deve ser lícito, possível, determinado ou determinável. A possibilidade do objeto assim o exige não somente sob o prisma fático, mas também sob o enfoque jurídico. A impossibilidade do objeto que a lei reclama é a impossibilidade absoluta e inicial, ou seja,

---

[108] GODOY, Claudio Luiz Bueno de. Dos fatos jurídicos e do negócio jurídico. In: LOTUFO, Renan; NANNI, Giovanni Ettore (coords.). *Teoria Geral do Direito Civil*. São Paulo: Atlas, 2008, p. 401.

[109] Impende observar que a regra constante no artigo 180 do Código Civil brasileiro, que impede que os menores relativamente incapazes invoquem tal circunstância maliciosamente, revela novamente o Princípio da conservação dos negócios jurídicos. A esse respeito, *v.* AZEVEDO, Álvaro Villaça. *Teoria Geral do Direito Civil*: Parte Geral. São Paulo: Atlas, 2011, p. 365 ss.

[110] AZEVEDO, Álvaro Villaça. *Teoria Geral do Direito Civil*: Parte Geral. São Paulo: Atlas, 2011, p. 172-173.

aquela impossibilidade verificada desde o momento de celebração de um negócio jurídico. A impossibilidade ulterior do objeto, contudo, faz com que se esteja diante de hipótese de inviabilidade de cumprimento da própia prestação, mas não de invalidade negocial propriamente dita. Rende ensejo, assim, à extinção do negócio jurídico, haja ou não culpa daquele a prestar[111]. A ilicitude do objeto de negócio jurídico pode gerar o desrespeito à função social do contrato de estabilidade no artigo 421 do Código Civil.

O terceiro requisito de validade do negócio jurídico é a forma. Sobre ela, debruçaremos adiante em maior profundidade. Necessária será a reflexão sobre a possibilidade de superação das invalidades de forma tomando em consideração a perspectiva de Pietro Perlingieri[112] e, no Direito brasileiro, de Cristiano de Souza Zanetti[113]. Como regra, é certo, a forma negocial é livre. Cuida-se do Princípio do informalismo para a manifestação da vontade juridicamente relevante[114]. A declaração de vontade pode ser expressa ou tácita[115]. Pode revelar-se a partir de um "comportamento concludente"[116], como ensina Paulo Mota Pinto, ou mesmo defluir do silêncio, sob o regime que lhe dispõe o artigo 111 do Código Civil brasileiro.

Excepcionalmente, todavia, o legislador exige que a vontade externada obedeça a certas solenidades, em especial com o objetivo de conferir segurança jurídica, de facilitar a prova e de destacar às próprias partes a importância dos atos e dos negócios que praticam. Cuida-se, então, dos chamados negócios jurídicos solenes. Neles, a forma é da sua substância, tais como se observa nos negócios de alienação imobiliária cujo valor seja

---

[111] GODOY, Claudio Luiz Bueno de. Dos fatos jurídicos e do negócio jurídico. In: LOTUFO, Renan; NANNI, Giovanni Ettore (coords.). *Teoria Geral do Direito Civil*. São Paulo: Atlas, 2008, p. 402.

[112] PERLINGIERI, Pietro. *Perfis do direito civil:* introdução ao direito civil constitucional. Rio de Janeiro: Renovar, 1997.

[113] ZANETTI, Cristiano de Souza. *A conservação dos contratos nulos por defeitos de forma*. Faculdade de Direito da Universidade de São Paulo (Tese – Livre-Docência). São Paulo, 2010, 303 p.

[114] Sobre a declaração de vontade, ver: LOTUFO, Renan. *Código Civil comentado*. Parte Geral (art. 1º a 233). São Paulo: Saraiva, 2003, p. 284.

[115] Sobre a forma da declaração de vontade, v.: LOTUFO, Renan. *Código Civil comentado*. Parte Geral (art. 1º a 233). São Paulo: Saraiva, 2003, p. 303.

[116] PINTO, Paulo Mota. *Declaração tácita e comportamento concludente no negócio jurídico*. Coimbra, Almedina, 1995.

FATOS, ATOS E NEGÓCIOS JURÍDICOS

superior a trinta salários mínimos nacionais, a teor do que dispõe o artigo 108 do Código Civil brasileiro.[117]

A declaração da vontade manifestada sob uma determinada forma vincula o seu autor segundo o significado objetivo que se apresenta. Isso se afirma seguramente a partir da concepção preceptiva do negócio jurídico, como se analisará no capítulo 2º. Pesa sobre o emitente da declaração negocial o risco da transmissão inexata. O simples comportamento da parte somente pode vincular o agente à medida que seja concretamente conforme a intenção efetiva admitida pelo Direito[118]. A postura assumida pode ser ou não ser concludente de um negócio jurídico conforme o tipo normativo do negócio específico. Importante destacar que a declaração de vontade manifestada desperta a confiança nos seus destinatários, a qual merece ser protegida pelo Direito[119].

1.4.1. A invalidade negocial como uma sanção jurídica: o Direito premial

O negócio jurídico válido é aquele cujo "suporte fático" encontra-se perfeito.[120] Nele, os seus elementos capitais (elementos nucleares) não apresentam qualquer "deficiência invalidante". É dizer, não há falta de qualquer requisito. Para a Ciência do Direito, a validade é sinônimo de perfeição. A validade marca a plena consonância entre o negócio e o que a ele e dele exige o ordenamento jurídico. Por outro lado, se o suporte fático do negócio vem a se concretizar, mas de forma deficiente em relação a algum de

---

[117] GODOY, Claudio Luiz Bueno de. Dos fatos jurídicos e do negócio jurídico. In: LOTUFO, Renan; NANNI, Giovanni Ettore (coords.). *Teoria Geral do Direito Civil*. São Paulo: Atlas, 2008, p. 405.

[118] A esse respeito, v. LARENZ, Karl. O estabelecimento de relações obrigacionais por meio de comportamento social típico (1956). São Paulo: Revista Direito GV, v.2, n. 1., jan-jun 2006, p. 55-63; MELO, Diogo L. Machado de. *Cláusulas contratuais gerais* (contratos de adesão, cláusulas abusivas e o Código Civil de 2002). São Paulo: Saraiva, 2008, p. 178-179.

[119] No dizer de Renan Lotufo, "a declaração, na sua objetividade, gera confiança nos destinatários. Já o comportamento, nos casos simples, apenas justifica ilações" (LOTUFO, Renan. *Código Civil comentado*. Parte Geral (arts. 1º a 233). São Paulo: Saraiva, 2003, p. 303-304).

[120] Nesse sentido são as lições de MELLO, Marcos Bernardes. *Teoria do fato jurídico*: plano da validade. 4. ed. São Paulo: Saraiva, 2008, p. 04-05.

seus requisitos, o sistema jurídico diz ser ele contrário ao Direito (ilícito) e, como sanção[121], imputa-lhe a invalidade.

Segundo Marcos Bernardes Mello[122],

> A invalidade, em essência, constitui uma sanção imposta pelo sistema ao ato jurídico que, embora concretize suporte fático previsto em suas normas, importa, em verdade, em violação de seus comandos cogentes. A recusa de validade a um ato jurídico consubstancia uma forma de punição, uma penalidade, à conduta que infringe as normas jurídicas, com a qual se busca impedir que aqueles que a praticaram possam obter resultados jurídicos e práticos vantajosos.

Na contemporaneidade, entende-se não mais dever prevalecer uma acepção da nulidade como se necessariamente fosse uma sanção imposta pela ordem jurídica. Não deve ser encarada como se fosse a única possibilidade diante do descumprimento das preceituações do Direito. Uma vez celebrado conforme as exigências e as prescrições do Direito, o negócio jurídico receberá uma sanção positiva (a "sanção premial"), de acordo com a perspectiva funcional proposta por Norberto Bobbio.[123] Sob o enfoque de encorajamento de comportamentos de acordo com as exigências do Direito deve ser construída a interpretação jurídica do problema da invalidade.

A sanção premial estruturalmente implica o reconhecimento pela ordem jurídica de existência, de validade e de eficácia àquele negócio jurídico realizado que se afina às exigências a ele impostas pelo ordenamento jurídico e que assim o recebe.[124] O conceito de sanção premial revela não

---

[121] Sintetiza Terence Dornelles Trennepohl: "A sanção é uma consequência da norma. Aparece, em alguns momentos, como uma consequência boa, ora como ruim, dependendo da norma ou do preceito que contiver uma ordem" (TRENNEPOHL, Terence Dornelles. As normas jurídicas e a sanação premial como induzimento às condutas desejáveis. In: DIDIER JÚNIOR, Fredie; EHRHARDT JÚNIOR, Marcos (coords.). *Revisitando a teoria do fato jurídico*: homenagem a Marcos Bernardes de Mello. São Paulo: Saraiva, 2010, p. 608-619).

[122] MELLO, Marcos Bernardes. *Teoria do fato jurídico*: plano da validade. 4. ed. São Paulo: Saraiva, 2008, p. 06.

[123] BOBBIO, Norberto. *Da estrutura à função*: novos estudos de teoria do direito. Trad. de Daniela Beccacia Versiani. São Paulo: Manole, 2007.

[124] Anota a doutrina, ainda: "A punição, através da aplicação da sanção negativa, representando castigo e represália, mostra-se, no mundo contemporâneo, em flagrante decadência, seja pela falência das instituições punitivas, seja pela ineficácia da tão pretendida ressocialização, pelas

FATOS, ATOS E NEGÓCIOS JURÍDICOS

somente o espírito de socialidade do Código Civil, mas também as atuais tendências do Direito Civil-Constitucional. Vale dizer, o negócio jurídico celebrado em conformidade com as exigências do sistema, ao reverso do que se apresenta sob o prisma da sanção negativa (invalidade), recebe uma sanção positiva, isto é, a própria proteção da ordem jurídica. Tal proteção jurídica aflora do reconhecimento de sua perfeição para o mundo do Direito e, consequentemente, faz dimanar a sua plena eficácia jurídica e social.

De acordo com Norberto Bobbio[125],

> O estabelecimento de sanções de dá em aplicação do princípio da retribuição, decisivo para o convívio social. Pode ser formulado: se um membro da comunidade conduz-se de uma maneira que lesa os interesses da comunidade, deve ser punido, i.e. deve ser-lhe causado um mal. Se se conduz, porém, de uma maneira que fomenta os interesses da comunidade, deve ser recompensado, i.e. deve ser-lhe causado um bem. No princípio retributivo expressa-se o princípio da Justiça de igualdade: igual por igual, bem por bem, mal por mal. Como o princípio do Talião: olho por olho, dente por dente". Mais uma vez longe de dúvidas a ideia de Hans Kelsen em recompensar o bem, e não somente punir o mal.

Ao aludir ao controle social de desencorajamento dos comportamentos socialmente reprováveis, Nelson Rosenvald[126] destaca o caráter solidarístico assumido pelo Direito na contemporaneidade. Refere o autor à teoria econômica do Direito (*Law & Economics*) para reconhecer na Ciência do Direito o emprego difuso das chamadas "técnicas de recompensa". No campo do negócio jurídico, a nosso viso, a interpretação pautada pelo

---

vias da prisão ou das penas restritivas de direito" (TRENNEPOHL, Terence Dornelles. As normas jurídicas e a sanação premial como induzimento às condutas desejáveis. In: DIDIER JÚNIOR, Fredie; EHRHARDT JÚNIOR, Marcos (coords.). *Revisitando a teoria do fato jurídico*: homenagem a Marcos Bernardes de Mello. São Paulo: Saraiva, 2010, p. 612-615).

[125] TRENNEPOHL, Terence Dornelles. As normas jurídicas e a sanação premial como induzimento às condutas desejáveis. In: DIDIER JÚNIOR, Fredie; EHRHARDT JÚNIOR, Marcos (coords.). *Revisitando a teoria do fato jurídico*: homenagem a Marcos Bernardes de Mello. São Paulo: Saraiva, 2010, p. 618.

[126] ROSENVALD, Nelson. *As funções da responsabilidade civil*: a reparação e a pena civil. São Paulo: Atlas, 2012, p. 110.

Princípio da conservação dos negócios jurídicos pode servir apropriadamente para tais propósitos. A busca da eficácia para os negócios jurídicos vem a se afinar com o estudo ora proposto, no qual se reconhecem as consequências jurídicas para os atos humanos realizados como verdadeiros prêmios e recompensas. Os prêmios (e recompensas) dispensados pela ordem jurídica para os agentes que praticam comportamentos que às exigências do Direito se amoldam são justamente a validade e a eficácia jurídica. A socialização, diz Rosenvald, assim como a concepção promocional do Direito, "cria uma disposição para a observância das regras que comandam o grupo".

Norberto Bobbio enfatiza, de seu turno, que o Direito deve hoje apresentar uma função promocional[127]. A norma jurídica deve servir não apenas para a imposição de sanções punitivas quando de seu descumprimento, destaca. A norma jurídica (dentre elas a norma derivada do negócio jurídico contratual, por certo) destina-se ao "encorajamento" ou ao "desencorajamento" de comportamentos humanos: encorajar-se à observância das prescrições jurídicas para se haurir o proveito que emana da eficácia dos comportamentos humanos no plano negocial.

Diante do exposto, é possível dizer que conquanto tradicionalmente domine a concepção repressiva do Direito (segundo a qual o Direito é um ordenamento coativo, com vínculo indissociável entre Direito e sanção, na qual a nulidade surge como uma punição), a perspectiva funcional é a que melhor se adapta a uma nova (e contemporânea) interpretação do fenômeno das invalidades. A função eminentemente protetivo-repressiva da norma jurídica deve ceder à função promocional do Direito[128]. O conceito de sanção positiva é fundamental à compreensão de uma perspectiva do Direito que revela um estágio avançado à recompreensão do próprio papel que representa para os homens e para a vida em sociedade. A noção de sanção positiva, segundo Norberto Bobbio[129], deduz-se *a contrario sensu* da sanção negativa. Enquanto o castigo é a reação a uma "ação má" (sanção

---

[127] Como anota Celso Lafer, Norberto Bobbio acentua que a perspectiva funcional do Direito deve sobressair à concepção estrutural (LAFER, Celso. *Norberto Bobbio: trajetória e obra*. São Paulo: Perspectiva, 2013, p. 171-172).

[128] BOBBIO, Norberto. *Da estrutura à função: novos estudos de teoria do direito*. Trad. de Daniela Beccacia Versiani. São Paulo: Manole, 2007, p. 14-15.

[129] BOBBIO, Norberto. *Da estrutura à função*: novos estudos de teoria do direito. Trad. de Daniela Beccacia Versiani. São Paulo: Manole, 2007, p. 24.

negativa), o prêmio é uma reação à "ação boa" (sanção positiva). No primeiro caso, a reação consiste em restituir o mal ao mal. No segundo caso, o bem ao bem. Ainda que de um modo um tanto forçado, que o castigo retribui, com uma dor, um prazer (o prazer do delito), enquanto o prêmio retribui, com um prazer, uma dor (o esforço pelo serviço prestado)".

As linhas acima revelam a visão que igualmente inspira o Princípio da conservação dos negócios jurídicos. A sanção não deve ser necessariamente considerada como uma punição imposta pela ordem jurídica para (contra) os seus membros. A sanção, na estrutura da norma jurídica, é a consequência jurídica que incide quando do desrespeito (ou do respeito) ao mandamento por ela imposto. É incorreto dizer, portanto, que a sanção será sempre e invariavelmente um castigo, especialmente no plano do negócio jurídico (isto é, a sanção da invalidade negocial). A consequência da sanção não é somente uma consequência negativa decorrente do descumprimento de um preceito.

Reconhecer a existência, reconhecer a validade e reconhecer a eficácia ao negócio jurídico realizado em conformidade com as prescrições impostas pelo ordenamento jurídico contempla o ciclo do processo produtivo de eficácia e acolhe o conceito de sanção jurídica de natureza positiva (sanção premial). A sanção premial atribui ao negócio jurídico os efeitos fáticos e jurídicos quando os seus protagonistas obedecem às prescrições normativas. Trata-se de situação na qual se observam os efeitos concretos do Direito e os efeitos sociais (fenomênicos) colimados pelas partes. Os incentivos e os prêmios são fatores de estímulo aos comportamentos que tendem ao cumprimento da norma jurídica. São as sanções positivas, como visto. As sanções positivas (ou sanções retributivas) afirmam a juridicidade das condutas no sentido do que é desejado pelos membros da ordem social, premiando-as legitimamente.

1.5. Plano da eficácia. Os fatores de eficácia

A eficácia é o desiderato próprio de toda norma jurídica[130]. No plano do Direito privado e especificamente no que concerne ao negócio jurídico, a

---

[130] Sobre o plano da eficácia, ver: PIMENTA, Paulo Roberto Lyrio. Sobre a eficácia das regras, dos fatos e dos princípios jurídicos. In: DIDIER JÚNIOR, Fredie; EHRHARDT JÚNIOR, Marcos (coords.). *Revisitando a teoria do fato jurídico*: homenagem a Marcos Bernardes de Mello. São Paulo: Saraiva, 2010, p. 499-505.

eficácia é justamente a aptidão do negócio jurídico para produzir os seus efeitos. É o que justifica com vigor a aplicação concreta do Princípio da conservação dos negócios jurídicos. Não somente as regras jurídicas, mas também os princípios jurídicos (inclusive os de índole constitucional) ostentam eficácia em uma compreensão contemporânea da Ciência do Direito.[131]

A razão maior de existência do próprio Direito é produzir efeitos[132]. Mesmo diante de invalidades, os efeitos jurídicos podem existir em determinadas circunstâncias concretas (e não somente os efeitos fáticos). O problema dos efeitos dos negócios jurídicos mantém-se estruturalmente ligado ao plano da eficácia jurídica, que exige a operabilidade do Princípio da conservação. Hamid Charaf Bdine Junior anota que os efeitos dos negócios "correspondem tipicamente à alteração da realidade existente que se procede tal como as partes pretendiam". Tais efeitos, em geral, não se produzirão se o negócio não dispuser de determinado elemento essencial ou se contrariar regra de interesse social e público, pois, nesse caso, à sociedade não convém sua efetivação.[133]

C. Massimo Bianca[134] afirma existir um "Princípio de efetividade" que serve como fundamento da norma de direito positivo. No Direito italiano, salienta a dificuldade de o jurista identificar no sistema tal princípio, conquanto seja cardeal, em especial na Teoria Geral do Direito.[135] O Princípio da efetividade, diz, manifesta-se na "insolucionável antinomia" entre o "momento existencial" e o "momento deontológico" do Direito.[136] Com apoio nas lições de Condorelli, esclarece Bianca que o fato é a "instituição social" que se constitui como ordenamento, de modo que o ordenamento social é, por sua própria natureza, um ordenamento normativo. São as "for-

---

[131] BARCELLOS, Ana Paula de. *A eficácia jurídica dos princípios constitucionais*: o princípio da dignidade da pessoa humana. 3. ed. rev. atual. Rio de Janeiro: Renovar, 2011.

[132] A respeito do problema da efetividade do Direito, ver: DIP, Ricardo. *Segurança jurídica e crise pós-moderna*. São Paulo: Quartier Latin, 2012, p. 57.

[133] BDINE JÚNIOR, Hamid Charaf. *Efeitos do negócio jurídico nulo*. São Paulo: Saraiva, 2010, p. 100.

[134] BIANCA, Massimo C. *Realtà sociale ed efettività della norma*. Scritti giuridici. Milano: Giuffrè Editore, 2002, v. 1, t. 1, p. 41.

[135] A esse respeito, *v.*, por todos, AZEVEDO, Álvaro Villaça. *Teoria Geral do Direito Civil*: Parte Geral. São Paulo: Altas, 2012 (Capítulo 26: Defeitos do negócio jurídico e capítulo 32: Invalidade do negócio jurídico).

[136] FALZEA, Angelo. *Ricerche di Teoria Generale del Diritto e di Dogmatica Giuridica*. Milão: Giiuffré, 1999, p. 41.

FATOS, ATOS E NEGÓCIOS JURÍDICOS

ças sociais" que "constituem e plasmam o ordenamento" e não o contrário. A efetividade, conclui, é o "momento essencial da juridicidade". Nele, as normas são efetivamente aplicadas e, assim, se podem dizer ordenadoras de comportamentos sociais, do "diritto vivente".[137]

Angelo Falzea[138] alerta ser necessária a "revisão da teoria tradicional" em relação à eficácia. A norma jurídica, diz, exige o exame e a interpretação dos valores jurídicos, considerados esses como uma "realidade historicamente existente e não somente como uma estrutura ideal". Todo efeito de direito, salienta, pressupõe a transformação do mundo dos fatos pelo próprio Direito. Assim, é necessário adotar modelos mais amplos para a elaboração de uma "nova teoria da eficácia", destaca, que seja verdadeiramente capaz de contemplar o conjunto de dados que se reconhecem incluídos na "experiência jurídica positiva"[139].

A norma jurídica é a estrutura ideal e lógico-formal do Direito, como ensina Angelo Falzea[140]. E o Direito é um fato da vida real, um "conjunto de forças", de tendências e de valores que tem entre si uma realidade concreta, social e institucional. O Direito deve ser considerado não uma realidade isolada, mas uma "realidade orgânica" (isto é, um sistema integral de forças, um verdadeiro e próprio mundo de valores e de relações entre valores). A existência efetiva do Direito (isto é, a "positividade do Direito"), anota, repousa sobre o pressuposto de que o Direito tem uma "intrínseca força e capacidade de realização"; "il giudizio che si deve dare sulla concezione della efficacia giuridica come attitudine a transformare il mondo del diritto".[141]

---

[137] BIANCA, Massimo C. *Realtà sociale ed efettività della norma*. Scritti giuridici. Milano: Giuffrè Editore, 2002, v. 1, t. 1, p. 41, p. 209.

[138] FALZEA, Angelo. *Ricerche di Teoria Generale del Diritto e di Dogmatica Giuridica*. Milão: Giuffré, 1999.

[139] FALZEA, Angelo. *Ricerche di Teoria Generale del Diritto e di Dogmatica Giuridica*. Milão: Giiuffré, 1999, p. 103.

[140] FALZEA, Angelo. *Ricerche di Teoria Generale del Diritto e di Dogmatica Giuridica*. Milão: Giiuffré, 1999, p. 107-109.

[141] FALZEA, Angelo. *Ricerche di Teoria Generale del Diritto e di Dogmatica Giuridica*. Milão: Giiuffré, 1999, p. 115.

Gregorio Robles Morchon[142], a partir do que ensina Hans Kelsen, enfatiza que a eficácia é uma condição indispensável de validade. O conceito de eficácia, diz, é, em princípio, um conceito sociológico: refere à conexão que se estabelece entre os fatos ou os acontecimentos produzidos na realidade social e as "entidades jurídicas". A eficácia da norma jurídica é a situação que se apresenta quando do seu cumprimento. A ineficácia, ao reverso, adverte, concerne à situação que se verifica diante de fatos que são efetivamente contrários àqueles exigidos pelas normas. Assim (essa é a tônica da observação de Gregorio Robles Morchon), a reiterada ineficácia de uma norma jurídica faz desaparecer a sua própria validade.[143] É dizer, vistas as coisas sobre a perspectiva inversa da concepção kelseniana, a ineficácia reiterada é uma "condição" de invalidade (isto é, a ineficácia reiterada da norma faz gerar a própria invalidade da norma jurídica). A ineficácia reiterada de uma norma jurídica produz a sua invalidez ("desuetudo").[144]

A eficácia jurídica é a irradiação do fato jurídico, como ensina Pontes de Miranda.[145] Depois da incidência da norma jurídica sobre o substrato do fato, passa ele a pertencer ao mundo do Direito, diz. A eficácia é uma criação do próprio Direito. Todo fato jurídico, preconiza o jurista, tem a sua eficácia, "ou a teve, ou a vai ter". Se assim não for, jurídico o fato não será (ou jamais teria sido). A eficácia jurídica é a influência do fato jurídico fora da eficácia física que lhe é própria. Diz respeito a uma "irradiação adequada" do fato jurídico e dos seus efeitos. Os limites da eficácia, segundo Pontes de Miranda[146], são aqueles autorizados pela norma jurídica, assim como a sua finalidade e a intensidade; "a regra jurídica tem todo o poder

[142] MORCHON, Gregorio Robles. *Teoria del Derecho*: Fundamentos de Teoria Comunicacional del Derecho. 1. ed. Madrid: Editorial Civitas S/A, 1998, v. 1., p. 294.

[143] Pondera Eduardo C. B. Bittar: "A validade do sistema, até certo ponto, não é afetada pelo fato de os sujeitos normativos não se submeterem aos comandos estatais, afirmação esta que começa a perder força a partir do momento em que a inoperância do sistema jurídico se torna crônica" (BITTAR, Eduardo C. B. *O Direito na pós-modernidade (e reflexões frankfurtianas)*. 2. ed. rev. atual. amp. Rio de Janeiro: Forense Universitária, 2009, p. 211).

[144] Como alerta Eduardo C. B. Bittar, "a eficácia não é fundamento de validade, mas sim condição externa de validade para o sistema" (BITTAR, Eduardo C. B. *O Direito na pós-modernidade (e reflexões frankfurtianas)*. 2. ed. rev. atual. amp. Rio de Janeiro: Forense Universitária, 2009, p. 193-194).

[145] MIRANDA, Pontes de. *Tratado de Direito Privado*. Parte Geral. São Paulo: Revista dos Tribunais, 1983, v. 5, p. 03.

[146] MIRANDA, Pontes de. *Tratado de Direito Privado*. Parte Geral. São Paulo: Revista dos Tribunais, 1983, v. 5, p. 05.

no tocante aos efeitos jurídicos. Quanto aos fatos, é menor, porque ou os deforma, o que não pode ir até excluí-los, ou torná-los indiscerníveis dos outros, ou os tomam como se apresentam, ou faz lhes corresponda fato--função".

Sendo assim, se a eficácia jurídica é a emanação dos efeitos jurídicos na vida pelo fato juridicamente relevante, a ineficácia do negócio jurídico é situação inversa, ou seja, a situação consistente na subtração de todos os efeitos de um dado negócio, quer porque jamais existiram, quer porque algum acontecimento ulterior à gênese negocial assim o determinou.[147] Pietro Trimarchi[148] leciona que o termo ineficácia refere a qualquer hipótese em que o negócio jurídico seja no todo ou em parte "privado de efeitos". No entanto, juridicamente, a realidade a que deve referir diz respeito às situações que não aludem às nulidades. O negócio válido pode ser temporariamente ineficaz se sobrevier uma circunstância extrínseca que a suspenda ("efficacia sospesa"), anota Trimarchi.

Pontes de Miranda alerta não se dever dizer que não ostentam eficácia os negócios jurídicos sujeitos à condição suspensiva. Razão lhe assiste, por certo. De tal asserção se infere o desacerto da regra contida no artigo 125 do Código Civil, segundo a qual "subordinando-se a eficácia do negócio jurídico à condição suspensiva, enquanto esta não se verificar, não se terá adquirido o direito, a que ele visa". O ensinamento de Pontes de Miranda ao qual acedemos, entretanto, destoa das lições repetidas pela doutrina nacional de que "um negócio é condicional quando sua eficácia depende de um acontecimento futuro e incerto".[149] A nosso viso, mesmo o negócio

---

[147] Ensina Bittar: "Quando se está a falar de crise de eficácia do sistema jurídico, deixou-se de pensar no microuniverso da norma, pois não se está a falar de mera crise pontual de certas normas do sistema jurídico" (BITTAR, Eduardo C. B. *O Direito na pós-modernidade (e reflexões frankfurtianas)*. 2. ed. rev. atual. amp. Rio de Janeiro: Forense Universitária, 2009, p. 211).

[148] TRIMARCHI, Pietro. *Istituzioni di diritto privato*. 11. ed. Milano: Giuffrè, 1996, p. 280-281.

[149] Por todos, *v.* RODRIGUES, Silvio. *Direito Civil*. Parte Geral. 24 ed. atual. São Paulo: Revista dos Tribunais, 1994, p. 240. Dissentimos da posição Silvio Rodrigues de que "a condição não afeta a existência do negócio, mas apenas a sua eficácia". A condição não afeta a eficácia, comprometendo-a, mas por vezes difere a alteração do mundo fenomênico. Não significa dizer que há até então (isto é, na pendência do implemento da condição), a ineficácia do contrato. O contrato existe, decerto porque houve a manifestação válida de vontade de ambas as partes, anota com acerto Silvo Rodrigues. Não acedemos, entretanto, à posição do autor quando afirma que a sua eficácia fica por enquanto suspensa; "fica dependendo do advento da condição". Não nos parece possa ser dessa forma equacionado o problema da eficácia jurídico-

PRINCÍPIO DA CONSERVAÇÃO DOS NEGÓCIOS JURÍDICOS

jurídico sob condição (condição suspensiva, em especial) não se encontra com a sua eficácia pendente. Isso porque, naquele momento e naquelas circunstâncias, o negócio jurídico ostenta a exata e a plena eficácia pretenderam as partes a ele imprimir em atenção à autonomia privada negocial. É dizer, a inclusão dos negócios jurídicos condicionais ou a termo no rol de negócios jurídicos ineficazes é cientificamente incorreta. A ineficácia, é certo, (pres)supõe haja manifestação de vontade e o conteúdo legítimo da manifestação e, ainda assim, que certo efeito negocial não se verifique. No entanto, nos casos em que há a incidência de condição, de encargo ou de termo, por exemplo, há concretamente o exato fato jurídico colimado pelas partes, com a máxima expansão dos efeitos a ele desejados precisamente para aquele momento e naquelas condições, ou, melhor, "exatamente como se se quis". Nada lhe falta na pendência de condição, nada lhe compromete, pois tudo o que se quis se contém, como alerta, na exata medida do que se desejou para aquele momento ao celebrarem o negócio jurídico. No dizer de Pontes de Miranda, "o ato jurídico que já é ou pode vir a ser não é natimorto, nem é embrião: *eficácia suspensa não é ineficácia*".[150]

Ainda no que concerne à eficácia, a doutrina refere frequentemente também ao problema da "superação da ineficácia" dos negócios jurídicos. Pontes de Miranda[151] ensina que não se pode dizer que todos os atos jurídicos ineficazes sejam nulos, ou, ao contrário, que todos os atos jurídicos nulos sejam ineficazes. A relação não se estabelece sob tão rígida forma, adverte o autor. A ineficácia refere a uma realidade distinta da nulidade (a qual o Código Civil em vigor refere genericamente como "invalidade"). A ineficácia decorre da ausência de condições para a irradiação de efeitos ao negócio jurídico ou da ausência das condições necessárias para que essa irradiação afete determinadas pessoas, inclusive aquelas que dele não participaram diretamente. Pertinente, a propósito, é a observação de Renan Lotufo[152] de que todo fato jurídico pode ser estudado sob duas perspec-

---

-social. (RODRIGUES, Silvio. *Direito Civil*. Parte Geral. 24 ed. atual. São Paulo: Revista dos Tribunais, 1994, p. 240).

[150] MIRANDA, Pontes de. *Tratado de Direito Privado*. Parte Geral. São Paulo: Revista dos Tribunais, 1983, v. 5, p. 70, destacamos.

[151] MIRANDA, Pontes de. *Tratado de Direito Privado*. Parte Geral. São Paulo: Revista dos Tribunais, 1983, v. 5, p. 71.

[152] Adverte Renan Lotufo: "Todo fato juridicamente relevante tem uma função, a qual é predeterminada pelo ordenamento jurídico nos seus esquemas típicos. Função é a síntese causal do fato, no sentido de que é a razão profunda, justificadora do fato, que se atém não somente

FATOS, ATOS E NEGÓCIOS JURÍDICOS

tivas: a perspectiva estrutural e a funcional. Na primeira (a perspectiva estrutural) interessam os aspectos exteriores e neutros de sua formação. Na segunda (a perspectiva funcional) sobressai o exame da função que ao fato jurídico é atribuída em uma determinada realidade social.

Dessume-se de todo o exposto que o conceito de eficácia jurídica radica na própria função do Direito.[153] A função é o papel que um princípio, uma norma ou um instituto se presta a desempenhar em um sistema ou em uma determinada estrutura, ensina Francisco Amaral. Nas suas palavras, "a funcionalização dos institutos jurídicos significa, então, que o direito em particular e a sociedade em geral começam a se interessar pela eficácia das normas e dos institutos vigentes (...), abandonando-se a costumeira função repressiva tradicionalmente atribuída ao direito em favor de novas funções, de natureza distributiva, promocional e inovadora, principalmente na relação do direito com a economia"[154].

De acordo com Renato Scognamiglio[155], o negócio jurídico é um instituto que pertence à chamada "Dinâmica do Direito", isto é, aos fatos produtivos de efeitos jurídicos, aos quais devem corresponder (ao menos "aproximadamente") às disposições pretendidas pelas partes. Disso decorrem as lições de Miguel Reale[156] destacadas no início desse estudo segundo o qual o fato jurídico não é simplesmente uma "entidade lógica" alheia à realidade. O Direito existe para realizar o homem no seu convívio em sociedade. O Direito existe, portanto, para ser eficaz. A nosso ver, é exatamente como se deve passar o exame dos planos do negócio jurídico. O Direito atribui aos fatos da vida uma função à medida que lhes irroga consequências (isto é, a eficácia jurídica); "a geração da eficácia jurídica constitui a

---

aos sujeitos que dão vida ao fato, mas também ao fato em si, enquanto social e juridicamente relevante" (LOTUFO, Renan. *Curso Avançado de Direito Civil*. 2. ed. São Paulo: Revista dos Tribunais, 2003, p. 203).

[153] A respeito do problema da eficácia jurídica, ainda, *v.* FALZEA, Angelo. *Ricerche di Teoria Generale del Diritto e di Dogmatica Giuridica*. Milano: Giuffré, 1999; MORCHON, Gregorio Robles. *Teoria del Derecho*: fundamentos de Teoria Comunicacional del Derecho. 1. ed. Editorial Civitas S/A: Madrid, 1998, v. 1; LOTUFO, Renan (Coord.). *Validade e a eficácia das normas jurídicas*. Manole: São Paulo, 2004; BIANCA, Massimo C. *Realtà sociale ed efettività della norma*. Scritti giuridici. Milano: Giuffrè Editore, 2002, v. 1, t. 1.

[154] AMARAL, Francisco. *Direito Civil*. Introdução. 6. ed. Rio de Janeiro: Renovar, p. 364

[155] SCOGNAMIGLIO, Renato. *Contributo alla teoria del negozio giuridico*. Ristampa seconda edizione. Napoli: Jovene Editore, 2008, p.259.

[156] REALE, Miguel. *Lições preliminares de Direito*. 26. ed. São Paulo: Saraiva, 2002, p. 200.

razão de ser do fato jurídico, sua função, seu fim último", leciona Marcos Bernardes de Mello[157].

Eduardo A. Zanonni enfatiza, por seu turno, que a eficácia é a aptidão de um negócio jurídico para produzir os seus efeitos. Assinala haver divisão entre a eficácia estática do negócio jurídico (a qual se situa diante do negócio como fonte da relação jurídica) e a eficácia dinâmica do negócio (que tem em mira a idoneidade a servir como fonte de uma relação jurídica efetivamente voltada à realização dos fins práticos desejados pelas partes). Afirma que "o ato jurídico é plenamente eficaz não só quando configura idoneamente uma relação jurídica, mas também quando esta relação idoneamente constituída realiza plenamente os fins que determinaram a vontade negocial".[158]

Marcos Bernardes de Mello refere ao fenômeno jurídico que designa como pós-eficacização do ato jurídico ineficaz. Tal realidade corresponde a mais uma revelação do Princípio da conservação dos negócios jurídicos. O ato ineficaz, leciona, pode tornar-se eficaz em decorrência de um fato jurídico posterior[159]. Por exemplo, anota, a situação da venda *a non domino*. A compra e venda assim realizada é, em princípio, apenas ineficaz em relação ao real proprietário, porque feita por pessoa "não autorizada" (ou seja, pessoa ilegítima para assim proceder). Isso porque foi justamente celebrada por quem não é o seu proprietário. No entanto, se o vendedor vier a adquirir posteriormente a propriedade da coisa (tornando-se, então, o seu proprietário), a venda tornar-se-á plenamente eficaz, independentemente da celebração de novo negócio jurídico com o adquirente. Nesse caso, diz Mello, ocorre a "pós-eficacização da transmissão inicialmente ineficaz", a qual opera efeitos *ex tunc*.[160]

---

[157] MELLO, Marcos Bernardes de. *Teoria do fato jurídico*: plano da eficácia, 4. ed. São Paulo: Saraiva, 2008, p. 61.

[158] ZANONI, Eduardo A. *Ineficácia y nulidad de los actos jurídicos*. Buenos Aires: Edictorial Astrea de Alfredo y Ricardo Depalma, 1986, p. 123-125, em tradução livre.

[159] A respeito da ineficácia funcional ulterior, *v*. CALÇAS, Manoel de Queiroz Pereira. *Da ineficácia e da revogação dos atos praticados antes da falência*. Revista do Advogado. Ano XXV, n. 83. Associação dos Advogados de São Paulo: São Paulo, set./2005, p. 90-97.

[160] MELLO, Marcos Bernardes de. *Teoria do fato jurídico*: plano da eficácia, 4. ed. São Paulo: Saraiva, 2008, p. 68. O autor emprega a expressão *deseficacização* para referir ao fenômeno decorrente da desconstituição de eficácia de um ato jurídico por meio da resolução *stricto sensu*, anulação, revogação e rescisão (MELLO, Marcos Bernardes de. *Teoria do fato jurídico*: plano da eficácia, 4. ed. São Paulo: Saraiva, 2008, p. 68).

FATOS, ATOS E NEGÓCIOS JURÍDICOS

Impende gizar que a eficácia que desejamos reconhecer aos negócios jurídicos não é somente a eficácia de índole social. No plano dos negócios jurídicos, interessa ao Direito a eficácia social e jurídica. A relação derivada do negócio transita pelos dois planos com que o Direito sempre opera: o plano do "ser" e o plano do "dever-ser".[161] Em primeiro lugar, o negócio jurídico envolve uma relação fática em torno de interesses humanos. Simultaneamente, tal relação alcança os significados próprios dos "conceitos ontológicos" do plano jurídico: são os deveres, as faculdades, os poderes e os direitos subjetivos dela derivados, como esclarece Antonio Junqueira de Azevedo[162].

A eficácia a respeito da qual se está a versar não é somente a de natureza prática (ou a chamada eficácia social). Com efeito, a eficácia exclusiva do plano dos fatos pode ocorrer mesmo naqueles atos contrários ao próprio Direito, como observa Hans Kelsen[163] ao referir à célebre situação do "bando de salteadores". Ao Direito importa, na sua essência, a eficácia social e a jurídica. Sua meta é a produção dos efeitos sociais e jurídicos em conformidade com os interesses manifestados e desejados pelas partes quando da realização do negócio. Conceitualmente, é o que Antonio Junqueira de Azevedo afirma ser a "eficácia própria ou típica" dos negócios jurídicos.[164]

Certo é que os conceitos de invalidade e de ineficácia não merecem ser enleados. A invalidade é a falta de idoneidade do negócio para produzir os seus efeitos essenciais, ou seja, os efeitos próprios do tipo negocial. É uma sanção imposta quando da inobservância dos requisitos essenciais determinados pela lei. A ineficácia é a hipótese que se corporifica diante de um negócio jurídico no qual os seus elementos e os seus requisitos estão pre-

---

[161] "(...) Ressente-se (o Direito) do fato de haver um divórcio muito amplo entre as dimensões do normativo e do social, ou, numa linguagem kelseniana, entre as instâncias do ser (*Sein*) e do dever-ser (*Sollen*)" (BITTAR, Eduardo C. B. *O Direito na pós-modernidade (e reflexões frankfurtianas)*. 2. ed. rev. atual. amp. Rio de Janeiro: Forense Universitária, 2009, p. 211.

[162] AZEVEDO, Antônio Junqueira de. *Negócio jurídico*: existência, validade e eficácia. Atual. de acordo com o Código Civil (Lei n. 10.406, de 10.01.2002). São Paulo: Saraiva, 2002, p. 203.

[163] KELSEN, Hans. *Teoria pura do Direito*. Trad. de João Baptista Machado. São Paulo: Martins Fontes, 2003. (*"O direito como ordem normativa de coação. Comunidade jurídica e 'bando de salteadores'"*).

[164] JUNQUEIRA, Antônio Junqueira de. *Negócio jurídico*: existência, validade e eficácia. Atual. de acordo com o Código Civil (Lei n. 10.406, de 10.01.2002). São Paulo: Saraiva, 2002, p. 51.

sentes, mas, ao final, há um obstáculo à dimanação dos efeitos jurídico-sociais a ele extrínsecos.[165]

Estabelecidas sobre essas premissas as bases metodológicas dos três planos do negócio jurídico, nesse panorama se apresenta o princípio da conservação. Adiante, abordaremos o papel desempenhado pela vontade no processo de conformação negocial, com especial destaque à divergência que se pode identificar entre a vontade interna e a vontade declarada. Nesse conflito, como veremos, deve sobressair a interpretação do texto que a ele confira a maior eficácia jurídico-social. O sistema jurídico vela pela primazia da autonomia privada, pelo respeito aos Direitos fundamentais[166] e pela valorização do trabalho humano e livre iniciativa, tais como previstos no *caput* do artigo 170 da Constituição Federal de 1988. Na busca de critérios científicos para a superação das invalidades dos negócios jurídicos, a ineficácia deve ser compreendida sob a perspectiva de funcionalização do Direito e dos seus institutos, em harmonia e como defluência dos antecedentes planos da existência e da validade.[167]

---

[165] JUNQUEIRA, Antônio Junqueira de. *Negócio jurídico*: existência, validade e eficácia. atual. de acordo com o Código Civil (Lei n. 10.406, de 10.01.2002). São Paulo: Saraiva, 2002, p. 51.

[166] LUÑO, Antonio E. Pérez. *Los derechos fundamentales*. Temas Clave de la Constitución Española. 10. ed. Madrid: Tecnos, 2011; ALEXY, Robert. *Teoria dos direitos fundamentais*. Trad. de Virgilio Afonso da Silva. São Paulo: Malheiros, 2008; SILVA, Virgilio Afonso da. *Direitos fundamentais*: conteúdo essencial, restrições e eficácia. 2. ed. São Paulo: Malheiros, 2010.

[167] "O perfeito (na medida do humanamente possível e razoável) paralelismo entre a validade, vigência e eficácia seria muito mais salutar para o próprio operar do sistema" (BITTAR, Eduardo C. B. *O Direito na pós-modernidade (e reflexões frankfurtianas)*. 2. ed. rev. atual. amp. Rio de Janeiro: Forense Universitária, 2009, p. 214).

CAPÍTULO 2
O NEGÓCIO JURIDICO: A VONTADE INTERNA
E A VONTADE DECLARADA

2.1. Teorias subjetivas (voluntaristas)

A declaração de vontade é essencial para todo negócio jurídico. Para que o negócio juridicamente exista, é preciso que haja uma vontade humana dirigida à produção dos efeitos jurídicos. É dizer, somente assim gerará os efeitos jurídicos colimados pelas partes. Se a vontade for inexistente, o negócio do Direito pode revelar-se na aparência, mas não no mundo jurídico. Casos há em que a vontade não existe. Outros, em que a vontade existe, mas não há correspondência entre a vontade interna e a vontade que o agente exterioriza (declara). Nesses, o negócio jurídico é anulável, como se verificará no capítulo terceiro.

No exame das anulabilidades, ao lado da incapacidade relativa do agente não suprida por assistência do representante legal, encontram-se as hipóteses referentes aos chamados vícios do consentimento. São as "patologias" que aderem à vontade no momento da sua gênese. Como observa Maria Helena Diniz[168], tais vícios "penetram-na, aparecem sob a forma de motivos, forçam a deliberação e estabelecem divergência entre a vontade real,

---

[168] DINIZ, Maria Helena. *Direito Civil Brasileiro*. Teoria Geral do Direito Civil. 20. ed. São Paulo: Saraiva, 2003, v. 1, p. 385.

ou não permitem que esta se forme. Há a divergência entre a vontade real e a declarada". O negócio jurídico é o fruto da declaração da vontade e dos seus efeitos jurídicos. Nele, a vontade é juridicamente qualificada, ou seja, é predestinada a produzir os efeitos jurídicos. Sobre a divergência entre a vontade real e a declarada, passaremos a traçar as linhas que seguem, as quais serão particularmente úteis para a compreensão do Princípio da conservação dos negócios jurídicos sob o prisma da primazia da eficácia jurídico-social.

O interesse pela máxima expansão de eficácia dos negócios jurídicos desperta ao analisar o momento que atravessa a Ciência do Direito. A sociedade venceu o liberalismo econômico na sua acepção pura, assim como o individualismo jurídico exacerbado que marcou os séculos XVIII e XIX. Na contemporaneidade, surge uma nova política econômica evidenciada pela maior intervenção estatal.[169] O negócio jurídico deixa de ser mero instrumento de realização de vontade individual e passa a ser visto como um fator de equilíbrio da ordem social[170].

Como cediço, o Código Civil de 1916 era pautado por uma vontade "dilatada", hipertrofiada, manifestada de modo a alcançar os efeitos jurídicos desejados pelas partes sem maior preocupação com as necessidades da coletividade, consoante ensina Orlando Gomes.[171] Sob a influência do Código Civil francês de 1804, o Código Civil de 1916 inspirou-se fortemente numa exacerbada (e hoje inconcebível) hipervalorização dos direitos individuais, assim afirmados em face à atuação do Estado[172].

As chamadas teorias subjetivas do negócio jurídico procuram defini-lo como um ato de vontade. Em termos históricos, são as mais antigas a respeito da sua gênese. Afirmam ser o negócio jurídico uma manifestação de vontade destinada a produzir certos efeitos jurídicos. O negócio jurídico é, dizem os seus sectários, um ato de vontade dirigido a fins práticos tute-

---

[169] A esse respeito, *v.* BOBBIO, Norberto. *A era dos direitos.* Rio de Janeiro: Elsevier, 2004.

[170] SCHMIEDEL, Raquel Campani. *Negócio jurídico.* Nulidades e medidas sanatórias. 2. ed. São Paulo: Saraiva, 1985, p. 04.

[171] A esse respeito, *v.* GOMES, Orlando. *Raízes históricas e sociológicas do Código Civil brasileiro.* São Paulo: Martins Fontes, 2005.

[172] GODOY, Claudio Luiz Bueno de. Dos fatos jurídicos e do negócio jurídico. In: LOTUFO, Renan; NANNI, Giovanni Ettore (coords.). Teoria Geral do Direito Civil. São Paulo: Atlas, 2008, p. 390-391.

lados pelo ordenamento jurídico[173]. Revelam o individualismo excessivo que se cristalizou no Código Civil francês. Como visto, tal compreensão não mais atende às exigências contemporâneas da sociedade e do próprio Direito. Encontra a repulsa do Princípio da conservação dos negócios jurídicos. A partir do pensamento Iluminista, entendeu-se no *Code* que a liberdade e a igualdade seriam direitos inatos do homem. Nada poderia legitimamente impedir o livre desenvolvimento da ação criadora da "vontade soberana". Como é evidente, tal compreensão fez enaltecer excessivamente o "dogma da vontade", consagrado em termos legislativos no artigo 1.134 do Código Civil francês.

Mais tarde, entretanto, foram verificados os abusos que o extremo individualismo era fadado a concretizar. Os efeitos foram deletérios para todos os membros da ordem social. Passou-se a exigir a compreensão de uma concepção objetiva do negócio jurídico. Segundo tal perspectiva (de índole objetiva), o negócio jurídico encerra uma norma jurídica concreta. A concepção voluntarista preponderou na doutrina até o advento da teoria do negócio jurídico como um ato de autonomia privada. Importante destacar que entender o negócio jurídico como um ato de autonomia privada não despreza a importância da vontade, mas o caracteriza (o ato negocial) como um meio reconhecido pelo ordenamento jurídico pelo qual os particulares compõem os próprios interesses.[174]

As teorias voluntaristas foram alvo de severas críticas, como salienta Emilio Betti.[175] A definição do negócio jurídico a partir de um ato de vontade é demasiadamente frágil, anota. Pela sua própria essência, a vontade é um elemento de apreensão difícil pelo agente exterior (o intérprete). A vontade concerne a um dado de perfil psicológico (interno) cuja apreensão é inviável em termos absolutos por terceiros que não o próprio emissor. A vontade é um fato psicológico interno como tal incompreensível pelo outro justamente por pertencer ao foro íntimo de cada consciência individual. Sendo assim, não pode ser a vontade em si considerada um elemento

---

[173] Sobre as definições voluntaristas, ver: AZEVEDO, Antônio Junqueira de. Negócio jurídico: existência, validade e eficácia. Atual. de acordo com o Código Civil (Lei n. 10.406, de 10.01.2002). São Paulo: Saraiva, 2002, p. 04-05.

[174] JUNQUEIRA, Antônio Junqueira de. *Negócio jurídico*: existência, validade e eficácia. Atual. de acordo com o Código Civil (Lei n. 10.406, de 10.01.2002). São Paulo: Saraiva, 2002, p. 05.

[175] BETTI, Emilio. *Teoria geral do negócio jurídico*, Campinas: Servanda, 2008, p. 109.

do negócio jurídico, pois ele se evidencia somente a partir da *exteriorização* dessa vontade (isto é, a declaração da vontade).[176]

O artigo 112 do Código Civil brasileiro afirma que nas declarações de vontade se atenderá mais à intenção nelas consubstanciada que ao sentido literal da linguagem. Assim devem as coisas se passar. Tal asserção não contrasta precipuamente com as críticas lançadas às teorias voluntaristas. A regra em foco não enaltece, à evidência, a primazia da teoria subjetiva, mas, sim, visa a determinar que o intérprete atenda à intenção das partes na compreensão do conteúdo negocial, o que nada de ilícito em si apresenta. A interpretação de um negócio jurídico colima concretamente procurar o sentido da norma jurídica individual que aflora da declaração de vontade. A par disso, deve sobressair a vontade que já se fez manifestada e cristalizada na própria declaração negocial, ou seja, a vontade objetivada (declarada) que ultrapassa os lindes da pura intenção.

2.2. Teorias objetivas (preceptivas)

Para os sectários das teorias objetivas, a declaração de vontade é o resultado de um processo da vontade interna que, uma vez proferida, passa a compor a própria declaração negocial. A vontade, dizem, não deve ser considerada um elemento do negócio jurídico, uma vez que o negócio é justamente o que deflui dessa declaração.[177] Logo, condicionar a vontade (e a interpretação dessa vontade) como um elemento decisivo na conformação do negócio jurídico é um procedimento do qual se há distanciar, como explica Emilio Betti[178].

---

[176] LOTUFO, Renan. *Código Civil comentado*. Parte Geral (arts. 1º a 232). São Paulo: Saraiva, 2003, p. 336.

[177] De acordo com Giovanni B. Ferri, na moderna concepção jurídica de "signoria della volontà", a definição primeira de negócio jurídico como manifestação de vontade individual nascia em função da teoria do fato jurídico – na qual a vontade sobressaía – e não tanto como expressão de particulares tendências ideológicas, de modo que não se afina com a moderna doutrina civil a ligação entre as categorias jurídicas de negócio jurídico e direito subjetivo; nesse campo, assumem relevo a boa-fé a tutela da confiança (*affidamento*) (FERRI, Giovanni B. *Il negocio giuridico*. 2. ed. Padova: Casa Editrice Dott. Antonio Milani – Cedam, 2004, p. 20).

[178] Sobre a identificação do negócio como fruto da autonomia privada, ver: BETTI, Emilio. *Teoria geral do negócio jurídico*: Campinas, Servanda, 2008, p. 127. Ainda, RODRIGUES, Silvio. *Vícios do consentimento*. 3. ed. atual. São Paulo: Saraiva, 1989, p. 32.

Nesse cenário, surgiram as teorias objetivas. As primeiras concepções do negócio jurídico que se afastaram de uma visão puramente voluntarista para identifica-lo objetivamente foram as teorias inspiradas pela doutrina alemã. As teorias objetivas (preceptivas) reconhecem o negócio jurídico como um meio reconhecido pelo ordenamento jurídico para a produção dos efeitos jurídicos. Pelas teorias objetivas, não se cuida de reconhecer o negócio jurídico como um ato de vontade em si e por si próprio. De acordo com Antonio Junqueira de Azevedo[179], "os partidários da teoria da declaração, mesmo admitindo que nas situações normais o negócio jurídico corresponde à vontade, ao defenderem (por uma proteção ao comércio jurídico) a predominância da declaração objetiva sobre a vontade subjetiva em caso de divergência entre ambas, abriram larga brecha para que o negócio jurídico deixasse de ser visto como um ato de vontade".

Segundo a corrente objetiva, não é suficiente que haja a vontade no negócio jurídico. É necessário que a vontade extravase, isto é, que deixe de ser interna (subjetiva) e venha a ser declarada objetivamente, sendo assim conhecida, recebida e reconhecida por terceiros, com a pretensão de gerar os efeitos jurídicos.[180] De acordo com a corrente em foco, a declaração de vontade é um meio suficiente de vinculação das partes contratantes. Todo mecanismo de vinculação intersubjetivo deve ser sólido o suficiente para criar um real e necessário sentimento de segurança jurídica sem o qual não há operabilidade ao Direito, ensina Silvio Rodrigues.[181]

A corrente objetiva preceptiva sustenta, portanto, que o negócio jurídico é uma norma concreta, isto é, um preceito objetivo, um comando para o qual o ordenamento jurídico confere eficácia, porque é emanado do próprio Direito. A vontade exerce o seu papel como uma "força motriz". Sucede que, a despeito dos avanços, os sectários da teoria objetiva igualmente pecaram pelo excesso. Como observa Claudio Luiz Bueno de Godoy, é preciso compreender o negócio jurídico como a soma da vontade e da lei (melhor, da ordem jurídica). O negócio jurídico é verdadeiramente a

---

[179] AZEVEDO, Antônio Junqueira de. *Negócio jurídico*: existência, validade e eficácia. Atual. de acordo com o Código Civil (Lei n. 10.406, de 10.01.2002). São Paulo: Saraiva, 2002, p. 10.

[180] Renan Lotufo enfatiza: "A declaração de vontade de estabelecer relação negocial é algo significativo para o mundo do Direito, pois revela o propósito efetivo de criar uma nova relação jurídica, à qual o proponente também ficará vinculado" (LOTUFO, Renan. *Código Civil comentado*. Parte Geral (arts. 1º a 232). São Paulo: Saraiva, 2003, p. 107 e 108).

[181] RODRIGUES, Silvio. *Vícios do consentimento*. 3. ed. atual. São Paulo: Saraiva, 1989, p. 33.

expressão de uma autonomia que se qualifica não pela vontade em si, mas pela própria ordem jurídica. A vontade humana exteriorizada faz revelar um negócio merecedor de tutela jurídica, diz Bueno de Godoy, "caso atenda a interesses coessenciais dispostos no ordenamento, antes de tudo na própria Constituição Federal, como o da dignidade da pessoa humana (art. 1º, III), do solidarismo e justiça na relação entre as pessoas (art. 3º, I)".[182]

Do exposto, não é correto afirmar que somente a declaração de vontade é um suficiente meio de vinculação entre as partes. As teorias objetivas, uma vez levadas ao extremo, às últimas consequências, produzem efeitos tão prejudiciais quanto foi deletéria a insegurança proveniente da aplicação pura das teorias subjetivas. Como já se enfatizou em outra oportunidade, o conceito de moderação é próprio e essencial à Ciência do Direito, da interpretação jurídica e dos seus institutos, razão pela qual se faz necessária a sua perene conjugação[183]. Os excessos evidenciados na teoria objetiva expõem os autores da declaração ao risco de ver prevalecer uma situação fática injusta (porque sequer fora por ele efetivamente desejada).

A partir das teorias subjetiva e objetiva, surgiram as correntes que Silvio Rodrigues alude como correntes intermediárias. Dentre elas, duas assumem destaque à luz das exigências do Princípio da conservação dos negócios jurídicos: são as teorias da responsabilidade e da confiança. De acordo com os ensinamentos dos adeptos da teoria da responsabilidade, o ordenamento jurídico reconhece que a declaração de vontade pode vir a ter efeito obrigatório se a divergência evidenciada entre a vontade e a declaração decorrer de culpa de quem a afirma.[184] O declarante vincula-se mesmo quando há descompasso entre a vontade interna e a declarada.

Os seguidores da teoria da confiança, por sua vez, preceituam que se houver desacordo entre a vontade e a declaração não se poderá dar maior valor à aparência da vontade manifestada sem que o intérprete proceda a

---

[182] GODOY, Claudio Luiz Bueno de. Dos fatos jurídicos e do negócio jurídico. In: LOTUFO, Renan; NANNI, Giovanni Ettore (coords.). *Teoria Geral do Direito Civil*. São Paulo: Atlas, 2008, p. 391.

[183] A esse respeito, ver GUERRA, Alexandre. *Responsabilidade civil por abuso do direito*: entre o exercício inadmissível de posições jurídicas e o direito de danos. In. LOTUFO, Renan (coord.). Coleção Professor Agostinho Alvim. São Paulo: Saraiva, 2011 (ver Conclusões)

[184] IHERING, Rudolf Von. *Culpa "in contrahendo" ou indemnização em contratos nulos ou não chegados à perfeição*. Trad. e nota introdutória de Paulo Mota Pinto. Coimbra: Almedina, 2008. Ainda, RODRIGUES, Silvio. Vícios do consentimento. 3. ed. atual. São Paulo: Saraiva, 1989, p. 35-36.

O NEGÓCIO JURÍDICO: A VONTADE INTERNA E A VONTADE DECLARADA

outras verificações relativas à crença depositada no cumprimento do que fora declarado. Assim agir faria impor ao destinatário da declaração o risco de premiar a má-fé do declarante em detrimento da contraparte, o que seria por certo inconcebível.[185] Segundo os que perfilham a teoria da confiança, o destinatário de toda declaração negocial deve se ater aos termos de uma vontade declarada quando houver motivo legítimo que o leve a crer que corresponda ela efetivamente à vontade (interna) do declarante. De outro lado, se o destinatário sabia da existência de tal discordância, o negócio jurídico deve ser considerado nulo "por faltar uma expectativa digna de tutela". Tal entendimento demonstra deliberadamente o abandono daquela posição individualista original, de ilimitado respeito ao dogma da vontade, para acolher uma concepção que mais atenda ao interesse geral".[186]

Em Portugal, Rabindranath Valentino Aleixo Capelo de Sousa[187] vincula com acerto o estudo da teoria da confiança também à doutrina da proteção das expectativas jurídicas legítimas. Com origem romana, anota, a proteção das expectativas contratuais legítimas pode ser definida como a proteção legal que existe durante toda a fase de pendência (surgimento) de um "direito de formação sucessiva", que implica a conjugação de fatos separados no tempo, manifestando-se por meio de providências que tendem a defender o interesse da contraparte na consumação de tal constituição. A frustração das expectativas jurídicas, acentua com arrimo em Fernando Pessoa Jorge (que impede a constituição do direito ou da situação jurídica desejada) implica na possibilidade de responsabilização civil. A nosso ver, mais que a responsabilização civil, diante da frustração da expectativa jurídica legítima e do ferimento da tutela da confiança negocial, possível será a execução específica do próprio negócio jurídico, para que se chegue efetivamente a sua conclusão, diante do que dispõem, dentre outras, as regras constantes nos arts. 536 e 537 do Código de Processo Civil brasileiro.

---

[185] Por todos, *v.* FRADA, Manuel António de Castro Portugal Carneiro da. *Teoria da confiança e responsabilidade civil*. Coimbra: Almedina, 2007.

[186] RODRIGUES, Silvio. *Vícios do consentimento*. 3. ed. atual. São Paulo: Saraiva, 1989, p. 33. No mesmo sentido: LOTUFO, Renan. *Código Civil comentado*. Parte Geral (arts. 1º a 232). São Paulo: Saraiva, 2003, p. 308-309.

[187] SOUSA, Rabindranath Capelo de. *Teoria Geral do Direito Civil*. Coimbra: Coimbra Editora, 2003, v. I. p. 237-239.

PRINCÍPIO DA CONSERVAÇÃO DOS NEGÓCIOS JURÍDICOS

Segundo Atilio Anibal Alterini, as exigências do tráfego jurídico impõem conferir relevância aos fatos exteriores ao negócio jurídico. Tais fatos geram a confiança de que seu autor quer realmente o que está a expressar. Com efeito, a proteção da aparência do direito é também um princípio de direito que se extrai de uma interpretação integradora do ordenamento jurídico derivada da finalidade de cobrir as necessidades da economia, da "segurança dinâmica" e da boa-fé. A proteção da confiança concorre decisivamente, anota, à estabilidade das relações jurídicas, o que constitui, por óbvio, um interesse social; "la protección de la confianza se realiza en interés del tráfico".[188]

A síntese do equacionamento entre as teorias subjetiva e objetiva em relação à interpretação negocial provém Renan Lotufo[189], com arrimo em Antonio Junqueira de Azevedo: "quanto à interpretação, (o ideal) (...) não é esquivar-se da teoria subjetiva (motivos psicológicos do agente) ou abraçar a teoria objetiva (interpretação fiel do texto da declaração), mas sempre 'apontar na direção de um critério intermediário, onde avulta a preocupação com a confiança despertada no destinatário da declaração de vontade, e onde ressalta a responsabilidade do declarante.'"

É preciso enfatizar a partir do exposto que o regime jurídico do negócio deve brotar não somente da vontade de quem o emana, mas, fundamentalmente, das "exigências valorativas diversas", observa Claudio Luiz Bueno de Godoy[190]. Avulta, diz ele, a proteção que deve ser dispensada à confiança do destinatário em relação à situação dos terceiros que receberam a manifestação de vontade do sujeito. A quem declara sua vontade, enfatiza, porque cria expectativa para os que a recebem, deve ser exigida a responsabilidade que emana da própria declaração (teoria da autorresponsabilidade). O ordenamento reclama a proteção jurídica à situação de

---

[188] ALTERINI, Atílio Aníbal. Algunos perfiles actuales del contrato. In: GALLARDO, Leonardo B. Pérez (coord.). *El Derecho de contratos em los umbrales del siglo XXI*. Memorias de las jornadas internacionales de derecho de contratos celebrados en la Habana, Cuba, em él período 2001-2007; LARENZ, Karl. *Metodologia da Ciência do Direito*. 4. ed. Fundação Calouste Gulbenkian, 2005, p. 677; LOTUFO, Renan. Código Civil comentado. Parte Geral (arts. 1º a 232). São Paulo: Saraiva, 2003, p. 107 e 308.

[189] LOTUFO, Renan. *Código Civil comentado*. Parte Geral (arts. 1º a 232). São Paulo: Saraiva, 2003, p. 107 e 109.

[190] GODOY, Claudio Luiz Bueno de. Dos fatos jurídicos e do negócio jurídico. In: LOTUFO, Renan; NANNI, Giovanni Ettore (coords.). *Teoria Geral do Direito Civil*. São Paulo: Atlas, 2008, p. 393.

confiança despertada aos destinatários de uma vontade declarada (e como tal juridicamente relevante). Encontra-se aberto um caminho adequado que se presta a orientar o equilíbrio entre as tensões, sublinha; "nem só o predomínio da vontade, nem só da declaração".

2.3. A definição do negócio jurídico pela estrutura

As teorias subjetivas ou objetivas, por si só, se forem consideradas nos seus graus absolutos, são insuficientes para a compreensão contemporânea do negócio jurídico, tendo em conta as luzes que sobre ele fazem incidir o Princípio da conservação dos negócios jurídicos. Assim, Antonio Junqueira de Azevedo[191] adota uma terceira via para a compreensão do fenômeno, a qual não deixa de corresponder à soma do substrato de ambas. Apresenta uma visão ampla do negócio jurídico pautada por sua estrutura e pelos elementos da sua composição.

Pela definição do negócio jurídico pela estrutura, ensina Junqueira, não se busca necessariamente reconhecer a conformação que a vontade lhe confere quando do nascimento (teorias subjetivas/voluntaristas) ou reconhecer a forma pela qual o negócio jurídico concretamente atua na realidade (teorias objetivas/declarativas). Busca-se conhecer *estrutural* e *objetivamente* o que o negócio jurídico realmente é. Pela teoria estrutural do negócio jurídico, não deve sobressair a vontade ou o autorregramento, mas sim a declaração da vontade socialmente relevante, leciona. Nas palavras de citado autor, "não se trata, aqui, de verificar quais os fatos que *in concreto* são, ou não, atos de vontade, mas sim verificar se, pela estrutura normativa, se toma, ou não, em consideração, a existência do que socialmente se vê como ato de manifestação de vontade"[192].

---

[191] AZEVEDO, Antônio Junqueira de. *Negócio jurídico*: existência, validade e eficácia. Atual. de acordo com o Código Civil (Lei n. 10.406, de 10.01.2002). São Paulo: Saraiva, 2002, p. 14

[192] AZEVEDO, Antônio Junqueira de. *Negócio jurídico*: existência, validade e eficácia. Atual. de acordo com o Código Civil (Lei n. 10.406, de 10.01.2002). São Paulo: Saraiva, 2002, p. 16 ss.

PRINCÍPIO DA CONSERVAÇÃO DOS NEGÓCIOS JURÍDICOS

A teoria estrutural do negócio jurídico foi adotada, dentre outros juristas de relevo, por Karl Larenz[193] e Emilio Betti[194]. O negócio jurídico deve ser considerado um comando concreto para o qual o ordenamento jurídico reconhece uma eficácia vinculante. É destacado o seu papel como um meio criador do Direito, que coloca em relevo os efeitos concretos sobre a vontade humana e sobre a sua declaração. Os efeitos jurídico-negociais, como se pôde perceber, são o cerne da eficácia social e jurídica. É o fulcro do Princípio da conservação dos negócios jurídicos.

Na concepção estrutural do negócio jurídico, uma vez feita a declaração negocial, desprende-se a declaração da vontade do seu criador e adquire autonomia. Os efeitos negociais surgem da declaração e não mais da vontade interna e como tais se mantém imbricados para a sua suficiente conformação autônoma no ordenamento jurídico. A norma individual criada por meio do negócio jurídico espraia os seus efeitos além das partes inicialmente vinculadas. Tal situação exige a interpretação no sentido de superação das invalidades e de sanação dos negócios jurídicos. É dizer, se uma das partes não mais deseja o que inicialmente quis (no momento da declaração negocial), a ordem social fará manter como válida a própria declaração convergente de vontades.[195] A autonomia da vontade não mais pode ser o fundamento ideológico suficiente para o negócio jurídico, o qual, na verdade, é uma criação das partes que não visa apenas a atender aos seus interesses particulares, mas igualmente é voltada para o senso coletivo, como se colhe da regra prevista no artigo 421 do Código Civil Brasileiro. Daí poder afirmar Antonio Junqueira de Azevedo que "respeitar o negócio é respeitar a toda a sociedade".[196]

[193] A interpretação exige não somente a consciência da declaração, mas também a imputabilidade do significado da declaração (LARENZ, Karl. *Derecho Civil.* Parte general. Trad. Miguel Izquierdo y Mácias-Picavea. Editorial Revista del Derecho Privado: Madrid, 1978, p. 482).

[194] BETTI, Emilio. *Interpretação da lei e dos atos jurídicos.* São Paulo: Martins Fontes, 2007. p. 386-387).

[195] BETTI, Emilio. *Interpretação da lei e dos atos jurídicos.* São Paulo: Martins Fontes, 2007, p. 446.

[196] AZEVEDO, Antônio Junqueira de. *Negócio jurídico e declaração negocial*: noções gerais e formação da declaração negocial. São Paulo: Saraiva, 1986, p. 78 ss.

2.4. O negócio jurídico como expressão da autonomia privada. A responsabilidade despertada no meio social além da esfera da vontade das partes, na perspectiva de Custódio da Piedade Ubaldino Miranda

Com apoio na concepção estrutural do negócio jurídico, chegamos à posição a qual se acede. O negócio jurídico é uma verdadeira expressão da autonomia privada. É a sua expressão maior. O seu elemento central é o conteúdo da declaração ou o comportamento humano. Os negócios somente devem qualificar-se como "jurídicos" quando tiverem um conteúdo estrutural relativo ao Princípio da autonomia privada. A autonomia privada assume uma função constitutiva necessária para o Direito. O preceito que por ela é formado, agasalhado e conformado pela ordem jurídica, atinge os efeitos jurídicos correspondentes. A tutela da autonomia privada é o que justifica a própria existência do negócio jurídico.

Como antes observamos, as concepções subjetivas são demasiadamente preocupadas com o elemento volitivo. Procuram atenuar as consequências adversas para o aceitante da declaração, mas olvidam, de outro lado, o ponto sobre o qual os objetivistas se concentram, qual seja, a regra de conduta que desponta da declaração negocial com efeito vinculante para ambas as partes e resultante do conteúdo negocial propriamente dito (um "imperativo juridicamente relevante", segundo Custodio da Piedade Ubaldino Miranda). As vertentes voluntaristas e preceptivas de concepção do negócio jurídico, diz Miranda, caso sejam consideradas na sua acepção pura, pecam pelo mesmo fundamento: o unilateralismo.[197]

O preceito da autonomia privada contido na declaração ou no comportamento das partes, alerta Miranda, deve produzir os efeitos jurídicos correspondentes à sua função econômico-social. A força operativa imediata da autonomia privada (constitutiva do Direito) não está em desacordo com o conteúdo preceptivo próprio da declaração ou do comportamento.[198] Nas declarações negociais, diz António Junqueira de Azevedo, há sempre um conteúdo preceptivo; "é possível, quer isto dizer, antes de mais nada, extrair das declarações a regulamentação vinculativa disposta para o futuro, e

---

[197] MIRANDA, Custodio da Piedade Ubaldino. *Teoria geral do negócio jurídico*. 2. ed. São Paulo: Atlas, 2009, p. 33 ss.

[198] PRATA, Ana. *A tutela constitucional da autonomia privada*. Coimbra: Almedina, 1982. Ainda, *v.* AZEVEDO, Antônio Junqueira de. *Negócio jurídico e declaração negocial*: noções gerais e formação da declaração negocial. São Paulo: Saraiva, 1986, p. 18.

PRINCÍPIO DA CONSERVAÇÃO DOS NEGÓCIOS JURÍDICOS

além disso, traduzir esta, por sua vez, em termos de direito, identificando-a com uma relação jurídica".[199] A manifestação de vontade que gera o negócio jurídico é somente aquela considerada *socialmente idônea* para produzir os efeitos jurídicos. O vocábulo *socialmente* deve ser aqui destacado para frisar o papel desempenhado pelo Princípio da conservação dos negócios jurídicos. Os interesses do grupo social devem ser considerados superiores aos interesses das partes e à própria sobrevivência do vínculo jurídico derivado da autonomia privada.

O Princípio da autonomia privada[200] identifica-se com o Princípio da liberdade contratual, que se mantém vivo na contemporaneidade, devendo agir em harmonia com os chamados "novos princípios" do Direito Contratual[201]. A liberdade contratual é uma manifestação da autonomia privada (não da "autonomia da vontade", expressão que se descarta por haver marcado o liberalismo exacerbado do século XIX)[202]. Diz respeito a um princípio de cariz ideológico e de "real organização das relações sociais", o qual se mostra essencial para todo ordenamento jurídico (especialmente capitalista) e a qualquer sistema de mercado livre. Enaltecendo o papel da autonomia privada, observa Enzo Roppo que "o operador econômico do capitalismo, na verdade, necessita ser livre não só na fixação, a seu arbítrio (melhor, na conveniência do próprio mercado), dos termos concretos da operação realizada, mas, também - e sobretudo - na decisão de efectuar o não certa operação, na escolha de efectivação com esta ou aquela contraparte, no decidir realizar determinado *gênero* de operação em vez de outro".[203]

---

[199] AZEVEDO, Antonio Junqueira de. *Negócio jurídico e declaração negocial*: noções gerais e formação da declaração negocial. São Paulo: Saraiva, 1986, p. 18; WESTERMANN, Harry. *Código Civil alemão*. Parte Geral. 3. ed. Trad. Luiz Dória Furquim. Porto Alegre, Sergio Antonio Fabris Editor, 1991, p. 32.

[200] A respeito da autonomia privada, ver: SOARES, Ronnie Herbert de Barros; PASSOS, Josué Modesto. Perspectiva histórica do conceito de negócio jurídico. In: GUERRA, Alexandre; BENACCHIO, Marcelo. (orgs.). TOLEDO, Armando Sérgio Prado de (coord.). *Negócio jurídico*. São Paulo: Quartier Latin, 2013, p. 48.

[201] NEGREIROS, Teresa. *Teoria do contrato*: novos paradigmas. 2. ed. Rio de Janeiro: Renovar, 2006

[202] Sobre a autonomia da vontade e a autonomia privada, ver: MELO, Diogo L. Machado de. *Cláusulas contratuais gerais* (contratos de adesão, cláusulas abusivas e o Código Civil de 2002). São Paulo: Saraiva, 2008, p. 26-27.

[203] ROPPO, Enzo. *O contrato*. Coimbra: Almedina, 2009, p. 132; JUNQUEIRA, Antônio Junqueira de. Negócio jurídico: existência, validade e eficácia. Atual. de acordo com o Código Civil (Lei n. 10.406, de 10.01.2002). São Paulo: Saraiva, 2002, p. 18-19.

O negócio jurídico é o instrumento de exercício da autonomia privada por excelência. É a permissão conferida pelo ordenamento jurídico aos particulares para que estabeleçam o necessário à satisfação dos seus interesses e das suas necessidades. O negócio jurídico permite que os sujeitos de direito mantenham relações sob as variadas perspectivas econômicas e sociais, de modo que regulamentem as suas necessidades como melhor lhes aprouver, desde que o façam em respeito às balizas impostas pelo próprio sistema jurídico[204].

O meio concreto que dispõe o ordenamento jurídico para amparar as relações socioeconômicas e de circulação de riqueza, bens e serviços, é o negócio jurídico, ou, como alerta Miranda, os "negócios tornados jurídicos". Diz Custódio da Piedade Ubaldino Miranda "negócios tornados jurídicos" porque somente no momento posterior à sua realização na vida social é que a ordem jurídica neles intervirá para lhes tornar "jurídico", porque então se fizeram presentes na vida social. O negócio jurídico pode ser reconhecido, em um primeiro momento, como um fato social apenas; "como quer que seja, exprimirá sempre um dever-ser, um imperativo por si mesmo vinculativo para as partes, juridicamente relevante, na medida que sua eficácia resulta já do plano normativo".[205]

Na atualidade, os limites do negócio jurídico são conformados pela delimitação que o próprio ordenamento impõe à autonomia privada. O negócio jurídico é o seu fruto, razão pela qual ostenta um conteúdo normativo. Como observa Francisco Amaral a esse propósito, "sua essência (do negócio jurídico) está em dois elementos: *vontade* e *autonomia privada*. O ato jurídico em senso estrito não tem esse conteúdo. A vontade que exprime não se dirige à produção de efeitos jurídicos específicos desejados pelo agente. Eles dependem de lei ou já estão previstos".[206]

A autonomia privada é a decorrência necessária de um princípio de "autoconfiguração" das relações jurídicas pelos particulares em conformidade com a sua vontade. Corresponde a uma parte do princípio geral da autodeterminação das pessoas. É um princípio prévio ao ordenamento jurídico, que, na Carta Constitucional brasileira, revela a tutela jurídica do Direito fundamental da liberdade na sua acepção ampla e como tal prevista

---

[204] Sobre o processo de formação do contrato, ver: ROPPO, Enzo. *O contrato*. Coimbra: Almedina, p. 85.

[205] MIRANDA, Custodio da Piedade Ubaldino. *Teoria geral do negócio jurídico*. 2. ed. São Paulo: Atlas, 2009, p. 44 ss.

[206] AMARAL, Francisco. *Direito civil*. Introdução. 6. ed. Rio de Janeiro: Renovar, 1998, p. 363.

PRINCÍPIO DA CONSERVAÇÃO DOS NEGÓCIOS JURÍDICOS

no seu artigo 5º, *caput*. O valor que com ela deve se realizar está reconhecido dentre os Direitos fundamentais[207] e exige a existência correlativa do próprio ordenamento jurídico.

A autonomia privada é o reconhecimento da "autarquia do indivíduo" na configuração criadora de relações jurídicas, na feliz expressão de Werner Flume. Faz gerar a configuração autônoma das relações jurídicas, as quais, uma vez reconhecidas pelo Direito, não necessitam de nenhuma outra justificação além da que o indivíduo deseja. A liberdade de configuração autônoma das relações jurídicas deve ser compreendida, no plano ideal, como a liberdade individual de uma "vinculação moral". Cuida-se de uma liberdade, portanto, "que a si mesma se faz lei; no ético, moralidade, no jurídico, Direito", refere Flume[208].

O Direito, nesse contexto, disciplina o conteúdo do negócio jurídico, atribuindo-lhe um complexo de disposições normativas e reconhecendo-lhe como um fato idôneo para gerar consequências jurídicas. E a autonomia privada resulta do reconhecimento que a própria ordem jurídica dispensa ao negócio, que é, diga-se uma vez mais, o instrumento do seu exercício. As limitações que o ordenamento impõe à autonomia privada revelam que a sua limitação se faz "por via negativa"[209], isto é, até onde não existam limitações impostas pelo ordenamento jurídico à autonomia privada, o ordenamento não somente a reconhece, mas também a protege. Logo, a eficácia jurídico-social que afirma o Princípio da conservação dos negócios jurídicos é a razão axiológica da autonomia privada[210]. Assim, a vontade deve ser posta nas suas justas medidas, numa perspectiva funcional diante dos valores acolhidos pela ordem jurídica, os quais se encontram

---

[207] A esse respeito, ver: CANARIS, Claus-Wilhelm. *Direitos fundamentais e o direito privado*. Trad. de Ingo Wolfgang Sarlet e Paulo Mota Pinto. Reimpr. Coimbra: Almedina, 2006; MAC CRORIE, Benedita Ferreira da Silva. *A vinculação dos particulares aos direitos fundamentais*. Coimbra: Almedina, 2005; FLUME, Werner. *El negocio jurídico*. Parte general del Derecho Civil. 4. ed. Trad. José Maria Miguel Gonzáles e Esther Gómez Calle. Madrid: Fundación Cultural del Notariado, 1998, p. 24.

[208] FLUME, Werner. *El negocio jurídico*. Parte general del Derecho Civil. 4. ed. Trad. José Maria Miguel Gonzáles e Esther Gómez Calle. Madrid: Fundación Cultural del Notariado, 1998, p. 24 ss.

[209] MIRANDA, Custodio da Piedade Ubaldino. *Teoria geral do negócio jurídico*. 2. ed. São Paulo: Atlas, 2009, p. 46.

[210] Sobre a autonomia privada, ver: LOTUFO, Renan. Código Civil comentado. Parte Geral (arts. 1º a 232). São Paulo: Saraiva, 2003, v. 1, p. 272 ss..

em posição de primazia por força da tutela que o sistema dispensa para os Direitos fundamentais. Cumpre relembrar que os Direitos fundamentais incidem diretamente sobre as relações de Direito Privado, afirmação amplamente aceita no Direito contemporâneo.[211]

Anderson Schreiber[212] alerta que as principais categorias do Direito privado pautam-se primeiramente pelo elemento volitivo. A dogmática do ato jurídico originou-se, desenvolveu-se e centrou-se sobre a vontade, é certo, mas desde então muito evoluiu para conferir eficácia aos comportamentos individualmente assumidos[213] e para os negócios celebrados pelos membros da coletividade.[214] Em atenção ao Princípio da sociabilidade e do inter-relacionamento dos comportamentos humanos, diz o autor em referência, os limites impostos para a liberdade individual devem ser observados por todos.[215] A preservação de uma sociedade pacífica, segura e cooperativa, adverte, exige o respeito às fronteiras impostas para a liberdade individual no plano negocial e a observância da eficácia jurídico-social dos negócios jurídicos.

A aparência de validade (melhor, de eficácia) dos negócios jurídicos, como se frisa, desperta amplos reflexos sociais para os que neles confiaram. Gera expectativas legítimas e gera outros valores igualmente dignos de proteção jurídica. Daí se poder afirmar com apoio em Joaquim Ribeiro de Souza que "uma ordem social de paz, segurança e cooperação não é possível sem a postergação do arbítrio individual, sem a imposição de padrões vinculativos de conduta, cuja previsível observância (e garantido sancionamento) funda e consolida expectativas – a base indispensável de toda interacção".[216]

---

[211] Nesse sentido, por todos: CANARIS, Claus-Wilhelm. *Direitos fundamentais e o direito privado*. Trad. de Ingo Wolfgang Sarlet e Paulo Mota Pinto. Reimpr. Coimbra: Almedina, 2006; MAC CRORIE, Benedita Ferreira da Silva. *A vinculação dos particulares aos direitos fundamentais*. Coimbra: Almedina, 2005.

[212] SCHREIBER, Anderson. A representação no Novo Código Civil. In. TEPEDINO, Gustavo (coord.). *A parte geral do novo Código Civil Brasileiro*: estudos na perspectiva civil-constitucional. Rio de Janeiro: Renovar, 2007, p. 231 ss.

[213] A esse respeito, *v.* CATALAN, Marcos Jorge. Autonomia privada: o poder jurígeno dos sujeitos de direito. In: CATALAN, Marcos Jorge (coord.). *Negócio jurídico*. Aspectos controvertidos à luz do novo Código Civil. São Paulo: Mundo Jurídico, 2005.

[214] SCHREIBER, Anderson. A representação no Novo Código Civil. In. *A parte geral do novo Código Civil Brasileiro*: estudos na perspectiva civil-constitucional. Rio de Janeiro: Renovar, 2007, p. 232.

[215] RIBEIRO, Joaquim de Sousa. *O problema do contrato*. Coimbra: Coimbra Editora, 2008, p. 30-31.

[216] RIBEIRO, Joaquim de Sousa. *O problema do contrato*. Coimbra: Coimbra Editora, 2008, p. 15-16.

CAPÍTULO 3
A INVALIDADE DO NEGÓCIO JURÍDICO

3.1. As bases conceituais da teoria das invalidades. As origens do princípio da sanação dos atos e negócios jurídicos negocial e o fundamento axiológico do Princípio da conservação dos negócios jurídicos

O propósito do capítulo que se inicia é examinar as hipóteses em que os negócios jurídicos podem apresentar "patologias", na expressão cunhada por Martinho Garcez[217] (consideradas como as deficiências em sentido amplo) e quais são as suas consequências sob o plano da eficácia. Como antes alertamos, os vícios dos negócios jurídicos geram as invalidades. A expressão *invalidades* deve ser adiante considerada na sua acepção ampla, tal como é apresentada no Capítulo V da Parte Geral do Código Civil, intitulado "Da invalidade do negócio jurídico". Importante acentuar, entetanto, que a expressão *invalidade* não se reveste de necessária precisão técnica: certas hipóteses referidas e por ela abarcadas pela lei civil correspondem a verdadeiras situações de inexistência do negócio jurídico e, outras, a casos de mera ineficácia jurídica.

Os tradicionais conceitos doutrinários de nulidade absoluta e de nulidade relativa, a nosso ver, não mais se mostram suficientes para a compreensão do fenômeno jurídico ao qual referem cada um deles. O Código

---

[217] A expressão é de GARCEZ, Martinho. *Das nulidades dos atos jurídicos*. 3 ed. atual. de acordo com o Código Civil Brasileiro. Rio de Janeiro: Renovar, 1997.

Civil brasileiro em vigor não mais assim alude às situações antes tratadas, mas, especificamente, indica apenas os termos nulidade e anulabilidade. Tais expressões serão, pois, as doravante acolhidas. Vale frisar que os institutos da inexistência, da nulidade, da anulabilidade e da ineficácia são bem distintos, os quais não se confundem jamais. Referem a situações fáticas e jurídicas diversas no processo de compreensão e de revelação do fenômeno jurídico.

A primeira crítica (e mais relevante crítica, a nosso viso) que se deve apresentar diz respeito ao fato de a doutrina não ter tratado o instituto da eficácia pela forma adequada. Como observa Francisco Pereira de Bulhões de Carvalho ainda na década de 80, é "simplesmente inacreditável" o que se passa com a literatura jurídica nacional em relação ao conceito de ineficácia[218]. "Nossos livros de caráter didático", diz ele, tratam apenas da nulidade e da anulabilidade, "sem a menor referência à referida espécie de ineficácia".[219]

Segundo Wilson de Souza Campos Batalha[220], o conceito de inexistência diz respeito à ausência dos elementos essenciais dos negócios jurídicos. A inexistência é a ausência de parte; a ausência de consentimento; a ausência de objeto ontologicamente possível ou a ausência de forma. A inexistência é um "nada jurídico". Logo, a inexistência i) independe de declaração judicial; ii) não comporta sanação ou convalidação e iii) não admite a incidência do Princípio da conservação dos negócios jurídicos. A inexistência "a nada corresponde". A inexistência pode ser invocada em qualquer fase processual ou reconhecida *ex officio* pela autoridade judicial. Não se sujeita a prazos decadenciais ou prescricionais e priva o "negócio" de quaisquer efeitos ("ex tunc").

Superado o plano da existência, passa-se ao plano da validade, como vimos. Ao negócio jurídico válido contrapõe-se o negócio inválido. Os negócios inválidos são os negócios nulos e anuláveis. Como dissemos, na

---

[218] CARVALHO, Francisco Pereira de Bulhões. *Sistemas de nulidades dos atos jurídicos*. 2. ed. Rio de Janeiro: Forense, 1981, p. 162.

[219] No dizer de Francisco Pereira de Bulhões Carvalho: "Não é admissível que, nos livros didáticos, seja ignorada a teoria da ineficácia, há quase oitenta anos consagrada no Código Civil Alemão e que se ajusta à natureza das coisas" (CARVALHO, Francisco Pereira de Bulhões. Sistemas de nulidades dos atos jurídicos. 2. ed. Rio de Janeiro: Forense, 1981, p. 163).

[220] BATALHA, Wilson de Souza Campos. *Defeitos dos negócios jurídicos*. Rio de Janeiro: Forense, 1998, p. 05.

A INVALIDADE DO NEGÓCIO JURÍDICO

atualidade, não há mais lugar para falar-se em nulidade absoluta ou em nulidade relativa. A nulidade concerne à situação na qual se está diante de um vício negocial insanável, que se opera no campo dos requisitos. A nulidade pressupõe a existência, conquanto esteja contaminado o negócio jurídico neste segundo plano. Por força do disposto no artigo 166 do Código Civil, ocorre a nulidade nos casos de incapacidade absoluta de parte; de impossibilidade jurídica, ilicitude ou indeterminabilidade do objeto; de ilicitude do motivo negocial comum a ambas as partes e determinante do negócio jurídico; de preterição de forma legal (em se tratando de negócios solenes); de fraude à lei imperativa e quando houver sua expressa cominação em lei.[221]

A nulidade absoluta não exige ação desconstitutiva autônoma que a afirme, por certo. Basta a declaração incidental definitiva para que o negócio se veja privado de validade e, consequentemente, de sua eficácia jurídica. Entretanto, a sua declaração, por meio de ação ou de exceção (incidentalmente) é sempre necessária. É verdadeiramente imprescindível, como abordaremos à frente. A nulidade não comporta sanação ou convalidação, como regra. Pode ser invocada em qualquer tempo e grau de jurisdição, de modo que não se sujeita a prazos prescricionais ou a decadenciais. Pode ser reconhecida *ex officio* pela autoridade judicial e priva o negócio jurídico de quaisquer efeitos desde a gênese ([in]eficácia *ex tunc*). Tratando-se de nulidade parcial[222], tradicionalmente, não se prejudica o negócio jurídico na parte em que for ele válido se esta lhe for separável. É o que ocorre no caso de nulidade da obrigação acessória[223], como se observa na nulidade de um contrato de fiança que, como regra, não contamina a obrigação principal por ele garantida[224], como apreciaremos no capítulo oitavo.

---

[221] A simulação do negócio jurídico, conquanto no Código Civil de 1916 correspondesse à hipótese de anulabilidade (nulidade relativa), na perspectiva contemporânea do Código Civil de 2002 é causa de nulidade absoluta, como dispõe o artigo 167, e examinaremos doravante.

[222] CRISCUOLI, Giovanni. *La nullitá parziale del negozio giuridico*. Teoria generale. Milano: Dott. A. Giufrrè Editore, 1959.

[223] BATALHA, Wilson de Souza Campos, *Defeitos dos negócios jurídicos*, 3 ed. atual. Rio de Janeiro: Renovar, 1997, 07.

[224] A esse respeito, *v.* GUERREIRO, José Alexandre Tavares. Contrato de fiança. In. BRUSCHI, Gilberto Gomes; COUTO, Monica Bonetti; SILVA, Ruth Maria Junqueira de A. Pereira e; PEREIRA, Thomaz Henrique Junqueira de A. (orgs.) *Direito Processual Empresarial*: estudos

PRINCÍPIO DA CONSERVAÇÃO DOS NEGÓCIOS JURÍDICOS

No plano da validade dos negócios jurídicos, além das nulidades, existem as anulabilidades (tratadas pelo Código Civil brasileiro de 1916 como nulidades relativas). As anulabilidades correspondem à incapacidade relativa do agente (não assistido); aos vícios na manifestação de vontade[225] ou ao conflito entre a vontade real e a vontade declarada. Nesses casos, surgem as chamadas "patologias"[226] do negócio jurídico. Diante dos contornos que lhe impõe o Princípio da conservação dos negócios jurídicos, importa na sua essência que o emissor da vontade tenha a consciência de sua declaração e do seu significado.[227] Para que o negócio se aperfeiçoe (válida e eficazmente), é preciso que a vontade externada apresente-se livre e consciente por parte de quem a promana. Se assim não o for, em princípio, não haverá como subsistir.[228]

A divergência entre a vontade real e a vontade declarada pauta o exame das anulabilidades dos negócios jurídicos, o que se soma ao exame da incapacidade relativa do agente que celebra um negócio jurídico sem a devida assistência quando a lei a exige. Diante das dissonâncias entre o interno e o declarado, é regra de interpretação jurídica (orientada pelo Princípio da conservação dos negócios jurídicos) que se deve buscar *salvar o mais possível*. O intérprete deve conduzir-se de modo que conserve na maior extensão possível a norma posta, seja pelo legislador, seja pelas partes, assim garantindo máxima expansão da eficácia.[229]

Um ponto merece ser aqui especialmente vincado: se o negócio jurídico vem ao mundo dos fatos de forma defeituosa, ressentindo-se da ausência

em homenagem a Manoel de Queiroz Pereira Calças. São Paulo: Campus Elsevier, 2012, p. 409-419.

[225] CORREIA, A. Ferrer. *Erro e interpretação na teoria do negócio jurídico*. Coleção Teses. Almedina: Coimbra, 2001.

[226] A expressão é de Martinho Garcez (GARCEZ, Martinho. *Das nulidades dos atos jurídicos*: de acordo com o Código Civil Brasileiro. 3. ed. Rio de Janeiro: Renovar, 1997).

[227] LOTUFO, Renan, *Curso avançado de Direito Civil*. Parte Geral. 2. ed. rev. atual. São Paulo: Revista dos Tribunais, 2003, p. 234. "(...) tendo partido do pressuposto de que o ato jurídico, é o ato lícito de vontade, esta, naturalmente, constitui o substrato daquele e as regras a seguir estatuídas são uma decorrência lógica de sua posição original" (RODRIGUES, Silvio. *Vícios do consentimento*. 3. ed. atual. São Paulo: Saraiva, 1989, p. 09).

[228] RODRIGUES, Silvio. *Vícios do consentimento*. 3. ed. atual. São Paulo: Saraiva, 1989, p. 10.

[229] LOTUFO, Renan. *Curso avançado de Direito Civil*. Parte Geral. 2 ed. rev. atual. São Paulo: Revista dos Tribunais, 2003, p. 275-276). A respeito da conformação do princípio jurídico, v. FRANÇA, R. Limongi. Princípios Gerais de Direito. 3. ed. rev. atual. São Paulo: Revista dos Tribunais, 2010.

A INVALIDADE DO NEGÓCIO JURÍDICO

de um requisito fundamental (que consiste na manifestação de vontade perfeita), o ordenamento jurídico possui caminhos para que sua validade não seja reconhecida. Entretanto, a proteção jurídica dispensada para o autor de declaração inexata pode confrontar com outro interesse que a mesma ordem jurídica quer proteger. Nesse conflito de interesses, assume relevo o Princípio da segurança jurídica[230].

A segurança jurídica é um princípio fundamental para o desenvolvimento da sociedade.[231] No plano do Direito contratual, é revelado, em um primeiro momento, pelo milenar brocardo *pacta sunt servanda*. Marca as exigências do Princípio da força obrigatória das convenções. A segurança jurídica é elemento vital para as relações negociais[232], sem a qual não há ordem social.[233] Sergio Ferraz[234], a propósito, informa que traduz a segurança jurídica uma das "aspirações nucleares do ser": a razoável estabilidade de sua existência e a plausível previsibilidade das consequências de suas atuações ou omissões.

A segurança jurídica é a "dimensão ontológica do Direito"[235]. Importante salientar que o Princípio da conservação dos negócios jurídicos não se presta a chancelar inexoravelmente o princípio *pacta sunt servanda*, como em uma leitura menos atenta se poderia afirmar. A situação proposta é exatamente a inversa. Como desenvolveremos no capítulo quinto, a revisão dos

---

[230] RODRIGUES, Silvio. *Vícios do consentimento*. 3. ed. atual. São Paulo: Saraiva, 1989, p. 30-31.

[231] Por todos, *v.* ÁVILA, Humberto. *Segurança jurídica*: entre permanência, mudança e realização no Direito Tributário. São Paulo: Malheiros, 2011.

[232] O relativismo, próprio da modernidade, causa preocupação aos juristas, que se põem em situação de dever proteger, dentre outros direitos fundamentais, o princípio da segurança jurídica, como afirma o legislador, dentre outros momentos, no *caput* do art. 5º da Constituição Federal de 1988 (DIP, Ricardo. *Segurança jurídica e crise pós-moderna*. São Paulo: Quartier Latin, 2012, p. 132).

[233] Por vezes, entretanto, temperamentos são necessários, os quais não infirmam o papel de destaque que exerce o princípio da segurança jurídica no plano negocial. A esse respeito, no sentido de sua conformação contemporânea adequada, *v.* MARTINS, Fernando Rodrigues. *Princípio da justiça contratual*. São Paulo: Saraiva, 2009.

[234] FERRAZ, Sergio. Responsabilidade estatal e segurança jurídica. In: GUERRA, Alexandre Dartanhan de Mello; PIRES, Luis Manuel Fonseca; BENACCHIO, Marcelo (coords.). *Responsabilidade civil do Estado*: desafios contemporâneos. São Paulo: Quartier Latin, 2010, p. 215.

[235] Sobre a segurança jurídica, uma vez mais, ver: FERRAZ, Sergio. Responsabilidade estatal e segurança jurídica. In: GUERRA, Alexandre Dartanhan de Mello; PIRES, Luis Manuel Fonseca; BENACCHIO, Marcelo (coords.). *Responsabilidade civil do Estado*: desafios contemporâneos. São Paulo: Quartier Latin, 2010.

negócios jurídicos, acomodando-os às alterações das circunstâncias que o permeiam e afetam o equilíbrio das prestações, serve para garantir a aplicação concreta de sobredito Princípio da força obrigatória das convenções.

O Princípio da conservação dos negócios jurídicos guarda conexão com o Princípio de proteção da confiança legítima. Impende gizar, por oportuno, que a segurança (também no plano negocial) não significa imutabilidade. A dinâmica da vida pessoal e das relações sociais exigem permanentes "reformulações e adaptações à realidade". Contudo, destaca Sergio Ferraz, "essa flexibilidade não pode ir a ponto do esgarçamento comprometedor, jamais se admitindo possa ela afetar a certeza ou a estabilidade do Direito".[236]

O Princípio do equilíbrio contratual, de seu turno, impõe a conformação e a adaptação do contrato às novas circunstâncias relevantes que o permeiam. Andrea Cristina Zanetti[237] observa que sempre que o negócio jurídico contratual for alvo de revisão (seja sob a forma judicial, seja arbitral) o aplicador do Direito deve cuidar de sanar os desequilíbrios apresentados, preocupando-se em conduzir o processo interpretativo no sentido de sua manutenção. É o desejo do legislador, como informa a autora, a partir do que emerge dos artigos 142, 144, 150, 157, § 2º, 170, 183, 184 e art. 51, § 2º, do Código de Defesa do Consumidor. As regras jurídicas em destaque, na sua estrutura, impõem ao intérprete a observância do Princípio da conservação dos negócios jurídicos. É preferível fomentar o entendimento entre as partes para que afastem a invalidade por elas mesmas. Cuida-se de um comportamento que merece prestígio para não macular a essência negocial (o qual se viabiliza, dentre outros mecanismos, pela cláusula *hardship*), "permitindo que este atinja seu fim, do que condenar de antemão sua funcionalidade, se ainda é cabível resgatá-la", diz Andrea Cristina Zanetti.[238]

---

[236] FERRAZ, Sergio. Responsabilidade estatal e segurança jurídica. In: GUERRA, Alexandre Dartanhan de Mello; PIRES, Luis Manuel Fonseca; BENACCHIO, Marcelo (coords.). *Responsabilidade civil do Estado*: desafios contemporâneos. São Paulo: Quartier Latin, 2010, p. 215.

[237] ZANETTI, Andrea Cristina. *Princípio do equilíbrio contratual*. São Paulo: Saraiva, 2012, p. 243.

[238] ZANETTI, Andrea Cristina. *Princípio do equilíbrio contratual*. São Paulo: Saraiva, 2012, p. 243.

A INVALIDADE DO NEGÓCIO JURÍDICO

Manoel de Queiroz Pereira Calças[239] afirma acertadamente que a segurança jurídica é um fator de desenvolvimento socioeconômico. Exerce a segurança jurídica papel de relevo na economia contemporânea. A relação entre a segurança jurídica e o Princípio da conservação dos negócios jurídicos não pode ser negada pelo intérprete consciente na atualidade. Como enfatiza, "justiça rápida e eficiente implica na redução de custos para a empresa, à medida que as corporações têm segurança para investir, criar novos nichos de mercado, aplicar novos tipos de contratos sabendo de que forma o Tribunal de Justiça interpreta esses contratos e como decide tanto direitos do fornecedor quanto o do consumidor"[240].

A segurança jurídica é elemento vital, crucial, e regulador do funcionamento da economia de qualquer país. O Direito não lhe pode menosprezar, à evidência. O Princípio da conservação dos negócios jurídicos nela encontra terreno fértil para germinar também sob o ponto de vista econômico. Os termos da contratação devem ser preservados, mantendo-a ajustada às alterações das prestações para assim dimanar os seus efeitos (melhor, os seus benefícios) para todos os agentes econômicos envolvidos. A relação entre a justiça e a segurança foi bem esquadrinhada pelo jurista em testilha na seguinte perspectiva: "o empresário, quando bate às portas do Tribunal de Justiça, não pretende apenas obter justiça, *ele está buscando uma definição mais precisa do conteúdo das normas que incidem sobre as atividades comerciais.* A segurança jurídica é o elemento indispensável para regular o funcionamento da economia de qualquer país".[241]

A segurança jurídica e a proteção da confiança despertada são conceitos jurídicos imbricados[242]. Cumpre-nos destacar que o ordenamento jurí-

---

[239] CALÇAS, Manoel de Queiroz Pereira. *A segurança jurídica é fator de desenvolvimento.* Diálogos e debates da Escola Paulista da Magistratura. Revista Trimestral ano 12, n. 3, ed. 45. São Paulo: Escola Paulista da Magistratura, março/2012, p. 07-15.

[240] Sobre a segurança jurídica no plano contratual, ver: BURANELLO, Renato M. Fundamentos da teoria contratual e os contratos agrários. In: VENOSA, Silvio de Salvo; GAGLIARDI, Rafael Villar; NASSER, Paulo Magalhães (coords.). *10 anos do Código Civil: Desafios e perspectivas.* São Paulo: Atlas, 2012, p. 340.

[241] CALÇAS, Manoel de Queiroz Pereira. *A segurança jurídica é fator de desenvolvimento.* Diálogos e debates da Escola Paulista da Magistratura. Revista Trimestral ano 12, n. 3, ed. 45. São Paulo: Escola Paulista da Magistratura, março/2012, p. 11.

[242] Sobre a teoria da confiança no plano do Direito do Consumidor, ver: BAGGIO, Andreza Cristina. *O direito do consumidor brasileiro e a teoria da confiança.* São Paulo: Revista dos Tribunais, 2012, Biblioteca de Direito do Consumidor v. 41.

PRINCÍPIO DA CONSERVAÇÃO DOS NEGÓCIOS JURÍDICOS

dico equilibra-se entre os pólos da segurança (imutabilidade das situações constituídas) e o da inovação[243]. Portanto, o Direito deve dispor de mecanismos para adaptar o que flui e o que se modifica na vida para a permanência e a estabilidade. A permanência constitui um valor a ser protegido pelo Direito (pois reflete a confiança depositada na ordem jurídica por seus membros), mas não deve ser compreendida apenas como a estabilidade ou a permanência, mas, sim, conjunturalmente, adverte, pois a inovação é própria da condição humana, seja individualmente, seja nas suas relações sociais. Importam ambos na preservação da ordem jurídica a bem da coletividade.[244]

Assim fincadas as premissas também a respeito do papel desempenhado pela segurança jurídica no Direito e na economia, uma palavra merece ser dita a respeito dos efeitos do negócio jurídico nulo. Certo é que o tema será mais bem explorado no capítulo seguinte. No que diz respeito às nulidades formais, Rabindranath Capelo de Sousa[245] reconhece, em primeiro lugar, existir um "Princípio da nulidade dos actos e negócios jurídicos violadores de regras imperativas". Como anota o autor, o Código Civil de Portugal afirma no seu artigo 294º um princípio geral por meio do qual os negócios jurídicos celebrados contra disposição legal de caráter imperativo são nulos, *salvo nos casos em que outra solução resulte de lei*. As "normas impe-

---

[243] Nas palavras de Ronaldo Porto Macedo Junior, "a confiança constitui-se, ao mesmo tempo, a partir da crença de que cada indivíduo deve ter a intuição do que é ser vulnerável para os outros, e na suposição de que cada parte pode decidir depositar sua confiança no outro, após processo de reflexão e equilíbrio" (MACEDO JUNIOR, Ronaldo Porto. *Contratos relacionais e defesa do consumidor*. 2. ed. São Paulo: Revista dos Tribunais, 2006, p. 273). No mesmo sentido, ver: MARTINS-COSTA, Judith. "Princípio da confiança legítima e princípio da boa-fé objetiva. Termo de compromisso de cessação (TCC) ajustado com o CADE. Critérios da interpretação contratual: os sistemas de referência extracontratuais (circunstâncias do caso) e sua função no quadro semântico da conduta devida princípio da unidade ou coerência hermenêutica e usos do tráfego. Adimplemento contratual" (parecer). São Paulo: Revista dos Tribunais, ano 95, v. 852, outubro de 2008.

[244] Segundo Judith Martins-Costa, "a confiança é, pois, mais que o apelo à segurança da lei; é também mais do que a boa-fé, embora a suponha. É crédito social, é a expectativa, legítima, na ativa proteção da personalidade humana como escopo fundamental do ordenamento" (MARTINS-COSTA, Judith. Almiro do Couto e Silva e a Re-Significação do Princípio da Segurança Jurídica na relação entre o Estado e os Cidadãos. In: Ávila, Humberto (org.). *Fundamentos do Estado de Direito: estudos em homenagem ao Professor Almiro do Couto e Silva*. São Paulo: Malheiros, 2005, p. 135).

[245] SOUSA, Rabindranath Valentino Aleixo Capelo de. *Teoria Geral do Direito Civil*. Coimbra: Coimbra Editora, 2003, v. I. p. 86-87.

A INVALIDADE DO NEGÓCIO JURÍDICO

rativas", para este efeito, destaca, são aquelas que impõem determinado comportamento (preceptivas) ou proíbem determinada conduta (proibitivas) e cuja violação, "face à relevância dos interesses públicos subjacentes", induz à nulidade dos negócios jurídicos colidentes.

Os atos e os negócios jurídicos nulos podem surtir efeitos, é certo.[246] Sucede que tais efeitos serão, em princípio, somente os chamados "efeitos fáticos". Diante da sua ocorrência, os efeitos no plano dos fatos fazem derivar a alteração da realidade concreta e nada mais. Vale dizer, a eles o Direito não dispensa reconhecimento ou confere proteção como faria a autonomia privada se os negócios fossem perfeitos. Dito por outras palavras, podemos acentuar que os efeitos dos negócios nulos não serão necessariamente efeitos *jurídicos*, isto é, efeitos sobre os quais o ordenamento confere proteção jurídica (isto é, a eles dispensa a existência, a validade e a eficácia jurídica, de acordo com o que propõe a sanção positiva [sanção premial] antes referida) [247].

De outro lado, na contemporaneidade, podemos afirmar sem temor que mesmo um negócio inválido pode surtir também efeitos jurídicos válidos, fundamentalmente em nome da proteção dispensada para os valores superiores tutelados pelo sistema jurídico, os quais sobrepõem às exigências impostas pelas regras. A nosso ver, há aqui ambiente fértil para a aplicação concreta do Princípio da conservação dos negócios jurídicos. Perfilhamos a posição de que o negócio jurídico nulo pode produzir efeitos não somente no plano fático, mas também no plano jurídico, como desenvolveremos no capítulo quarto.

Expendidas essas considerações a respeito da nulidade dos negócios jurídicos, passaremos a fixar as bases conceituais das anulabilidades nos limites necessários para preparar o solo adequado para apresentar o Princípio da conservação dos negócios jurídicos. Como cediço, a anulabilidade do negócio jurídico diz respeito às hipóteses de vícios sanáveis incidentes sobre a capacidade negocial ou sobre a própria manifestação da vontade. A anulabilidade, como vimos, i) depende de declaração judicial; ii)

---

[246] Por todos, *v.* GOMES, Orlando. *Introdução ao Direito Civil.* 19. ed. rev. atual. aum. Rio de Janeiro: Forense, 2007, p. 419.

[247] Consoante lição de Renan Lotufo, "O negócio, ou ato inválido, portanto classificável como nulo, ou pelo menos anulável, pode produzir efeitos no mundo fenomênico" (LOTUFO, Renan. Curso avançado de Direito Civil. Parte Geral. 2 ed. rev. atual. São Paulo: Revista dos Tribunais, 2003, p. 274).

PRINCÍPIO DA CONSERVAÇÃO DOS NEGÓCIOS JURÍDICOS

comporta sanação ou ratificação (expressa ou tácita); iii) dimana efeitos retroativos, devendo ser respeitados os direitos de terceiros; iv) pode ser invocada incidentalmente, em ação judicial, quando a parte exigir o cumprimento da obrigação anulável (correspondendo a hipótese de *exceptio non adimpleti contractus*)[248]; v) sujeita-se a prazos decadenciais; vi) não pode ser reconhecida *ex officio* pela autoridade judicial e, diferentemente da nulidade e vii) somente pode ser invocada pelos interessados, exclusivamente a eles aproveitando seu pronunciamento.[249]

Na anulabilidade, sobressaem fatores de natureza individual visando a proteger o declarante ou às pessoas a ele ligadas. Somente os envolvidos, como regra, estão legitimados a demandar o pronunciamento judicial que os desconstitua. Entretanto, mesmo sobrevindo a desconstituição de um negócio jurídico anulável por decisão judicial, certos efeitos já produzidos se consolidam. De tal asserção podemos dizer que a anulabilidade admite a confirmação (ratificação) e a convalidação, sujeitando-se à vontade dos diretamente interessados e aos anseios sociais[250]. Nelas, assume relevo o Princípio da conservação dos negócios jurídicos, como se verá, que se prende à própria distinção estabelecida entre os institutos da nulidade e da anulabilidade, permitindo nos últimos com maior extensão a preservação de um negócio jurídico inválido, seja pelo decurso do tempo, seja pelo recurso às medidas sanatórias com maior eficiência.[251]

A eficácia social e jurídica da vontade individual declarada somente é garantida pelo Direito se e enquanto forem observados os preceitos por ele próprio afirmados. Vale dizer, se desatendidas forem as exigências legais, a eficácia jurídica negocial não se alcançará e o negócio pode vir a ser proclamado "sem efeito", isto é, ineficaz[252]. Os casos de ineficácia pressupõem

---

[248] A respeito da exceção de contrato não cumprido, *v.* GAGLIARDI, Rafael Villar. *Exceção de contrato não cumprido*. São Paulo: Saraiva, 2010.

[249] Como anota Wilson de Souza Campos Batalha, "A anulabilidade não tem efeito antes de julgada por sentença e não opera em detrimento de terceiros, considerando-se a data de propositura da ação" (BATALHA, Wilson de Souza Campos. *Defeitos dos negócios jurídicos*. 3. ed. atual. Rio de Janeiro: Renovar, 1997, p. 10-11).

[250] BETTI, Emilio. *Teoria Geral do Negócio Jurídico*. Campinas: Servanda, 2008, p. 654 ss.

[251] GUERRA, Alexandre. *Responsabilidade civil por abuso do direito*: entre o exercício inadmissível de posições jurídicas e o direito de danos. 1. ed. São Paulo: Saraiva, 2011.

[252] RODRIGUES, Silvio. *Vícios do consentimento*. 3. ed. atual. São Paulo: Saraiva, 1989, p. 30-31.

A INVALIDADE DO NEGÓCIO JURÍDICO

a existência e a validade, mas não haver o negócio jurídico completado todos os seus condicionantes.[253]

Outra reflexão se faz no momento especialmente oportuna. Consoante doutrinadores de tomo, o problema da ineficácia se verifica nos casos em que o negócio jurídico se encontra a pender de termo, de encargo ou de condição (especialmente as condições de natureza suspensiva), como previstos no Capítulo III do Título I do Livro III da Parte Geral do Código Civil brasileiro (artigos 121 a 137): são os chamados "elementos negociais acidentais".

Wilson de Souza Campos Batalha, exemplificativamente, afirma[254]:

> (...) **o negócio condicional ou a termo, não ocorrido o termo ou não implementada a condição, existe, mas não tem eficácia**. Existe como negócio jurídico, não podendo ser atingido por leis novas sobre o mesmo objeto (Lei de Introdução ao Código Civil, art. 6º, § 2º - falso conceito de *direito adquirido*), mas não tem eficácia (Código Civil [de 1916], arts. 118 e 123) (...). O negócio jurídico, embora ineficaz, permite que sejam postuladas as medidas destinadas à sua proteção e conservação.

Dissentimos deste entendimento, contudo. Como destacamos no capítulo primeiro com apoio em Pontes de Miranda[255], mesmo diante dos elementos negociais acidentais, não está o intérprete autorizado a peremptoriamente negar toda eficácia ao negócio jurídico. Nesse ponto residem nossas críticas ao artigo 125 do Código Civil brasileiro, exigindo do intérprete reflexão à vista do direito adquirido como preconiza a Lei de Introdução às Normas do Direito Brasileiro. Conquanto esteja o negócio jurídico celebrado provisoriamente a pender do implemento de uma condição suspensiva, de termo ou do cumprimento do encargo respectivo, não há lugar para afirmar a sua absoluta ineficácia ou a total inexistência do direito nele

---

[253] A doutrina nem sempre se mostra clara a respeito dos lindes entres validade e eficácia, com o que não se pode compactuar (a respeito, v. LISBOA, Roberto Senise. *Manual de Direito Civil*. 6. ed. São Paulo: Saraiva, 2011, p. 419).

[254] BATALHA, Wilson de Souza Campos. *Defeitos dos negócios jurídicos*, 3 ed. atual. Rio de Janeiro: Renovar, 1997, p. 12-13, destacamos.

[255] MIRANDA, Pontes de. *Tratado de Direito Privado*. Parte Geral. São Paulo: Revista dos Tribunais, 1983, v. 5, p. 70.

proclamado. Isso porque, como referimos, nos limites da autonomia privada, o negócio jurídico apresenta naquele instante todo o efeito social e jurídico pretendido pelas próprias partes. É dizer, o negócio é plenamente potente e juridicamente eficaz naquele momento e naquelas circunstâncias de fato, em atenção aos contornos autorizados pela própria autonomia privada assegurada aos envolvidos.

O que desejamos frisar é a diminuta (e inexplicável) importância que a dogmática civil tradicional dispensa como regra ao plano da eficácia dos negócios jurídicos em comparação ao que dedica ao plano da validade. Não são poucas as obras nacionais que se concentram firmemente nas nulidades e nas anulabilidades. No entanto, na eficácia, pouco afirmam além da conformação jurídica dos fatores acidentais dos negócios jurídicos antes mencionados.[256] O plano da eficácia, na nossa tradição civilística, fora afastado injustificadamente para uma posição secundária no estudo da teoria das invalidades. Na verdade, deve a eficácia desempenhar papel central para a compreensão do próprio negócio jurídico.

A realização (isto é, a concretude e a eficácia social e jurídica) dos negócios jurídicos, a nosso sentir, deve pôr em relevo a autonomia privada e a proteção dos efeitos perseguidos pelas partes quando da contratação levada a termo[257]. Com efeito, como advertimos, a autonomia privada é subordinada hodiernamente não somente aos interesses das partes, mas, na sua essência, também aos Princípios superiores da dignidade da pessoa humana, da solidariedade social e da boa-fé lealdade, como destaca na doutrina, dentre outros, Teresa Negreiros.[258]

Se é correto afirmar que o ordenamento jurídico repele os negócios que o contrariam, reconhecendo-lhes a invalidade (na verdade, a ineficácia), é igualmente correto sustentar que há hipóteses nas quais a invalidade não deve ser proclamada pelo intérprete para o fim de privar o negócio jurí-

---

[256] Por todos, *v.* PEREIRA, Caio Mário da Silva. *Instituições de Direito Civil.* Introdução ao Direito Civil. Teoria Geral do Direito Civil. 22. ed. rev. atual. de acordo com o Código Civil de 2002. Atual por Maria Celina Bodin de Moraes. Rio de Janeiro: Forense, 2007, v. 1.

[257] A esse respeito, ver: SOARES, Ronnie Herbert de Barros; PASSOS, Josué Modesto. Perspectiva histórica do conceito de negócio jurídico. In: GUERRA, Alexandre; BENACCHIO, Marcelo. (orgs.). TOLEDO, Armando Sérgio Prado de (coord.). *Negócio jurídico.* São Paulo: Quartier Latin, 2013, p. 48.

[258] NEGREIROS, Teresa. *Teoria do contrato*: novos paradigmas. 2. ed. Rio de Janeiro: Renovar, 2006; BARCELLOS, Ana Paula de. *A eficácia jurídica dos princípios constitucionais*: o princípio da dignidade da pessoa humana. 3. ed. rev. atual. Rio de Janeiro: Renovar, 2011.

A INVALIDADE DO NEGÓCIO JURÍDICO

dico de todo efeito. Assim agir estaria a corresponder à desatenção cabal das exigências sociais e dos valores maiores abarcados pelo Direito. Concretamente verificados, tais valores podem ser são tão ou ainda mais relevantes que aqueles outros valores que o sistema jurídico visava a proteger ao delinear o regime das invalidades negociais. Daí a robustez do Princípio da conservação dos negócios jurídicos, também incidente sobre os negócios jurídicos nulos ou anuláveis.[259]

Somente ao proteger de forma eficaz a confiança negocial e a boa-fé dos contratantes e dos terceiros é que restarão atendidos verdadeiramente aos interesses sociais em conflito. Como adverte Hamid Charaf Bdine Junior, a sociedade justa, livre e solidária, assim erigida por força de mandamento constitucional previsto no inciso III do art. 1º, restará protegida, em determinados casos, com o desenvolvimento de mecanismos de superação de invalidades, assim como pela invalidação dos negócios, noutras hipóteses. Nesse compasso, sobressai a legítima função social do negócio jurídico-contratual[260], salienta Hamid Charaf Bdine Junior, que tem assento constitucional no Princípio da solidariedade social e, como dito, exige a efetiva colaboração recíproca[261] e o respeito às situações jurídicas constituídas "ainda que não providas de eficácia real, mas desde que sua prévia existência fosse por eles reconhecida".[262]

3.2. A teoria das invalidades dos negócios jurídicos no Direito romano

Estabelecidas as premissas relativas às patologias dos negócios jurídicos e esboçados os lindes das nulidades e das anulabilidades, cumpre-nos no momento presenbosquejar os contornos da teoria das invalidades no Direito Romano. Em Roma, a forma dos atos e dos negócios era essencial. A solenidade, portanto, era a regra. O Direito romano antigo era extre-

---

[259] "A eficácia do negócio deve relacionar-se com o interesse social que se manifesta em sua repercussão" (BDINE JÚNIOR, Hamid Charaf. *Efeitos do negócio jurídico nulo*. São Paulo: Saraiva, 2010, p. 204).

[260] FILLIPO, Thiago Baldani Gomes de. Nulidades do negócio jurídico. In: GUERRA, Alexandre; BENACCHIO, Marcelo. (orgs.). TOLEDO, Armando Sérgio Prado de (coord.). *Negócio jurídico*. São Paulo: Quartier Latin, 2013, p. 177.

[261] Por todos, *v.* SOMBRA, Thiago Luís Santos. *Adimplemento contratual e cooperação do credor*. São Paulo, Saraiva, 2011.

[262] BDINE JÚNIOR, Hamid Charaf. *Efeitos do negócio jurídico nulo*. São Paulo: Saraiva, 2010, p. 212.

mamente formalista, pois conferiu por muitas vezes maior importância à forma do que à questão de fundo. Os atos jurídicos do Direito Quiritário *(ius civile)* exigiam formalidades "complexas", como observa Thomaz Marky, de cuja observância dependia a validade do ato e o seu consequente efeito jurídico.[263] Somente com a evolução do Direito, passou-se a destacar o valor do elemento intencional, o qual se sobrepôs ao elemento externo de ordem formal; "(...) no direito evoluído, o ato jurídico nada mais era que uma inequívoca manifestação de vontade. Além dela, somente em casos especiais era exigido algum ato suplementar, como, por exemplo, a entrega da coisa na tradição, que é um dos modos de transferência da propriedade".[264]

As noções relativas à nulidade e à anulabilidade não podiam ser aplicadas ao Direito Romano tal como são hoje conhecidas. No Direito clássico, não havia a anulabilidade de um negócio jurídico. "Os negócios admitidos pelo *ius civile* eram válidos ou nulos: não havia meio-termo, no dizer de José Carlos Moreira Alves".[265] O *ius honorarium* fornecia meios para impedir que os negócios jurídicos considerados válidos pelo *ius civile* produzissem efeitos. Os vícios do ato jurídico consistiam na discrepância entre a vontade interna e a declarada. Na vontade e na sua declaração residia o problema central de eficácia. Contudo, eram desconhecidos os conceitos de anulabilidade; "no direito romano os atos do *ius civile* eram ou válidos ou nulos. Foi o Direito pretoriano que introduziu, pelos seus meios indiretos, a anulabilidade dos atos jurídicos e foi o Direito Justinianeu que alargou e generalizou este último conceito. Note-se que um ato inicialmente viciado não se convalidava com o decurso do tempo: *Quod initio vitiosum est non potest tractu temporis convalescere* (D. 50. 17, 29)".[266]

Leonardo de Andrade Mattietto[267] observa que uma vez superada a concepção de que somente se admitia a nulidade baseada no *ius civile* (período no qual os negócios jurídicos eram essencialmente formais), o Direito

---

[263] MARKY, Thomaz. *Curso elementar de direito romano*. 8. ed. São Paulo: Saraiva, 1995, p. 47.

[264] MARKY, Thomaz. *Curso elementar de direito romano*. 8. ed. São Paulo: Saraiva, 1995, p. 49.

[265] ALVES, José Carlos Moreira. *Direito Romano*. 14. ed. Rio de Janeiro: Forense, 2008, p. 177.

[266] MARKY, Thomaz. *Curso elementar de direito romano*, 8. ed. São Paulo: Saraiva, 1995, p. 101; MATTIETTO, Leonardo de Andrade. Invalidade dos atos e negócios jurídicos. In: TEPEDINO, Gustavo (coord.). *A parte geral do novo Código Civil. Estudos na perspectiva civil-constitucional*. Rio de Janeiro: Renovar, 2007, p. 330-331.

[267] Ver: MATTIETTO, Leonardo de Andrade. Invalidade dos atos e negócios jurídicos. In: TEPEDINO, Gustavo (coord.). *A parte geral do novo Código Civil*. Estudos na perspectiva civil-constitucional. Rio de Janeiro: Renovar, 2007, p. 332).

A INVALIDADE DO NEGÓCIO JURÍDICO

Romano passou a impedir os efeitos jurídicos dos atos considerados perfeitos pela lei estrita, mas que desatendiam aos interesses superiores protegidos pela ordem jurídica, compreendidos no seu sentido mais amplo, o que veio a ocorrer no período Justinianeu. No Direito romano, diz, especialmente em um estágio inicial de desenvolvimento, não se conhecia o conceito de nulidade como uma categoria jurídica específica. A nulidade confundia-se com a própria inexistência. Como observa Francisco Amaral, "formalista por excelência, o direito romano primitivo ligava a eficácia do ato à observância das formalidades legais. Cumpridas tais formalidades, o ato era inatacável. Se descumpridas, o ato não tinha existência jurídica" [268].

No Direito romano (e subjacente a ele) encontrou-se o embrião do que mais tarde se conheceu como a teoria da sanação dos atos jurídicos. José Carlos Moreira Alves[269] enfatiza que o convalescimento de um ato inválido era o que ocorria mediante atribuição de validade em virtude do decurso de tempo para o seu reconhecimento ou mediante ratificação, confirmação ou por remoção da causa de invalidade. A conversão do negócio jurídico era a forma conhecida pelo Direito romano de sanação do seu vício[270]. Ocorria, por exemplo, quando um negócio jurídico não apresentava os requisitos de um determinado tipo, mas possuía os de outro, de modo que deveria valer como este e não como aquele[271]. A *acceptilatio* (um dos modos de extinguir a obrigação inválida) poderia ser tomada como um "pacto de não pedir" (*pactum de non petendo*) entre as partes, exemplifica. Ao devedor era facultado valer-se da *exceptio pacti* contra o credor, se este, apesar da *acceptilatio*, lhe cobrasse judicialmente a dívida.[272]

3.3. A nulidade dos negócios jurídicos e suas hipóteses no Código Civil brasileiro sob a perspectiva dos meios de superação das invalidades

No Direito brasileiro, os casos de nulidade dizem respeito a um interesse social subjacente, o qual exige a declaração da absoluta ineficácia do ato/

---

[268] AMARAL, Francisco. *Direito Civil*. Introdução. 6 ed. Rio de Janeiro: Renovar, ano, p. 515 ss.

[269] ALVES, José Carlos Moreira. *Direito Romano*. 14. ed. Rio de Janeiro: Forense, 2008, p. 177.

[270] FORTES, Rodrigo Pereira. *Da conversão de negócio jurídico*. Revista Trimestral de Direito Civil n. 38, Editora Parma, abr/jun 2009, p. 171.

[271] V. DEL NERO, João Alberto Schützer. *Conversão substancial do negócio jurídico*. Rio de Janeiro: Renovar, 2001.

[272] ALVES, José Carlos Moreira. *Direito Romano*. 14. ed. Rio de Janeiro: Forense, 2008, p. 177.

negócio jurídico. A ineficácia que como regra segue à nulidade absoluta é a consequência que se une ao que lhe orienta o ordenamento jurídico. O Direito atribui e reconhece efeitos jurídicos para os negócios desde que estejam presentes os seus pressupostos de existência e os requisitos de validade (a capacidade das partes, a licitude do objeto, a obediência à forma quando prescrita e o respeito à boa-fé). O desatendimento de um destes requisitos constitui ofensa à ordem jurídica, que, como reação do próprio ordenamento, provoca a decretação de sua invalidade (resultando, ao final, a sua ineficácia). [273]

As hipóteses de nulidade absoluta previstas no Código Civil em vigor vêm dispostas no artigo 166. Cuida-se de um dispositivo legal que substitui o artigo 145 do Código Civil de 1916. O artigo 166 do Código Civil em vigor dispõe: "É nulo o negócio jurídico quando: I. celebrado por pessoa absolutamente incapaz; II. for ilícito, impossível ou indeterminável o seu objeto; III. o motivo determinante, comum a ambas as partes, for ilícito; IV. não revestir a forma prescrita em lei; V. for preterida alguma solenidade que a lei considere essencial para a sua validade; VI. tiver por objetivo fraudar lei imperativa; VII. a lei taxativamente o declarar nulo, ou proibir-lhe a prática, sem cominar sanção"[274]. Como advertimos, no Código Civil em vigor, o legislador prefere referir à invalidade do negócio jurídico e não à nulidade propriamente dita. A norma legal hoje vigente alude à invalidade como um gênero, estabelecendo a ela duas gradações: a nulidade, de um lado, e a anulabilidade, de outro.

A situação prevista no inciso I do artigo 166 do Código Civil diz respeito à nulidade absoluta decorrente da incapacidade do agente. Ao examinar a incapacidade, o legislador busca o respeito à ordem pública e aos valores sociais, de forma a privar o negócio nulo de efeitos jurídicos. Nos casos de incapacidade decorrente de "manifestação de vontade" de absolutamente incapaz, não se há atribuir efeitos jurídico-sociais ao negócio, como regra, destaca Renan Lotufo[275]. Certo é que a norma jurídica em estudo comporta temperamentos. A doutrina reconhece situações que refere como "comportamento contratual de fato". Nesses casos, mesmo quando pratica-

---

[273] RODRIGUES, Silvio. *Vícios do consentimento*. 3. ed. atual. São Paulo: Saraiva, 1989, p. 84.

[274] LOTUFO, Renan. Código Civil comentado. Parte Geral (arts. 1º a 232º). São Paulo: Saraiva: 2003, v. 1, p. 458-459.

[275] LOTUFO, Renan. Código Civil comentado. Parte Geral (arts. 1º a 232º). São Paulo: Saraiva: 2003, v. 1, p. 459.

A INVALIDADE DO NEGÓCIO JURÍDICO

dos os atos por um absolutamente incapaz não representado, por se tratar usualmente de relações quotidianas e de pequeno valor, em nome da boa-fé, o sistema jurídico prestigia tais negócios, imprimindo-lhes validade e eficácia jurídica e social.[276] Somente se justifica a nulidade de um negócio jurídico se houver efetivo prejuízo para o incapaz. A nulidade decorrente de incapacidade absoluta do agente não representado visa a protegê-lo, e não a condenar os seus atos. Prevalece a orientação que se afina com o Princípio da conservação dos negócios jurídicos. O sistema jurídico confere nítida preferência, em determinadas situações concretas, à validade do negócio jurídico assim celebrado, como, aliás, examinar-se-á em profundidade no capítulo quarto.

A regra prevista no inciso II do artigo 166 do Código Civil diz respeito à nulidade decorrente de objeto impossível, objeto ilícito ou objeto indeterminável. A ilicitude do objeto deve ser compreendida no sentido de contrariedade ao Direito em sentido amplo. O negócio jurídico deve não ofender a literalidade dos dispositivos legais e aos valores consagrados pelo sistema jurídico, tais como a moral e os bons costumes.[277] O objeto do negócio jurídico deve ser determinado ou determinável, acentua o legislador. A determinabilidade do objeto, no espírito do Código Civil, faz afirmar o princípio da operabilidade, escopo central da Ciência do Direito.[278]

A hipótese prevista no inciso III do artigo 166 do Código Civil alude ao "motivo ilícito do negócio, determinante e comum às partes". Cuida-se de uma disposição legislativa nova, isto é, que não compunha o rol de nulidades previsto no Código Beviláqua. A lei civil não refere aqui à causa do contrato, mas, sim, ao "motivo determinante" do negócio jurídico. Para contaminar o negócio jurídico, o motivo deve ter sido relevante à contrata-

---

[276] TEPEDINO, Gustavo. Atividade sem negócio jurídico fundante a formação progressiva dos contratos. In: ADEODATO, João Maurício; BITTAR, Eduardo C. B. *Filosofia e Teoria Geral do Direito*: estudos em homenagem a Tércio Sampaio Ferraz Júnior por seu septuagésimo aniversário. São Paulo: Quartier Latin, 2011, p. 520-530.

[277] Anota Renan Lotufo: "(...) Clóvis Beviláqua coloca que o objeto impossível revela a falta de seriedade ou a perturbação mental do agente, e em nenhum dos casos há uma vontade real de praticar o negócio" (LOTUFO, Renan. Código Civil comentado. Parte Geral (arts. 1º a 232º). São Paulo: Saraiva: 2003, v. 1, p. 460).

[278] LOTUFO, Renan. Código Civil comentado. Parte Geral (arts. 1º a 232º). São Paulo: Saraiva: 2003, v. 1, p. 460. Exemplificativamente, o negócio jurídico de renúncia de herança, para ser válido, deve ser celebrado por instrumento público ou termo judicial, conforme previsto no artigo 1.806 do Código Civil.

PRINCÍPIO DA CONSERVAÇÃO DOS NEGÓCIOS JURÍDICOS

ção e ser expresso para ambos os contratantes. A ordem jurídica não existe para amparar os interesses contrários às necessidades sociais de pacífica e de harmoniosa convivência. A ordem social pressupõe e reclama boa-fé negocial, verdadeiro vetor dos comportamentos, como destaca Diogo L. Machado de Melo.[279]

A causa de nulidade prevista no inciso IV do artigo 166 do Código Civil refere à inobservância da forma prescrita em lei.[280] Uma vez imposta uma determinada forma por lei, constitui ela um elemento do suporte fático do próprio negócio. Como regra, havendo a deficiência (isto é, o desrespeito à solenidade por lei exigida), os efeitos que da ordem jurídica se esperam não poderão vir a ser obtidos.[281] A regra jurídica em tela comporta temperamentos, uma vez mais, com prudência, como se analisará no capítulo quinto, em situações excepcionais que reclamem a ponderação de regras, de princípios, de valores[282], de Direitos fundamentais[283] e de respeito à própria natureza dos interesses em conflito.

A causa de nulidade prevista no inciso V do artigo 166 do Código Civil concerne à preterição de solenidade considerada essencial por lei para a validade de um negócio jurídico. A despeito da literalidade da regra, cumpre registrar, o Princípio da conservação dos negócios jurídicos fará admitir a superação das exigências formais sob determinadas circunstâncias adiante apresentadas.

A hipótese que prevê o inciso VI do artigo 166 do Código Civil alude aos casos de fraude à lei imperativa. Diz respeito ao emprego de meios indiretos com o objetivo de violar uma norma jurídica cogente, objeti-

---

[279] MELO, Diogo Leonardo Machado de. A função punitiva da reparação dos danos morais (e a destinação de parte da indenização para entidades de fins sociais – artigo 883, parágrafo único, do Código Civil. In.: DELGADO, Mario Luiz; ALVES, Jonas Figueiredo (coords.). *Novo Código Civil*. Questões controvertidas. Responsabilidade civil. São Paulo: Método, 2006, v. 5.

[280] LOTUFO, Renan. Código Civil comentado. Parte Geral (arts. 1º a 232º). São Paulo: Saraiva: 2003, v. 1, p. 460.

[281] LOTUFO, Renan. Código Civil comentado. Parte Geral (arts. 1º a 232º). São Paulo: Saraiva: 2003, v. 1, p. 460.

[282] DWORKIN, Ronald. *Levando os Direitos a sério*. São Paulo: Martins Fontes, 2007; ALEXY, Robert. *Teoria dos direitos fundamentais*. Trad. de Virgilio Afonso da Silva. São Paulo: Malheiros, 2008.

[283] SILVA, Virgílio Afonso da. *A constitucionalização do Direito*: os direitos fundamentais nas relações entre particulares. 1. ed. 2. tir. São Paulo: Malheiros, 2008; BITTAR, Carlos Alberto. BITTAR FILHO, Carlos Alberto. *Direito Civil Constitucional*. 3. ed. São Paulo: Revista dos Tribunais, 2003.

A INVALIDADE DO NEGÓCIO JURÍDICO

vando obter resultado proibido por lei ou com a finalidade de impedir a realização do fim por ela imposto. Importante notar que o ato contra a lei é distinto daquele ato celebrado em fraude à lei, como esclarece Lotufo[284].

Por derradeiro, inciso VII do artigo 166 do Código Civil informa a existência de nulidade decorrente da sua taxativa declaração legal ou da proibição do negócio jurídico sem lhe cominar (a lei) expressamente sanção. Dentre outras, é a hipótese prevista no artigo 504 do Código Civil, a qual prevê a "impossibilidade" (por força de inferida nulidade negocial) da venda de coisa indivisível para terceiros por um condômino se o outro a quiser pelo mesmo valor e pelas mesmas condições.[285]

No sistema jurídico contemporâneo, ponto que exige especial exame no campo das nulidades é o da simulação. No regime do revogado Código Civil de 1916, a simulação era uma causa de anulação do negócio jurídico. Sucede que o vício do consentimento derivado da anulabilidade ocorria, como vimos, nos casos em que a parte manifestava a sua vontade de forma defeituosa e em descompasso com seu espírito. Entretanto, não é o que se observa hoje diante da simulação, como bem compreendeu o legislador no Código Civil em vigor. Atualmente, incorre-se em nulidade, sanção que se impõe inevitavelmente à simulação fraudulenta. Na simulação, as partes, a pretexto de exercer a autonomia privada, criam *deliberadamente* normas jurídicas que não correspondem à realidade, colimando impor a um negócio somente a aparência distinta daquela que se apresenta. A ele, subjacente, pode haver outro negócio jurídico (o negócio verdadeiramente desejado, o *negócio dissimulado*).[286]

Na simulação, é preciso recorrer à prudência para preservar os efeitos também em relação aos terceiros de boa-fé. A percepção protetiva dos direitos de terceiros, conquanto não seja absoluta, não deixa de revelar concretamente o Princípio da conservação dos negócios jurídicos. Como disserta Leonardo de Andrade Mattietto[287], não deve ser a simulação considerada

---

[284] LOTUFO, Renan. Código Civil comentado. Parte Geral (arts. 1º a 232º). São Paulo: Saraiva: 2003, v. 1, p. 460.

[285] LOTUFO, Renan. Código Civil comentado. Parte Geral (arts. 1º a 232º). São Paulo: Saraiva: 2003, v. 1, p. 462.

[286] MATTIETTO, Leonardo de Andrade. Invalidade dos atos e negócios jurídicos. In: TEPEDINO, Gustavo [coord.]. *A parte geral do novo Código Civil. Estudos na perspectiva civil-constitucional.* Rio de Janeiro: Renovar, 2007, p. 350-351.

[287] MATTIETTO, Leonardo de Andrade Mattietto. *Negócio jurídico simulado* (notas ao artigo 167 do Código Civil). Revista de Direito da Procuradoria Geral do Rio de Janeiro n. 61. Rio

um vício de consentimento propriamente dito, mas, sim, um defeito que se revela no negócio jurídico consistente na "incompatibilidade entre a causa típica do negócio e o intento prático das partes". A incompatibilidade em alusão serve como critério para estabelecer a distinção entre o negócio simulado, o negócio fiduciário[288] e o indireto. O efeito da simulação absoluta, diz, é a nulidade do negócio simulado, sem que haja um "negócio sucedâneo"; o efeito da simulação relativa é a nulidade do negócio simulado e a subsistência do *negócio dissimulado,* se válido for em sua substância e forma. É possível aplicarmos, pois, desse modo, nos planos em foco, o Princípio da conservação dos negócios jurídicos.

Leonardo de Andrade Mattietto leciona que a "simulação inocente", em circunstâncias concretas, pode não render ensejo à nulidade do negócio jurídico. Razão lhe assiste, a nosso ver. O Código Civil em vigor, entretanto, não estabelece referida diferenciação. Compete, assim, à doutrina e à jurisprudência fazê-lo. A orientação proposta por Mattietto acena no sentido da máxima expansão de eficácia do negócio jurídico. É verdade que o Código Civil não a excepciona ou a ressalva, como vimos, isto é, pelo tão só fato de se estar diante de simulação, a nulidade que dela promana impede em termos absolutos a realização dos efeitos negociais concretos, como antes fazia o artigo 103 do Código Civil de 1916. A orientação da doutrina majoritária posiciona-se firmemente no sentido de que toda simulação, justamente por falsear a realidade, sempre é causa de nulidade do negócio jurídico, não importando perquirir se é inocente ou culposa. Entretanto, a nosso viso, situações há nas quais, não havendo lesão para os direitos das partes, de terceiros ou o desrespeito à boa-fé lealdade, poderá (melhor, deverá) o negócio jurídico celebrado (apenas nos casos de simulação inocente, ressalte-se) persistir (isto é, sobreviver), pois "o Princípio da conservação dos negócios jurídicos inspira (...) ponderação sobre entendimento tão duro".[289]

de Janeiro, 2006, p. 230-231. Disponível em:
http://download.rj.gov.br/documentos/10112/751060/DLFE45606.pdf/Revista_61_Doutrina_pg_218_a_231.pdf. Acesso em 20 jul. 2012.
[288] A respeito do negócio fiduciário, *v.* MARINO, Francisco Paulo de Crescenzo. *Notas sobre o negócio jurídico fiduciário.* Revista Trimestral de Direito Civil v. 20. RTDC. Rio de Janeiro: Padma, out./dez./2004, p. 35-63.
[289] MATTIETTO, Leonardo de Andrade Mattietto. *Negócio jurídico simulado* (notas ao artigo 167 do Código Civil). Revista de Direito da Procuradoria Geral do Rio de Janeiro n. 61. Rio de Janeiro, 2006, p. 231. Disponível em:
http://download.rj.gov.br/documentos/10112/751060/DLFE45606.pdf/Revista_61_Doutrina_pg_218_a_231.pdf. Acesso em 20 jul. 2012.

A INVALIDADE DO NEGÓCIO JURÍDICO

3.4. A anulabilidade dos negócios jurídicos e as hipóteses previstas no Código Civil brasileiro sob a ótica dos meios de superação das invalidades

A anulabilidade dos negócios jurídicos é tema que desperta o profundo interesse para a Ciência do Direito. Na doutrina, ainda no início da década de 30, Georges Ripert procurou vincular o fenômeno da anulabilidade ao caráter moral da teoria dos vícios do consentimento. A sua posição não deixa de revelar, conquanto em um caráter inicial de ponderação axiológica, os princípios hoje consagrados pelo Código Civil brasileiro, notadamente o Princípio da eticidade, um dos fundamentos para a conservação dos negócios jurídicos. A teoria dos vícios do consentimento, diz Ripert, assenta-se sobre a autonomia da vontade.[290] A questão do vício do negócio jurídico guarda, assim, pertinência com a necessidade de examinar o grau da vontade manifestada pelo agente.[291]

O elemento fundamental do negócio jurídico, diz Georges Ripert, é a vontade. Manifestando-a corretamente por meio da sua declaração, faz nascer, modificar ou extinguir as relações jurídicas. A vontade deve ser livre e incondicionada no seu nascimento e deve ser fiel na sua expressão, adverte. Mas, como referimos, os defeitos dos negócios jurídicos podem ocorrer no processo da sua formação: é possível haver a falsa noção de pessoas, de coisas ou dos demais elementos essenciais do negócio que pratica ou, ainda, podem haver divergências entre o que se declara e o que se deseja, como explica Francisco Amaral.[292]

Os defeitos do negócio jurídico são verdadeiras imperfeições que podem surgir como decorrência de anomalias na formação ou na declaração da vontade. Significa dizer que as patologias na formação da vontade são os vícios *na vontade* em si. As anomalias na declaração de vontade, por sua vez, são os vícios *na declaração da vontade*, os quais consubstanciam a divergência entre a vontade real e a vontade declarada. Ocorrem quando o agente

---

[290] "Entre a que existe no coração dos contratantes e a que se não afirma senão por palavra, faltando-lhe totalmente o consentimento interior, há uma vontade de caráter inferior, viciada no seu elemento de liberdade pela violência, e no seu elemento de consciência pelo erro e pelo dolo" (RIPERT, Georges. *A regra moral nas obrigações civis*. Trad. da 3. ed. francesa por Osório de Oliveira. Campinas: Bookseller, 2002, p. 91.).

[291] RIPERT, Georges. *A regra moral nas obrigações civis*. Trad. da 3. ed. francesa por Osório de Oliveira. Campinas: Bookseller, 2002, p. 91.

[292] AMARAL, Francisco. *Direito Civil. Introdução*. 6 ed. Rio de Janeiro: Renovar, 2006, p. 101.

declara uma vontade que efetivamente não tem em conluio com outrem para enganar terceiros, assim como nos casos em que age por má-fé para a obtenção de artifício malicioso com o intuito de prejudicar terceiro.[293]

Como refere Francisco Amaral, a teoria dos defeitos do negócio jurídico resulta de um processo histórico-ideológico que acompanha a gênese e a evolução do Princípio da autonomia da vontade, do qual deriva a atual compreensão do preceito de autonomia privada[294]. No Direito romano, como assinalamos, o rigor formal era absoluto. A validade de certos atos jurídicos dependia essencialmente da solenidade conhecida pelo Direito, cuja observância era vital para a validade do ato e sem a qual não lhe haveria igual eficácia. A forma, cumpre-nos enfatizar, naquele contexto sócio-jurídico e num estágio embrionário de desenvolvimento da Ciência do Direito, predominava sobre a própria vontade das partes.

John Gilissem[295] ensina, entretanto, que no início da Era Clássica verificou-se o declínio do formalismo exacerbado em favor do consensualismo. Surgiram então os primeiros contratos consensuais. Mais tarde, o Cristianismo contribui decisivamente para o desapego excessivo à forma, por pregar o respeito à palavra dada. O desenvolvimento do comércio medieval, marcado pelas grandes feiras, como observa Francisco Amaral, passou a admitir a força obrigatória dos contratos, os quais se formavam pelo simples acordo de vontades e sem mais recorrer às solenidades próprias do Direito romano. Sobreveio a chamada "vitória do consensualismo". Surgiu a preocupação com os vícios incidentes sobre a vontade manifestada. Com efeito, por ser a vontade essencial para o negócio jurídico, deveria ser ela consciente e livre, pois, se assim não fosse, a saída lógica seria a invalidação. Como leciona uma vez mais Francisco Amaral, as exigências da justiça comutativa igualmente criaram a necessidade de proteger a vítima de sua "fraqueza ou ignorância", punindo-se os contratantes desleais, também em observância aos princípios da boa-fé negocial e da autorresponsabilidade.[296]

---

[293] A esse respeito, *v.* MARTINS, Fernando Rodrigues. *Princípio da justiça contratual*. São Paulo: Saraiva, 2009; NORONHA, Fernando. *O Direito dos contratos e seus princípios fundamentais*: autonomia privada, boa-fé e justiça contratual. São Paulo: Saraiva, 1994.

[294] AMARAL, Francisco. *Direito Civil. Introdução*. 6 ed. Rio de Janeiro: Renovar, 2006, p. 490-491.

[295] "A origem do princípio segundo o qual o consentimento das partes basta para formar o contrato continua a ser bastante obscura" (GILISSEN, John. *Introdução histórica ao Direito*. 5. ed. Lisboa: Fundação Calouste Gulbenkian, 1986, p. 735-737.

[296] AMARAL, Francisco. *Direito Civil. Introdução*. 6 ed. Rio de Janeiro: Renovar, 2006, p. 491 ss.

A INVALIDADE DO NEGÓCIO JURÍDICO

No atual regime do Código Civil, o artigo 171 afirma que "além dos casos expressamente declarados na lei", é anulável o negócio jurídico por incapacidade relativa do agente e por vício resultante de erro, dolo, coação, estado de perigo, lesão ou fraude contra credores. A nosso ver, a conformação atual do tratamento dispensado pelo Direito para os vícios do consentimento (anulabilidade) traz na sua raiz o desejo do legislador de que o intérprete envide esforços para garantir a preservação do negócio jurídico[297]. Revela o regime das anulabilidades por mais de uma vez que deve o intérprete conduzir-se concreta e eficazmente no sentido de que confira primazia ao Princípio da conservação dos negócios jurídicos, como pretendemos adiante evidenciar.

3.4.1. A anulabilidade dos negócios jurídicos por incapacidade relativa do agente

A situação objeto do inciso I do artigo 171 do Código Civil diz respeito à incapacidade relativa do agente.[298] Cuida-se de uma causa de anulabilidade negocial que repete, na sua estrutura, a regra que antes constava no inciso I do artigo 147 do Código Civil de 1916. A incapacidade relativa manifesta-se pela prática de negócios jurídicos sem a assistência prestada em favor daqueles que a lei civil afirma serem relativamente incapazes[299].

Para que possam ser considerados válidos, os negócios jurídicos celebrados por relativamente incapazes dependem do instituto da assistência, sem a qual a anulabilidade irá fulminá-los. Como desenvolveremos no capítulo vindouro, somente se justifica a anulação do negócio jurídico celebrado pelo relativamente incapaz se o negócio jurídico prejudicar efetivamente os seus direitos ou se houver lesão aos interesses de terceiros igualmente protegidos pelo Direito. Caso contrário, não há fundamento lógico-jurídico

---

[297] EHRHARDT JÚNIOR, Marcos. Vícios do consentimento na teoria do fato jurídico: breves anotações sobre os defeitos do estado de perigo e da lesão nos negócios jurídicos. DIDIER JÚNIOR, Fredie; EHRHARDT JÚNIOR, Marcos (coords.). *Revisitando a teoria do fato jurídico*: homenagem a Marcos Bernardes de Mello. São Paulo: Saraiva, 2010, p. 389).

[298] LOTUFO, Renan. Código Civil comentado. Parte Geral (arts. 1º a 232º). São Paulo: Saraiva: 2003, v. 1, p. 474.

[299] A esse respeito, convém referir à situação do indígena, a qual, por força da regra constante no parágrafo único do artigo 4º do Código Civil, deve ser "regulada por legislação especial", aqui, essencialmente, a Lei Federal nº 6.001/73 e os sucessivos decretos que a regulamentaram, sem dizer das normas previstas nos artigos 231 e 232 da Constituição Federal de 1988.

suficiente que determine o trilhar pela vereda da invalidade. Se assim não for, incorreremos em injustificado desrespeito ao Princípio da conservação dos negócios jurídicos. A nosso viso, o negócio celebrado pelo relativamente incapaz não assistido merece prevalecer, portanto, especialmente naquelas situações em que o incapaz concretamente aufira efetivo proveito (benefício) jurídico e econômico.

Cumpre-nos relembrar que todo o sistema jurídico de incapacidades é um sistema protetivo. Os institutos da representação e da assistência visam conferir efetiva segurança (isto é, eficaz proteção) para os negócios jurídicos celebrados pelos incapazes nesta especial condição jurídica, quer em relação à sua pessoa, quer em relação ao seu patrimônio, como bem lembra Carlos Roberto Gonçalves[300]. A proteção jurídica dispensada para o incapaz por critério etário deve apresentar limites, por certo. Como observa Álvaro Villaça Azevedo[301], o menor perde a tutela jurídica que a lei lhe dispensa se proceder de forma maliciosa (desleal), como prevê a regra constante nos artigos 180 e 181 do Código Civil. O afastamento da proteção jurídica pode se verificar, portanto, quando o menor entre dezesseis e dezoito anos expressamente declara ser maior no momento de celebração do negócio ou quando oculta dolosamente sua idade, de acordo com o que dispõe o artigo 180 do Código Civil. Os incapazes podem ser civilmente responsabilizados por seus atos, ainda, de forma subsidiária e equitativa, nos termos do artigo 928 do Código Civil.[302]

Havendo colidência entre os interesses do menor e os de seu representante legal, não determina a lei civil que preponderem os interesses de um ou de outro. Estabelece o legislador que a autoridade judicial nomeará curador especial para o incapaz, cabendo ao Estado, pois, dirimir concretamente o conflito que se estabelece nos termos do artigo 1.692 do Código Civil. O conflito de interesses que pode surgir, como refere Hamid Charaf Bdine Junior[303], assemelha-se àquele próprio da figura da lesão. Nesses casos, será lícita a invocação da regra constante no parágrafo 2º do artigo 157 do Código Civil por aquele que contrata com o incapaz, autorizando-

---

[300] GONÇALVES, Carlos Roberto. *Direito Civil Brasileiro*. Parte Geral. 10. ed. São Paulo: Saraiva, 2012, v. 1. p. 131.

[301] AZEVEDO, Álvaro Villaça. *Teoria Geral do Direito Civil*: Parte Geral. São Paulo: Atlas, 2011, p. 181.

[302] SIMÃO, José Fernando. *Responsabilidade civil do incapaz*. São Paulo: Atlas, 2008.

[303] BDINE JÚNIOR, Hamid Charaf. *Efeitos do negócio jurídico nulo*, São Paulo: Saraiva, 2010, p. 63.

A INVALIDADE DO NEGÓCIO JURÍDICO

-se a manutenção do negócio jurídico com a suplementação da prestação ou com a redução de vantagem.

3.4.1.1 A "capacidade para consentir" e os tratamentos médicos a pacientes em estágio terminal

Digna de registro é a hipótese suscitada referente à capacidade do agente destacada por Giovanni Ettore Nanni[304]. A situação por ele alvitrada diz respeito à "capacidade para consentir" nos tratamentos médicos. Cuida-se de uma particular situação de capacidade a ser compreendida quanto aos pacientes que se submetem a tratamentos médicos nas situações extremas de vida, vale dizer, em estágio terminal. Diz respeito à autonomia dispensada para a sujeição ao tratamento em si (ao consentimento) e para o fim de sua vida. Deve-se deferir para o paciente, diz Nanni, mediante a plena informação, a possibilidade de deliberar qual será a decisão adequada a ser tomada, desde que o faça "conscientemente e com domínio da abrangência de tal terapia", alerta. Cuida-se de uma posição que se aproxima da perspectiva humanista e das exigências da tutela de situações jurídicas existenciais. Afasta-se aqui da tradicional capacidade civil voltada à prática de atos e de negócios de cunho essencialmente patrimonial. O Estatuto da Pessoa com deficiência (Lei n.º 13 146/15) é diploma legislativo relevante no estudo em apreço, introduzindo, dentre outros, o instituto da "Tomada de Decisão Apoiada".

De acordo com Laura Scalldaferri Alves, nessas situações, sobressai a primazia que ostenta a "dignidade relacional" do humano, a qual se caracteriza, diz, pelo envolvimento de relações sociais cuja avaliação depende da interação de seu comportamento. Cuida-se de um fenômeno dinâmico, como enfatiza, "no sentido de que é construída por cada um mediante o exercício de sua liberdade"[305]. Com apoio em André Gonçalo Dias Pereira

---

[304] NANNI, Giovanni Ettore. *A capacidade para consentir*: uma nova espécie de capacidade negocial. Letrado. Instituto dos Advogados de São Paulo. Informativo 96. São Paulo: IASP, set./out. 2008, p. 28-29.

[305] ALVES, Laura Scalldaferri. *Pensar o final e honrar a vida*: direito à morte digna. São Paulo: Saraiva, 2013, p. 65-66). Para estudo aprofundado a respeito do tema, ver DALLARI, Dalmo de Abreu. Direito à vida e liberdade para morrer. In: CAMPOS, Diogo Leite de; CHINELLA-TO, Silmara Juny de Avreu (coords.). *Pessoa humana e Direito*. Coimbra: Almedina, p. 39-46; OSSWALD, Walter. Toda a verdade ao doente? In: ASCENSÃO, José de Oliveira (coord.). *Estudos de Direito da Bioética*. v. II. Coimbra: Almedina, 2008, p. 317-321; BARROSO, Luis Roberto; MARTEL, Letícia de Campos Velho. A morte como ela é: dignidade e autonomia

e Judith Martins-Costa, Nanni observa que na capacidade para consentir própria aos tratamentos médicos a pacientes em estágio terminal se está diante de um novo ramo da capacidade jurídica, o qual se distancia da capacidade para os negócios jurídicos patrimoniais em geral.[306] Na capacidade exigida a tratamentos médicos, o jurista se vê diante de situações jurídicas extrapatrimoniais (ou situações existenciais), como distingue Pietro Perlingieri. Versam a respeito das situações próprias do ser (e da condição) humano, as quais reclamam uma "modulação" do próprio regime geral da incapacidade.[307] No caso concreto, anota, exige-se do intérprete a especial cautela e a prudência na aferição da manifestação de vontade do agente, com o discernimento e a informação suficientes sobre os caminhos a serem trilhados no procedimento médico a se realizar.[308]

3.4.2 A anulabilidade dos negócios jurídicos decorrente dos vícios do consentimento: uma leitura inspirada pelo Princípio da conservação dos negócios jurídicos

Uma vez apresentada, na medida do necessário para compreender a aplicação do Princípio em estudo, a anulabilidade decorrente da incapacidade relativa do agente (Código Civil, art. 171, inc. I), cabe-nos destacar as situações previstas no inciso II do artigo 171 do Código Civil. As hipóteses dizem respeito às anulabilidades decorrentes dos vícios do consentimento. Merecem reflexão a partir das luzes que se lhes faz incidir o Princípio da conservação dos negócios jurídicos.

---

individual no final da vida. In: GOZZO, Débora; LIGIERA, Wilson Ricardo (orgs.). *Bioética e Direitos fundamentais*. São Paulo: Saraiva, 2012, p. 21-62)

[306] NANNI, Giovanni Ettore. *A capacidade para consentir*: uma nova espécie de capacidade negocial. Letrado. Instituto dos Advogados de São Paulo. Informativo 96. São Paulo: IASP, set./out. 2008, p. 28-29.

[307] NANNI, Giovanni Ettore. *A capacidade para consentir*: uma nova espécie de capacidade negocial. Letrado. Instituto dos Advogados de São Paulo. Informativo 96. São Paulo: IASP, set./out. 2008, p. 28-29. A respeito, ainda, ver: Lei n.º 13.146/15, artigo 85, segundo o qual "a curatela afetará tão somente os atos relacionados aos direitos de natureza patrimonial e negocial".

[308] Digna de destaque é a Lei Brasileira de Inclusão da Pessoa com Deficiência (Estatuto da Pessoa com Deficiência - Lei n. 13.146, de 6 de julho de 2015) que, além de alterar o rol dos incapazes previsto nos artigos 3º e 4º do Código Civil brasileiro, estabelece o regime da "tomada de decisão apoiada" ao lado das hipóteses de tutela e curatela, modificando nesse ponto o regime originalmente previsto pelo Código Civil brasileiro de proteção dos incapazes.

3.4.2.1 Erro

A primeira hipótese de anulabilidade do negócio jurídico por vício do consentimento prevista no inciso II do artigo 171 do Código Civil diz respeito ao erro. O artigo 138 do Código Civil informa ocorrer erro capaz de "invalidar" o negócio jurídico quando as declarações de vontade emanam de *erro substancial*, ou seja, aquele que poderia ser percebido por pessoa de diligência normal, em face das circunstâncias do negócio. Cuida-se da chamada *cognoscibilidade do erro*. As hipóteses de erro essencial vêm dispostas no artigo 139 do Código Civil. A lei civil afirma que a transmissão errônea da vontade por meios interpostos é anulável nos mesmos casos em que o é a declaração direta, consoante dispõe o artigo 141.

O erro substancial é um elemento invalidante do negócio jurídico que deve ser compreendido como uma providência excepcional. Na sua essência, a nosso ver, tal posição se ajusta às exigências do Princípio da conservação dos negócios jurídicos. Ana Carolina Kliemann[309] alerta que no Código Civil em vigor, a proteção dispensada ao negócio jurídico se funda na exigência da chamada "recognoscibilidade do erro". Isto é, somente se pode reconhecer o erro invalidante quando se constatar objetivamente que o destinatário da declaração poderia ter percebido o erro. Apenas nessas condições, anota, o negócio poderá se desfeito a pedido "de quem errou". Daí porque se há manter, ao reverso e como regra, a situação criada pela própria declaração de vontade.

A "recognoscibilidade do erro", como informa a parte final do artigo 138 do Código Civil brasileiro, serve como instrumento de proteção jurídica da confiança.[310] Há a tutela das expectativas legítimas de contratação geradas no destinatário, manifestando-se, diz, como uma "ferramenta de manutenção das transações comerciais". "O novo Código, com efeito, elegeu o princípio da manutenção do negócio jurídico como valor a ser protegido, claramente optando pelo caráter de excepcionalidade às hipóteses de desfazimento do negócio jurídico".[311]

---

[309] KLIEMANN, Ana Carolina. *Erro invalidante na dogmática do negócio jurídico*. Dissertação de Mestrado. Universidade Federal do Rio Grande do Sul. Porto Alegre, 2006, 126 fls.

[310] KLIEMANN, Ana Carolina. *Erro invalidante na dogmática do negócio jurídico*. Dissertação de Mestrado. Universidade Federal do Rio Grande do Sul. Porto Alegre, 2006, p. 115-116.

[311] KLIEMANN, Ana Carolina. *Erro invalidante na dogmática do negócio jurídico*. Dissertação de Mestrado. Universidade Federal do Rio Grande do Sul. Porto Alegre, 2006, p. 115.

O Princípio da função social do contrato[312] busca a preservação e a manutenção da relação jurídica revelada por meio dele também no exame dos contornos do erro. Serve como um "fomentador às formas de revisão", como instrumento de preservação e de reaquisição do sinalagma contratual. Na verdade, não interessa ao sistema jurídico e às partes contratantes, alerta, presumivelmente, a descontinuidade dos contratos, de sorte que se abre o caminho para a revisão contratual, como desenvolveremos. Como destacamos amiúde, o Código Civil prestigia a conservação dos negócios jurídicos, quer quando dificulta a declaração de invalidade do negócio, quer quando oferece às partes mecanismos eficazes para sanar as irregularidades negociais[313]. Ana Alvarenga Moreira Magalhães enfatiza ainda a necessidade de uma compreensão objetiva do erro em nome da tutela jurídica da confiança.[314] Com apoio em Érico de Pina Cabral, informa que diante do deslocamento da primazia da declaração de vontade para a compreensão do negócio jurídico como um ato de autonomia privada, seu autor está decisivamente vinculado a assumir um comportamento negocial em conformidade com o regime jurídico por ele próprio criado. A vontade, diz, "é apenas uma ponte de referência para a imputação dos efeitos jurídicos, e não uma vontade de cunho psicológico".[315]

Nesse contexto, é intuitivo que o Princípio da conservação dos negócios jurídicos sedimenta-se na chamada "cognoscibilidade do erro". Cuida-se de um critério de apreciação da eficácia do erro que põe em relevo a especial consideração com a segurança e à proteção das partes de boa-fé. A possibilidade hipotética de ser o erro "reconhecível", alerta a autora, "retira do

---

[312] GAMA, Guilherme Calmon Nogueira da. Direito contratual contemporâneo: a função social do contrato. In: TEPEDINO, Gustavo; FACHIN, Luiz Edson (coords.). *O Direito e o tempo*: embates jurídicos e utopias contemporâneas. Estudos em homenagem ao professor Ricardo Pereira Lira. Rio de Janeiro: Renovar, 2008, p. 380). A respeito da função social do contrato, v. TEPEDINO, Gustavo. Notas sobre a função social dos contratos; BARBOZA, Heloisa Helena. Notas sobre a autonomia negocial. In: TEPEDINO, Gustavo; FACHIN, Luiz Edson (coords.). *O Direito e o tempo*: embates jurídicos e utopias contemporâneas. Estudos em homenagem ao professor Ricardo Pereira Lira. Rio de Janeiro: Renovar, 2008.

[313] KLIEMANN, Ana Carolina. *Erro invalidante na dogmática do negócio jurídico*. Dissertação de Mestrado. Universidade Federal do Rio Grande do Sul. Porto Alegre, 2006, p. 125.

[314] MAGALHÃES, Ana Alvarenga Moreira. *O erro no negócio jurídico*: autonomia da vontade, boa-fé objetiva e teoria da confiança. São Paulo: Atlas, 2011, p. 95.

[315] MAGALHÃES, Ana Alvarenga Moreira. *O erro no negócio jurídico*: autonomia da vontade, boa-fé objetiva e teoria da confiança. São Paulo: Atlas, 2011, p. 17.

A INVALIDADE DO NEGÓCIO JURÍDICO

âmbito exclusivo do declarante a apreciação do erro ao dividir o ônus com o destinatário da declaração".[316]

Podemos dizer que a aplicação concreta do Princípio da conservação dos negócios jurídicos é cristalina no que pertine ao erro. Tanto é assim que se estabelece uma distinção entre os nomeados erros essencial e acidental. O artigo 142 do Código Civil diz que o erro de indicação da pessoa ou da coisa a que se referir a declaração de vontade não vicia o negócio quando se puder identificar a coisa ou pessoa cogitada por seu contexto e pelas circunstâncias. A exegese adequada do erro invalidante é aquela que se pauta por uma perspectiva teleológica e voltada ao Princípio da sanação dos negócios jurídicos. O erro acidental é igualmente manifestado na situação disposta no artigo 143 do Código Civil brasileiro: o erro de cálculo apenas autoriza a *retificação* da declaração de vontade, vale dizer, não permite a desconstituição do negócio jurídico. O Princípio da conservação dos negócios jurídicos é revelado no plano do erro também pela regra segundo a qual o erro não deve prejudicar a validade do negócio jurídico quando a pessoa a quem a manifestação de vontade se dirigir a oferecer para executá-la na conformidade da vontade real do manifestante.[317]

3.4.2.2 Dolo

A segunda hipótese prevista no inciso II do artigo 171 do Código Civil brasileiro de anulação do negócio jurídico diz respeito ao dolo. A lei civil estabelece que os negócios jurídicos são anuláveis por dolo quando for ele a sua *causa*. Somente assim será o dolo decisivo (elementar), consoante afirma o artigo 145 do Código Civil. A lei autoriza o desfazimento do negócio jurídico somente diante de *dolo essencial* (afastando a anulabilidade nos casos de mero dolo acidental, portanto).

O artigo 147 do Código Civil afirma que nos negócios jurídicos bilaterais, o silêncio intencional de uma das partes a respeito de fato ou de qualidade que a outra parte haja ignorado caracteriza omissão dolosa. Sucede que a omissão dolosa suficiente para fulminar o negócio jurídico é de ser

---

[316] MAGALHÃES, Ana Alvarenga Moreira. *O erro no negócio jurídico*: autonomia da vontade, boa-fé objetiva e teoria da confiança. São Paulo: Atlas, 2011, p. 134.

[317] JORGE JÚNIOR, Alberto Gosson. Do erro ou ignorância – arts. 138 a 144. In: LOTUFO, Renan; NANNI, Giovanni Ettore (coords). *Teoria Geral do Direito Civil*. São Paulo: Atlas, 2010, p. 490-513.

PRINCÍPIO DA CONSERVAÇÃO DOS NEGÓCIOS JURÍDICOS

tal que exija do intérprete a prova de que sem ela o negócio não seria celebrado. Disso decorre, a nosso ver, a subjacência de um mesmo "desejo de sobrevivência negocial", a qual se faz presente na regra constante no artigo 150 do Código Civil. Nenhuma das partes pode alegar o dolo para anular o negócio jurídico se ambas as parte no dolo incorreram, caso em que lhes será vedado reclamar a indenização.[318]

3.4.2.3 Coação

A coação é terceira hipótese de anulabilidade prevista no inciso II do artigo 171 do Código Civil. Para viciar uma declaração da vontade, a coação deve ser de ser tal expressão que realmente incuta no paciente fundado temor de dano iminente e considerável à sua pessoa, à sua família ou aos seus bens. Excepcionalmente, nos casos que envolvam pessoas que não componham a família da vítima, diz o legislador civil, a apreciação judicial do vício será necessariamente conformada pela realidade do caso concreto. Há que se prestigiar nessas situações, na dúvida sobre a higidez ou tibiez do negócio jurídico, uma vez mais, o Princípio da conservação dos negócios jurídicos, assim envidando esforços interpretativos que o mantenha eficaz.

De acordo com Francisco Amaral, a coação é a "ameaça com que se constrange alguém à prática de um ato jurídico". Cuida-se de sinônimo de violência, como observa Amaral. O Código Civil assim utiliza os termos coação e violência indistintamente nos artigos 171, inciso II e 1.814, inciso III. Cabe salientar a propósito, como bem observou a doutrina, que "a coação, em si, não é um vício da vontade, mas sim o temor que ela inspira, tornando defeituosa a manifestação do querer do agente".[319]

O Código Civil visa claramente preservar o negócio jurídico na regra constante no artigo 153 do Código Civil, segundo a qual não se considera coação a ameaça do exercício normal de um direito ou o simples temor reverencial. Também a conformação jurídica contrária ao reconhecimento da invalidação por coação é a que emerge dos artigos 154 e 155 do Código Civil. No primeiro (art. 154), quis o legislador que a coação exercida por terceiro para viciar o negócio seja de conhecimento (real ou presumido) da

---

[318] SILVA, Luis Renato Ferreira da. Do dolo – arts. 145 a 150. In: LOTUFO, Renan; NANNI, Giovanni Ettore (coords). *Teoria Geral do Direito Civil*. São Paulo: Atlas, 2010, p. 514-519.

[319] AMARAL, Francisco. *Direito Civil. Introdução*. 6. ed. Rio de Janeiro: Renovar, 2006, p. 499.

A INVALIDADE DO NEGÓCIO JURÍDICO

parte a quem a aproveite. Nesse caso, alerta a doutrina, o beneficiado pelo negócio jurídico contaminado pela coação deve responder solidariamente por perdas e danos. Na segunda figura, a teor do que preceitua o artigo 155 do Código Civil, o intérprete deve manter o negócio válido (e eficaz) se a coação decorrer de terceiro e a parte a que a aproveite não tivesse ou devesse ter conhecimento do vício. Aqui, somente o autor da coação responderá por perdas e danos que houver causado ao coacto.[320]

3.4.2.4 Estado de perigo

A quarta situação prevista no inciso II do artigo 171 do Código Civil brasileiro que enseja a anulação dos negócios jurídicos é estabelecida diante do estado de perigo. Cuida-se instituto regido pelo artigo 156 do Código Civil, *in verbis*: "Configura-se o estado de perigo quando alguém, premido da necessidade de salvar-se, ou a pessoa de sua família, de grave dano conhecido pela outra parte, assume obrigação excessivamente onerosa".

Consoante estabelece o parágrafo único da regra em estudo, a lei exige do julgador que diante do estado de perigo que envolva pessoa que não pertença à família do declarante, decida-se com prudência "segundo as circunstâncias". A nosso ver, a prudência que refere o legislador milita no sentido de que pondere para efetivamente guardar, na medida do possível, a sanação do negócio jurídico, conservando-o por meio da fixação do equilíbrio negocial[321]. É como acena o parágrafo 2º do artigo 157 do Código Civil, que dispensa tratamento jurídico ao instituto da lesão: "Não se decretará a anulação do negócio, se for oferecido suplemento suficiente, ou se a parte favorecida concordar com a redução do proveito".[322]

Teresa Ancona Lopez enfatiza que tanto na lesão quanto no estado de perigo, há a intervenção de uma "causa externa" que afeta a declaração de vontade. Diante de ambos os institutos, diz, não se está diante de vícios

---

[320] Sobre a coação, ver: SILVA FILHO, Arthur Marques da. Da coação – arts. 151 a 155. In: LOTUFO, Renan; NANNI, Giovanni Ettore (coords). *Teoria Geral do Direito Civil.* São Paulo: Atlas, 2010, p. 530-549.

[321] A esse respeito, *v.* ZANETTI, Andrea Cristina. *Princípio do equilíbrio contratual.* São Paulo: Saraiva, 2012.

[322] LOPEZ, Teresa Ancona. O negócio jurídico concluído em estado de perigo. In: FRANCESCO, José Roberto Pacheco di. *Estudos em homenagem ao Professor Silvio Rodrigues.* São Paulo: Saraiva, 1989, p. 337-338.

PRINCÍPIO DA CONSERVAÇÃO DOS NEGÓCIOS JURÍDICOS

do consentimento no sentido próprio, apesar de assim serem considerados pelo Código Civil.[323] Na verdade, segundo a autora, o que se passa é uma verdadeira quebra do sinalagma contratual, que é a essência de todos os contratos bilaterais, de modo que se provoca a intensa desigualdade entre as prestações. A diminuição da liberdade verificada no momento da declaração não constitui, por si só, o estado de perigo ou a lesão, os quais se manifestam pela desigualdade real que existe entre as partes e suas respectivas prestações.

A prestação desproporcional ou a onerosidade excessiva são elementos objetivos dos negócios jurídicos que autorizam a aplicação da equidade. Nesses casos, diz Teresa Ancona Lopez, estaremos em princípio diante de negócios jurídicos válidos, mas que apresentam o "defeito da desigualdade entre as partes". Nesse cenário, subjaz o Princípio da conservação dos negócios jurídicos. Ao apontar à conservação do negócio jurídico, afirma a jurista em referência que "a ação de rescisão do Direito italiano é a que melhor resolve esse problema, pois a sua grande vantagem está em, abrindo a possibilidade de *reductio ad aequilatem*, conservar o contrato concluído"[324].

3.4.2.5 Lesão

A lesão[325], quinta previsão de anulabilidade constante no inciso II do artigo 171 do Código Civil, a teor do que dispõe o artigo 157, ocorre quando alguém, sob premente necessidade ou por inexperiência, obriga-se a prestação manifestamente desproporcional ao valor da prestação oposta.

---

[323] LOPEZ, Teresa Ancona. *O estado de perigo como defeito do negócio jurídico*. Revista do Advogado, ano XXII, n. 68. São Paulo: Associação dos Advogados de São Paulo, dez. 2002, p. 59 ss.

[324] LOPEZ, Teresa Ancona. O negócio jurídico concluído em estado de perigo. In: FRANCESCO, José Roberto Pacheco di. *Estudos em homenagem ao Professor Silvio Rodrigues*. São Paulo: Saraiva, 1989, p. 338. A esse respeito, *v.* MARTINS, Fernando Rodrigues. Do estado de perigo – art. 156. In: LOTUFO, Renan; NANNI, Giovanni Ettore (coords). *Teoria Geral do Direito Civil*. São Paulo: Atlas, 2010, p. 550-580.

[325] A respeito da lesão contratual, ver: PITHAN, Horácio Vanderlei N.;. DUARTE, Leonardo Avelino. Lesão contratual – art. 157. In: LOTUFO, Renan; NANNI, Giovanni Ettore (coords). *Teoria Geral do Direito Civil*. São Paulo: Atlas, 2010, p. 581-607. A respeito da lesão, ver, ainda: SACRAMONE, Marcelo Barbosa; GARCIA, Paulo Henrique R; FILLIPO; Thiago Baldani G. de. Anulabilidade dos negócios jurídicos. In: GUERRA, Alexandre; BENACCHIO, Marcelo. (orgs.). TOLEDO, Armando Sérgio Prado de (coord.). *Negócio jurídico*. São Paulo: Quartier Latin, 2013, p. 183-225.

A INVALIDADE DO NEGÓCIO JURÍDICO

A desproporção exigida pelo legislador deve ser apreciada com destaque às prestações propriamente ditas (e não às condições pessoais das partes, impende vincar), segundo os valores vigentes ao tempo em que foi celebrado o negócio jurídico.[326] Sempre que possível, como insistentemente se refere, o intérprete deve preferir sanar (superar) a invalidade do negócio jurídico, conferindo-lhe máxima expansão de eficácia, na exata tentativa de sua salvação, a teor da regra constante do parágrafo 2º do art. 157 do Código Civil.[327]

3.5.2.6 Fraude contra credores

A fraude contra credores rende ensejo à anulação do negócio jurídico no Direito brasileiro, como aponta o inciso II do artigo 171 do Código Civil. O artigo 158 do Código Civil estabelece que podem ser anulados pelos credores quirografários os negócios de transmissão gratuita de bens ou a remissão de dívida se praticados por devedor insolvente ou por eles reduzido à insolvência. Pela literalidade da regra em foco, somente não se guardarão os negócios jurídicos celebrados em fraude contra credores quando forem praticados por devedor que por eles apresente em efetiva situação de insolvência. A aplicação do Princípio da conservação dos negócios jurídicos aqui sobressai uma vez mais, afirmando-se a higidez negocial diante da solvência do devedor.

A despeito da regra prevista no artigo 171 do Código Civil, que no seu "caput" afirma a anulabilidade do negócio jurídico celebrado em fraude contra credores, entendemos, com apoio em Humberto Theodoro Junior, que nesses casos se está diante de verdadeira hipótese de ineficácia do negócio jurídico, a qual se afirma por meio da ação pauliana.[328] Com efeito,

---

[326] SCHREIBER, Anderson. O princípio do equilíbrio das prestações e o instituto da lesão. In: VENOSA, Silvio de Salvo; GAGLIARDI, Rafael Villar; NASSER, Paulo Magalhães (coords.). *10 anos do Código Civil: Desafios e perspectivas.* São Paulo: Atlas, 2012, p. 159 ss.

[327] EHRHARDT JÚNIOR, Marcos. Vícios do consentimento na teoria do fato jurídico: breves anotações sobre os defeitos do estado de perigo e da lesão nos negócios jurídicos. DIDIER JÚNIOR, Fredie; EHRHARDT JÚNIOR, Marcos (coords.). *Revisitando a teoria do fato jurídico*: homenagem a Marcos Bernardes de Mello. São Paulo: Saraiva, 2010, p. 383-394.

[328] Ao referir à inoponibilidade relativa como expressão sinônima à ineficácia, Theodoro Junior afirma que, em tais fenômenos, não se estará diante de caso de anulabilidade negocial, pois se mantém o bem alienado pelo devedor sob sua responsabilidade patrimonial, garantindo os direitos do credor do transmitente; "a revogação, por isso, não afeta o ato fraudulento

anota o autor em referência que o adquirente do bem transmitido pelo devedor insolvente pode elidir a ação pauliana depositando o preço corrente do bem em juízo com a citação dos credores interessados.[329] Daí haver lugar para se verificar uma vez mais a aplicação concreta do Princípio da conservação dos negócios jurídicos.[330] Sendo o fundamento da ação revocatória o desfalque patrimonial sofrido pelo devedor, desassiste razão ao credor na ação pauliana quando o valor do bem continua ao alcance dos credores. Isso porque, nesse caso, não se está diante de "eventus damni". Impende salientar que o Princípio da conservação dos negócios jurídicos ganha ainda expressão na regra constante no artigo 163 do Código Civil no que diz respeito ao tratamento legal da fraude contra credores: presumem-se de boa-fé (isto é, válidos e eficazes) os negócios ordinários indispensáveis para a manutenção de estabelecimento mercantil, rural ou industrial ou para a subsistência do devedor e de sua família.[331]

3.5. Análise crítica do perfil jurídico da expressão "nulidade de pleno direito"

Cumpre-nos examinar a natureza dos provimentos jurisdicionais dispensados nas ações declaratórias de nulidade e nas ações desconstitutivas dos negócios jurídicos anuláveis, especialmente para esclarecer a questão relativa aos efeitos das sentenças numa e noutra, os quais por vezes não são adequadamente compreendidos.

Leonardo de Andrade Mattietto[332] enfatiza que as legislações não têm disciplinado adequadamente a teoria das nulidades. Os ordenamentos

senão na medida do interesse do credor promovente da pauliana". (THEODORO JUNIOR, Humberto. *Fraude contra credores*: a natureza da sentença pauliana. 1. ed. 2.tir. Belo Horizonte: Livraria Del Rey, 1996).

[329] THEODORO JUNIOR, Humberto. *Fraude contra credores*: a natureza da sentença pauliana. 1. ed. 2.tir. Belo Horizonte: Livraria Del Rey, 1996.

[330] THEODORO JUNIOR, Humberto. *Fraude contra credores*: a natureza da sentença pauliana. 1. ed. 2. tir. Belo Horizonte: Livraria Del Rey, 1996, p. 185-186.

[331] Sobre a fraude contra credores, ver: BDINE JÚNIOR, Hamid Charaf. Fraude contra credores – arts. 158 a 165. In: LOTUFO, Renan; NANNI, Giovanni Ettore (coords). *Teoria Geral do Direito Civil*. São Paulo: Atlas, 2010, p. 608-632. Ainda: ABREU, José de. *O negócio jurídico e sua teoria geral*. São Paulo: Saraiva, 1984.

[332] MATTIETTO, Leonardo de Andrade. Invalidade dos atos e negócios jurídicos. IN: TEPEDINO, Gustavo (coord.). *A parte geral do novo Código Civil. Estudos na perspectiva civil-consti-*

A INVALIDADE DO NEGÓCIO JURÍDICO

carecem de fixação exata e uniforme de suas "vigas mestras", alerta. A legislação não tem sido suficiente clara para dirimir as questões suscitadas, "não somente porque seu texto não é completo, mas também à conta da imprecisão terminológica com que certos termos são empregados, como, por exemplo, a expressão *nulidade de pleno direito*".

A expressão "nulidade de pleno direito", embora não seja empregada explicitamente nos Códigos Civis de 1916 e 2002, é frequentemente referida pela legislação brasileira esparsa, como observa o autor. É o que se vê, por exemplo, no artigo 214 da Lei n° 6.015/73, nos artigos 51 e 53 da Lei n. 8.078/90 e no artigo 45 da Lei n. 8.245/91. Em tais situações, o emprego da expressão destacada é de todo inapropriado. A nulidade tratada nesses dispositivos legais não é de ser considerada "de pleno direito". Isto é, a nulidade aqui não se opera automaticamente, vale dizer, independentemente de pronunciamento. A nosso ver, como se passa em qualquer invalidade de um negócio jurídico no Direito brasileiro, não podemos prescindir da declaração expressa de nulidade para que assim se posicionem as partes. Há como que uma presunção relativa de validade (e de eficácia jurídica e social, *a fortiori*) nos negócios jurídicos celebrados pelos agentes, de modo que o sistema jurídico exige o pronunciamento da sua invalidade para que como tais possam ser reconhecidos.[333]

Dito por outras palavras, no Direito brasileiro não há falar em nulidades "de pleno direito" (considerada na acepção "invalidades que independam de reconhecimento expresso"). Uma vez celebrado o negócio jurídico de forma a incorrer em uma das hipóteses previstas no artigo 166 do Código Civil e tendo sido exigida pela contraparte o adimplemento da obrigação nele consubstanciada, não nos parece ser possível afirmar que a parte obrigada a honrá-lo esteja autorizada a descumprir o negócio jurídico em virtude da simples afirmação da nulidade. É dizer, a nosso viso e como regra, não há a possibilidade de simplesmente aplicar nesse quadro o regime de autotutela pela contraparte invocando a invalidade contratual para eximir--se do cumprimento do estabelecido[334].

---

tucional. Rio de Janeiro: Renovar, 2007, p. 325-326.

[333] MATTIETTO, Leonardo de Andrade. Invalidade dos atos e negócios jurídicos. In: TEPEDINO, Gustavo (coord.). *A parte geral do novo Código Civil. Estudos na perspectiva civil-constitucional*. Rio de Janeiro: Renovar, 2007, p. 327.

[334] Sobre a autotutela dos direitos, v. GAGLIARDI, Rafael Villar. *Exceção de contrato não cumprido*. São Paulo: Saraiva, 2010.

Não coaduna com o sistema jurídico brasileiro a existência das nulidades "de pleno direito" (consideradas essas como as nulidades que se verificam independentemente de expresso reconhecimento e pronunciamento, notadamente de natureza judicial, repitamos). A declaração expressa pelo intérprete (julgador) será necessária em relação ao negócio jurídico fundamentalmente porque o negócio é de ser considerado dotado de validade por presunção (relativa, por certo) até que haja decisão em sentido contrário. Indubitavelmente, cuida-se de mais uma revelação concreta das exigências do Princípio da conservação do negócio jurídico.

Ainda que nulo, o negócio jurídico dependerá de pronunciamento que como tal o afirme para que se afaste a sua eficácia jurídica e social. Vale dizer, ainda que seja inválido e até que assim o seja afirmado, deve o negócio jurídico ser considerado juridicamente eficaz. Nesse sentir é Zeno Veloso que, apoiando-se em Orlando Gomes, adverte que "não é porque opera de pleno direito (ou seja, em virtude de lei), que a nulidade fica a salvo de uma verificação judicial". A nulidade, entre nós, diz, não é "instantânea ou imediata". Ainda que nulo, o negócio jurídico deve subsistir, em princípio, se a mácula não for reconhecida pela autoridade judicial. A declaração judicial de nulidade entre nós, portanto, é realmente imprescindível, pois, como estabelece com acerto Zeno Veloso[335], "nenhuma nulidade é imediata".

Impende consignar que reconhecer a nulidade de um negócio jurídico independentemente de pronunciamento judicial explícito faria o intérprete e as partes incorrer nos efeitos deletérios da insegurança jurídica no plano contratual e no perigo da identificação da mora ou do próprio inadimplemento negocial por aquele que julgou estar diante de negócio jurídico nulo (e, portanto, juridicamente inexigível). Assim agindo, estaria enfraquecido o Princípio da conservação dos negócios jurídicos, com o que não deve o intérprete concorrer.[336]

Cumpre relembrar nesse momento, como se fez no capítulo primeiro, que os conceitos de inexistência e de invalidade não admitem confusão. Significa dizer, não se deve baralhar o "negócio" inexistente com o negócio jurídico nulo. A inexistência (e somente ela), por ser um "nada jurí-

---

[335] VELOSO, Zeno. *Invalidade do negócio jurídico*: nulidade e anulabilidade. 2. ed. Belo Horizonte: Del Rey, 2005, p. 153.

[336] Sob o regime do Código Civil de 1916, a respeito dos efeitos da declaração judicial de nulidade e anulabilidade, *v.* FRANÇA, Rubens Limongi. *Enciclopédia Saraiva de Direito*. Verbete nulidade (efeitos da declaração), p. 125.

A INVALIDADE DO NEGÓCIO JURÍDICO

dico", independe de pronunciamento judicial, via de regra. Na nulidade negocial, de seu turno, há a possibilidade de o negócio ser válido segundo a sua natureza ou o seu princípio jurídico "se se fizesse abstração de tal ou tal disposição particular de leis positivas". A nulidade resulta da simples afirmação de ilegalidade de um negócio jurídico. Ou seja, decorre da situação que se observa diante da violação de uma prescrição legal proibitiva ou prescritiva, de fundo ou forma. Logo, a nulidade reclama que a lei expressamente assim o declare ou, em atenção ao princípio da sanação dos negócios jurídicos, que "a violação dum preceito legal (aja) colocando o ato em oposição com o fim da lei com que o mesmo deva ser declarado nulo", como adverte Francisco Pereira de Bulhões Carvalho[337].

Em suma, diante do quanto fixado, não podemos afirmar no Direito brasileiro a existência de nulidades que independam em absoluto de pronunciamento[338]. Ainda que a lei assim a preveja, é necessário que o julgador concretamente a afirme diante de um negócio jurídico presumivelmente válido (e eficaz) a ele submetido. Dizer, portanto, que a nulidade é "de pleno direito" no Brasil não significa acentuar senão que se está diante de uma circunstância precisa e suscetível de prova diante da qual se exclui a possibilidade de arbítrio pelo julgador; "é desse gênero de nulidade que geralmente se trata quando na lei se declara que o ato jurídico é *nulo*, ou se decreta *nulidade* ou a *pena de nulidade*"[339].

---

[337] CARVALHO, Francisco Pereira de Bulhões. *Sistemas de nulidades dos atos jurídicos*. 2. ed. Rio de Janeiro: Forense, 1981, p. 22.

[338] CARVALHO, Francisco Pereira de Bulhões. *Sistemas de nulidades dos atos jurídicos*. 2. ed. Rio de Janeiro: Forense, 1981, p. 43.

[339] "A nulidade *de direito* é, portanto, realmente, determinada pela lei (com uma precisão quase matemática), como resultado duma circunstância (descrita de maneira absoluta), "encerrada em limites e condições inflexíveis" (...)" (CARVALHO, Francisco Pereira de Bulhões. *Sistemas de nulidades dos atos jurídicos*. 2. ed. Rio de Janeiro: Forense, 1981, p. 44). Em sentido contrário, afirmando a dispensabilidade de pronunciamento judicial da invalidade, autorizando o incumprimento e recusa da prestação, v., por todos, CORDEIRO, Antônio Menezes. *Da confirmação no Direito Civil*. Coimbra: Almedina, 2008. (§ 14º - Aspectos do regime, p. 95-107).

PRINCÍPIO DA CONSERVAÇÃO DOS NEGÓCIOS JURÍDICOS

Informa Leonardo de Andrade Mattietto[340] a partir das lições de Valle Ferreira e de Luiz Roldão de Freitas Gomes, que não se deve levar ao extremo a regra constante no artigo 169 do Código Civil brasileiro segundo a qual o negócio jurídico nulo não é suscetível de confirmação e nem convalesce pelo decurso do tempo. Não é possível reconhecer, diz, a existência de "nulidade radical de pleno direito", pois, como acentuado , tanto o negócio jurídico nulo quanto o anulável são dependentes de reconhecimento judicial[341.] Na perspectiva de Caio Mario da Silva Pereira, Mattietto enfatiza que o interesse social no resguardo da ordem legal e da paz social recomendam a estabilização das relações jurídicas.[342] Não se está a dizer com isso, contudo, que o ordenamento jurídico brasileiro veda em absoluto a autotutela.[343]

A nosso ver, o ordenamento jurídico não veda a autotutela, mas, sim, ao reverso, prestigia a autotutela nitidamente em diversas passagens. Afirmar, portanto, que não há nulidades "de pleno direito" entre nós significa somente dizer que sobre os negócios jurídicos incide (como realmente deve

---

[340] MATTIETTO, Leonardo de Andrade Mattietto. *Negócio jurídico simulado* (notas ao artigo 167 do Código Civil). Revista de Direito da Procuradoria Geral do Rio de Janeiro n. 61. Rio de Janeiro, 2006, p. 218-231. Disponível em: http://download.rj.gov.br/documentos/10112/751060/DLFE45606.pdf/Revista_61_Doutrina_pg_218_a_231.pdf. Acesso em 20 jul. 2012.

[341] ROPPO, Vincenzo. *Trattato del contratto*. Remedi 1. (a cura di Aurelio Gentili). Milano: Dott. A. Giuffrè Editore, 2006. Daí que, no capítulo V (*Il recupero del contrato nullo*), afirma a superação do dogma da insanabilidade do contrato nulo (e suas exceções) referindo às hipóteses clássicas de sanabilidade mediante execução (*Il dogma dell'insanabilità del contrato nullo... e le eccezioni: le ipotesi classiche di sanabilità mediante esecuzione*) (ROPPO, Vincenzo. *Trattato del contratto*. Remedi 1. (a cura di Aurelio Gentili). Milano: Dott. A. Giuffrè Editore, 2006, p. 137-174).

[342] Tal posição, aliás, ainda sob a vigência do Código Civil de 1916, rendeu ensejo, por exemplo, ao verbete sumular 494 do Supremo Tribunal Federal, segundo a qual "a ação para anular venda de ascendente a descendente, sem consentimento dos demais, prescreve em vinte anos, contados da data do ato, revogada a Súmula 152". Note-se que no regime do Código Civil em vigor, o prazo prescricional para anular (CC, art. 496) a compra e venda nessas circunstâncias é decadencial, de dois anos (CC, art. 179).

[343] Dissentimos da posição de Leonardo de Andrade Mattietto quando afirma que "o ordenamento jurídico veda a autotutela, devendo o prejudicado se socorrer do Poder Judiciário para que, observados os princípios do contraditório e da ampla defesa, possa o juiz pronunciar a invalidade" (MATTIETTO, Leonardo de Andrade. *Negócio jurídico simulado* (notas ao artigo 167 do Código Civil). Revista de Direito da Procuradoria Geral do Rio de Janeiro n. 61. Rio de Janeiro, 2006, p. 218-231. Disponível em: http://download.rj.gov.br/documentos/10112/751060/DLFE45606.pdf/Revista_61_Doutrina_pg_218_a_231.pdf. Acesso em 20 jul. 2012.

A INVALIDADE DO NEGÓCIO JURÍDICO

ser) uma presunção de validade e de eficácia que dimana das exigências do Princípio da autonomia privada, de modo que se assim se há atender às exigências do Princípio da conservação dos negócios jurídicos. A presunção de validade e eficácia é relativa, como é elementar, e poderá ser infirmada pelo julgador se controvérsia a respeito houver, desde que sejam observadas as exigências próprias do Princípio do devido processo legal.

A respeito da anulabilidade, cumpre destacar que a iniciativa de pedir a desconstituição do negócio jurídico anulável é um legítimo poder jurídico. Cabe ao agente legitimado, à sua conveniência, agir ou não agir. Em caso negativo, em virtude do Princípio da conservação dos negócios jurídicos, deve ser afirmada definitivamente a eficácia jurídica e social do negócio, situação da qual são pressupostos os planos da existência e da validade, como antes destacamos.[344] O Superior Tribunal de Justiça igualmente fez afirmar que no Direito brasileiro não se pode conceber a existência de "nulidades de pleno direito" no sentido ora acentuado, as quais são naturalmente excepcionais, de modo que a parte não está autorizada, ao ser instada a cumprir a obrigação, a simplesmente negar-se a assim proceder.[345]

3.6. Análise crítica dos efeitos das sentenças nas ações declaratórias de nulidade e desconstitutivas de anulabilidade dos negócios jurídicos

Resta-nos proceder à análise crítica dos efeitos das sentenças nas ações declaratórias de nulidade e nas ações desconstitutivas de anulabilidade dos negócios jurídicos. Como demonstraremos, tal critério (conquanto seja

---

[344] Destaca o autor em referência sobre a invalidade negocial: "pode manifestar-se pelo meio processual da ação, ou pelo da exceção, conforme o interessado tome a iniciativa do processo de anulação, ou tenha de defender-se num processo contra ele intentado para fazer valer os efeitos jurídicos do negócio anulável. Em todo caso, o negócio produz, de maneira precária, esses efeitos, até que a iniciativa destinada a anulá-lo tenha obtido êxito, através de uma sentença constitutiva (...)" (MATTIETTO, Leonardo de Andrade. Invalidade dos atos e negócios jurídicos. IN: TEPEDINO, Gustavo (coord.). *A parte geral do novo Código Civil. Estudos na perspectiva civil-constitucional*. Rio de Janeiro: Renovar, 2007, p. 346-347).

[345] "(...) I. Embora a lei classifique a irregularidade do ato jurídico, quer no plano do direito material, quer do processual, segundo a valoração ou gravidade do vício que o acoima (ato nulo ou anulável), *vale ressaltar a imprescindibilidade da declaração judicial da sua invalidade*." (STJ, REsp. 184.703/MS, Rel. MIN. SALVIO DE FIGUEIREDO TEIXEIRA, Quarta Turma, j. 09/03/1999, DJ 21/06/1999, p. 164, destacamos).

PRINCÍPIO DA CONSERVAÇÃO DOS NEGÓCIOS JURÍDICOS

amplamente aceito por parte da doutrina) não é suficiente para distinguir de modo eficaz os institutos da nulidade e da anulabilidade.

O artigo 177 do Código Civil brasileiro dispõe que a anulabilidade não tem efeito antes de julgada por sentença nem se pronuncia de ofício. Somente os interessados podem alegá-la. Aproveita exclusivamente aos que a invocam, salvo o caso de solidariedade ou de indivisibilidade. O ato anulável gera todos os efeitos até que ocorra a sua desconstituição por meio de sentença judicial definitiva ou até o decurso do prazo decadencial previsto nos artigos 178 e 179 do Código Civil.

Sucede que o mesmo efeito concreto se passa em relação ao negócio jurídico nulo. O negócio eivado de nulidade, como vimos, igualmente depende de reconhecimento (afirmação) pelo julgador quando se postula o cumprimento da obrigação dele derivada. A decretação de anulabilidade pode ser obtida por meio de ação anulatória ou, incidentalmente, por meio de exceção substantiva. Em ambos os casos, é certo, somente se desconstitui o negócio jurídico após a decisão definitiva, que assim o excluirá do Direito.

Em ambos os casos (isto é, em se tratando de nulidades ou de anulabilidades) os efeitos da sentença serão rigorosamente os mesmos. Serão ambos necessariamente retroativos (eficácia *ex tunc*). Não fosse isso, seria possível ao magistrado proceder à modulação dos efeitos da sentença atento às circunstâncias do caso concreto, de modo que não seria possível estabelecer previamente e de forma absoluta um critério único e diferenciador das anulabilidades e nulidades levando em consideração os efeitos das sentenças proferidas numas e noutras ações. Nos casos de invalidade parcial de um negócio jurídico, há, decerto, efeitos que devem ser preservados. As circunstâncias de fato do negócio jurídico devem ser adequadamente analisadas pelo intérprete, pois, em tese, poderão contaminar todo o negócio jurídico se não for possível apurar que seria ele celebrado a despeito do ponto que se ressente de tal invalidade, como ensina João Batista Lopes[346]. A nulidade parcial é a regra e a invalidade (total) é a exceção. Quem invoca a invalidade total tem o ônus de provar que ela tem o seu fundamento na particular intenção prática das partes, diversamente do que se adota no sistema alemão, que, por força do § 139º do *BGB*, atribui

---

[346] LOPES, João Batista. *Curso de Direito Processual Civil*. Parte Geral. São Paulo: Atlas, 2005, v. 1, p. 181-187.

A INVALIDADE DO NEGÓCIO JURÍDICO

o ônus da prova àquele que invoca a nulidade parcial, como refere Joaquim Augusto Domingues Damas[347].

Como dissemos, um dos critérios pelos quais a doutrina pretende estabelecer a diferença entre a nulidade e a anulabilidade diz respeito aos efeitos da sentença que os proclama.[348] Na anulabilidade, diz-se, os efeitos da sentença desconstitutiva do negócio jurídico são "ex nunc" (não retroativos); na nulidade, por sua vez, os efeitos da sentença que a declara são "ex tunc" (eficácia retroativa da sentença declaratória de nulidade do negócio jurídico).

Nas palavras de Norberto de Almeida Carride[349]:

> (...) A declaração de nulidade absoluta retroage seus efeitos até a data da realização de ato nulo (*ex tunc*), que não surte, em tese, nenhum efeito. (...).
> Os efeitos da declaração de anulabilidade (relativa) somente ocorrer a partir do reconhecimento judicial (*ex nunc*)

Dissentimos dessa orientação, como dito. Em termos de Ciência do Direito, o critério em foco parece realmente não se sustentar. Num ou noutro casos, como salientamos, os efeitos do pronunciamento judicial são rigorosamente os mesmos: há a eficácia *ex tunc*. Conquanto tenha sido reiteradamente repetido na doutrina que a sentença que declara a nulidade opera efeitos (eficácia) "ex tunc" e a sentença que decreta a anulabilidade (desconstitutiva do negócio jurídico) opera efeitos "ex nunc", a diferença não é necessariamente verdadeira, uma vez que tal critério contrasta com a regra constante na primeira parte do artigo 182 do Código Civil brasileiro. Nas contundentes palavras de Zeno Veloso, "essa lição espalha-se

---

[347] A esse respeito, *v.* DAMAS, Joaquim Augusto Domingues. *A redução do negócio jurídico.* Lisboa: Faculdade de Direito da Universidade de Lisboa, 1984; BELMONTE, Cláudio Petrini. *A redução do negócio jurídico e a proteção dos consumidores – uma perspectiva luso-brasileira.* Boletim de Faculdade de Direito da Universidade de Coimbra [Studia Iuridica 74]. Coimbra: Coimbra Editora, 2003.

[348] Por todos, *v.* RODRIGUES, Silvio. *Vícios do consentimento.* 3. ed. atual. São Paulo: Saraiva, 1989.

[349] CARRIDE, Norberto de Almeida. *Vícios do negócio jurídico.* São Paulo: Saraiva, 1997, p. 60.

PRINCÍPIO DA CONSERVAÇÃO DOS NEGÓCIOS JURÍDICOS

como erva daninha e significa um erro crasso, baseia-se num formidável equívoco".[350]

Seja sob o prisma processual, seja no campo do direito material, não é adequado adotar como o critério de diferenciação entre a nulidade e a anulabilidade os efeitos das respectivas sentenças. Não há diferença substancial entre os efeitos das sentenças declaratória de nulidade e anulatória (constitutiva negativa) do negócio jurídico. Ambas necessariamente operam efeitos retroativos ao momento da celebração do negócio cuja invalidade é reconhecida pela autoridade judicial. Daí se dever afirmar que a sua eficácia será sempre "ex tunc".

O Código Civil brasileiro, na primeira parte do seu artigo 177, estabelece que a anulabilidade não tem efeito antes de julgada por sentença. Isto significa que o negócio anulável produz efeitos enquanto uma sentença não o anula, e nada mais. É claro que assim o é. Não se está justamente por isso a sustentar a irretroatividade dos efeitos da sentença da anulação negocial. A regra prevista no artigo 177 do Código Civil brasileiro nada tem a ver com anulação do negócio jurídico propriamente dito, que passa a existir (melhor, a ter eficácia) desde então e retroativamente como efeito da própria sentença anulatória.

De acordo com Pontes de Miranda[351], a ação própria para fazer reconhecer a nulidade negocial é a ação declaratória. É firme na doutrina que a nulidade pode ser reconhecida em qualquer processo e a qualquer momento. Deveras, é correto assim dizer. Não é, contudo, o que se observa em relação às anulabilidades, justamente porque as anulabilidades são "relativas". É dizer, as anulabilidades somente podem ser alegadas pelas pessoas determinadas por lei e por certo lapso temporal definido pelo legislador. Nas nulidades, há a violação de preceitos de ordem pública. Nas anulabilidades, por sua vez, resguardam-se os interesses privados da parte prejudicada, que pode ou não, a seu critério, pedir a anulação do ato/negócio

---

[350] Prossegue Zeno Veloso: "Deve ser repudiada – e com toda convicção e energia – a falsa doutrina de que a sentença de nulidade opera retroativamente e a sentença de anulação *ex nunc*, prospectivamente. Nunca dos nuncas, diria um dos nossos mestres. Ambas tem eficácia *ex tunc*" (VELOSO, Zeno. Nulidade do negócio jurídico. In: ALVIM, Arruda; CÉSAR, Joaquim Portes de Cerqueira; ROSAS, Roberto. *Aspectos controvertidos do novo Código Civil. Escritos em homenagem ao Ministro José Carlos Moreira Alves*. São Paulo: Revista dos Tribunais, 2003, p. 606-607).

[351] MIRANDA, Pontes de. *Tratado das ações*. Ação, classificação e eficácia. São Paulo: Revista dos Tribunais, 1970. t. 1, p. 101.

A INVALIDADE DO NEGÓCIO JURÍDICO

praticado em que não houve a expressão correta da sua vontade. Bem por isso as anulabilidades não podem ser pronunciadas de ofício pelo juiz e não afetam o negócio jurídico os seus efeitos enquanto não decretada a anulação por decisão judicial.

A sentença que declara a nulidade opera efeitos retroativamente ("ex tunc"). Diante de um negócio anulável, por certo, produzem-se todos os efeitos como se válido e eficaz ele fosse, os quais são condicionados à inexistência de uma sentença que decrete a sua invalidação. Logo, se sobrevier decisão judicial final, atinge-se o negócio jurídico na sua formação (justamente onde reside a causa do seu vício invalidante), desconstituindo-o e desfazendo, em princípio, todos os seus efeitos e todas as consequências por ele geradas. Ocorre que em ambos os casos (o que nos parece suficientemente claro a essa altura) os efeitos do pronunciamento judicial são rigorosamente os mesmos: ambos ostentam a mesma eficácia "ex tunc". Aliás, é o que se infere pelo artigo 182, 1ª parte, do Código Civil: *"Anulado o negócio jurídico, restituir-se-ão as partes ao estado em que antes dele se achavam, e, não sendo possível restituí-las, serão indenizadas com o equivalente"*. O reconhecimento judicial de nulidade ou de anulação do negócio jurídico igualmente restaura o estado de coisas anterior ao momento de celebração do negócio, razão pela qual em ambos indistintamente operam iguais efeitos "ex tunc", sem prejuízo da possibilidade de específica modulação dos efeitos da sentença proferida pela autoridade judicial (o que se pode concretamente estabelecer atendendo, por exemplo, às concretas exigências da vedação ao enriquecimento sem causa, da tutela do terceiro de boa-fé, da salvaguarda da confiança negocial etc.).

Por todo o desenvolvido, parece-nos especialmente importante frisar que os "efeitos da sentença" não são critério de distinção seguro entre as nulidades e as anulabilidades, como sintetiza Zeno Veloso[352]:

> Uma e outra, todavia, reitero, apanham o negócio na sua base, na sua origem; os efeitos da provisão jurisdicional projetam-se para a data do ato invalidado (seja nulo, seja anulável), apagando-o desde o seu nascimento, até porque o vício ou o defeito intrínseco que

---

[352] VELOSO, Zeno. Nulidade do negócio jurídico. In: ALVIM, Arruda; CÉSAR, Joaquim Portes de Cerqueira; ROSAS, Roberto. *Aspectos controvertidos do novo Código Civil. Escritos em homenagem ao Ministro José Carlos Moreira Alves*. São Paulo: Revista dos Tribunais, 2003, p. 607.

determina a invalidade é, obviamente, contemporâneo à formação do negócio.

Merece registro o que refere a doutrina como a *retroeficácia* da sentença de nulidade ou de anulação do negócio jurídico. Cuida-se de um efeito secundário da sentença que decreta a anulação ou que afirma a nulidade. Consiste na expansão da condição jurídica de inválido para todos os títulos ou para todos os negócios que se basearam no negócio nulo ou anulado. A retroeficácia do pronunciamento judicial atinge a todos os outros atos e negócios jurídicos que se apoiaram no título desconstituído, como destaca Zeno Venoso. Nas suas palavras, "há um efeito dominó, ou efeito cascata na sentença, surgindo grave questão dos efeitos da invalidação a respeito de terceiros".[353]

3.7. A superação das invalidades do negócio jurídico anulável e seu regime jurídico no Código Civil brasileiro à luz das exigências do Princípio da conservação dos negócios jurídicos

No Direito civil atual, o exame dos problemas decorrentes da invalidade do negócio jurídico deve concentrar-se no plano da eficácia. A eficácia jurídica, como enfatizamos no capítulo primeiro, é a aptidão do negócio para produzir os efeitos jurídicos. Dissemos aqui por repetidas vezes que mesmo o negócio jurídico inválido tem aptidão para produzir efeitos concretos também de natureza jurídica, como, aliás, desenvolveremos no capítulo seguinte. Agora, cumpre-nos perquirir os efeitos sociais e jurídicos que se podem verificar nas anulabilidades. Entra em cena o primeiro exame das medidas sanatórias das invalidades dos negócios jurídicos[354],

---

[353] VELOSO, Zeno. Nulidade do negócio jurídico. In: ALVIM, Arruda; CÉSAR, Joaquim Portes de Cerqueira; ROSAS, Roberto. *Aspectos controvertidos do novo Código Civil. Escritos em homenagem ao Ministro José Carlos Moreira Alves*. São Paulo: Revista dos Tribunais, 2003. Não se há negar que a proteção jurídica ao adquirente de boa-fé foi o que justificou, à guisa de exemplo, a edição das súmulas 84 e 239 do Superior Tribunal de Justiça.

[354] A expressão é de SCHMIEDEL, Raquel Campani. *Negócio jurídico. Nulidades e medidas sanatórias*. 2. ed. São Paulo: Saraiva, 1985. Referido trabalho derivou de sua dissertação de mestrado na Faculdade de Direito da Universidade de São Paulo, intitulada "O Princípio da conservação do negócio jurídico no direito brasileiro", sob orientação do Prof. Dr. Silvio Rodrigues, defendida no ano de 1984.

A INVALIDADE DO NEGÓCIO JURÍDICO

também referidas como medidas de salvação ou medidas de aproveitamento dos negócios jurídicos inválidos.

José de Oliveira Ascensão fixa a divisão dos efeitos dos negócios jurídicos em dois planos: i) o plano dos efeitos negociais propriamente ditos e ii) o plano de atribuição de outros efeitos em geral. Um negócio, mesmo nulo, diz, pode produzir efeitos jurídicos em relação às partes e aos terceiros. Na visão do eminente autor, entretanto, o negócio jurídico nulo não produz jamais efeitos "de Direito". O que se deve excluir, anota ele, "é que produza efeitos como negócio jurídico".[355] Daí afirmar que a nulidade do negócio, por si só, tem aptidão para que não gere o negócio efeitos jurídicos.[356]

Não nos parece exato afirmar que tal solução seja necessariamente verdadeira.[357] O primeiro fundamento axiológico para a superação das invalidades que se prenuncia diz respeito à necessidade de conferir proteção jurídica aos terceiros de boa-fé. É o que se observa, a título de exemplo, na situação dos adquirentes de coisa cujo negócio translativo de propriedade antecedente seja declarado inválido (consequentemente, ineficaz). Pretendemos no momento apresentar as medidas de aproveitamento que incidem sobre os negócios jurídicos anuláveis. No capítulo seguinte, analisaremos as nulidades e a forma pela qual se opera a superação das invalidades. Em relação às anulabilidades, quatro situações podem ser destacadas (e agrupadas para a sistematização): i) as medidas de aproveitamento dos negócios jurídicos; ii) a decadência do direito de pretender a declaração de anulabilidade; iii) as particularidades dos negócios jurídicos que envolvem incapazes e iv) a superação de deficiência dos negócios jurídicos em virtude de invalidade do instrumento.

Os mecanismos de superação das anulabilidades dos negócios jurídicos evidenciam-se em diversos momentos. Em primeiro lugar, os negócios anuláveis[358] são, como regra, passíveis de ratificação. Cuida-se de uma

---

[355] ASCENSÃO, José de Oliveira. *Direito Civil*. Teoria Geral. Acções e Factos jurídicos. 2. ed. Coimbra: Coimbra Editora, 2003, v. II, p. 381.

[356] ASCENSÃO, José de Oliveira. *Direito Civil*. Teoria Geral. Acções e Factos jurídicos. 2. ed. Coimbra: Coimbra Editora, 2003, v. II, p. 381 ss.

[357] BATALHA, Wilson de Souza Campos. *Defeitos dos negócios jurídicos*. Rio de Janeiro: Forense, 1988, p. 12-13.

[358] Nesse momento não apresentaremos propositadamente a conversão do negócio jurídico, a qual, em princípio, diante da literalidade do artigo 170 do Código Civil, é instituto que se reserva aos negócios jurídicos nulos. No entanto, como veremos no capitulo 8º, possível será, por construção doutrinária, estendê-la também aos negócios jurídicos anuláveis.

forma de sanação mediante a qual se atribui validade negocial com efeitos retroativos à data de celebração do negócio, sempre respeitados os direitos de terceiros. Ao seu lado, estabelece o Direito a possibilidade de confirmação do negócio jurídico anulável. Autores de relevo afirmam a sinonímia entre os institutos jurídicos da ratificação e da confirmação.[359] As outras formas de superação da invalidade dos negócios jurídicos anuláveis são a convalidação e a redução parcial do negócio jurídico, por meio da qual se afirma a anulabilidade da obrigação acessória, por exemplo, mas não se induz necessariamente à mesma invalidade da obrigação principal[360]. Trata-se todas de medidas de aproveitamento do negócio jurídico que lhe conferem máxima expansão de eficácia. Merece nesse exame prevalecer, como adverte Renan Lotufo, a regra "utile per inutile non vitiatur"[361.].

Em segundo lugar, preceituam a lei e a doutrina que o decurso do prazo decadencial de arguição da anulabilidade do negócio jurídico revela outra manifestação da superação das anulabilidades. Dispõe o artigo 178 do Código Civil ser de quatro anos o prazo decadencial para pleitear a anulação do negócio jurídico nas hipóteses de incapacidade relativa do agente e de vício de consentimento, contados, no caso de coação, do dia em que ela cessar; no caso de erro, dolo, fraude contra credores, estado de perigo ou lesão, do dia em que se realizou o negócio jurídico e, no tocante aos atos de incapazes, do dia em que cessar a incapacidade. A arguição de anulabilidade do negócio jurídico decorre do exercício da autonomia privada conferido pela ordem jurídica para os sujeitos de direitos, assim objetivando a autorregulamentação dos seus interesses. Os negócios jurídicos celebrados produzem os efeitos que transcendem aos interesses exclusivos das partes.

A regra prevista no artigo 178 do Código Civil faz claro o Princípio da socialidade, como afirma o artigo 421 do Código Civil. A lei civil considera que os negócios jurídicos são geradores de efeitos não somente em relação

---

[359] BEVILAQUA, Clóvis. *Código Civil dos Estados Unidos do Brasil*. Edição histórica. 4 tir. Rio de Janeiro: Rio, 1979, p. 366-367.

[360] No que diz respeito ao contrato de fiança e sua invalidade, que não compromete a validade do contrato principal, ver: FIGUEIREDO, Gabriel Seijo Leal de. *Contrato de fiança*. São Paulo: Saraiva, 2010. Ainda: GUERREIRO, José Alexandre Tavares. Contrato de fiança. In. BRUSCHI, Gilberto Gomes; COUTO, Monica Bonetti; SILVA, Ruth Maria Junqueira de A. Pereira e; PEREIRA, Thomaz Henrique Junqueira de A. (orgs.) *Direito Processual Empresarial*: estudos em homenagem a Manoel de Queiroz Pereira Calças. São Paulo: Campus Elsevier, 2012, p. 409.

[361] LOTUFO, Renan. Código Civil comentado. Parte Geral (arts. 1º a 232º). São Paulo: Saraiva: 2003, v.1, p. 493.

A INVALIDADE DO NEGÓCIO JURÍDICO

às partes, mas também no âmbito social. Assim, cria-se a necessidade de guardar a segurança social, valor reiteradamente proclamado como fundamental para a ordem jurídica. Não se pode admitir a instabilidade que gera a insegurança prejudicial para a atividade econômica, como antes advertimos. Com inspiração no Princípio da conservação dos negócios jurídicos, emerge a necessidade de limitação temporal para o exercício dos direitos que tenham por objetivo desconstituir os negócios e as relações geradas nessas condições.

Manifesta-se uma vez mais o Princípio da conservação dos negócios jurídicos na seara das anulabilidades pela regra posta no artigo 179 do Código Civil: "Quando a lei dispuser que determinado ato é anulável, sem estabelecer prazo para pleitear-se a anulação, será este de dois anos, a contar da data da conclusão do ato". A exiguidade do prazo de dois anos faz nitidamente revelar a intenção do legislador de que a segurança jurídica seja amparada, mediante a estabilização dos efeitos do negócio inválido. Parece--nos nítida a opção do legislador pela higidez e estabilização negocial. A lei visa garantir a sua eficácia jurídico-social. As anulabilidades constantes dos dispositivos esparsos ao longo do Código Civil têm prazos igualmente reduzidos, não somente pelo fato de o legislador reputá-las menos lesivas, mas especialmente porque o sistema jurídico deseja a estabilização e a maior preservação da eficácia dos negócios. O exíguo prazo em foco é de natureza decadencial, versando a respeito do exercício do direito material à desconstituição do negócio jurídico propriamente dito.

Em terceiro lugar, no que diz respeito às anulabilidades dos negócios jurídicos praticados por menores, igualmente subjaz o desejo de superação das anulabilidades pelo intérprete. Preceitua a lei civil que o menor relativamente incapaz não poderá invocar sua idade para eximir-se de uma obrigação se dolosamente a ocultou quando inquirido pela contraparte, ou, ainda, se se declarou maior no ato de obrigar-se[362]. Sob o instituto em foco, a nosso ver, vigora o Princípio da conservação dos negócios jurídicos.[363]

---

[362] "Como já referia Clóvis Beviláqua: *malitia supplet aetatem* (a malícia supre a idade)" (LOTUFO, Renan. Código Civil comentado. Parte Geral (arts. 1º a 232º). São Paulo: Saraiva: 2003, v. 1, p. 487.

[363] GONÇALVES, Carlos Roberto. *Direito Civil Brasileiro*. Parte Geral. 10. ed. São Paulo: Saraiva, 2012, v. 1. p. 131; SIMÃO, José Fernando. *Responsabilidade civil do incapaz*. São Paulo: Atlas, 2008; LOTUFO, Renan. Código Civil comentado. Parte Geral (arts. 1º a 232º). São Paulo: Saraiva: 2003, v.1, p. 487.

Em quarto lugar, no específico plano da forma dos negócios jurídicos (negócios jurídicos solenes), certo é que o artigo 183 do Código Civil inspira-se na superação das invalidades. A invalidade do instrumento, diz o legislador, não induz a invalidade do negócio jurídico sempre que este puder provar-se por outro meio. Trata-se de regra que se mantém na linha antes trilhada pelo artigo 152, parágrafo único, do Código Beviláqua. Caso não seja alegada a deficiência formal no prazo decadencial apontado pelo legislador, há a sanação do negócio jurídico. O mesmo pode ocorrer caso o negócio jurídico possa ser provado por outro meio. Na acepção técnica, vale destacar, o instrumento é o documento próprio para fazer valer e para comprovar a existência de um direito. O negócio jurídico pode ser provado não somente por meio de documentos, mas também por outros meios de prova em direito admitidos e especificados no artigo 212 do Código Civil.[364]

Diante das quatro vertentes acima apresentadas de superação das anulabilidades dos negócios jurídicos e de máxima expansão de eficácia, é forçoso reconhecer que adormece sob a Ciência do Direito o anseio do próprio sistema jurídico de que o negócio efetivamente vivifique, ainda que em princípio seja deficiente. O ordenamento jurídico colima que espraiem os efeitos aos fatos jurídicos sob a sua conformação por força da autonomia privada. Avulta assim a primazia da eficácia jurídico-social como um critério de superação das invalidades. Na seara das anulabilidades dos negócios jurídicos em estudo, é nítida a inspiração dos ideais de Justiça sobre o Direito.

O sistema jurídico é dotado de mecanismos para velar pela socialização[365] dos institutos, como refere Paulo Sérgio Velten Pereira, e pela humanização da própria Ciência do Direito, no sentir de Norberto Bobbio[366]. Em nome da garantia da eficácia jurídico-social, como doravante demonstraremos, também a nulidade absoluta não mais pode ser hoje vista como um óbice intransponível para a autonomia privada e para a proteção dos direitos de terceiros. Mesmo se absoluta a nulidade (e irremediável, em princí-

---

[364] LOTUFO, Renan. Código Civil comentado. Parte Geral (arts. 1º a 232º). São Paulo: Saraiva: 2003, v.1, p. 491-492.

[365] PEREIRA, Paulo Sérgio Velten. Função social do contrato: cláusula limitadora de liberdade contratual. In: NERY, Rosa Maria de Andrade. *Função do direito privado no atual momento histórico*. São Paulo: Revista dos Tribunais, 2006 (Coleção Perspectivas de Direito Privado), v. 1, p. 411-440.

[366] BOBBIO, Norberto. *A Era dos Direitos*. Trad. de Carlos Nelson Coutinho. Rio de Janeiro: Elsevier, 2004 (Quarta parte – Os direitos do homem hoje).

A INVALIDADE DO NEGÓCIO JURÍDICO

pio), é possível a sua superação por mecanismos apresentados no capítulo vindouro. O Princípio da sanação dos atos jurídicos (que serve como gênese ao Princípio da conservação dos negócios jurídicos) representa a solução para um problema que diversas ordens jurídicas visam solucionar, como sintetiza Leonardo de Andrade Mattietto: "o problema de trazer para a fiscalização e para a proteção do direito as relações sociais que, não tendo nascido de um modo regular, têm, no entanto, uma existência de fato, ou até uma existência jurídica, mas de índole precária"[367].

Assim, mesmo diante de relações que num primeiro momento são simplesmente factuais, o Direito reconhece ser adequado disponibilizar para os indivíduos, na locução de Mattietto, um "sistema de recuperação" (ou melhor, de migração fática para o plano da juridicidade). A Ciência do Direito colima incluir no plano da juridicidade situações que em princípio somente pertenciam ao plano dos fatos. Nesses casos, é preciso que o intérprete aja no sentido de pôr termo a um estado de incerteza sobre a apreciação dos fatos da vida. As hipóteses de superação das nulidades dos negócios jurídicos serão alvo do capítulo a seguir.

---

[367] MATTIETTO, Leonardo de Andrade. Invalidade dos atos e negócios jurídicos. IN: TEPEDINO, Gustavo (coord.). *A parte geral do novo Código Civil. Estudos na perspectiva civil-constitucional.* Rio de Janeiro: Renovar, 2007, p. 321.

CAPÍTULO 4
OS EFEITOS DO NEGÓCIO JURÍDICO NULO[368]

4.1. Os efeitos do negócio jurídico nulo e a superação das invalidades no Direito material brasileiro: uma análise a partir da concepção do negócio jurídico como uma manifestação da autonomia privada digna de proteção jurídica

O tradicional estudo do Direito Civil brasileiro informa, em uma primeira leitura, que os atos e os negócios jurídicos nulos não produzem efeitos.[369] Entende a doutrina tradicional que o negócio jurídico nulo não produz quaisquer efeitos, sem distinções, diversamente do que ocorre com o negócio anulável. Os negócios anuláveis, diz-se, somente podem vir a ser invalidados *a posteriori* e no interesse das pessoas a quem a lei concede o direito de anulá-los, assim os protegendo a ordem jurídica até então. O ato nulo, ao reverso, não pode ser sanado jamais, sob nenhuma circunstância, pois não podem as partes sobrepor-se à vontade do legislador que não deseja tal "ato-efeito", como, por exemplo, destaca Arnold Wald.[370] Não nos parece

---

[368] O título do capítulo que ora se inicia teve inspiração nos trabalhos de Hamid Charaf Bdine Júnior (*Efeitos do negócio jurídico nulo*. São Paulo: Saraiva, 2010), sobre os quais concentraremos os passos que seguem, em especial quanto à casuística suscitada, prendendo-o a uma perspectiva funcional do Princípio da conservação dos negócios jurídicos.

[369] NEVES, José Roberto de Castro. *Uma introdução ao Direito Civil*. Parte Geral. 3. ed. Rio de Janeiro: GZ, 2011, p. 155.

[370] WALD, Arnold. Direito Civil. *Introdução e Parte Geral*. 9. ed. São Paulo: Saraiva, 2002, p. 233.

deva necessariamente a questão persistir a ser examinada sob essa perspectiva. A visão dogmática tradicional do Direito Civil merece reflexão crítica na contemporaneidade para melhor atender ao papel da Ciência do Direito. Vale dizer, a tese de que o negócio jurídico nulo não produz quaisquer efeitos não é necessariamente verdadeira. Afirmar que o negócio jurídico nulo não produz efeitos significa somente dizer que não é idôneo para produzir, como regra, todos aqueles efeitos jurídicos inicialmente desejados pelas partes. Nada mais.

Nesse sentido são as palavras de Enzo Roppo[371]:

> Costuma dizer-se que o contrato nulo não produz qualquer efeito. Tal é entendido apenas no sentido que ele não produz os efeitos contratuais (não realiza a operação) que as partes tinham em vista. Ele pode, no entanto, constituir o pressuposto material, de facto, para a produção de efeitos jurídicos diversos: pode, por exemplo, estar na base de um pedido de ressarcimento de danos de uma parte contra a outra nos termos do art. 1338.º cód. civ.; ou então configurar, a cargo de uma parte, uma hipótese de crime (pense-se num contrato, nulo por inexistência ou ilicitude do objecto, que integre os elementos de uma burla).

O negócio jurídico nulo não produz todos os efeitos jurídicos pretendidos pelas partes, é verdade. Isso ocorre porque não se reveste de idoneidade suficiente para produzir os efeitos desejados quando da sua declaração na inicial vontade convergente, em princípio.[372] As declarações negociais, entretanto, podem apresentar relevantes consequências fáticas e jurídicas. No processo de superação das invalidades (no que se inserem as nulidades, por certo), sobressai o desejo do sistema jurídico de imprimir aplicação concreta aos três princípios cardeais afirmados por Miguel Reale como os princípios regentes do Código Civil. Tais princípios inspiradores, como veremos, conspiram em favor do Princípio da conservação dos negócios jurídicos, pois o desejo de sobreviver adormece sob toda a Ciência do Direito.[373]

---

[371] ROPPO, Enzo. *O contrato*. Coimbra: Almedina, 2009, p. 204.

[372] WALD, Arnold. Direito Civil. *Introdução e Parte Geral*. 9. ed. São Paulo: Saraiva, 2002, p. 213.

[373] WALD, Arnold. Direito Civil. *Introdução e Parte Geral*. 9. ed. São Paulo: Saraiva, 2002, p. 233.

OS EFEITOS DO NEGÓCIO JURÍDICO NULO

Como regra, quando o negócio jurídico for nulo, serão igualmente nulas todas as obrigações dele decorrentes. É o que ocorre, por exemplo, na hipótese de nulidade de um contrato por absoluta incapacidade do agente: a incapacidade absoluta da parte implica a nulidade de todas as suas cláusulas. Entretanto, é possível afirmar que a nulidade de uma das cláusulas contratuais não prejudica a manutenção do contrato nas suas demais disposições. É dever do intérprete a ele atribuir a eficácia que aflora da conservação, deixando de proceder à invalidação como se fosse essa a sua consequência única, inexorável e imediata[374].

A nulidade de um negócio jurídico pode ser *originária*, ou seja, identificada no momento de constituição da relação jurídica, como ocorre nas hipóteses de incapacidade absoluta do agente. Pode ser *ulterior*, a qual é referida por parte da doutrina como uma hipótese de caducidade. A nulidade ulterior torna o negócio jurídico desprovido de validade (consequentemente, de eficácia) que antes (isto é, inicialmente) era considerado válido e perfeito. Como observa Arnold Wald[375], é o que ocorre diante de um testamento feito por um homem quando solteiro e sem descendentes, que se considera caduco com o ulterior nascimento de um filho no que lhe exceder a porção disponível. Entende-se que se está diante de um negócio jurídico válido, mas que se tornou ineficaz em relação à legítima no momento posterior ao nascimento de descendentes (herdeiros necessários). Mantém-se existente, válido e eficaz o testamento no que sobejar à herança legítima, sob o prisma jurídico-social, mediante as luzes que inspiram o Princípio da conservação dos negócios jurídicos.

O Direito Civil contemporâneo[376] compreende com clareza que em certos casos, com o objetivo de contornar situações injustas que ferem a segurança jurídica e a tutela da confiança, faz-se preciso afastar das tradicionais concepções sobre a inexistência de efeitos de um negócio jurídico nulo. Em nome das exigências do Princípio da socialidade, da funcionalização dos direitos, da Constitucionalização do Direito Privado[377] e da humanização das relações jurídicas, o Direito reconhece que o negócio

---

[374] WALD, Arnold. Direito Civil. *Introdução e Parte Geral*. 9. ed. São Paulo: Saraiva, 2002, p. 215.

[375] WALD, Arnold. Direito Civil. *Introdução e Parte Geral*. 9. ed. São Paulo: Saraiva, 2002, p. 215.

[376] Por todos, *v.* BDINE JÚNIOR, Hamid Charaf. *Efeitos do negócio jurídico nulo*. São Paulo: Saraiva, 2010.

[377] FACHIN, Luiz Edson. Direito civil e dignidade da pessoa humana. Um diálogo constitucional contemporâneo. In: ALMEIDA FILHO, Plínio; MELGARÉ, Plínio. *Dignidade da pessoa*

jurídico nulo deve produzir efeitos dignos de proteção pela ordem jurídica em nome da salvaguarda de sua eficácia jurídica.[378]

A "calibração" (ou a "flexibilização/modulação") dos efeitos do negócio jurídico nulo é justificada a partir da atual compreensão do Princípio da conservação dos negócios e da perspectiva de sanação que a ele subjaz.[379] Exige-se, como vimos, um real esforço no processo interpretativo de modo que a boa-fé e a confiança despertadas na contraparte sirvam como fundamento suficiente para a superação de vícios que, em um primeiro momento, teriam aptidão suficiente para privar o negócio jurídico de sua validade e, consequentemente, de eficácia. A declaração de nulidade implica desfazer os efeitos do negócio jurídico na sua integralidade (eficácia "ex tunc") como antes desenvolvemos. Sucede que, assim procedendo, é sacrificada a segurança na circulação de bens e de direitos[380]. Nessa visão, em meados do século XX, reconheceu-se não ser absolutamente verdadeiro afirmar que o negócio jurídico nulo não deve produzir quaisquer efeitos jurídicos, como alerta Orlando Gomes[381].

O Direito é uma ciência social que exige constantemente maiores aberturas. É sensível às modificações da realidade: ao se alterar a realidade, altera-se o Direito, e vice-versa. Os fatos e os valores integram-se num processo normativo. O Direito não pode ser compreendido sem que se atente para a realidade social na qual ele se insere. A própria realidade social pode autorizar o intérprete a concluir que somente protegendo a confiança e a boa-fé das partes e dos terceiros, restarão verdadeiramente satisfeitos os interesses sociais em conflito, como sintetiza Leonardo de Andrade Mattietto.[382]

---

humana: fundamentos e critérios interpretativos. São Paulo: Malheiros, 2010, p. 101-121 (*v.* caminhar histórico do sujeito: construindo a ponte e conclusão: a perspectiva da Constituição).

[378] LEITE, Carlos Henrique Bezerra. Justiça, validade e eficácia das normas jurídicas. In: LOTUFO, Renan (coord.). *A validade e a eficácia das normas jurídicas*. Barueri: Manole, p. 58.

[379] MANDELBAUM, Renata. *Contratos de adesão e contratos de consumo*. São Paulo: Revista dos Tribunais, Biblioteca de Direito do Consumidor, 1996, p. 199.

[380] A esse respeito, *v.* MATTIETTO, Leonardo de Andrade, Invalidade dos atos e negócios jurídicos. IN: TEPEDINO, Gustavo (coord.). *A parte geral do novo Código Civil. Estudos na perspectiva civil-constitucional*. Rio de Janeiro: Renovar, 2007, p. 184.

[381] GOMES, Orlando. *Introdução ao Direito Civil*. 19. ed. rev. atual., aumentada de acordo com o Código Civil de 2002. Rio de Janeiro: Forense, 2007, p. 275.

[382] MATTIETTO, Leonardo de Andrade. Invalidade dos atos e negócios jurídicos. In: TEPEDINO, Gustavo (coord.). *A parte geral do novo Código Civil. Estudos na perspectiva civil-consti-*

OS EFEITOS DO NEGÓCIO JURÍDICO NULO

A proposta em destaque radica no fato de que também o negócio jurídico nulo pode produzir efeitos jurídicos (efeitos "de Direito") desde o momento da sua celebração, justamente em razão das exigências maiores impostas pelo Princípio da segurança jurídica, da proteção aos terceiros de boa-fé, da proteção da confiança despertada e da tutela das legítimas expectativas contratuais legitimamente geradas. Para tanto, assume expressão o Princípio da conservação dos negócios jurídicos.

Importante salientar que o fato de o Código Civil brasileiro não contar com uma regra jurídica explícita que afirme o dever do intérprete de envidar esforços à superação das invalidades não é obstáculo intransponível para tal processo hermenêutico.[383] A interpretação jurídica "eficiente", na locução de Luís Roberto Barroso[384], e consentânea com os valores que inspiram o ordenamento jurídico, é um verdadeiro dever imposto ao julgador. É imperativa a salvaguarda do Princípio da autonomia privada, haja ou não expressa determinação legal. O Estado-Juiz deve interpretar os textos de maneira construtiva para atender à socialização jurídica e à humanização do Direito. Cuida-se da deontologia do Princípio da conservação dos negócios jurídicos.

Luís Roberto Barroso[385] destaca com acerto o "Princípio da efetividade" como um componente de um quarto plano de análise dos atos jurídicos em geral, nos quais se encontram as normas jurídicas. Ao lado dos planos da existência, da validade e da eficácia, acrescenta Barroso esse "quarto plano" (o plano da efetividade). Afirma ser tal plano fundamental para a apreciação das normas jurídicas, especialmente as normas de índole constitucionais.[386] Não nos parece que a questão para ser bem analisada exija

---

tucional. Rio de Janeiro: Renovar, 2007, p. 360.

[383] A respeito do conceito adotado de sistema, *v.* CANARIS, Claus-Wilhelm. *Pensamento sistemático e conceito de sistema na ciência do Direito*. 4. ed. Lisboa: Fundação Calouste Gulbenkian, 2008.

[384] BARROSO, Luís Roberto. *Interpretação e aplicação da Constituição*: fundamentos de uma dogmática constitucional renovadora. 7. ed. rev. 2. tir. São Paulo: Saraiva, 2009, p. 375-376.

[385] BARROSO, Luís Roberto. *Interpretação e aplicação da Constituição*: fundamentos de uma dogmática constitucional renovadora. 7. ed. rev. 2. tir. São Paulo: Saraiva, 2009, p. 375-376. Ainda, ver BARCELLOS, Ana Paula de. *A eficácia jurídica dos princípios constitucionais*: o princípio da dignidade da pessoa humana. 3. ed. rev. atual. Rio de Janeiro: Renovar, 2011.

[386] Também não mais há lugar para uma rígida separação entre as normas de Direito Público. A esse respeito, *v.* CORTEZ, Luís Francisco Aguilar. Responsabilidade Civil Extracontratual no Direito Privado e no Direito Público: persistem as diferenças? In: GUERRA, Alexandre

PRINCÍPIO DA CONSERVAÇÃO DOS NEGÓCIOS JURÍDICOS

recorrer necessariamente a um quarto plano de análise dos atos jurídicos em geral, como se dotado fosse de autonomia na Ciência do Direito. A nosso ver, o "plano da efetividade" insere-se no campo da eficácia dos atos e dos negócios jurídicos: juridicamente eficaz (e, consequentemente, efetivo e eficiente) é qualquer ato juridicamente produtor de todos os efeitos aos quais fora vocacionado no instante da sua edição[387], esteja o intérprete diante de normas jurídicas (legais ou constitucionais), esteja ele à frente de negócios jurídicos (como tais criadores de normas particulares com efeitos a terceiros).[388]

É preciso guardar a consciência de que se deve realizar um esforço interpretativo suficiente para superar uma lógica preponderante, mas ainda excessivamente formalista, como refere Zeno Veloso.[389] O intérprete deve reconhecer a juridicidade na adoção de posições inspiradas pela busca dos interesses reais que levaram as partes à edição da norma jurídica consubstanciada no negócio jurídico.[390] É dever do intérprete no processo de revelação do conteúdo contratual atender aos interesses sociais e econômicos superiores aos textos normativos. Deve a lógica formal ser substituída pela avaliação dos conflitos de interesses em disputa por critérios de ponderação[391], com realce aos valores do Direito, como a justiça e a equidade, alerta Zeno Veloso.[392]

Dartanhan de Mello; PIRES, Luis Manuel Fonseca; BENACCHIO, Marcelo (coords.). *Responsabilidade civil do Estado*: desafios contemporâneos. São Paulo: Quartier Latin, 2010, p. 196-212.

[387] As exigências da sociedade contemporânea reclamam o exame do negócio jurídico com primazia ao plano da eficácia, como já destacamos em outra oportunidade (GUERRA, Alexandre; BENACCHIO, Marcelo. Apresentação. In. TOLEDO, Armando Sérgio Prado de (coord.). *Negócio jurídico*. São Paulo: Quartier Latin, 2013.

[388] O conceito do negócio jurídico traz em si a questão de sua eficácia. A respeito: FALCÓN Y TELLA, María José. *Lições de Teoria geral do Direito*. Trad da 4ª ed. Espanhola. São Paulo: Revista dos Tribunais, 2011, p 122.

[389] VELOSO, Zeno, Nulidade do negócio jurídico. In: ALVIM, Arruda; CÉSAR, Joaquim Portes de Cerqueira; ROSAS, Roberto. *Aspectos controvertidos do novo Código Civil. Escritos em homenagem ao Ministro José Carlos Moreira Alves*. São Paulo: Revista dos Tribunais, 2003.

[390] GUERRA, Alexandre; BENACCHIO, Marcelo. Apresentação. In. TOLEDO, Armando Sérgio Prado de (coord.). Negócio jurídico. São Paulo: Quartier Latin, 2013, p. 7.

[391] A respeito da ponderação, ver: ALEXY, Robert. *Teoria dos direitos fundamentais*. Trad. de Virgilio Afonso da Silva. São Paulo: Malheiros, 2008.

[392] VELOSO, Zeno. Nulidade do negócio jurídico. In: ALVIM, Arruda; CÉSAR, Joaquim Portes de Cerqueira; ROSAS, Roberto. *Aspectos controvertidos do novo Código Civil. Escritos em homenagem ao Ministro José Carlos Moreira Alves*. São Paulo: Revista dos Tribunais, 2003.

OS EFEITOS DO NEGÓCIO JURÍDICO NULO

Fernando Augusto Cunha de Sá[393] identifica a necessidade de coincidência entre a materialidade dos comportamentos humanos ou das situações jurídicas e o fundamento axiológico-jurídico dos direitos subjetivos que justificam a sua existência. Nos dias atuais, diz, a forma (ou a estrutura negocial) e o valor integram indissociavelmente uma única "intenção normativa".[394] A função social dos contratos que se consagra, dentre outros dispositivos de lei, pelo artigo 421 do Código Civil, na sua vertente externa[395], justifica a sobrevida de um negócio jurídico nas hipóteses em que a sua extinção for prejudicial às várias relações jurídicas a ele vinculadas, direta ou indiretamente, como veremos no capítulo quinto. A busca de vitalidade negocial é captada a partir das luzes do Princípio da operabilidade, um dos cardeais vetores acolhidos por Miguel Reale para o Código Civil, assim marcando a primazia da eficácia jurídico-social do Direito e dos seus institutos. O Código Civil brasileiro afirma por meio de uma cláusula geral o Princípio da conservação dos negócios jurídicos como valor a ser protegido pela ordem jurídica, de modo que hão de ser consideradas excepcionais as hipóteses de extinção negocial.

A função social do contrato imbrica-se diretamente com o plano da eficácia dos negócios jurídicos, como anota na doutrina Luís Gustavo Haddad. A partir das lições de Antonio Junqueira de Azevedo a respeito dos três planos de análise do negócio jurídico, concentra-se o autor no plano da eficácia para afirmar que os chamados "fatores de eficácia" não entram na composição do negócio jurídico, mas atuam de modo que seja alcançado o objetivo visado pelas partes. Destaca a posição de Junqueira a respeito da tripartição dos fatores de eficácia em i) fatores de atribuição de eficácia em geral; ii) fatores de atribuição de eficácia diretamente visada e iii) fatores de atribuição de eficácia mais extensa.[396] Prossegue o autor a afirmar que o problema da função social do contrato, nos seus dizeres, "nada tem que ver com o plano da validade dos negócios jurídicos. Menos ainda com o (plano) da existência", diz, "por consequência, a atenção de quem procura estudar as consequências de aplicação da função social do contrato

---

[393] SÁ, Fernando Augusto Cunha de. *Abuso do direito*. Coimbra: Almedina, 2005, p. 202.

[394] SÁ, Fernando Augusto Cunha de. *Abuso do direito*. Coimbra: Almedina, 2005, p. 202.

[395] POPP, Caryle. A eficácia externa dos negócios jurídicos. LOTUFO, Renan; NANNI, Giovanni Ettore (coords.). *Teoria Geral dos contratos*. São Paulo: Atlas, 2011, p. 144-182.

[396] HADDAD, Luís Gustavo. *Função social do contrato: um ensaio sobre seus usos e sentidos*. Coleção direito em contexto: problemas dogmáticos. São Paulo: Saraiva, 2013, p. 241.

a um caso concreto deve se dirigir ao plano de eficácia". Nas suas palavras, com razão e reforçando a clara relação que se há estabelecer entre a função social do contrato e as exigências do Princípio da conservação dos negócios jurídicos, observa Haddad:

> A função social do contrato reforça a necessidade de adotar como critério de orientação o Princípio da conservação dos negócios jurídicos. Em observância a essa diretriz, as interpretações que conduzirem à ineficácia relativa ou parcial devem se sobrepor àquelas que apontarem para a aplicação das sanções de ineficácia absoluta ou total. Essas últimas devem ter sua aplicabilidade restrita a situações de maior gravidade, nas quais mesmo o reconhecimento de ineficácias relativas ou parciais não seria suficiente para evitar a ocorrência de danos concretos e efetivos[397].

Com apoio em Norberto Bobbio, Claudio Luiz Bueno de Godoy enfatiza que o contrato (assim como o negócio jurídico) deve ser pelo intérprete "funcionalizado". Deve se voltar a promover na ordem privada os valores básicos acolhidos pelo ordenamento jurídico (como se observa, dentre outros, no artigo 170 da Constituição Federal de 1988, nos artigos 1º, incisos III e IV e 3º, inciso I). Os princípios da função social da propriedade, da livre concorrência, da dignidade da pessoa humana e da solidariedade social, diz o autor, sedimentam o campo de aplicação concreta do Princípio da conservação dos negócios jurídicos.[398] A relevância da função social do contrato, afirma, está em "promover os valores e os objetivos do Estado

---

[397] HADDAD, Luís Gustavo. *Função social do contrato: um ensaio sobre seus usos e sentidos*. Coleção direito em contexto: problemas dogmáticos. São Paulo: Saraiva, 2013, p. 246. Esclarece o autor, destacando a máxima expansão dos negócios jurídicos que perfilhamos: "(...) nem sempre o resultado de se aplicar a função social do contrato consiste em restringir ou desconstituir os efeitos de um contrato (...). Muitas vezes, o que se processa é uma expansão de efeitos do contrato. Por força dela, os efeitos contratuais podem se irradiar de modo a atingir pessoas antes tidas por intocadas, o que decorre, por exemplo, de restar caracterizada a inoponibilidade" (HADDAD, Luís Gustavo. *Função social do contrato: um ensaio sobre seus usos e sentidos*. Coleção direito em contexto: problemas dogmáticos. São Paulo: Saraiva, 2013, p. 247).

[398] GODOY, Claudio Luiz Bueno de. *Função social do contrato*: os novos princípios contratuais. 2. ed. rev. atual. São Paulo: Saraiva, 2007, p. 119.

Social na eficácia dos valores básicos do ordenamento".[399] Acena a função social do contrato à superação das nulidades e deita as raízes constitucionais sobre as normas arroladas, em especial sobre o Princípio da solidariedade social previsto no artigo 3º, inciso I, da Constituição Federal em vigor. Na sua acepção, o ordenamento jurídico impõe ao intérprete o dever de ativamente colaborar no respeito às situações jurídicas que se constituem, mesmo quando não sejam perfeitas em absoluto e assim sejam desprovidas de plena eficácia jurídica, em um primeiro momento. É preciso sejam as situações jurídicas reconhecidas como idôneas e sérias pelas partes e por terceiros[400], salienta Cristiano de Souza Zanetti.[401]

Nesse cenário, a função social externa do contrato permite apropriadamente mitigar as regras de nulidade negocial. Justifica a preservação dos efeitos dos negócios jurídicos em virtude de sua relevância social.[402] O artigo 421 do Código Civil fornece para o intérprete um critério suficiente para sustentar a possibilidade de se atribuir também ao negócio jurídico nulo a eficácia própria dos negócios válidos, qual seja, a preservação dos princípios e dos valores que sobrepõem à justificativa da sanção de nulidade. Tais comandos autorizam no caso concreto a solução no sentido da eficácia negocial, com o reconhecimento da efetividade ao inválido em favor da tutela de um "interesse social preponderante".

O caminho para a superação das nulidades perpassa necessariamente pela própria razão que justifica a distinção entre as nulidades e anulabilidades. As nulidades, diz-se, porque pertinem às questões de ordem pública, não admitem, num primeiro momento, a incidência do Princípio da conservação dos negócios jurídicos. *A contrario sensu*, podemos dizer

---

[399] Observa Cláudio Luiz Bueno de Godoy: "o que se tem, enfim, é a função social do contrato integrando-lhe o conteúdo, garantindo que um ato de vontade receba tutela jurídica, desde que seja socialmente útil e sirva à promoção dos valores constitucionais fundamentais (...) dentre os quais a dignidade humana, de que, é certo, o exercício da liberdade contratual não deixa de ser uma expressão" (GODOY, Claudio Luiz Bueno de. *Função social do contrato*: os novos princípios contratuais. 2. ed. rev. atual. São Paulo: Saraiva, 2007, p. 195).

[400] Sobre a eficácia dos contratos em relação a terceiros, ver: BENACCHIO, Marcelo. *Responsabilidade civil contratual*. São Paulo: Saraiva, 2011.

[401] ZANETTI, Cristiano de Souza. *A conservação dos contratos nulos por defeitos de forma*. Faculdade de Direito da Universidade de São Paulo (Tese – Livre-Docência). São Paulo, 2010.

[402] PIRES, Luis Manuel Fonseca. *Controle judicial da discricionariedade administrativa*: dos conceitos jurídicos indeterminados às políticas púbicas. Rio de Janeiro: Elsevier, 2009, p. 31 (tópicos 1.2. Insuficiência da lógica formal e 1.3. Outras perspectivas).

com a mesma razão que a validade do negócio jurídico (e a eficácia que dela deflui) deve prevalecer se justamente for essa a forma pela qual se mostre adequada para a proteção do mesmo interesse público que a ordem jurídica visa a salvaguardar com a criação da hipótese de nulidade concretamente considerada na hipótese apreciada[403].

O Princípio da boa-fé-lealdade, como referido por Fernando Noronha[404], afigura-se como outro decisivo critério interpretativo para a prevalência da conservação negocial e para a superação das nulidades. Cuida-se da vertente que abordaremos com vagar no capítulo quinto. Com arrimo na boa-fé lealdade, devem subsistir não somente os chamados efeitos contratuais indiretos, mas também os efeitos principais e diretos, os quais podem remanescer em relação às partes e aos terceiros, como observa Marcelo Benacchio[405]. O Princípio da conservação dos negócios jurídicos surte efeitos não somente indiretos, mas também efeitos diretos para os maiores interessados na celebração do negócio jurídico, ou seja, às próprias partes. São as partes que pretendem, em um primeiro plano, celebrá-lo justamente para atingir a eficácia jurídica e social. Aliás, cumpre relembrar, como faz Leonardo de Andrade Mattietto[406], que a ordem jurídica não é "inimiga dos interesses individuais".

O Direito está autorizado a negar proteção aos negócios jurídicos (entendamos bem, negar-lhes a validade e a eficácia) somente quando e até o ponto em que os valores e os interesses que presidem a coordenação ou a ordenação sociais assim o exijam. Há que se guardar o espírito que preside toda a teoria dos negócios jurídicos com ênfase na primazia

---

[403] KELSEN, Hans. *Teoria geral do direito e do Estado*. Trad. de Luís Carlos Borges. 4. ed. São Paulo: Martins Fontes, 2005 (A transação jurídica como ato criador e aplicador do direito, p. 199 ss.; MORCHON, Gregorio Robles. *Teoria del Derecho: Fundamentos de Teoria Comunicacional del Derecho*. 1. ed. Madrid: Editorial Civitas S/A, 1998, v. 1.

[404] Para estudo aprofundado a respeito da boa-fé lealdade, ver: NORONHA, Fernando. *O direito dos contratos e seus princípios fundamentais*: autonomia privada, boa-fé, justiça contratual. São Paulo: Saraiva, 1994.

[405] BENACCHIO, Marcelo. *Responsabilidade civil contratual*. São Paulo: Saraiva, 2011.

[406] "A ordem jurídica não é inimiga dos interesses dos indivíduos e do desenvolvimento da vida social" (MATTIETTTO, Leonardo de Andrade. Invalidade dos atos e negócios jurídicos. IN: TEPEDINO, Gustavo (coord.). *A parte geral do novo Código Civil. Estudos na perspectiva civil-constitucional*. Rio de Janeiro: Renovar, 2007).

da sua eficácia jurídica e social.[407] A salvaguarda do negócio jurídico é um legítimo dever imposto pela Ciência do Direito ao intérprete no processo hermenêutico, compromisso para o qual contribui decisivamente o Princípio da conservação dos negócios jurídicos.

Convém notar que também em uma perspectiva econômica do Direito, o problema da eficiência do contrato (da sua eficácia jurídico-social, em nossa visão) enaltece a aplicação concreta do Princípio da conservação dos negócios jurídicos. Referindo uma vez mais ao fenômeno da expansão dos efeitos do contrato, Luís Gustavo Haddad[408] destaca que a função social serve como uma fonte de deveres laterais de conduta. O conteúdo de tais deveres, nas suas palavras, "refere-se à colaboração para o funcionamento eficiente dos grupos, redes e sistemas contratuais (...) e à vedação de comportamentos incompatíveis com a respectiva preservação e operação em termos adequados e sustentáveis". Luciano Benetti Timm[409], referindo ao artigo 421 do Código Civil, demonstra igualmente a necessidade de preservação social do contrato quando a ele dispensa uma "função política ou social", que, segundo informa, é a organização da vida em sociedade em conformidade com os padrões e com os valores socialmente aceitos, os quais permitem o planejamento e a segurança e evitam o "caos social", de um lado, e, de outro, nas suas palavras, "os contratos garantem níveis mínimos de cooperação e de integração social (solidariedade social)", razão pela qual, diz o autor, "o direito contratual (no que se insere a compreen-

---

[407] Sempre pertinente é a lição de Judith Martins-Costa, que enfatiza ser a ideia contemporânea de interpretação contratual que exige o Código Civil brasileiro não mais a que consubstancia a busca da reconstrução abstrata da vontade ou intenção das partes subjetivamente consideradas "pela simples razão de não entender que os contratos são frutos da autonomia da vontade, mas a autonomia privada, que conota ideia diversa" (MARTINS-COSTA, Judith. O método de concreção e a intepretação contratual: primeiras notas de uma leitura. In: NANNI, Giovanni Ettore (coord.). Temas relevantes do direito civil contemporâneo. Reflexões sobre os cinco anos do Código Civil. Estudos em homenagem ao Professor Renan Lotufo. São Paulo: Atlas, 2008, p. 479).

[408] HADDAD, Luís Gustavo. *Função social do contrato: um ensaio sobre seus usos e sentidos*. Coleção direito em contexto: problemas dogmáticos. São Paulo: Saraiva, 2013, p. 249.

[409] TIMM, Luciano Benetti. *Direito contratual brasileiro: críticas e alternativas ao solidarismo jurídico*. 2. ed. São Paulo: Atlas, 2015, p. 172-173. Para mais adequada compreensão da relação estabelecida entre Direito e Economia e o Direito contratual, por todos, ver: COOTER, Robert; ULEN, Thomas. *Direito & Economia*. Tradução de Luis Marcos Sander e Francisco Araújo da Costa. 5. ed. Porto Alegre: Bookman, 2010 (capítulos 6 e 7: uma teoria econômica do contrato e temas de Economia do Direito contratual, respectivamente, p. 200-318).

são contemporânea do negócio jurídico) deve abrir-se para informações provindas do subsistema político e da própria sociedade, sem, no entanto, deixar-se manipular por eles". Nesse cenário se revela o interesse de toda a sociedade que desperta o contrato, razão pela qual o Direito deve ser orientado no sentido de garantia, de preservação e de máxima expansão dos seus efeitos às partes em si consideradas e além dos próprios contratantes.

Diante de todo o exposto, é possível concluir que o Princípio da conservação dos negócios jurídicos visa o aproveitamento na maior extensão possível do mínimo dos elementos constitutivos do suporte fático do negócio para a obtenção do máximo da sua eficácia. O aperfeiçoamento dos elementos do negócio jurídico faz suprir o defeito que o macula, de sorte que não lhe seja imposta a sanção da nulidade, permitindo-lhe, por outro lado, o mínimo de eficácia pretendida pelos contratantes. O contrato é uma forma legítima de circulação de bens e de riquezas, vital instrumento de promoção dos Princípios da dignidade do ser humano e solidarismo social. Destarte, quando possíveis interpretações em sentidos distintos, é dever do aplicador do Direito *optar por aquela via* que lhe garanta eficácia, *preferindo* uma interpretação jurídica funcionalizada que lhe confira efeitos concretos e máxima expansão de eficácia sócio-jurídica.

4.2. A aplicação concreta do Princípio da conservação do negócio jurídico no processo de superação das nulidades dos negócios jurídicos

As situações relativas às regras de superação de nulidades dos negócios jurídicos são enfrentadas na doutrina por Hamid Charaf Bdine Júnior[410]. Servem como referência para exemplificar os passos que se está a percorrer. Sua incidência concreta justifica-se precipuamente em função da importância que exercem no trabalho de preservação dos efeitos dos negócios jurídicos, assim garantindo a aplicação do Princípio da conservação dos negócios jurídicos. A elas, portanto.

A primeira hipótese aventada pelo autor em referência diz respeito à superação da invalidade do negócio jurídico em função da incapacidade absoluta do declarante. A nulidade e a anulabilidade do contrato celebrado pelo incapaz são sanções que visam a protegê-lo, como já observamos. As

---

[410] BDINE JÚNIOR, Hamid Charaf. *Efeitos do negócio jurídico nulo*. São Paulo: Saraiva, 2010, p. 193 ss.

OS EFEITOS DO NEGÓCIO JURÍDICO NULO

limitações jurídicas para tal proteção são excepcionais, contudo. Merecem ceder ao comércio jurídico e aos direitos do terceiro que contrata com o incapaz. Há negócios jurídicos que, conquanto sejam em princípio nulos porque celebrados por incapazes, justamente em favor do incapaz são reconhecidamente benéficos. Nesses casos, por certo, não se justifica a invalidação, pois se mostra o negócio jurídico, afinal, protetivo dos interesses do próprio incapaz, ou seja, realmente vantajoso em termos jurídicos e econômicos para o menor protegido pela norma jurídica.[411]

A segunda hipótese pela qual se destaca a prevalência da superação das nulidades diz respeito à nulidade decorrente da venda de unidade condominial em construção antes do registro do memorial de incorporação imobiliária, a teor do que dispõe o artigo 32 da Lei n. 4.591/64.[412] A jurisprudência reconhece a nulidade da alienação de unidades antes do prévio registro da incorporação, como exige o artigo 32 da Lei Federal em referência. Não se admite que o chamado "registro tardio" convalide a compra e venda celebrada, por se tratar de uma hipótese de expressa nulidade afirmada por lei. Entretanto, situações há nas quais o Superior Tribunal de Justiça admite a convalidação do negócio jurídico quando o registro omitido se realiza posteriormente e a tempo de nele não interferir.[413] Como alerta José Osório de Azevedo Junior[414], a falta de registro não pode favorecer ao próprio loteador inadimplente. Conquanto diga respeito a uma irregularidade de relevo, no caso concreto, é possível, diz, que se revele tal medida mais ou menos danosa e, consequentemente, pode ser considerada sanável. A aplicação rígida da teoria das nulidades nesse ponto pode causar maior dano à parte que já fora prejudicada pelo incorporador imobiliário, como também, de outro lado, pode vir a beneficiar o próprio infrator. É o que ocorreria, por exemplo, se todos os atos forem considerados meramente irregulares e, a ele, não fosse imposta qualquer sanção. A matéria das nulidades, "uma das mais espinhosas da ciência do Direito",

---

[411] BDINE JÚNIOR, Hamid Charaf. *Efeitos do negócio jurídico nulo*. São Paulo: Saraiva, 2010, p. 192-195.

[412] MARQUES, Claudia Lima; MIRAGEM, Bruno (orgs.). *Doutrinas essenciais. Direito do Consumidor*. São Paulo: Revista dos Tribunais, 2011, v. IV, p. 467-510.

[413] BDINE JÚNIOR, Hamid Charaf. *Efeitos do negócio jurídico nulo*. São Paulo: Saraiva, 2010, p. 197 ss.

[414] AZEVEDO JÚNIOR, José Osório de. *Compromisso de compra e venda*. 5. ed. rev. amp. de acordo com o Código Civil de 2002 . São Paulo: Malheiros, 2006, p. 132-133.

anota, exige cautela do intérprete, de modo que fatos distintos recebam soluções jurídicas diversas.[415]

A terceira hipótese que aponta à superação das invalidades do negócio jurídico e atribui destaque ao Princípio da conservação diz respeito ao reconhecimento judicial de regime de bens diverso do formalmente ostentado pelos cônjuges quanto aos negócios jurídicos realizados sem o consentimento de ambos. Cuida-se de casos nos quais se identifica o abuso do direito de quem nega a condição jurídica que lhe faz a lei exigir a outorga uxória ou autorização marital. Nessas circunstâncias, diz o autor em referência, "a convicção gerada nos contratantes de que seu consentimento estava dispensado encontraria aparência e confiança nos próprios negócios celebrados pelo marido, que se declarou sempre casado pelo regime da separação absoluta em outros negócios celebrados".[416]

A quarta manifestação do Princípio da conservação dos negócios captada pela doutrina para a superação das invalidades do negócio jurídico concerne aos casos de desaparecimento da causa de invalidação em momento posterior à gênese contratual. Nesse cenário, igualmente se opera a chamada *validação* do negócio nulo. Há a retroatividade dos seus efeitos ao momento de sua celebração. É dizer, se a causa de invalidade do negócio jurídico desaparecer, há a *validação* negocial. Há certas causas que desaparecem naturalmente, tais como o suprimento do requisito etário. É verdade que a nulidade sob tal fundamento, por si só, não será necessariamente suprida por tal fato jurídico, uma vez que a razão (protetiva) da invalidade interessa ao tempo da celebração do negócio jurídico, ou seja, destina-se a proteger o incapaz no momento de manifestação de vontade sem o indispensável amadurecimento[417]. A hipótese exige o prudente exame pela autoridade judicial no caso concreto que se lhe é posto a desate.

Em quinto lugar, o Princípio da conservação dos negócios jurídicos expande-se nas situações de cessão de crédito nula em relação ao pagamento efetuado pelo devedor ao cessionário. A nulidade do negócio jurídico de cessão de crédito compromete a validade apenas em relação ao

---

[415] AZEVEDO JÚNIOR, José Osório de. *Compromisso de compra e venda*. 5. ed. rev. amp. de acordo com o Código Civil de 2002 . São Paulo: Malheiros, 2006, p. 133.

[416] BDINE JÚNIOR, Hamid Charaf. *Efeitos do negócio jurídico nulo*. São Paulo: Saraiva, 2010, p. 197-198; STJ, AgRg no REsp 749.999/SP, Rel. Ministro PAULO GALLOTTI, Sexta Turma, DJe 03/08/2009

[417] BDINE JÚNIOR, Hamid Charaf. *Efeitos do negócio jurídico nulo*. São Paulo: Saraiva, 2010, p. 197.

cedente e o cessionário, mas não a compromete no que diz respeito ao cedido. Havendo a notificação do *solvens* a respeito da cessão de crédito por parte do cedente, como lhe impõe a lei civil, o pagamento efetuado pelo devedor será liberatório (eficaz), o que igualmente ocorrerá se houver a simulação no negócio de cessão de crédito. Será ele considerado terceiro de boa-fé e, portanto, merecedor da tutela jurídica, a qual se vê prevista no art. 167, § 2º, do Código Civil.[418]

Importante registrar, em sexto lugar, que o Princípio da conservação dos negócios jurídicos exibe sua relevância também no campo do abuso do direito, em especial no que diz respeito à impossibilidade de invocação das nulidades formais por aquele que a elas deu causa.[419] A execução voluntária de um negócio jurídico nulo por defeito de forma pode render ensejo à sua confirmação (v. capítulo sétimo). O juiz deve abster-se de decretar a nulidade quando a prestação tenha sido cumprida e a razão da imposição da forma decorrer do intuito de proteção da própria parte.[420] É preciso reconhecer a validade do negócio se houver execução voluntária pela parte com a consciência da nulidade. O mesmo se deve observar quando assim recomendar o interesse público, bem como os princípios da boa-fé lealdade, da função social e da segurança jurídica. Na ausência de valores superiores a serem protegidos pela Ciência do Direito precipuamente por meio da invalidação do negócio, deve sobressair a eficácia do negócio jurídico[421].

---

[418] A respeito da cessão de posição contratual, *v.* BDINE JÚNIOR, Hamid Charaf. *Cessão de posição contratual.* São Paulo: Saraiva, 2008; BDINE JÚNIOR, Hamid Charaf. *Efeitos do negócio jurídico nulo.* São Paulo: Saraiva, 2010, p. 199. No mesmo sentido, v. TEPEDINO, Gustavo; BARBOZA, Heloisa Helena; MORAES, Maria Celina Bodin de. *Código Civil interpretado conforme a Constituição da República.* Rio de Janeiro: Renovar, ano, v. 1, p. 314.

[419] Sobre as múltiplas manifestações do abuso do direito e da boa-fé, ver: MARTINS-COSTA, Judith. *A boa-fé no direito privado*: sistema e tópica no processo obrigacional. 2. tiragem. São Paulo: Revista dos Tribunais, 2000; SCHREIBER, Anderson. *A proibição de comportamento contraditório*: tutela da confiança e *venire contra factum proprium*. Rio de Janeiro: Renovar, 2005; ZANETTI, Cristiano de Souza. *A conservação dos contratos nulos por defeitos de forma.* Faculdade de Direito da Universidade de São Paulo (Tese – Livre-Docência). São Paulo, 2010.

[420] GUERRA, Alexandre. Responsabilidade civil por abuso do direito: *entre o exercício inadmissível de posições jurídicas e o direito de danos.* São Paulo: Saraiva, 2011, p. 43-45.

[421] BDINE JÚNIOR, Hamid Charaf. *Efeitos do negócio jurídico nulo.* São Paulo: Saraiva, 2010, p. 202.

Como derradeira hipótese de aplicação do Princípio da conservação aos negócios jurídicos nulos acentuada por Hamid Charaf Bdine Junior, há a situação de recondução tácita de um contrato de seguro. Nos termos do artigo 774 do Código Civil, é vedada a recondução tácita do contrato de seguro por igual prazo mediante cláusula expressa por mais de uma vez. Está-se aqui diante de uma norma de ordem pública, a qual proíbe reiteradas renovações tácitas do contrato, mesmo que haja cláusula que a autorize. A norma jurídica somente admite a validade da cláusula de renovação expressa por uma vez, visando a resguardar as partes contratantes e assegurar que, em havendo descumprimento, ocorrerá a ineficácia da recondução contratual, o que fará incidir a regra constante do inciso VII do artigo 166 do Código Civil.[422]

No Direito do Consumidor, a teor do que estabelece o artigo 51 do Código de Defesa do Consumidor, considera-se cláusula contratual abusiva a disposição que autoriza a injustificada negativa de renovação de relação contratual em contratos cativos. Trata-se de hipótese na qual a jurisprudência nega proteção jurídica à potestividade do fornecedor e determina coativamente a recondução contratual, sob pena de responsabilização civil. A nulidade em questão deve ser interpretada no sentido de dispensar a proteção jurídica que a Carta Constitucional e a legislação conferem ao consumidor em virtude do quanto disposto no artigo 5º, inciso XXXII, da Carta da República de 1988. Não se pode aqui afirmar a juridicidade da aplicação literal do dispositivo em tela, como bem acentua Claudio Luiz Bueno de Godoy[423].

Outra situação que merece reflexão diz respeito ao juízo de superação da invalidade nos casos da chamada venda "a non domino", o que foi objeto de estudos de juristas de escol.[424] A doutrina italiana refere com acerto ao papel decisivo que exerce a boa-fé em situações dessa natureza. A boa-fé deve ser particularmente analisada quando do confronto que se

---

[422] BDINE JÚNIOR, Hamid Charaf. *Efeitos do negócio jurídico nulo*. São Paulo: Saraiva, 2010, p. 202.

[423] GODOY, Claudio Luiz Bueno de. *Função social do contrato*: os novos princípios contratuais. 2. ed. rev. atual. São Paulo: Saraiva, 2007, p. 111 ss.; TJSP, Apelação n. 0000169-42.2008.8.26.0572, rel. Des. PAULO AYROSA, 31ª Câmara de Direito Privado, j. 22/11/2011.

[424] Por todos, v. VELOSO, Zeno. *Invalidade do negócio jurídico*: nulidade e anulabilidade. 2. ed. Belo Horizonte: Del Rey, 2005; MARTINS, Fran. *Contratos e obrigações comerciais*. 15. ed. Rio de Janeiro: Forense, 2001, p. 130; LOUREIRO, Francisco Eduardo. *Código Civil comentado*: doutrina e jurisprudência. PELUSO, Cezar (coord.). Barueri: Manole, 2007.

OS EFEITOS DO NEGÓCIO JURÍDICO NULO

estabelece com o comportamento do "incauto adquirente"[425]. Será possível a proteção jurídica do adquirente de boa-fé nos Direitos italiano e brasileiro. A boa-fé que sobressai em casos dessa ordem é aquela a que alude o art. 1.147 do Código Civil italiano. Não se cuida do que doutrinariamente se entende como boa-fé lealdade, mas, sim, diz respeito à boa-fé no sentido de ignorância da lesão aos direitos de terceiros no momento de aquisição patrimonial.[426]

No Direito brasileiro anterior ao início de vigência do Código Civil de 2002, entretanto, a situação que se apresenta era equacionada de forma distinta, em atenção à análise do negócio jurídico sob os três planos apresentados no capítulo primeiro. De acordo com Zeno Veloso, a venda "a non domino" consubstancia um negócio jurídico nulo, especialmente a partir da leitura do Código Beviláqua, diploma no qual não havia a regra hoje constante do parágrafo 1º do art. 1268 do Código Civil. Conquanto seja nulo o negócio jurídico, assinala Zeno Veloso, seria passível de convalidação.[427] No vigente regime civil, cumpre destacar, a situação foi bem solucionada pela regra constante no § 1º do art. 1.268 do Código Civil.

Divergimos dos que sustentam a nulidade da venda "a non domino".[428] No Direito empresarial, era admitida a venda de bens que não pertenciam ao seu titular no momento da celebração da compra e venda (os chamados "bens futuros"), por força do regime imposto pelo Código Comercial então vigente. No regime do Código Civil de 1916, não havia disposição expressa a respeito da venda de coisa alheia. Nos contratos mercantis, entretanto, afirmava a doutrina a sua possibilidade (isto é, a validade e a eficácia do contrato de compra e venda assim celebrado).[429] É o que prevalecia em relação

---

[425] A esse respeito, v. GAMBARO, A. e MORELLO. U. *Tratatto dei diritti reali*. Proprietá e possesso. Milão: Giuffré Editore, v. 1. p. 635.

[426] GAMBARO, A. e MORELLO. U. *Tratatto dei diritti reali*. Proprietá e possesso. Milão: Giuffré Editore, v. 1. p. 637/638, p. 646/647.

[427] VELOSO, Zeno. Invalidade do negócio jurídico: nulidade e anulabilidade. 2. ed. Belo Horizonte: Del Rey, 2005

[428] Importante notar que, no Direito brasileiro, prevalece a regra de que a tradição não transfere a propriedade da coisa (Direito real) quando tiver por título um negócio jurídico nulo, tal qual dispõe o parágrafo 2º do artigo 1.268 do Código Civil. (HÖRSTER, Heinrich Ewald, *A Parte Geral do Código Civil Português*: Teoria Geral do Direito Civil. Coimbra: Almedina, 2007, p. 608-610)

[429] Por todos, *v.* MARTINS, Fran. *Contratos e obrigações comerciais*. 15. ed. Rio de Janeiro: Forense, 2001.

à compra e venda cujo objeto correspondesse a "coisas futuras". Nos contratos mercantis, de regra, somente o proprietário da coisa móvel pode transferir o domínio. Entretanto, considerando ser a compra e venda de bens móveis um negócio jurídico consensual, aperfeiçoa-se desde o momento em que convergem as partes a respeito dos seus elementos essenciais.[430] É dizer, na compra e venda no Direito brasileiro, por expressa disposição de lei, uma das partes somente assume a obrigação de transferir a propriedade. Trata-se de situação distinta daquela em que se afirma que a compra e venda efetivamente transfere a propriedade da coisa, como se observa, por exemplo, no Direito francês[431], regime no qual o contrato transfere a propriedade (e, portanto, cria o Direito real).[432]

Francisco Eduardo Loureiro[433] sintetiza que a alienação da coisa por quem não é o seu dono é de ser considerada válida no plano do Direito obrigacional. Refere que a situação que divisa diz respeito somente à ausência de legitimidade para constituir o Direito real em favor do comprador sem qualquer ferimento ao negócio jurídico no plano do Direito contratual. Nas suas palavras, "falta legitimidade ao alienante, acarretando a ineficácia da alienação frente ao verdadeiro dono". Nada mais. A hipótese é, acentua, de mera ineficácia do negócio jurídico frente ao titular da coisa. Não se revela uma situação de nulidade absoluta em relação às partes contratantes. A solução em destaque, a nosso ver, atende às exigências do Princípio da conservação dos negócios jurídicos. O negócio jurídico celebrado entre o falso proprietário e o adquirente, diz o autor, não é nulo, mas somente é ineficaz, perfazendo-se ao final em promessa de fato de terceiro, em atenção à regra constante no artigo 439 do Código Civil. O negócio jurídico entra no "mundo jurídico", diz Loureiro, embora seja ineficaz para a prestação da coisa prometida. Em relação aos bens imóveis, é importante salientar

---

[430] No Direito português, em sentido contrário, *v.* SANTOS JUSTO, A. *Direitos reais.* 2. ed. Coimbra: Coimbra Editora, 2010, p. 275-276, no qual esclarece que o direito de propriedade se adquire por contrato (Código Civil de Portugal, art. 1316º).

[431] Dispõe o art. 1.599 do *Code*: "É nula a venda de coisa alheia". "Deve-se, contudo, lembrar que esse Código, no artigo 1.583, consagra o princípio de que o simples acordo das partes sobre a coisa e o preço *transfere a propriedade da coisa* do vendedor para o comprador" (MARTINS, Fran. *Contratos e obrigações comerciais.* 15. ed. Rio de Janeiro: Forense, 2001, p. 131).

[432] MARTINS, Fran. *Contratos e obrigações comerciais.* 15. ed. Rio de Janeiro: Forense, 2001, p. 130.

[433] LOUREIRO, Francisco Eduardo. *Código Civil comentado*: doutrina e jurisprudência. PELUSO, Cezar (coord.). Barueri: Manole, 2007, p. 1110-1112.

que o Tribunal de Justiça de São Paulo recentemente fez também concentrar o vício negocial em evidência no plano da ineficácia apenas, mantendo assim os demais negócios jurídicos celebrados e a ele vinculados[434].

Em todos os casos acima apresentados é possível perceber que os efeitos sociais e jurídicos do negócio nulo não mais podem ser absolutamente negados pelo Direito Civil contemporâneo. A utilidade social que existe em toda atribuição jurídica é o que deve concretamente prevalecer. A destinação e a eficácia jurídico-social não podem ser violadas pelo intérprete. A aplicação literal das regras constantes dos artigos 166 e 169 do Código Civil não se compatibiliza com as exigências da compreensão hodierna do Direito Civil. Os critérios de interpretação negocial devem abarcar os superiores princípios e os valores maiores regentes da ordem social, os quais compõem o arcabouço do Direito, como anota Claus Wilhelm-Canaris.[435]

Pietro Perlingieri[436] sugere com acerto que devem ser adotadas "novas posturas interpretativas" à frente dos chamados "novos perfis do contrato". O contrato, diz Perlingieri, é marcado por fortes transformações sociais, pela internacionalização da economia e por inovações tecnológicas, afastando-se em muito das concepções oitocentistas. O desejo de resultados fático-jurídicos é próprio da Ciência do Direito, particularmente sob as luzes da funcionalização dos institutos jurídicos. Como assinala o autor, "o fenômeno da integração, contratual, bem coligado ao princípio da conservação, se traduz cada vez mais na prevalência do alcance do resultado, e, portanto, da execução específica em relação à resolução e ao ressarcimento".[437]

Os valores superiores reconhecidos pelo Direito restarão mais bem atendidos em determinadas situações concretas se não houver a peremptória declaração de nulidade de todo e qualquer negócio jurídico que não

---

[434] Nesse sentido é a jurisprudência da Corte Paulista: TJSP, 35ª Câmara de Direito Privado do Tribunal de Justiça de São Paulo, Apelação nº 992.08.072.706-8, Comarca de Piracicaba, Rel. Des. CLÓVIS CASTELO, j. 29.03.2010; TJSP, 10ª Câmara de Direito Público, Ap. nº 994.07.185.437-5, São Paulo, Rel. RICARDO CINTRA TORRES DE CARVALHO, j. 21.06.2010.

[435] CANARIS, Claus-Wilhelm. *Pensamento sistemático e conceito de sistema na ciência do Direito.* 4. ed. Lisboa: Fundação Calouste Gulbenkian, 2008.

[436] PERLINGIERI, Pietro. *Direito Civil na legalidade constitucional.* Edição brasileira organizada por Maria Cristina de Cicco. Rio de Janeiro: Renovar, 2008, p. 398.

[437] PERLINGIERI, Pietro. *Direito Civil na legalidade constitucional.* Edição brasileira organizada por Maria Cristina de Cicco. Rio de Janeiro: Renovar, 2008, p. 398.

se amolde precisamente às exigências impostas pelas regras jurídicas de natureza formal. Significa dizer que o sistema de nulidades nem sempre garante a utilidade do negócio jurídico ao proteger a coletividade dos interesses individuais. Por vezes, enfatiza Pietro Perlingieri[438], a invalidade não representa sequer técnica jurídica adequada para realizar esse objetivo de proteção dos interesses da coletividade.

4.3. Os efeitos dos atos e negócios jurídicos inválidos no Direito Público brasileiro

A possibilidade de atribuição de efeitos para a norma jurídica eivada de nulidade por força de inconstitucionalidade foi reconhecida a partir do artigo 27 da Lei Federal nº 9.868/99, que dispõe sobre a Ação Direta de Inconstitucionalidade e Ação Declaratória de Constitucionalidade perante o Supremo Tribunal Federal. Ingo Wolfgang Sarlet, Luiz Guilherme Marinoni e Daniel Mitidiero[439] ensinam que não obstante a lei inconstitucional seja nula, a "prática constitucional" revela a necessidade de validar determinadas situações criadas a partir de leis inconstitucionais, considerando a proteção da segurança jurídica e do interesse social. Consagra-se dessa forma o que se convencionou denominar "modulação de efeitos" da lei inconstitucional. Autoriza o legislador ao Supremo Tribunal Federal: i) atribuir efeitos retroativos limitados, *preservando-se determinados efeitos da lei inconstitucional*; ii) atribuir efeitos a partir de seu trânsito em julgado ou iii) atribuir efeitos a partir de determinado evento ou data futura.[440]

No plano do Direito Público, há autorização legislativa para que os efeitos da inconstitucionalidade sejam reconhecidos pelo Supremo Tribunal Federal não necessariamente desde a edição da lei ou do ato normativo como tais declarados, mas, sim, a partir de outro marco temporal, em nome da salvaguarda das razões de segurança jurídica e interesse nacional. A modulação dos efeitos da decisão judicial não faz reconhecer senão a possibilidade de superação das invalidades das normas jurídicas se valo-

---

[438] PERLINGIERI, Pietro. *Direito Civil na legalidade constitucional*. Edição brasileira organizada por Maria Cristina de Cicco. Rio de Janeiro: Renovar, 2008, p. 399 ss.

[439] SARLET, Ingo Wolfgang, MARINONI Luiz Guilherme e MITIDIERO, Daniel. *Curso de Direito Constitucional*. São Paulo: Revista dos Tribunais, 2012, p. 1047 ss.

[440] SARLET, Ingo Wolfgang, MARINONI Luiz Guilherme e MITIDIERO, Daniel. *Curso de Direito Constitucional*. São Paulo: Revista dos Tribunais, 2012, p. 1047-1048.

OS EFEITOS DO NEGÓCIO JURÍDICO NULO

res outros assim a recomendarem no plano do Direito Constitucional. Na verdade, cuida-se de um permissivo legal que se afina ao espírito do Princípio da conservação dos negócios jurídicos.[441]

A solução em análise guarda consonância com as exigências da tutela da confiança legítima e com a mais ampla acepção do Princípio da sanação dos atos jurídicos. Leciona a propósito Almiro do Couto e Silva[442] que o Princípio da proteção à confiança firma-se explicitamente no plano constitucional a partir de decisão do Superior Tribunal Administrativo de Berlim, de 14.11.1956, logo seguida pelo Tribunal Administrativo Federal (*BverwGE*), em 15.10.1957, a qual gerou uma corrente contínua de manifestações jurisprudenciais na mesma perspectiva.

Conquanto fosse já naquele momento (no ano de 1956) amplamente acolhido no Direito europeu, o Princípio da proteção à confiança foi consagrado nas decisões da Corte de Justiça das Comunidades Europeias como uma "regra superior de Direito" e como um "princípio fundamental do direito comunitário", acentua Almiro do Couto e Silva.[443] No Direito brasileiro, ainda nos anos 50, em virtude da tradição arraigada à proteção constitucional dispensada para o direito adquirido, o ato jurídico perfeito e à coisa julgada, não houve destaque ao Princípio da segurança jurídica, o que, em certa medida, se manteve nas décadas seguintes. Nos últimos anos, entretanto, a legislação federal (designadamente, os artigos 2º e 54 da Lei nº 9.784/99, artigo 27 da Lei nº 9.868/99 e artigo 11 da Lei nº 9.882/99) referiram explicitamente à segurança jurídica, quer como *princípio geral* da Administração Pública para justificar a permanência no mundo jurídico de atos administrativos inválidos, quer como *valor constitucional* a ser ponderado em cotejo com os princípios da supremacia da Constituição e da nulidade *ex tunc* da lei inconstitucional.

---

[441] Nesse sentido, STF, ADI 3022, Relator: Min. JOAQUIM BARBOSA, Tribunal Pleno, j. 02/08/2004, DJ 04.03.2005.

[442] SILVA, Almiro do Couto e. *O Princípio da Segurança Jurídica (proteção à confiança no direito público brasileiro e o direito da administração pública de anular seus próprios atos administrativos: o prazo decadencial do art. 54 da Lei do Processo Administrativo da União (Lei nº 9.784/99).* Revista de Direito Administrativo 237. Rio de Janeiro: Renovar, julho/set 2004.

[443] SILVA, Almiro do Couto e. *O Princípio da Segurança Jurídica (proteção à confiança no direito público brasileiro e o direito da administração pública de anular seus próprios atos administrativos: o prazo decadencial do art. 54 da Lei do Processo Administrativo da União (Lei nº 9.784/99).* Revista de Direito Administrativo 237. Rio de Janeiro: Renovar, julho/set 2004, p. 277.

PRINCÍPIO DA CONSERVAÇÃO DOS NEGÓCIOS JURÍDICOS

A superação das invalidades em nome da conservação dos negócios jurídicos vem sendo, portanto, reiteradamente admitida também no Direito Público. A força motriz do Princípio da sanação dos atos jurídicos (do qual deflui o Princípio da conservação dos negócios jurídicos) dimana os seus efeitos sobre todos os ramos do Direito na moderna visão funcional dos institutos jurídicos preconizada por Norberto Bobbio[444]. O próprio negócio jurídico pode ser concebido como uma matriz categorial, como vimos. Com efeito, ocupa o negócio jurídico uma posição superior à própria divisão que se apresenta entre os ramos do Direito Público e Privado, na expressão de Edmir Netto de Araújo[445], como já tivemos ocasião de enfatizar.[446]

Na doutrina publicística contemporânea, ganham relevo as posições de Ricardo Marcondes Martins[447], que acentua nitidamente os efeitos dos vícios dos atos administrativos. A sistematização dos vícios dos atos administrativos, diz o autor, se dá a partir de seis "pressupostos de regularidade" (os quais identifica como pressupostos subjetivo, objetivo, teleológico, material, lógico e formalístico). Adverte com acerto Martins que a presença dos vícios não impede o surgimento dos efeitos típicos e atípicos do ato administrativo (espécie que integra o gênero ato jurídico).[448] No campo do Direito público, portanto, a irregularidade (melhor, a invalidade) não lhes gera necessariamente a absoluta ineficácia.[449]

Segundo Weida Zancaner, o critério de existência do ato administrativo diz respeito à emanação do seu conteúdo, o qual se obtém por meio da publicidade. A validade do ato administrativo concerne à sua criação em consonância com os preceitos estabelecidos pelo sistema jurídico em que pretende se inserir. A eficácia, por sua vez, refere à inexistência de óbice

---

[444] A esse respeito, v. BOBBIO, Norberto. *Da estrutura à função*: novos estudos de teoria do direito. Trad. de Daniela Beccacia Versiani. São Paulo: Manole, 2007.

[445] ARAÚJO, Edmir Netto de. *Do Negócio Jurídico Administrativo*. São Paulo: Revista dos Tribunais, 1992, p. 207.

[446] GUERRA, Alexandre; BENACCHIO, Marcelo. Teoria geral dos contratos aplicada aos contratos administrativos. In: MARINELA, Fernanda; BOLZAN (Fabrício). *Leituras complementares de Direito Administrativo*: licitações e contratos. Belo Horizonte: JusPodium, 2012, p. 17-46.

[447] MARTINS, Ricardo Marcondes. *Efeitos dos vícios do ato administrativo*. Coleção Temas de Direito Administrativo. São Paulo: Malheiros, 2008, v. 19, p. 664.

[448] V. MELLO, Celso Antonio Bandeira de. *Curso de Direito Administrativo*. 15. ed. São Paulo: Malheiros, 2003, p. 428 ss. ("o grau de intolerância em relação a categorias de atos administrativos").

[449] MARTINS, Ricardo Marcondes. *Efeitos dos vícios do ato administrativo*. Coleção Temas de Direito Administrativo. São Paulo: Malheiros, 2008, v. 19, p. 664 ss.

OS EFEITOS DO NEGÓCIO JURÍDICO NULO

para a eclosão dos efeitos jurídicos que lhe são próprios. A recomposição da ordem jurídica violada por atos que a desatendam, porque "inválidos", diz Zancaner, se dá por meio da invalidação e da convalidação. Interessa--nos, particularmente, a última figura.

A convalidação, como sublinha Zancaner, é a supressão dos defeitos do ato administrativo no resguardo dos efeitos por ele produzidos. Como destaca a autora, a superação das nulidades dos atos administrativos ocorre por meio do instituto da convalidação. A convalidação no solo administrativo tem como limite a impugnação do ato pelo interessado. É dizer, a partir de então não mais pode a Administração Pública agir nesse sentido[450], pois a impugnação do ato pelo interessado corresponde à renúncia pela parte do direito de promover a sua convalidação. Convalidar, diz, é um dever imposto pelo Princípio da legalidade para o Administrador Público[451], o que inspira a hermenêutica direcionada à superação das invalidades em nome do Princípio da sanação dos atos jurídicos.

Ao dissertar a respeito da manutenção e da retirada dos contratos administrativos inválidos, André Luiz Freire concentra-se nas exigências do Princípio da segurança jurídica tal qual previsto no artigo 5º, "caput", da Constituição Federal em vigor, na linha do que antes se destacou no plano do negócio jurídico, cuja importância foi igualmente examinada por Rafael Valim.[452] Com base no Princípio da segurança jurídica, afirma que o direito positivo busca manter os atos jurídicos inválidos independentemente de qual seja o setor do direito que se esteja a trabalhar. Por força do Princípio da conservação dos negócios jurídicos, observa, antes da sua retirada do sistema jurídico, é preciso que o intérprete verifique a possibilidade de mantê-lo no ordenamento (atendendo assim ao verdadeiro dever hermenêutico que corresponde à função social, como veremos).

---

[450] ZANCANER, Weida. *Da convalidação e invalidação dos atos administrativos*. Coleção Temas de Direito Administrativo. 3. ed. São Paulo: Malheiros, 2008, v. 1. p. 72-73.

[451] ZANCANER, Weida. *Da convalidação e invalidação dos atos administrativos*. Coleção Temas de Direito Administrativo. 3. ed. São Paulo: Malheiros, 2008, v. 1, p. 65-66.

[452] Nas palavras de Rafael Valim: "Se não defendido energicamente o princípio da segurança jurídica, continuar-se-á a ter um simulacro de Estado de Direito, cujas leis (aqui entendidas como normas, em um sentido mais amplo, dentre as quais as derivadas do negócio jurídico, acrescentemos), em vez de subsidiarem os parâmetros mínimos para que o homem possa orientar sua vida, agravam seu conatural estado de insegurança" (VALIM, Rafael. *O princípio da segurança jurídica no direito administrativo brasileiro*. Coleção Temas de Direito Administrativo. São Paulo: Malheiros, v. 23, p. 136).

Desse modo, sustenta Freire, na linha do que se vem a expor, a preservação do ato inválido será sempre a primeira medida a ser adotada em face de uma invalidade. A sua retirada somente deve se operar quando impossível for a sua conservação.[453] Nessa quadra, os interesses superiores do Direito, numa acepção axiológico-constitucional[454], podem recomendar que se mantenha os atos e os negócios jurídicos inválidos na ordem jurídica, pois a sua desconstituição (em determinadas circunstâncias de fato) pode apresentar efeitos tão deletérios que o melhor a fazer é realmente mantê-los no sistema jurídico, acentua André Luiz Freire. [455]

4.4. Os efeitos dos atos jurídicos inválidos no Direito Processual Civil brasileiro: a superação das invalidades, a operabilidade do "Princípio do prejuízo" e da proteção dos valores constitucionais em nome da eficácia jurídica e social dos atos processuais

Para versar a respeito do Direito Processual Civil brasileiro, é preciso estabelecer em primeiro lugar a distinção entre as nulidades nos Direitos material e processual. Todas as referências adiante lançadas pertinem ao Código Civil de 2015 (Lei Federal nº 13.105, de 13 de março de 2015). No Processo Civil, vale registrar de início de que não há atos nulos cuja invalidade dispense o pronunciamento pela autoridade judicial[456]. Vale dizer, somente é nulo no campo processual o ato que efetivamente vier a ser como tal afirmado (e sancionado) expressamente pelo julgador. No Direito Processual Civil, a afirmação da invalidade do ato praticado pressupõe a prova do prejuízo. A teoria das nulidades no Direito processual penetra no chamado Princípio do prejuízo. É como se posiciona com ênfase José Roberto dos Santos Bedaque.[457] A contemporânea compreensão das nulidades no Direito Processual Civil brasileiro traduz o entendi-

---

[453] FREIRE, André Luiz. *Manutenção e retirada dos contratos administrativos inválidos*. Coleção Temas de Direito Administrativo. São Paulo: Malheiros, 2008, p. v. 20, p. 90.

[454] PERLINGIERI, Pietro. *Perfis do direito civil: introdução ao direito civil constitucional*. Rio de Janeiro: Renovar, 1997, p. 294 ss.

[455] FREIRE, André Luiz. *Manutenção e retirada dos contratos administrativos inválidos*. Coleção Temas de Direito Administrativo. São Paulo: Malheiros, 2008, v. 20, p. 128 ss.

[456] A respeito do tema, ver: BEDAQUE, José Roberto dos Santos. *Direito e processo*: influência do direito material sobre o processo. 5. ed. rev. amp. São Paulo: Malheiros, 2009.

[457] BEDAQUE, José Roberto dos Santos. *Efetividade do processo e técnica processual*. 3. ed. São Paulo: Malheiros, 2010, p. 333.

OS EFEITOS DO NEGÓCIO JURÍDICO NULO

mento em conformidade com os mecanismos de superação das invalidades. De acordo com Enrico Tullio Liebman, um dos defeitos capitais do processo civil comum foi o rigor com que sancionava a nulidade por inobservância de qualquer forma, o qual não se sustenta na contemporaneidade. Não se está a pretender, diz o autor, a extirpação de todas as formas solenes: as formas são necessárias, por certo, mas "o formalismo é uma deformação", como observa Liebman.[458]

Dentre os princípios norteiam a teoria das nulidades, sobressaem os Princípios da economia, da preclusão, da legalidade das formas, do interesse (*pas de nullité sans grief*) e da finalidade. Sálvio de Figueiredo Teixeira ensina que todos os princípios se concentram numa compreensão adequada do "Princípio da instrumentalidade das formas e dos atos processuais". A nosso ver, trata-se de uma manifestação do Princípio da conservação dos negócios jurídicos no campo do processo civil. O processo deve ser entendido como um instrumento, isto é, como um meio para a realização de direitos, e não como um fim em si mesmo, como é elementar. Deve-se evitar, sempre que possível, a generalizada invalidação dos atos defeituosos se os vícios forem sanáveis ou supríveis no caso concreto.[459]

Cândido Rangel Dinamarco[460] leciona a esse respeito ser preciso estabelecer um paralelo entre a perfeição e a imperfeição dos atos processuais para dele extrair a sua eficácia. Há um "eixo central" no sistema dos atos processuais, diz, o qual interliga os elementos do binômio "perfeição-eficácia". A consequência da imperfeição de um ato jurídico em solo processual guarda vinculação com a natureza do ato processual e com a sua gravidade. Há uma intensidade de gradação entre o tratamento dispensado aos possíveis defeitos dos atos processuais. Os vícios vão desde a pura e a simples indiferença (como ocorre no artigo 267 do Código de Processo Civil de 2015), até a inexistência do ato jurídico, tal qual a sentença não assinada pelo magistrado; "em situações intermediárias existem casos em que a imperfeição conduz à *nulidade* do ato (absoluta ou relativa), perdendo ele a

---

[458] LIEBMAN, Enrico Tullio. *Manual de Direito Processual Civil*. 2 ed. Trad. e notas Cândido Rangel Dinamarco. São Paulo: Malheiros, 2005. v. 1., p. 328 e 333.

[459] TEIXEIRA, Sálvio de Figueiredo. *Prazos e nulidades em processo civil*. Rio de Janeiro: Forense, 1987.

[460] DINAMARCO, Cândido Rangel. *Instituições de Direito Processual civil*. São Paulo: Malheiros, 2009, v. II, p. 596-597.

PRINCÍPIO DA CONSERVAÇÃO DOS NEGÓCIOS JURÍDICOS

eficácia quando assim o juiz determinar. Os *atos da parte* quando juridicamente existentes, são *eficazes ou ineficazes* sem se cogitar de sua *nulidade*".[461]

A invalidade, etimologicamente, significa o "estado doentio", enfatiza Dinamarco. Cuida-se do oposto de validade, da higidez, da saúde. O ato jurídico válido é o sadio, sem vícios ou defeitos. Ao reverso, o ato inválido é o que padece de algum mal, ou seja, de alguma irregularidade perante o sistema jurídico. O ato processual é inválido, ensina o autor, quando for realizado sem a observância dos requisitos de forma exigidos pela lei.[462] A nulidade, ao seu turno, está a corresponder à imperfeição dos atos do juiz e de seus auxiliares.

Etimologicamente, prossegue, *nullus* tem origem em *nec+ullus*, e significa *nenhum*.[463] O ato processual inválido, também no campo do Direito Processual Civil, pode apresentar aptidão para produzir os seus efeitos jurídicos. Os defeitos do ato processual não o impedem de produzir efeitos por ser necessária uma manifestação judicial que os neutralize. Nos termos do artigo 278 do Código de Processo Civil de 2015, o juiz tem o dever de proclamar as nulidades processuais quando verificá-las. Deve anular o ato ou o procedimento, a pedido da parte ou *ex officio*, a todo o tempo e em qualquer grau de jurisdição. Sucede que tal regra não é absolutamente verdadeira e necessariamente válida para todas e quaisquer hipóteses, como alude Dinamarco, para quem o ato viciado existe juridicamente e produz os efeitos normais até que uma decisão do próprio Poder Judiciário o declare nulo e, somente assim, retire sua eficácia.[464]

A respeito da superação das nulidades processuais, cumpre-nos destacar a lição de Cassio Scarpinella Bueno. Segundo o autor, localizem-se as nulidades nos planos da existência ou da validade, devem ser elas entendidas sempre como vícios sanáveis, ao menos em relação aos processos em andamento. A nosso ver, o entendimento do eminente autor em questão revela uma vez mais a aplicação concreta do Princípio da conservação dos

---

[461] DINAMARCO, Cândido Rangel. *Instituições de Direito Processual civil*. São Paulo: Malheiros, 2009, v. II, p. 602 ss.

[462] DINAMARCO, Cândido Rangel. *Instituições de Direito Processual civil*. São Paulo: Malheiros, 2009, v. II, p. 605.

[463] DINAMARCO, Cândido Rangel. *Instituições de Direito Processual civil*. São Paulo: Malheiros, 2009, v. II, p. 605.

[464] DINAMARCO, Cândido Rangel. *Instituições de Direito Processual civil*. São Paulo: Malheiros, 2009, v. II, p. 612-613.

negócios jurídicos também no plano do Direito Processual (aqui, no prisma dos atos jurídicos precisamente considerados). Como leciona Cassio Scarpinella Bueno, "todos os esforços da doutrina e do magistrado, em cada caso concreto, devem ser praticados no sentido de saneá-lo, aproveitando os seus efeitos ou determinando a sua renovação para aproveitamento dos outros atos processuais que lhe são anteriores e que foram devidamente realizados"[465].

José Roberto dos Santos Bedaque também sustenta que o único efeito prático na distinção da nulidade absoluta e relativa está na possibilidade de o juiz poder conhecer de ofício somente a primeira (nulidade absoluta ou nulidade propriamente dita).[466] Afirma a possibilidade de convalescimento de um ato processual nulo por força da autoridade da coisa julgada. Os atos nulos no processo são passíveis de convalidação por meio da chamada "sanatória geral das nulidades", na expressão de Liebman referida entre nós por Cândido Rangel Dinamarco[467]. Sobressai a máxima "utile per inutile non vitiatur" (o útil não se contamina pelo inútil). Cuida-se, como referimos, do fundamento que institui o Princípio da conservação. O vício existente em uma de suas partes não compromete necessariamente o ato por inteiro. Devem ser consideradas válidas e eficazes as partes independentes que, em si mesmas, sejam regulares.[468]

A regra em tela, como salienta o autor, está presente no hoje vigente artigo 281 do Código de Processo Civil (que correspondia na sua essência ao artigo 248 do Código de Processo Civil de 1973), segundo a qual a nulidade de uma das partes não prejudicará outras que dela forem independentes. Assim, exemplifica, se a sentença contiver dois "capítulos autônomos"[469] e um deles for nulo, nem por isso se anulará o capítulo não viciado. Logo, a "nulidade parcial" da sentença é admitida na contemporânea sistemática processual civil pela mesma razão que anima o artigo

---

[465] BUENO, Cassio Scarpinella. *Curso sistematizado de Direito Processual Civil*: Teoria geral do direito processual civil. 4. ed. rev. atual. São Paulo: Saraiva, 2010, p. 487 ss.

[466] BEDAQUE, José Roberto dos Santos. *Efetividade do processo e técnica processual*. 3. ed. São Paulo: Malheiros, 2010, p. 455 e 457; DINAMARCO, Cândido Rangel. *Instituições de Direito Processual civil*. São Paulo: Malheiros, 2009, v. II, p. 621.

[467] DINAMARCO, Cândido Rangel. *Instituições de Direito Processual civil*. São Paulo: Malheiros, 2009, v. II, p. 621.

[468] DINAMARCO, Cândido Rangel. *Vocabulário do processo civil*. São Paulo: Malheiros, 2009, p. 418.

[469] A esse respeito, *v.* DINAMARCO, Cândido Rangel, *Capítulos da sentença*. São Paulo: Malheiros, 2002, p. 34-35.

184 do Código Civil.[470] O artigo 8º da Lei de Arbitragem, por sua vez, diz que a cláusula compromissória é autônoma em relação ao contrato em que estiver inserida: a nulidade deste não implica necessariamente a nulidade da cláusula compromissória[471], situação que no plano do Direito material foi igualmente analisada por Giovanni Ettore Nanni.[472]

O princípio fundamental no exame da forma como fundamento da nulidade diz respeito ao fato de as formalidades processuais deverem ser examinadas segundo a função[473] daquele ato no procedimento[474]. A superação de nulidades por vícios formais também no Direito Processual Civil é possível à falta de desatendimento da função de um determinado ato jurídico. Como salienta José Roberto dos Santos Bedaque[475], "chega-se a afirmar, sem qualquer dose de exagero, que as formas devem ser respeitadas na medida e nos limites em que sejam necessárias para atingir sua própria finalidade – isto é, conferir segurança e objetividade ao procedimento. Ausente essa função, podem ser transgredidas".[476]

Importa consignar que se a invalidade de um ato jurídico-processual depende de expressa manifestação da autoridade judicial, também no campo processual não é correto afirmar que há nulidades "de pleno direito", como antes examinamos. É dizer, a essência da invalidade é a sanção aplicada (e como tal afirmada) expressamente pelo órgão julgador. E a invalidade, de seu turno, não se confunde com o vício que o ato pro-

---

[470] STJ, REsp. 1.106.625/PR, Rel. Ministro SIDNEI BENETI, Terceira Turma, DJe 09/09/2011.

[471] BEDAQUE, José Roberto dos Santos. *Efetividade do processo e técnica processual*. 3. ed. São Paulo: Malheiros, 2010, p. 427.

[472] NANNI, Giovanni Ettore. Cláusula compromissória como negócio jurídico: análise de sua existência, validade e eficácia. In: LOTUFO, Renan; NANNI, Giovanni Ettore; MARTINS, Fernando Rodrigues (coords.). *Temas relevantes do Direito Civil contemporâneo. Reflexões sobre os 10 anos do Código Civil*. São Paulo: Atlas, 2012, p. 554 ss.

[473] Sobre a função na Ciência Jurídica, ver: BOBBIO, Norberto. *Da estrutura à função*: novos estudos de teoria do direito. Trad. de Daniela Beccacia Versiani. São Paulo: Manole, 2007, p. 24.

[474] Nesse sentido, ver: BONDIOLI, Luis Guilherme Aidar. *Nulidades processuais e mecanismos de controle*. São Paulo: Revista de Processo v. 145. Revista dos Tribunais, mar./2007.

[475] BEDAQUE, José Roberto dos Santos. *Efetividade do processo e técnica processual*. 3. ed. São Paulo: Malheiros, 2010, p. 422 ss.; MARDER, Alexandre S. *Das invalidades no direito processual civil*. São Paulo: Malheiros, 2010, p. 72.

[476] BEDAQUE, José Roberto dos Santos. *Efetividade do processo e técnica processual*. 3. ed. São Paulo: Malheiros, 2010, p. 427.

OS EFEITOS DO NEGÓCIO JURÍDICO NULO

cessual contaminado apresenta.[477] Enquanto não for aplicada a sanção, o ato (mesmo defeituoso) continuará a produzir os seus efeitos.[478]

Roque Komatsu, em arremate, acentua que o Princípio da conservação dos negócios jurídicos deve ser aplicado no campo dos pressupostos da invalidade do processo. Diz que os princípios da especificidade, da transcendência (prejuízo), da convalidação e da proteção são aplicáveis à matéria. Informa que o Princípio da conservação revela a "conveniência" de se preservar a existência, a validade e a eficácia dos atos (e das instituições) em face da possibilidade de sua anulação. Cuida-se, diz o autor, de preservar o ordenamento jurídico contra um resultado "desvalioso" (melhor, ineficaz).[479]

Por todo o exposto, é correto afirmar que os atos e os negócios jurídicos inválidos tem aptidão na contemporaneidade para produzir efeitos não somente sociais (no plano dos fatos), mas também efeitos "de Direito" (efeitos jurídicos), como tais protegidos e reconhecidos pelo ordenamento jurídico, seja no plano do Direito Privado, seja na seara do Direito Público, seja nos prados do Direito Processual Civil. A possibilidade de o negócio jurídico defeituoso produzir efeitos é fundamentada na necessidade de preservarem-se certos valores superiores àqueles tutelados pelas regras jurídicas que os afirmam. Daí porque, mesmo quando o negócio jurídico for nulo, ao menos uma parte dos seus efeitos práticos se podem produzir e, assim sendo, devem ser tutelados pelo Direito, pois são dignos de proteção ao menos em relação aos terceiros de boa-fé.[480] O meio hermenêutico adequado para revelar a sanação dos vícios dos atos e dos negócios jurídicos é reconhecido pela ampla penetração do Princípio da conservação, tema a respeito do que especificamente passaremos a dissertar no capítulo vindouro.

---

[477] MARDER, Alexandre S. *Das invalidades no direito processual civil*, ob. cit., p. 72 ss.

[478] MARDER, Alexandre S. *Das invalidades no direito processual civil*. São Paulo: Malheiros, 2010, p. 116.

[479] KOMATSU, Roque. *Da invalidade no processo civil*. São Paulo: Revista dos Tribunais, 1991, p. 248 ss.

[480] A esse respeito, v. BDINE JÚNIOR, Hamid Charaf. *Efeitos do negócio jurídico nulo*. São Paulo: Saraiva, 2010, p. 210.

CAPÍTULO 5
PERFIL DOGMÁTICO DO PRINCÍPIO DA CONSERVAÇÃO DOS NEGÓCIOS JURÍDICOS

> "Pesa sobre o intérprete a nobre e transcendente tarefa de discernir prudentemente as situações emergentes da norma jurídica ditada pelas partes.
> "O juiz - principal e oficial órgão de interpretação - é o guardião do acordado, procurando que reine no mesmo o justo comutativo sem que se violem as igualdades estabelecidas *ex ipsa natura* nem os requisitos do justo político.
> "O intérprete deve confiar no homem contratante, mas a missão do direito é velar e promover uma ordem social justa"
> (Rodolfo Luis Vigo)

5.1. O perfil dogmático do Princípio da conservação dos negócios jurídicos

5.1.1. Conceito

Chegamos ao ponto de concentrar os esforços no objeto central dos estudos que ora se desenvolvem. Objetivamos estabelecer, em primeiro lugar, o perfil dogmático do Princípio da conservação dos negócios jurídicos. Doravante, serão traçadas considerações a respeito do seu conceito, do

PRINCÍPIO DA CONSERVAÇÃO DOS NEGÓCIOS JURÍDICOS

fundamento constitucional, da natureza jurídica, da finalidade, do alcance e da sua correspondência legislativa no Direito estrangeiro.[481]

Na sua conceituação, o Princípio da conservação dos negócios jurídicos (ou Princípio do aproveitamento dos negócios jurídicos), revela o Princípio da sanação dos atos e dos negócios jurídicos e o da conservação dos entes jurídicos. É aquele por meio do qual se determina, no processo de interpretação do negócio jurídico, que em nome da proteção da autonomia privada e da primazia da eficácia jurídico-social, seja preservado o negócio jurídico na maior extensão possível diante das circunstâncias fáticas. É o que confere a máxima expansão da eficácia jurídica e social para o negócio jurídico. Trata-se de um cânone interpretativo do negócio jurídico e de um critério de justificação pelo Direito de preservação do pactuado. É particularmente manifestado nos casos de confirmação, de convalidação, de redução parcial e de conversão substancial do negócio jurídico, sempre de modo que objetive o concreto atendimento da sua função social.

Raquel Campani Schmiedel[482] alerta que a aplicação concreta do Princípio da conservação dos negócios jurídicos se dá diante de um negócio jurídico com "suporte fático deficiente". Em princípio, diz, a ordem jurídica aplicar-lhe-ia a sanção de nulidade ou de anulabilidade, conforme o grau de deficiência apresentado. Entretanto, a própria ordem jurídica que o fulmina em um primeiro momento, confere para o intérprete mecanismos de superação das invalidades conforme a natureza do interesse resguardado.[483]

Nas palavras de Eduardo Luiz Bussatta[484], o Princípio da conservação dos negócios jurídicos pode ser assim definido:

---

[481] A sistemática a seguir exposta é inspirada pelas observações de MARINO, Francisco Paulo de Crescenzo. *Interpretação do negócio jurídico*. São Paulo: Saraiva, 2011, p. 307 ss.

[482] SCHMIEDEL, Raquel Campani. *Negócio jurídico. Nulidades e medidas sanatórias*. 2. ed. São Paulo: Saraiva, 1985, p. 41.

[483] Raquel Campani Schmiedel destaca: "No plano da teoria geral do negócio jurídico, o princípio da conservação justifica-se em virtude da natureza e da função que o negócio representa. (...). À economia dos valores contrapõem-se os próprios valores que a ordem jurídica se propõe realizar, e, no confronto, acabam tendo maior peso os valores em si e não sua economia" (SCHMIEDEL, Raquel Campani. *Negócio jurídico. Nulidades e medidas sanatórias*. 2. ed. São Paulo: Saraiva, 1985, p. 42).

[484] BUSSATA, Eduardo Luiz. Princípio da conservação dos contratos. In: HIRONAKA, Giselda Maria Fernandes Novaes; TARTUCE, Flávio (coords.). *Direito contratual*: temas atuais. São Paulo: Método, 2007, p. 147.

PERFIL DOGMÁTICO DA CONSERVAÇÃO DOS NEGÓCIOS JURÍDICOS

(...) Consiste em procurar *salvar tudo que é possível* num negócio jurídico concreto, tanto no plano da existência, quanto da validade, quanto da eficácia. Seu fundamento prende-se à própria razão de ser do negócio jurídico; sendo este uma espécie de fato jurídico, de tipo peculiar, isto é, uma declaração de vontade (manifestação de vontade a que o ordenamento jurídico imputa efeitos manifestados como queridos), é evidente que, para o sistema jurídico, a autonomia da vontade produzindo autoregramentos de vontade, isto é, a declaração produzindo efeitos, representa algo de *juridicamente útil*.

Por dever ser o contrato considerado "algo" dotado de utilidade jurídica e social, como tal admitido e como tal incentivado pela própria ordem jurídica, não se pode crer que qualquer fato possa redundar na sua extinção. O "fetichismo da forma", diz a doutrina, ou dos demais requisitos de validade dos contratos, não mais podem ser admitidos para essa finalidade. Isso porque, assim agindo, a própria ordem jurídica "estaria tirando com a mão esquerda o que deu com a mão direita", anota Eduardo Luiz Bussata[485]. Somente o inadimplemento que retira o interesse objetivo do credor na prestação pode ensejar a extinção do contrato.

Colhemos da sempre precisa pena de Antonio Junqueira de Azevedo a precisa conceituação do Princípio da conservação dos negócios jurídicos[486]:

O princípio da conservação consiste, pois, em se procurar salvar tudo que é possível num negócio jurídico concreto, tanto no plano da existência, quanto da validade, quanto da eficácia. Seu fundamento prende-se à própria razão de ser do negócio jurídico; sendo este uma espécie de fato jurídico, de tipo peculiar, isto é, uma declaração de vontade (manifestação de vontade a que o ordenamento jurídico imputa os efeitos manifestados como queridos), é evidente que, para o sistema jurídico, a autonomia de vontade produzindo auto regramentos de vontade, isto é, a declaração produzindo efeitos, repre-

---

[485] BUSSATA, Eduardo Luiz. Princípio da conservação dos contratos. In: HIRONAKA, Giselda Maria Fernandes Novaes; TARTUCE, Flávio (coords.). *Direito contratual*: temas atuais. São Paulo: Método, 2007, p. 150-151.

[486] AZEVEDO, Antônio Junqueira de. *Negócio jurídico*: existência, validade e eficácia. 4. ed. atual. de acordo com o novo Código Civil (Lei n. 10. 406, de 10.1.2002). São Paulo: Saraiva: 2002, p. 66.

senta algo de juridicamente útil. A utilidade de cada negócio poderá ser econômica ou social, mas a verdade é que, a partir do momento em que o ordenamento jurídico admite a categoria negócio jurídico, sua utilidade passa a ser jurídico, visto vez que somente em cada negócio concreto é que adquire existência a categoria negócio jurídico. Não fosse assim e esta permaneceria sendo sempre algo abstrato, e irrealizado. Obviamente, não foi para isso que o ordenamento jurídico a criou. O princípio da conservação, portanto, é a consequência necessária do fato de o ordenamento jurídico, ao admitir a categoria negócio jurídico, estar implicitamente reconhecendo a utilidade de cada negócio jurídico concreto.

Pedro Pais de Vasconcelos[487] afirma que o Princípio da conservação dos negócios jurídicos (também referido como *favor negotii*) é um dos princípios regentes do Direito Civil. Ele tem por conteúdo fixar a orientação da intepretação que se deve imprimir ao negócio jurídico. Serve como um mecanismo de concretização da "decisão jurídica no sentido de validade do agir negocial". Alerta que conquanto tal princípio não imponha ao intérprete decisivamente e a qualquer custo a afirmação de validade do negócio jurídico, serve como um meio de influência e de orientação para o exercício jurídico que aponte para a validade, e, mais especificamente, para o plano da eficácia. A invalidade, nas palavras de Vasconcelos, "é, pois, um último recurso, uma última solução que só se deve admitir depois de esgotadas todas as soluções que a evitem; quando, de todo negócio, não seja possível evita-la".

A sobrevida de todo negócio jurídico, a nosso ver, por força do Princípio da conservação dos negócios jurídicos, deve pautar a "escolha" do

---

[487] VASCONCELOS, Pedro Pais de. *Teoria Geral do Direito Civil*. 6. ed. Coimbra: Almedina, 2010, p. 755. Vasconcelos enfatiza que o princípio *favor negotti* direciona-se ao valor ético-jurídico próprio de todo comportamento negocial na órbita privada, que, dessa forma, faz orientar o exercício jurídico como uma verdadeira limitação do juízo de invalidade, garantindo o aproveitamento de todo o possível no ato e no negócio jurídico; "o *favor negotii* orienta a interpretação e a concretização no sentido de evitar a invalidade e de aproveitar o que for possível do acto e do negócio jurídico, sempre que possível e nos limites do possível (...). Entre uma interpretação que acarrete a invalidade do negócio e uma outra que não o faça, deve ser preferida esta última, desde que sem desrespeito da autonomia negocial das partes" (VASCONCELOS, Pedro Pais de. *Teoria Geral do Direito Civil*. 6. ed. Coimbra: Almedina, 2010, p. 756).

intérprete. Se liberdade houver (o que merece nossa reflexão), deve o intérprete "preferir" um resultado eficiente para o processo que desempenha. Na contemporaneidade, como vimos, o Direito revela a insuficiência de uma concepção da interpretação como um procedimento "lógico-formal desprovido de qualquer expressão volitiva do interprete", como alerta Luis Manuel Fonseca Pires.[488] Significa dizer que o jurista se vê sob a exigência de dever ponderar os valores em conflito e de sopesar os fatos em cotejo com os valores acolhidos com o conteúdo das normas jurídicas, assim as "desvendando". Não mais se pode afirmar, diz, que a interpretação jurídica seja um processo meramente cognitivo "sem qualquer compromisso ético ou axiológico".

Na verdade, a eficácia jurídica e social dos negócios jurídicos é um vetor de interpretação negocial. É uma consciente opção do intérprete no processo de criação da norma jurídica que brota do texto que se lhe apresenta. O princípio em foco deve ser acolhido conscientemente pelo intérprete diante do negócio jurídico que a ele se revela. A realidade do Direito reprova nos dias atuais o método dedutivo da lógica formal, como vimos. Exige, por outro lado, a "lógica do razoável", como lembra Fonseca Pires a partir das lições de Luis Recaséns Siches: "o pensamento orienta-se por analisar a relação entre a realidade, os valores, os meios e os fins da norma jurídica".[489] A nosso ver, a consciência da aplicação concreta do Princípio da conservação dos negócios jurídicos é um dever[490] imposto pelo sistema jurídico para o intérprete no processo de revelação da norma (isto é, da regra de comportamento) que brota a partir negócio jurídico.[491]

Importante acentuar a existência de duas acepções essenciais para o princípio em estudo, como sublinha Francisco Paulo de Crescenzo Marino.[492]

---

[488] PIRES, Luis Manuel Fonseca. *Controle judicial da discricionariedade administrativa*: dos conceitos jurídicos indeterminados às políticas públicas. Rio de Janeiro: Elsevier, 2009, p. 26.

[489] PIRES, Luis Manuel Fonseca. *Controle judicial da discricionariedade administrativa*: dos conceitos jurídicos indeterminados às políticas públicas. Rio de Janeiro: Elsevier, 2009, p. 29.

[490] Notemos que o sentido da equívoca expressão "dever" aqui empregado se volta à cogência, à uma obrigatoriedade jurídica de invocação pelo intérprete no caso concreto (v. LOTUFO, Renan. *Curso avançado de Direito Civil. Parte Geral.* CAMBLER, Everardo. (coord.). 2. Ed. São Paulo: Revista dos Tribunais, 2003, v. 1. (8.4. A situação potestade-sujeição e 8.5. Do dever jurídico).

[491] PIRES, Luis Manuel Fonseca. *Controle judicial da discricionariedade administrativa*: dos conceitos jurídicos indeterminados às políticas públicas. Rio de Janeiro: Elsevier, 2009, p. 31.

[492] MARINO, Francisco Paulo de Crescenzo. *Interpretação do negócio jurídico*. São Paulo: Saraiva, 2011, p. 308.

PRINCÍPIO DA CONSERVAÇÃO DOS NEGÓCIOS JURÍDICOS

A primeira, chamada acepção restrita, é a preconizada por Cesare Grassetti. Nessa perspectiva, deve o intérprete compreender o Princípio da conservação dos negócios jurídicos como um princípio de natureza interpretativa apenas para os negócios jurídicos. Tal orientação apóia-se no artigo 1.367 do Código Civil da Itália. A sua aplicação prende-se apenas ao plano do negócio jurídico propriamente dito. Francisco Paulo de Crescenzo Marino[493] critica com acerto a corrente restritiva.

Na verdade, a nosso viso, não é possível estabelecer precisamente uma rígida separação entre os campos da interpretação e da eficácia. A interpretação se constrói desde o texto, é certo, que funciona como uma "entidade mediadora" entre o negócio jurídico e os seus efeitos concretos. O Princípio da conservação dos negócios jurídicos se manifesta não apenas na dúvida a respeito de qual foi o significado dos conceitos fático-jurídicos afirmados no negócio jurídico. Corresponde, na verdade, a um Princípio geral de Direito que se marca pela elasticidade e pela fluidez (como é próprio dos princípios jurídicos). Comporta o princípio em referência, diz, "uma série indefinida de aplicações", as quais não se circunscrevem apenas ao processo hermenêutico do próprio negócio jurídico.

De outro lado, a chamada acepção ampla do Princípio da conservação dos negócios jurídicos que perfilhamos afirma que a sua aplicação não se opera apenas no plano da interpretação do negócio jurídico, mas ocorre diante de toda norma jurídica posta à frente do intérprete. Tanto o legislador quanto o intérprete (o aplicador do Direito) devem efetivamente procurar conservar, nos planos da existência, da validade e da eficácia, o máximo possível de todo texto normativo que se lhe apresenta, seja estatal, seja fruto da autonomia privada. A aplicação do princípio nessa perspectiva sustenta a "essência do ordenamento jurídico", cuja operabilidade assenta-se sobre um "princípio geral de economia" e sobre uma "presunção de seriedade" dos fins de quem emite determinada declaração de vontade.[494]

---

[493] MARINO, Francisco Paulo de Crescenzo. *Interpretação do negócio jurídico*. São Paulo: Saraiva, 2011, p. 312-315.

[494] Não podemos conscientemente afirmar que há sentido em as partes celebrarem um contrato "inutilmente", isto é, sem seriedade e sem o desejo de que gere efeitos jurídicos. O negócio jurídico é o instrumento útil para a sociedade e para os seus titulares. O intérprete deve imprimir prevalência à operabilidade dos efeitos negociais, não sendo, entretanto, o único campo em que prospera (é o que justifica, por exemplo, sua aplicação no plano do casamento - *favor matrimonii*). Referindo a lições de Zeno Veloso, Francisco José Cahali e Giselda Maria Fernandes Novaes Hironaka salientam que o "princípio do aproveitamento" deve ser aplicado

5.1.2. Fundamento constitucional

O Princípio da conservação dos negócios jurídicos tem assento constitucional na proteção dispensada ao valor social da livre iniciativa, cujo fundamento reside no inciso IV do artigo 1º e no artigo 170, *caput*, da Constituição Federal de 1988.[495] O art. 1º, inciso IV, da Constituição Federal de 1988 enuncia como fundamento da República Federativa do Brasil o valor social da livre iniciativa. O artigo 170, *caput*, por sua vez, estabelece que a ordem econômica deve fundar-se na livre iniciativa, o que se repete no inciso IV do art. 170 da Carta Constitucional. Conquanto a livre iniciativa seja um fundamento da República, não deve ser considerada na sua expressão puramente individualista, mas sim em atenção ao quanto se expressa de modo "socialmente valioso", nas palavras de Eros Roberto Grau. Com apoio em José Afonso da Silva, anota Grau que a ordem econômica dispensa corretamente prioridade para os valores do trabalho humano sobre todos os demais valores da economia de mercado.[496]

O Princípio da conservação dos negócios jurídicos conspira também em favor da salvaguarda da liberdade. Confere resultados úteis (também economicamente) para os comportamentos autorizados às partes pelo Direito.[497] O princípio em estudo exerce inegável função social no Direito contemporâneo. Admitindo-se como fundamentos da República o valor social do trabalho e o valor social da livre iniciativa, a ordem econômica deve se pautar justamente por essa valorização do trabalho humano e pela

---

ao testamento. Entendem, assim, que o testamento particular nulo por defeito de forma pode ser "aproveitado" como codicilo, desde que preenchidos os requisitos externos e respeitados seus limites quanto ao conteúdo. Anotam: "é a aplicação do princípio da conversão e, em sede testamentária, do *favor testamenti*, da conveniência de aproveitar-se, dentro do fatível e exequível, a última vontade expressa por alguém que já morreu, resguardando-se o útil, salvando-se o possível, dando algum sentido, algum valor, alguma eficácia a determinação que partiu daquela pessoa que não existe mais" (CAHALI, Francisco José Cahali; HIRONAKA, Giselda Maria Fernandes Novaes. *Curso avançado de Direito Civil*: direito das sucessões. CAMBLER, Everardo (coord.). São Paulo: Revista dos Tribunais, 2000, v. 6. p. 320).

[495] A respeito, ver: MARINO, Francisco Paulo de Crescenzo. *Interpretação do negócio jurídico*. São Paulo: Saraiva, 2011, p. 319; GRAU, Eros Roberto. *A ordem econômica na Constituição de 1988*. 14. ed. rev. atual. São Paulo: Malheiros, 2010.

[496] GRAU, Eros Roberto. *A ordem econômica na Constituição de 1988*. 14. ed. rev. atual. São Paulo: Malheiros, 2010, p. 202.

[497] Sobre a livre iniciativa como expressão da liberdade individual, ver: GRAU, Eros Roberto. *A ordem econômica na Constituição de 1988*. 14. ed. rev. atual. São Paulo: Malheiros, 2010, p. 208-209.

livre iniciativa. O trabalho deve ser reconhecido como um instrumento valioso, sob a perspectiva social, leciona Eros Roberto Grau. E a livre iniciativa não pode ser legitimamente reduzida apenas à feição assumida pela liberdade econômica; "livre iniciativa é expressão de liberdade titulada não apenas pelo capital, mas também pelo trabalho".[498]

5.1.3. Natureza jurídica

Como vimos, a conservação dos negócios jurídicos não reside no plano puramente das regras jurídicas. Cuida-se de um Princípio geral de Direito, que deflui do Princípio da sanação dos atos jurídicos. Trata-se de uma "proposição jurídica descritiva", por meio da qual revela ao intérprete uma "grande tendência do direito positivo", observa Francisco Paulo de Crescenzo Marino[499], com apoio em Antoine Jeammaud.

Pelo fato de ser um Princípio geral de direito (e como tal dotado de elevado conteúdo valorativo deontológico-axiológico), o Princípio da conservação dos negócios jurídicos distancia-se do plano das regras e assume posição de primazia. Justifica a plêiade de possibilidades de aplicações concretas no processo de interpretação jurídica. Não se trata de um comando que visa precipuamente a reger uma situação jurídica específica. Por força da elasticidade e da fluidez próprias dos princípios jurídicos, nas palavras de Felipe Clemente de Diego invocadas por Marino, possibilita a "fecundidade e flexibilidade maravilhosas de que estão dotados por sua própria essência".[500]

No Brasil, o Princípio da conservação dos negócios jurídicos é veiculado por meio de uma cláusula geral[501] que informa e que ilumina todo o processo de interpretação (criação) das normas e dos negócios jurídicos. Tal posição foi afirmada recentemente pelo Superior Tribunal de Justiça. O princípio em testilha foi explicitamente reconhecido por referida Corte

---

[498]   GRAU, Eros Roberto. *A ordem econômica na Constituição de 1988*. 14. ed. rev. atual. São Paulo: Malheiros, 2010, p. 214-215.

[499]   MARINO, Francisco Paulo de Crescenzo. *Interpretação do negócio jurídico*. São Paulo: Saraiva, 2011, p. 313.

[500]   MARINO, Francisco Paulo de Crescenzo. *Interpretação do negócio jurídico*. São Paulo: Saraiva, 2011, p. 314.

[501]   A respeito das cláusulas gerais, ver: JORGE JÚNIOR, Alberto Gosson. *Cláusulas gerais no Código Civil*. São Paulo: Saraiva, 2004.

como uma cláusula geral, veiculada no sistema jurídico, dentre outros, pelo artigo 184 do Código Civil, na linha do que antes preconizava o artigo 153 do Código Civil de 1916. A nosso ver, o Princípio da conservação dos negócios jurídicos é um princípio geral do Direito que se fez introduzir no sistema jurídico por meio de uma cláusula geral.

É possível colher do Superior Tribunal de Justiça a seguinte lição extraída de julgado de relatoria do Ministro Sidnei Beneti[502]:

DIREITO CIVIL. TEORIA DOS ATOS JURÍDICOS. INVALIDADES. TÍTULO EXECUTIVO EXTRAJUDICIAL. NOTAS PROMISSÓRIAS. AGIOTAGEM. PRINCÍPIO DA CONSERVAÇÃO DOS ATOS E DOS NEGÓCIOS JURÍDICOS REDUÇÃO DOS JUROS AOS PARÂMETROS LEGAIS COM CONSERVAÇÃO DO NEGÓCIO JURÍDICO.

1. A ordem jurídica é harmônica com os interesses individuais e do desenvolvimento econômico-social. Ela não fulmina completamente os atos que lhe são desconformes em qualquer extensão. A teoria dos negócios jurídicos, amplamente informada pelo princípio da conservação dos seus efeitos, estabelece que até mesmo as normas cogentes destinam-se a ordenar e coordenar a prática dos atos necessários ao convívio social, respeitados os negócios jurídicos realizados. Deve-se preferir a interpretação que evita a anulação completa do ato praticado, optando-se pela sua redução e recondução aos parâmetros da legalidade.

2. O Código Civil vigente não apenas traz uma série de regras legais inspiradas no princípio da conservação dos atos jurídicos, como ainda estabelece, cláusula geral celebrando essa mesma orientação (artigo 184) que, por sinal, já existia desde o Código anterior (artigo 153).

3. No contrato particular de mútuo feneratício, constatada, embora a prática de usura, de rigor apenas a redução dos juros estipulados em excesso, conservando-se, contudo, parcialmente o negócio jurídico (artigos 591, do CC/02 e 11 do Decreto 22.626/33).

4. Recurso Especial improvido.

---

[502] STJ, REsp. 1.106.625/PR, Rel. Ministro SIDNEI BENETI, Terceira Turma, j. 16/08/2011, DJe 09/09/2011.

PRINCÍPIO DA CONSERVAÇÃO DOS NEGÓCIOS JURÍDICOS

Conquanto não haja explícita e ampla referência ao Princípio da conservação dos negócios jurídicos na legislação civil, é certo que o Código Civil brasileiro faz implicitamente a ele alusões em dispersos artigos, os quais permitem reconhecer a sua existência. É o que se passa, por exemplo, nas situações previstas nos artigos 142, 462 e 318, bem como nos artigos 488, 503, 588, 591 e 655, todos do Código Civil brasileiro. A existência do princípio em tela, não obstante deva ser inferida a partir da inteligência de mencionados dispositivos de lei, não pode deixar de ser afirmada pelo intérprete.

A ordem jurídica é harmônica aos interesses individuais e ao desenvolvimento econômico-social, enfatiza o Superior Tribunal de Justiça no julgado acima destacado. Não compete à Ciência do Direito expurgar inexoravelmente os negócios que lhe sejam desconformes. A teoria dos negócios jurídicos, diz o Superior Tribunal de Justiça, "amplamente informada pelo princípio da conservação dos seus efeitos, estabelece que até mesmo as normas cogentes destinam-se a ordenar e coordenar a prática dos atos necessários ao convívio social, respeitados os negócios jurídicos realizados". O intérprete *deve preferir* a interpretação que evite a anulação completa do negócio jurídico praticado, mediante a redução e a recondução negocial aos lindes de legalidade. Revela, em suma, não somente um critério de interpretação teleológica. Na verdade, diz referida Corte, é um princípio do Direito amplamente aplicável às normas jurídicas em geral, bem assim aos negócios jurídicos de cunho patrimoniais e não patrimoniais (existenciais).[503]

A sanação dos atos jurídicos (princípio do qual deflui a conservação dos negócios jurídicos) é igualmente um princípio geral do Direito. Joaquín Arce y Flórez-Valdes[504] refere que na sua estrutura, os Princípios gerais do

---

[503] STJ, REsp. 1106625/PR, Rel. Ministro SIDNEI BENETI, Terceira Turma, j. 16/08/2011, DJe 09/09/2011.

[504] Sobre a conformação jurídica dos princípios, v.: FLÓREZ-VALDES, Joaquin Arce. *Los Principios Generales del Derecho y su formulación constitucional*. Madrid: Cuadernos Civitas, 1990, p. 93-95. A respeito dos princípios jurídicos no direito contemporâneo, v. ALPA, Guido. *I Principi Generali*: Milano, Giuffrè, 1993; CANARIS, Claus-Wilhelm. *Direitos fundamentais e o direito privado*. Trad. de Ingo Wolfgang Sarlet e Paulo Mota Pinto. Reimpr. Coimbra: Almedina, 2006; ESPÍNDOLA, Ruy Samuel. *Conceito de princípios constitucionais*: elementos teóricos para uma formulação dogmática constitucionalmente adequada. São Paulo: Revista dos Tribunais, 1999; PERLINGIERI, Pietro. *O Direito Civil na Legalidade Constitucional*. Trad. Maria Cristina de Cicco. Rio de Janeiro, Renovar, 2008; SOUZA, Carlos Aurélio Mota de; CAVALCANTI,

Direito são as ideias normativas mais abstratas do ordenamento jurídico. São as suas "ideias fundamentais e informadoras". Na expressão de Emilio Betti, são a manifestação da consciência social de uma época. Os Princípios gerais do direito vinculam-se à estrutura de um Direito fundamental no seu mais elevado grau, alerta, o qual se apresenta superior ao Direito positivo e por ele inderrogável. Imbricam-se, ainda, à concepção de Direito Natural. A Constituição Federal, nesse cenário, deve ser considerada como um paradigma de expressão da consciência social, a qual proclama os valores, as crenças e as convicções do Estado. Os Princípios gerais do Direito, por certo, podem deduzir-se como princípios gerais do sistema jurídico, além das preceituações do direito positivo e das suas instituições.

Guido Alpa distingue os princípios gerais *do* direito e princípios gerais *no* direito privado. O lugar que o Princípio da conservação dos negócios jurídicos ocupa é o próprio dos princípios gerais *do* direito. No seu entender, não se cuida de um vetor exclusivo das relações de caráter patrimonial privadas. Os princípios, diz, são o meio da veiculação e da introdução de valores na Ciência do Direito.[505] E os valores[506], como cediço, exercem "funções integrativas, interpretativas, delimitativas e fundantes do sistema jurídico". Os valores oferecem as bases sobre as quais se funda todo o ordenamento, referindo, em suma, a verdadeiras regras éticas.

Os princípios são os veículos (meios) de introdução dos valores no ordenamento jurídico (na Ciência do Direito). Segundo Guido Alpa[507],

---

Thais Novaes. *Princípios Humanistas Constitucionais*: Reflexões sobre o Humanismo do Século XXI. São Paulo: Letras Jurídicas, 2010; SALVI, Cesare. *Diritto Civile e Principi Costituzionali Europei e Italiani*. Torino: Casa Editrice G. Giappichelli, 2012.

[505] FERRAZ JÚNIOR, Tércio Sampaio. *Introdução ao Estudo do Direito*: técnica, decisão, dominação. 2. ed. São Paulo: Atlas, 1994.

[506] Jean-Paul Reswerber ensina que o valor é uma "figura do desejável", que, enquanto tal, envolve uma "aspiração" e uma "representação". Não são ideais metafísicas. São referências indispensáveis para a expressão do desejo (RESWEBER, Jean-Paul. *A filosofia dos valores*. Coimbra: Almedina, 2002, p. 31). Esclarece: "De representações, os valores, tornam-se, então, fins. Assim, aparecem, em primeiro lugar, como esboços ou contentores que o sujeito prepara, seleciona e redistribui, para se dar uma passagem e abrir um caminho. (...) O mundo-em-comum, do qual descrevemos alguns aspectos, abrange o mundo teleológico, que se situa, para Kant, entre o fenomênico do conhecimento e o mundo simbólico da realidade" (RESWEBER, Jean-Paul. *A filosofia dos valores*. Coimbra: Almedina, 2002, p. 44).

[507] ALPA, Guido. *I principi generali*. Trattato di diritto privato (a cura di Giovanni Iudica e Paolo Zatti). Milano: Giuffrè, 1993. p. 08. Dentre os papéis dos princípios gerais, revela-se aquele que diz respeito ao mecanismo de interpretação *mais adequada* da lei ("l'interpretazione

os princípios de um ordenamento devem ser entendidos como os caracteres essenciais do ser e da sua manifestação, da sua fisionomia e do seu ânimo; "ovvero, il suo *spirito*". O Princípio da conservação dos negócios, como anota Darcy Bessone, impede que a interpretação contratual ocorra de modo que aniquile o negócio jurídico e comprometa a autonomia privada negocial. No processo de interpretação do contrato (de construção do programa contratual), diz, exige-se a salvação[508] do negócio jurídico, de modo que se atende à chamada "função social da hermenêutica", como refere Tércio Sampaio Ferraz Júnior.[509]

5.1.4. Correspondência legislativa no Direito estrangeiro

Como salientamos, a conservação dos negócios jurídicos é um Princípio geral de Direito que inspira todo processo de hermenêutica jurídica. Tal processo hermenêutico, anota Francisco Paulo de Crescenzo Marino[510], biparte-se nas fases recognitiva e complementar, nos seus três planos. Os ordenamentos jurídicos estrangeiros igualmente acolheram-no, como passaremos a demonstrar.

No Direito francês, de acordo com a segunda regra de interpretação negocial cunhada por Pothier, deve o intérprete conferir eficácia para a cláusula ou para o negócio jurídico na sua integralidade no sentido pela

---

piú adeguata della lege"). "A questa operazione si ricorre nei casi in cui la disposizione sia oscura, ovvero contenga una clausola generale, e richieda quindi un maggior apporto costruttivo dell'interprete, rispetto a quanto ordinariamente avvenga" (ALPA, Guido. *I principi generali*. Trattato di diritto privato (a cura di Giovanni Iudica e Paolo Zatti). Milano: Giuffrè, 1993. p. 18).

[508] Destaca Darcy Bessone: O princípio da conservação dos contratos provém do Direito romano, decorrente da regra "quoties in stipulationibus ambigua oratio est, commodissimum est id accipi quo res de qua agitur in tuto sit". No século XVIII, por Pothier, a máxima em foco foi interpretada no sentido de que, "quando uma cláusula é suscetível de dois sentidos, deve-se entender naquele em que ela pode ter efeito; e não naquele em que não teria efeito algum". Cuida-se de entendimento abarcado pelos artigos 1.157 do Código Civil francês, pelo artigo 1.132 do antigo e atual artigo 1.367 do Código Civil italiano (BESSONE, Darcy. *Do contrato. Teoria geral*. São Paulo: Saraiva, 1997, p. 176).

[509] FERRAZ JÚNIOR, Tércio Sampaio. *Introdução ao Estudo do Direito*: técnica, decisão, dominação. 2. ed. São Paulo: Atlas, 1994.

[510] MARINO, Francisco Paulo de Crescenzo. *Interpretação do negócio jurídico*. São Paulo: Saraiva, 2011, p. 327.

qual elas têm "e não pelo qual são ineficazes".[511] Dispõe o art. 1.157 do Código Civil de França (*Code*): "Quando uma cláusula é susceptível de dois sentidos, deve-se antes entendê-la naquele com o qual ela pode ter algum efeito, do que naquele sentido com a qual ela não poderia produzir efeito algum".

Na Itália, Giuseppe Stolfi[512] afirma que o Princípio da conservação dos negócios jurídicos se vê no artigo 1.367 do Código Civil. Nos casos de dúvida, estabelece que os contratos e as cláusulas em particular devem ser interpretados no sentido de que produzam algum efeito e não segundo no sentido em que não produzam efeito algum. A expressão inadequada do pensamento das partes não autoriza o intérprete a argumentar que o negócio jurídico foi inutilmente estipulado, acentua. Seria realmente ilógico, como salienta Stolfi, que por um defeito de manifestação adequada de vontade se pudesse excluir a existência da própria vontade de obrigar-se.

C. Massimo Bianca[513] enfatiza o artigo 1.367 do Código Civil da Itália revela a necessidade de "interpretação útil". Tal exigência acena ao Princípio da conservação dos negócios jurídicos. Trata-se de uma regra de interpretação objetiva do contrato, diz, de um princípio geral que encontra aplicação no campo das invalidades, diante de todos os atos negociais. Quanto à sua extensão, anota Bianca: de um lado, se entende que exige o máximo efeito possível ("massimo effetto"; "massima espansione della disposizione negociale"); de outro, apenas preconiza a necessidade de se interpretar utilmente as disposições evitando a sua ineficácia.

---

[511] MARINO, Francisco Paulo de Crescenzo. *Interpretação do negócio jurídico*. São Paulo: Saraiva, 2011, p. 327.

[512] STOLFI, Giuseppe. *Teoria del negocio jurídico*. Trad. e notas de Jaime Santos Briz. Madrid: Editorial Revista de Derecho Privado, 1959, p. 293. No Direito italiano, sobressaem particularmente os artigos 1.132 e 1.367. São manifestações legislativas do Princípio da conservação dos negócios jurídicos. O art. 1.132 dispõe que, quando uma cláusula admitir dois sentidos, deve-se entendê-la no sentido pelo qual possa ela ter qualquer efeito, mais que do que naquele pelo qual não poderia ter efeito algum. O art. 1.367, a seu turno, designado sob a rubrica "conservação do contrato", preceitua que, "na dúvida, o contrato ou as cláusulas individuais devem interpretar-se no sentido de que possam ter qualquer efeito ao invés de no sentido pelo qual não teriam efeito algum".

[513] BIANCA, C. Massimo. *Diritto civile*. Il contrato. Milano: Dott. A. Giuffrè Editore, 2000, v. 3, p. 437-438.

Paolo Gallo[514] ensina que nos casos de dúvida, de acordo com o que dispõe o artigo 1.367 do Código Civil, o contrato ou as suas cláusulas devem ser interpretadas no sentido de produzir algum efeito (e não no sentido de que não se produza efeito algum). Como refere o autor, tal princípio é reconhecido também nos países do *Common Law*. Afirma Gallo ser um princípio lógico de imediata evidência: quem celebra um contrato obviamente deseja produzir ao menos algum efeito jurídico, pois, caso contrário, não o teriam celebrado; "anche se in concreto le aplicazioni giurisprudenziale sono scarze".

No Direito argentino, Santos Cifuentes[515] anota que se observa a primazia do Princípio da conservação dos negócios jurídicos no processo de interpretação, a teor do que dispõe o artigo 218, inc. 3º, do Código de Comércio. Nas situações de dúvida a respeito do conteúdo negocial, salienta, o interprete deve inclinar-se no sentido de lhe conferir validade; "entre clausulas contradictorias tienen prevalencia las que apuntalan la validez". Aída Kemelmajer de Carlucci[516] argumenta que o Princípio da conservação dos negócios jurídicos é revelado pelos artigos 218 do Código de Comércio argentino e pelo artigo 1284 do Código Civil de Espanha. Designa-o como o *princípio do maior significado útil*, o *princípio da conservação do ato* ou a *diretiva de interpretação conservadora*.

O princípio em apreço traz em si a ideia de que ao contratar, as partes assim agem com seriedade e com um propósito prático de satisfazer as suas necessidades individuais. Sendo assim, diz a autora em referência, é preciso proteger a subsistência do contrato como um mecanismo apto para alcançar a finalidade por eles perseguida. Deve-se partir do *princípio inquestionável*, salienta, de que ao contratar, as partes não quiseram *jogar*, mas assim o fizeram na busca de uma finalidade e de um objetivo concreto. Por essa razão, assinala que não merecem prestígio as interpretações contratuais que revelem disposições "vazias, inúteis ou ilusórias". Argumenta

---

[514] GALLO, Paolo. *Contrato e buona fede. (Buona fede in senso oggetivo e transformazioni del contrato).* Torino: Utet giuridica, 2009, p. 343-344.

[515] CIFUENTES, Santos. *Negocio jurídico*. Estructura. Vicios. Nulidades. Buenos Aires: Edictorial Astrea de Alfredo y Ricardo Depalma, 1986, p. 251

[516] CARLUCCI, Aída Kemelmajer de. Reflexiones sobre la interpretación de los contratos. In: GALLARDO, Leonardo B. Pérez (coord.). *El Derecho de contratos em los umbrales del siglo XXI.* Memorias de las jornadas internacionales de derecho de contratos celebrados en la Habana, Cuba, em él período 2001-2007. São Paulo: Academia Brasileira de Direito, 2007, p. 306-307.

que se deve repudiar toda interpretação jurídica que torne uma cláusula estéril, pois se impõe ao intérprete observar, dentre as várias interpretações lógicas, aquela que produza efeitos segundo a natureza e o objeto do próprio contrato.[517] No Direito espanhol, por fim, preceitua o art. 1.284 do Código Civil que se alguma cláusula dos contratos admitir diversos sentidos, deve ser entendida naquele mais adequado para que produza efeito.[518]

5.1.5. Alcance

O Princípio da conservação dos negócios jurídicos é impositivo e imperativo para o intérprete em todas as normas jurídicas, não apenas no campo do negócio jurídico. O seu alcance abarca os planos da existência, da validade e da eficácia dos negócios jurídicos, particularmente no que ora nos interessa.[519] Ainda que o ordenamento jurídico negue, em princípio e formalmente, a possibilidade de manutenção de um negócio jurídico inválido, tal situação não desautoriza o intérprete do dever de buscar salvar (ainda que somente em parte) a criação que nasceu da autonomia privada negocial. Nos três planos do negócio jurídico, deve o intérprete conservar o que se realizou o mais possível (conferindo-lhe a máxima expansão de eficácia), sob a perspectiva da primazia da sua eficácia jurídica e social, sem prejuízo da aplicação das tradicionais medidas sanatórias das invalidades negociais, as quais analisaremos adiante.[520]

---

[517] Como exemplo do afirmado, observa a autora que um tribunal argentino decidiu que a cláusula "estado de incapacidade total, permanente e irreversível" contida em uma apólice de contrato de seguro de vida não pode ser interpretada literalmente, pois o risco coberto seria inexistente, dado que, salvo em caso de morte, sempre uma pessoa estará em condições de realizar alguma tarefa, por mais insignificante que seja (CARLUCCI, Aída Kemelmajer de. Reflexiones sobre la interpretación de los contratos. In: GALLARDO, Leonardo B. Pérez (coord.). *El Derecho de contratos em los umbrales del siglo XXI*. Memorias de las jornadas internacionales de derecho de contratos celebrados en la Habana, Cuba, em él período 2001-2007. São Paulo: Academia Brasileira de Direito, 2007, p. 306-307).

[518] MARINO, Francisco Paulo de Crescenzo. *Interpretação do negócio jurídico*. São Paulo: Saraiva, 2011, p. 328.

[519] A respeito, ver: MARINO, Francisco Paulo de Crescenzo. *Interpretação do negócio jurídico*. São Paulo: Saraiva, 2011, p. 321.

[520] Permanecem sujeitos à interpretação conservativa os negócios jurídicos nos quais já se operou o processo de conversão substancial, por exemplo, assim como os negócios jurídicos anuláveis, uma vez confirmados ou convalidados. O mesmo se aplica aos negócios jurídicos nulos sanados e os eivados de nulidade parcial, decotados na porção que não resiste às exi-

O Princípio da conservação dos negócios jurídicos não se adstringe a uma regra supletiva ou meramente subsidiária de interpretação dos negócios jurídicos. Na sua essência, fornece um vetor cardeal operativo de todo o processo de construção da norma jurídica. Não se circunscreve somente a uma etapa hermenêutica complementar, portanto.[521] A bipartição do processo interpretativo entre as fases recognitiva e complementar, como salienta Marino, não serve para afirmar a sua operabilidade apenas na fase derradeira (complementar). O Princípio da conservação dos negócios jurídicos é destinado, nas suas palavras, a "prolongar e aprofundar" a interpretação jurídica para superar e revelar o conteúdo adequado da declaração negocial. É, diz ele, uma verdadeira regra final de decisão; "havendo um conflito entre dois ou mais sentidos possíveis e contrapostos em função do diferente resultado que provocam na eficácia (...) do negócio jurídico, *deve* o intérprete optar por um desses sentidos o que conduz à eficácia".[522]

Como observa Crescenzo Marino, os três requisitos devem estar cumulativamente presentes para a aplicação concreta do Princípio da conservação dos negócios jurídicos: o primeiro é a ineficácia *lato sensu* de um negócio jurídico sob o momento hermenêutico recognitivo. O segundo é a viabilidade do momento hermenêutico complementar, isto é, diz, "a existência de material interpretativo juridicamente relevante". O terceiro é a atribuição de alguma ou de eficácia jurídica complementar ao negócio.

---

gências do ordenamento jurídico (MARINO, Francisco Paulo de Crescenzo. *Interpretação do negócio jurídico*. São Paulo: Saraiva, 2011).

[521] MARINO, Francisco Paulo de Crescenzo. *Interpretação do negócio jurídico*. São Paulo: Saraiva, 2011, p. 333.

[522] MARINO, Francisco Paulo de Crescenzo. *Interpretação do negócio jurídico*. São Paulo: Saraiva, 2011, p. 337, destacamos. Demonstrando a sua ampla aceitação na doutrina, cumpre destacar o teor dos enunciados 22, 149 e 157 do Conselho da Justiça Federal do Superior Tribunal de Justiça, das Jornadas de Direito Civil, os quais reconhecem a aplicação concreta do Princípio da conservação dos negócios jurídicos nas condições que seguem, as quais serão adiante examinadas: i) Enunciado 22: "A função social do contrato, prevista no art. 421 do novo Código Civil, constitui cláusula geral, que reforça o princípio da conservação do contrato, assegurando trocas úteis e justas"; ii) Enunciado 149: "Em atenção ao princípio da conservação dos contratos, a verificação da lesão deverá conduzir, sempre que possível, à revisão judicial do negócio jurídico e não à sua anulação, sendo dever do magistrado incitar os contratantes a seguir as regras previstas no art. 157, §2º, do Código Civil de 2002" e iii) Enunciado 291: "nas hipóteses de lesão previstas no art. 157 do Código Civil, pode o lesionado optar por não pleitear a anulação do negócio jurídico, deduzindo, desde logo, pretensão com vista à revisão judicial do negócio por meio da redução do proveito do lesionador ou do complemento do preço".

Uma vez superada a fase interpretativa recognitiva do processo interpretativo, anota, não sendo possível estabelecer o sentido atribuído pelas partes para um elemento essencial, o negócio jurídico deve ser considerado inexistente. No entanto, leciona, havendo a possibilidade de superação dessa deficiência na chamada fase interpretativa complementar em virtude do preenchimento o elemento negocial antes faltante, haverá lugar à conservação do negócio jurídico.

Não nos parece ser adequada a adoção de um método de análise sucessivo (sequencial), contudo. O Princípio da conservação dos negócios jurídicos não exige o preenchimento sequencial de todos os requisitos acima elencados, a nosso ver. Reclama apenas a existência de material interpretativo juridicamente relevante. O ambiente em que espraia os seus efeitos não será apenas a fase complementar, mas também a fase recognitiva de interpretação do negócio jurídico. Por ser um princípio geral do direito, como vimos, vivifica-se a depender apenas do preenchimento das condições factuais suficientes.

Em atenção à elevada carga axiológica que estriba o Princípio da conservação dos negócios jurídicos, é possível assinalar que assume ele uma tarefa cardeal em todo o processo de interpretação e de revelação do negócio jurídico desde sua fase recognitiva até a fase hermenêutica complementar, perpassando progressivamente pelos três planos do negócio jurídico para desvendar o produto do processo de superação da invalidade. Negar ou minimizar as suas reais potencialidades é negar a sua própria existência ou as exigências concretas do rincípio da autonomia privada, como destacamos no capítulo segundo. Reservar a sua aplicação somente para um momento complementar do processo hermenêutico significa reduzir injustificadamente as suas reais potencialidades. É minimizar as aptidões do que pode muito para o intérprete proporcionar. O Princípio da conservação dos negócios jurídicos, cumpre-nos rememorar, espraia os seus efeitos sobre todos os ramos do Direito e não apenas sobre o Direito Privado, como acentuamos no capítulo quarto.[523]

---

[523] Ver: CARLUCCI, Aída Kemelmajer de. Reflexiones sobre la interpretación de los contratos. In: GALLARDO, Leonardo B. Pérez (coord.). *El Derecho de contratos em los umbrales del siglo XXI*. Memorias de las jornadas internacionales de derecho de contratos celebrados en la Habana, Cuba, em él período 2001-2007. São Paulo: Academia Brasileira de Direito, 2007, p. 307.

5.2. A teoria da interpretação jurídica e a "função social" da hermenêutica contemporânea

Para o adequado desenvolvimento do Princípio da conservação dos negócios jurídicos, é preciso tecer considerações sobre a teoria da interpretação, particularmente no que interessa à perspectiva da primazia da eficácia jurídico-social e à "função social da hermenêutica", como preleciona Tércio Sampaio Ferraz Junior.[524]

Na contemporaneidade, é inegável a influência direta da Carta Constitucional e dos seus princípios sobre o Código Civil e sobre as relações de ordem privada por ele reguladas. Tal forma de compreender o Direito Civil rende ensejo ao que convencionamos denominar Direito Civil-Constitucional. Cuida-se, em suma, de um método de interpretação jurídica por meio do qual não se pretende uma nova (e revolucionária) compreensão do Direito Civil, mas sim a compreensão dos fatos e das relações jurídicas privadas a partir dos valores e dos princípios constitucionais.[525] Nesse panorama, avultam os Princípios da solidariedade social e da Dignidade da pessoa humana[526], ambos expressamente afirmados pela Constituição Federal em vigor nos artigos 1º, inciso III, e 3º, inciso I, como destaca Claudio Luiz Bueno de Godoy.[527]

A interpretação jurídica que parte dos princípios constitucionais foi pioneiramente reconhecida pelo próprio Clóvis Beviláqua no ano de 1935, em conferência intitulada "A Constituição e o Código Civil", como informa

---

[524] FERRAZ JÚNIOR, Tércio Sampaio. *Introdução ao Estudo do Direito*: técnica, decisão, dominação. 2. ed. São Paulo: Atlas, 1994.

[525] LOTUFO, Renan. A descaracterização da pessoa jurídica no Novo Código Civil. In. MENDONÇA, Jacy de Souza *et al. Inovações do Novo Código Civil* (Arquivos jurídicos do Centro Universitário Capital). São Paulo: Quartier Latin, 2004, p. 103-104.

[526] A respeito do Princípio da dignidade da pessoa humana, *v.* SARLET, Ingo Wolfgang. *Dignidade da pessoa humana e direitos fundamentais na Constituição de 1988*. 9. ed. rev. atual. Porto Alegre: Livraria do Advogado, 2011; ALMEIDA FILHO, Agassiz; MELGARÉ, Plínio (coords). *Dignidade da pessoa humana*: fundamentos e critérios interpretativos. São Paulo: Malheiros, 2010; PERLINGIERI, Pietro. *Perfis do direito civil:* introdução ao direito civil constitucional. Rio de Janeiro: Renovar, 1997; PERLINGIERI, Pietro. *O Direito Civil na legalidade constitucional*. Trad. Maria Cristina di Cicco. Rio de Janeiro: Renovar, 2009.

[527] GODOY, Claudio Luiz Bueno de. *Função social do contrato*: os novos princípios contratuais. 2. ed. rev. atual. São Paulo: Saraiva, 2007.

Renan Lotufo.[528] Clóvis Beviláqua acentuou as inovações derivadas da Constituição Federal de 1934 e afirmou expressamente que o Código Civil de 1916, em diversos pontos, fora diretamente atingido por preceitos da então "nova Constituição". Observou que todo o Direito de um povo se move necessariamente dentro do círculo de sua organização política, "figurando as Constituições como fontes primárias do direito positivo", na expressão da vontade social preponderante e do complexo jurídico elaborado pela vida em comum, que nela, no entanto, não se esgota.[529]

Sob essa perspectiva metodológica, devem ser delineados os contornos da teoria da interpretação sob a matiz do Princípio da conservação dos negócios jurídicos e da sua eficácia jurídica e social. Na sua etimologia[530], o vocábulo "conservação" possui como sinônimas as locuções constância, continuação, continuidade, estabilidade, manutenção, persistência, preservação, prosseguimento e subsistência.[531] Estruturalmente, portanto, não se afasta do sentido empregado pela Ciência do Direito. A conservação dos negócios jurídicos guarda a sua raiz na interpretação teleológico-finalista e deriva do Princípio da sanação dos atos jurídicos.

É preciso agora delimitar o significado de "interpretar"[532], pois se considera que o Princípio da conservação dos negócios jurídicos inspira todo o processo hermenêutico. A interpretação é um processo intelectivo por meio do qual se parte de fórmulas linguísticas (de textos, de enunciados e de preceitos) e se procura alcançar um conteúdo normativo. É o meio pelo qual o intérprete "desvenda as normas" que estão contidas nas disposições jurídicas. As normas resultam da interpretação dos textos;[533] pois

---

[528] LOTUFO, Renan. *O pioneirismo de Clóvis Bevilaqua quanto ao Direito Civil Constitucional.* Revista dos Tribunais 97/31, v. 768, p. 748 ss., outubro de 1999.

[529] LOTUFO, Renan. *O pioneirismo de Clóvis Beviláqua quanto ao Direito Civil Constitucional.* Revista dos Tribunais 97/31, v. 768, outubro de 1999, p. 748 ss.

[530] Dicionário Eletrônico HOUAISS da língua portuguesa 1.0.5.a, verbete *conservação*.

[531] Conservação e conação são conceitos que se imbricam. Segundo Nicola Abbagnano, conação é a tendência ou o instinto de todo ser à própria conservação. De acordo com Espinosa, diz, "o esforço de conservar-se é a própria essência da coisa" (ABBAGNANO, Nicola. *Dicionário de filosofia*. São Paulo: Martins Fontes, 2012, p. 194, verbete conação).

[532] V. ARAÚJO, Clarice von Oertzen de. Semiótica na hermenêutica e a interpretação constitucional. In: MOREIRA, Eduardo Ribeiro; GONCALVES JUNIOR, Jerson Carneiro; BETTINI, Lucia Helena Polleti (Orgs.). *Hermenêutica constitucional.* Homenagem aos 22 anos do grupo de estudos Maria Garcia. Florianópolis: conceito editorial, 2010, p. 147-164.

[533] GRAU, Eros Roberto. Técnica legislativa e hermenêutica contemporânea. In. TEPEDINO, Gustavo (org.). *Direito civil contemporâneo. Novos problemas à luz da legalidade constitucional*: anais

a interpretação confere concreção ao Direito, revelando-o e produzindo-o, ensina Eros Roberto Grau[534]. No processo de interpretação do Direito, deve sobressair o elemento teleológico. É preciso descobrir o alcance e o sentido de uma regra de Direito, examinando as suas circunstâncias e os meios históricos que a ela contribuíram. É necessário perquirir, diz Carlos Maximiliano, qual o fim do negócio de que ocupa o texto, pois toda prescrição legal tem um escopo e se presume que a este pretenderam corresponder os seus autores.[535]

Nesse momento assume importância a teoria comunicacional do Direito. Segundo ela, o Direito é uma linguagem.[536] É uma linguagem dotada de ampla penetração social.[537] Mas ainda assim é linguagem, veiculada por meio de signos linguísticos. Nada há que o Direito não deseje "tocar, disciplinar ou possuir". Stéfano Rodotá acentua que "nada humano puede ser considerado estraño al derecho". O Direito é, assim, mais que uma simples regra, "es, ante todo, un lenguaje". É um sistema de comuni-

---

do Congresso Internacional de Direito Civil-Constitucional da Cidade do Rio de Janeiro. São Paulo: Atlas, 2008, p. 284.

Ainda, *v.* GRAU, Eros Roberto. *O direito posto e o direito pressuposto.* 6 ed. rev. atual. São Paulo: Malheiros, 2005; GRAU, Eros Roberto. *Ensaio e discurso sobre a interpretação/aplicação do Direito.* 3. ed. São Paulo: Malheiros, 2005. No mesmo sentido, *v.,* RICOEUR, Paul. *Teoria da Interpretação:* o discurso e o excesso de significação. 2 reimp. Biblioteca de Filosofia contemporânea. Lisboa: Edições 70, 2009.

[534] GRAU, Eros Roberto. Técnica legislativa e hermenêutica contemporânea. In. TEPEDINO, Gustavo (org.). *Direito civil contemporâneo. Novos problemas à luz da legalidade constitucional:* anais do Congresso Internacional de Direito Civil-Constitucional da Cidade do Rio de Janeiro. São Paulo: Atlas, 2008, p. 286-287.

[535] De acordo com lições de Carlos Maximiliano, "quiseram tornar eficiente, converter em realidade o objetivo ideado. A regra dispositiva deve ser entendida de modo que satisfaça aquele propósito; quando assim se não procedia, construíram a obra do hermeneuta sobre a areia movediça do processo gramatical" (MAXIMILIANO, Carlos. *Hermenêutica e aplicação do Direito.* 18. ed. Rio de Janeiro: Forense, 2000, p. 151).

[536] ROBLES, Gregório; CARVALHO, Paulo de Barros (coords.). *Teoria comunicacional do direito:* diálogo entre Brasil e Espanha. São Paulo: Noeses, 2011; ROBLES, Gregório. *As regras do direito e as regras dos jogos:* ensaio sobre a teoria analítica do Direito. São Paulo: Noeses, 2011; FERRAZ JÚNIOR, Tércio Sampaio. *Introdução ao Estudo do Direito.* São Paulo: Atlas, 2001; MORCHON, Gregorio Robles. *Teoria del Derecho:* Fundamentos de Teoria Comunicacional del Derecho. 1. ed. Madrid: Editorial Civitas S/A, 1998, v. 1.

[537] A esse respeito: ALMEIDA, Carlos Ferreira de. *Texto e enunciado na teoria do negócio jurídico.* Coleção Teses. Coimbra: Almedina, 1992, v. 1. (Capítulo III – Declaração negocial, enunciado e texto).

PERFIL DOGMÁTICO DA CONSERVAÇÃO DOS NEGÓCIOS JURÍDICOS

cação cuja função pragmática é organizar a convivência humana mediante a regulação de suas ações. Corresponde, em última análise, a um "texto organizador-regulador".[538] Surge com o homem e revela a sua capacidade de configurar a vida em sociedade. É um fenômeno social, cuja essência consiste em palavras, sem as quais "não é nada", como enfatiza Gregorio Robles[539].

A interpretação jurídica nesse panorama é um procedimento de investigação, o qual corresponde à aplicação das faculdades cognoscitivas na captação de um *sentido útil* de uma dada realidade, com a finalidade de compreendê-la. Nada mais pertinente para essa tarefa, a nosso ver, que o Princípio da conservação dos negócios jurídicos. Na interpretação, o sentido e a compreensão são coisas que estão indissoluvelmente unidas[540]. "Sem interpretação, a compreensão não é possível; a primeira é a busca do sentido; e a segunda é a captação, a posse desse sentido", argumenta Gregorio Robles[541]. É preciso identificar quais são os signos linguísticos que, uma vez devidamente construídos, apresentam os contornos dogmáticos do Princípio da conservação dos negócios jurídicos. Sucede que em uma visão notadamente marcada pelos valores constitucionais, o Direito (diversamente do que entendem os sectários da teoria comunicacional) não deve ser considerado essencialmente apenas uma linguagem. A nosso ver, o Direito é uma linguagem e uma *finalidade*: é "estrutura e função", como ensina Norberto Bobbio.[542] Tão relevante quanto a validade jurídica, mas em um plano distinto, é o papel da eficácia jurídica.[543] É justamente essa eficácia jurídica e social que serve como fundamento axiológico para

---

[538] RODOTÁ. Stefano. *La vida y las reglas:* entre el derecho y el no derecho. Trad. de Andrea Greppi. Madri: Editorial Trotta Fundación Alfonso Martín Escudero, 2010, p. 01 ss.; ROBLES, Gregorio. *O direito como texto:* quatro estudos de teoria comunicacional do direito. Trad. de Roberto Barbosa Alves. Barueri: Manole, 2005, p. 30.

[539] ROBLES, Gregorio. *O direito como texto:* quatro estudos de teoria comunicacional do direito. Trad. de Roberto Barbosa Alves. Barueri: Manole, 2005, p. 48.

[540] ROBLES, Gregorio. *O direito como texto:* quatro estudos de teoria comunicacional do direito. Trad. de Roberto Barbosa Alves. Barueri: Manole, 2005.

[541] ROBLES, Gregorio. *O direito como texto:* quatro estudos de teoria comunicacional do direito. Trad. de Roberto Barbosa Alves. Barueri: Manole, 2005, p. 101-102.

[542] Sobre a perspectiva funcional do Direito, ver: BOBBIO, Norberto. *Da estrutura à função:* novos estudos de teoria do direito. Trad. de Daniela Beccaccia Versiani. Barueri: Manole, 2007.

[543] ROPPO, Enzo. *O contrato.* Coimbra: Almedina, 2009. p. 171 ss.

conferir primazia ao Princípio da conservação dos negócios jurídicos no processo de interpretação negocial.[544]

A autonomia privada que impulsiona o negócio jurídico é um instrumento indispensável para a vida em sociedade. O preceito de autonomia privada é a norma de conduta que se desvenda por meio do processo de interpretação. O negócio jurídico irradia um feixe de normas criadas pelas partes, as quais se apresentam subordinadas e delineadas pelas normas e pelas exigências legais. Visam à regulamentação dos interesses privados, os quais se realizam na vida em sociedade por meio da iniciativa dos sujeitos de direitos na gestão dos seus interesses e como tais merecem adequada composição pela ordem jurídica, como bem enfatiza Emilio Betti.[545]

A interpretação jurídica assume na contemporaneidade um sentido funcional e criador do próprio sistema jurídico. Assim, interpretar é um procedimento que brota da necessidade de quem se encontra em uma situação jurídica concreta; "quem vive a norma acaba por interpretá-la ou pelo menos por co-interpretá-la", ensina Peter Haberle[546]. A interpretação é a atividade que conscientemente volta-se à compreensão e à revelação do sentido da norma jurídica. Todo aquele que vive no contexto regulado por uma norma e que vive com esse contexto, diz Häberle, indireta ou diretamente, é um intérprete dessa mesma norma, pois o destinatário da norma é, destaca, um participante ativo do processo hermenêutico.

Segundo Natalino Irti[547], o intérprete deve considerar a um só tempo o texto contratual e o contexto situacional no qual ele se insere. Deve sobressair uma perspectiva objetivo-preceptivo do negócio jurídico; "enquanto o texto é estrutura de palavras, o contexto situacional se amplia a todas as formas de agir".[548] Dentre outros critérios relativos à interpretação jurídica, a síntese do processo interpretativo é fixada, afinal, em uma *escolha*

---

[544] LOTUFO, Renan. *Curso Avançado de Direito Civil*. Parte Geral. CAMBLER, Everaldo (coord.). 2 ed. São Paulo, Revista dos Tribunais, 2003, v. 1, p. 32 ss.

[545] Sobre a autonomia privada: BETTI, Emilio. *Interpretação da lei e dos atos jurídicos*. São Paulo: Martins Fontes, 2007, p. 387 ss.

[546] HÄBERLE, Peter. *Hermenêutica constitucional. A sociedade aberta dos interpretes da Constituição*: contribuição para a interpretação pluralista e "procedimental" da Constituição. Tradução de Gilmar Ferreira Mendes. Porto Alegre: Sergio Antonio Fabris Editor, 2002.

[547] IRTI, Natalino. Princìpi e problemi di interpretazione contrattuale. In: *L'interpretazione del contratto nella dottrina italiana*. Milano: Casa Editrice Dott. Antonio Milani, 2000, p. 609-641.

[548] IRTI, Natalino. Princìpi e problemi di interpretazione contrattuale. In: *L'interpretazione del contratto nella dottrina italiana*. Milano: Casa Editrice Dott. Antonio Milani, 2000, p. 617.

PERFIL DOGMÁTICO DA CONSERVAÇÃO DOS NEGÓCIOS JURÍDICOS

do intérprete entre o útil e o inútil ("la scelta tra utile e inutile"). O critério da utilidade é, no seu entender, o que deve preponderar. De acordo com o que preceitua o artigo 1.367 do Código Civil da Itália, há que se conservar o contrato como uma *fattispecie* concreta capaz de produzir dos efeitos previstos pela lei (a eficácia *jurídico*-social e não somente a social).[549]

A hermenêutica contemporânea assume hoje uma genuína função social.[550] Tércio Sampaio Ferraz Júnior enfatiza que a hermenêutica possibilita a "neutralização dos conflitos sociais", projetando-os numa "dimensão harmoniosa": o "mundo do legislador racional". Nele, todos os conflitos humanos se tornam passíveis de decisão.[551] Não se está a sustentar a incondicional possibilidade de o Direito solucionar em concreto todos os conflitos a ele submetidos. A possibilidade do Direito reside em decidir ("decidibilidade") qual a regra de conduta adequada a incidir sobre tais conflitos. É dizer, mesmo a função social da hermenêutica não elimina as inconsistências captadas no sistema jurídico, mas as torna "suportáveis", nas palavras de Tércio Sampaio Ferraz Junior[552]; "não as oculta propriamente, mas as disfarça, trazendo-as para o plano das suas conceptualizações".[553]

---

[549] "O efeito" do contrato, acentua Natalino Irti, "indica a medida da utilidade ou inutilidade jurídica"; "utilidade e inutilidade são palavras as quais discorre a doutrina indicativas de servir ou não servir a alguma coisa". (IRTI, Natalino. Princìpi e problemi di interpretazione contrattuale. In: *L'interpretazione del contratto nella dottrina italiana*. Milano: Casa Editrice Dott. Antonio Milani, 2000, p. 626).

[550] BOBBIO, Norberto. *Da estrutura à função*: novos estudos de teoria do direito. Trad. de Daniela Beccacia Versiani. São Paulo: Manole, 2007.

[551] "A idéia de que a língua dos deuses é inacessível aos homens é antiga. Moisés era capaz de falar com Deus, mas precisava de Aarão para se comunicar com o povo. Hermes, na mitologia grega, era um intermediário entre os deuses e os homens, de onde vem a palavra hermenêutica. A dogmática hermenêutica, já dissemos, *faz a lei falar*" (FERRAZ JÚNIOR, Tércio Sampaio. *Introdução ao Estudo do Direito*: técnica, decisão, dominação. 2. ed. São Paulo: Atlas, 1994, p. 307, destacamos).

[552] FERRAZ JÚNIOR, Tércio Sampaio. *Introdução ao Estudo do Direito*: técnica, decisão, dominação. 2. ed. São Paulo: Atlas, 1994, p. 308 ss.

[553] FERRAZ JÚNIOR, Tércio Sampaio. *Introdução ao Estudo do Direito*: técnica, decisão, dominação. 2. ed. São Paulo: Atlas, 1994, p. 307-308.

5.2.1. A força normativa dos princípios jurídicos no Direito contemporâneo: o Princípio da conservação dos negócios jurídicos e sua eficácia intrínseca na ordem jurídica

O Princípio da conservação dos negócios jurídicos é um princípio geral de Direito[554] veiculado por uma cláusula geral[555] que assume primazia no processo de interpretação da norma jurídica, como dissemos no início do corrente capítulo. No momento, são necessários esclarecimentos a respeito da concepção de *princípio* que adotamos. Os princípios são normas jurídicas nascidas das crenças e das convicções da sociedade sobre os seus problemas fundamentais de organização e de convivência. São padrões de comportamento e valores juridicamente vinculantes dotados de elevado grau de abstração. Por sua "vagueza semântica e indeterminação conceitual", refere a doutrina[556], exigem "ações de concretização" para a melhor solução a cada caso concreto em que incidam. São as "verdades primeiras" socialmente reconhecidas.

No Direito atual, não mais há lugar para ignorar a força normativa dos princípios jurídicos.[557] Pelo fato de ser reconhecido como um princípio de Direito[558], a conservação dos negócios jurídicos é necessariamente dotada de elevado grau de imperatividade[559]. Traz em si uma "exigência de absoluta observância" no dizer de José Oliveira Ascensão.[560] Somente o exame adequado pelo intérprete dos valores concebidos pela ordem jurídica justifica a declaração de nulidade ou a decretação da anulação de um negócio jurídico. Todas as situações jurídicas devem estar alicerçadas sobre um valor que "vivifica a forma nos mesmos termos em que é o espírito que anima

---

[554] Para a compreensão do conceito de princípio jurídico aqui adotado, *v*. ÁVILA, Humberto. *A teoria dos princípios:* da definição à aplicação dos princípios jurídicos. 11. ed. São Paulo: Malheiros, 2010.

[555] STJ, REsp. 1.106.625/PR, Rel. Ministro SIDNEI BENETI, Terceira Turma, j. 16/08/2011, DJe 09/09/2011.

[556] A respeito, ver: BDINE JÚNIOR, Hamid Charaf. *Efeitos do negócio jurídico nulo.* São Paulo: Saraiva, 2010, p. 117.

[557] BONAVIDES, Paulo. *Curso de direito constitucional.* 21. ed. São Paulo: Malheiros, 2007.

[558] FRANÇA, R. Limongi. *Princípios Gerais de Direito.* 3. ed. rev. atual. São Paulo: Revista dos Tribunais, 2010.

[559] REALE, Miguel. *Lições preliminares de Direito.* 26 ed. São Paulo: Saraiva, 2002.

[560] ASCENSÃO, José de Oliveira. *Introdução à Ciência do Direito.* 3. ed. rev. atual. Rio de Janeiro: Forense, 2005, p. 200.

PERFIL DOGMÁTICO DA CONSERVAÇÃO DOS NEGÓCIOS JURÍDICOS

a matéria", como ensina Fernando Augusto Cunha de Sá.[561] A ninguém é dado ignorar a aplicação direta e imediata dos princípios constitucionais às relações de Direito privado.[562] A abertura valorativa que exige o Código Civil demonstra o relevo da aplicação dos princípios constitucionais da proporcionalidade e da razoabilidade na concretização da norma jurídica que deriva da autonomia privada, sobretudo à luz dos valores envolvidos em uma "sociedade plural", como acentua Luís Roberto Barroso.[563] No processo hermenêutico, sobressaem as exigências no sentido de conferir real efetividade ao primado da justiça.[564]

A invocação do Princípio da conservação dos negócios jurídicos não determina a compreensão jurídica de forma absoluta. Mostra-se sempre necessário o prudente e constante sopesamento pelo intérprete. A observância de formas solenes dos negócios jurídicos, por exemplo, é uma garantia de segurança jurídica. Não pretendemos com a invocação do Princípio da conservação dos negócios jurídicos sustentar o absoluto desprezo de todas as solenidades. Tal perspectiva, a nosso ver, em nada contribui para o desenvolvimento da Ciência do Direito. Uma arbitrária renúncia à segurança jurídica pouco acrescenta para o desenvolvimento jurídico contemporâneo.

O que desejamos referir concerne à reapreciação adequada das exigências de solenidades de formas no caso concreto à vista dos princípios incidentes sobre as relações fáticas e jurídicas[565]. Os princípios não se "revogam" reciprocamente, por certo, mas apenas cedem incidência uns a outros em um dado caso concreto. É dizer, um mesmo princípio pode sobressair em uma determinada circunstância fática e, mais tarde, ceder diante do mesmo princípio antes preterido, desde que se altere o contexto fático no

---

[561] CUNHA DE SÁ, Fernando Augusto. *Abuso do direito*. Coimbra: Almedina, 2005, p. 619.

[562] Sobre o tema, *v.* CANARIS, Claus-Wilhelm. *Direitos fundamentais e o direito privado*. Trad. de Ingo Wolfgang Sarlet e Paulo Mota Pinto. Reimpr. Coimbra: Almedina, 2006; MAC CRORIE, Benedita Ferreira da Silva. *A vinculação dos particulares aos direitos fundamentais*. Coimbra: Almedina, 2005.

[563] BARROSO, Luís Roberto. *Interpretação e aplicação da Constituição*: fundamentos de uma dogmática constitucional renovadora. 7. ed. rev. 2. tir. São Paulo: Saraiva, 2009, p. 375-376.

[564] FERRAZ JÚNIOR, Tércio Sampaio. *Introdução ao Estudo do Direito*: técnica, decisão, dominação. 2. ed. São Paulo: Atlas, 1994; BARCELLOS, Ana Paula de. *A eficácia jurídica dos princípios constitucionais*: o princípio da dignidade da pessoa humana. 3. ed. rev. atual. Rio de Janeiro: Renovar, 2011.

[565] A respeito, ver: BIANCA, Massimo C. *Realtà sociale ed effettività della norma*. Scritti giuridici. Milano: Giuffrè Editore, 2002. v. 2, t. 2.

qual ele se insere.[566] A absoluta superação de todas as exigências solenes se for levada ao extremo gerará um verdadeiro caos na ordem social e no patente desrespeito ao que estabelece o inciso III do artigo 104 do Código Civil. O que desejamos é acentuar a necessidade de analisar os valores subjacentes ao negócio jurídico e os interesses das partes no sentido de sua conservação, respeitadas as circunstâncias objetivas do caso concreto.

A superação da invalidade do negócio jurídico e a operabilidade do Princípio da conservação exigem a aplicação dos postulados normativos da proporcionalidade e da razoabilidade.[567] A teoria da confiança[568] deve ativamente participar do processo de salvaguarda da eficácia negocial.[569] As exigências dos postulados normativos da razoabilidade e da proporcionalidade, na acepção de Humberto Ávila[570], podem sobressair mesmo a recomendar a não incidência do Princípio da conservação negocial em certos casos[571]. Como vimos, um dos fundamentos cardeais do negócio jurídico é a confiança despertada no meio social.[572] Cuida-se de um valor juridicamente protegido na ordem jurídica, impulsionando-a à perfeição (melhor, à eficácia). Não estamos a sublinhar a plena potência da vontade humana nesse processo de revelação e de máxima expansão da eficácia negocial. A vontade interna, como vimos, é mitigada no Direito contemporâneo. As obrigações consubstanciadas no negócio jurídico estão for-

---

[566] Sobre as normas-regra e normas-princípio e sua antinomia e colisão, ver: DWORKIN, Ronald. *Levando os Direitos a sério*. São Paulo: Martins Fontes, 2007; ALEXY, Robert. *Teoria dos direitos fundamentais*. Trad. de Virgilio Afonso da Silva. São Paulo: Malheiros, 2008.

[567] GUERRA, Alexandre. Responsabilidade civil por abuso do direito: *entre o exercício inadmissível de posições jurídicas e o direito de danos*. São Paulo: Saraiva, 2011 (*v.* conclusões).

[568] BDINE JÚNIOR, Hamid Charaf. *Efeitos do negócio jurídico nulo*. São Paulo: Saraiva, 2010, p. 127.

[569] BDINE JÚNIOR, Hamid Charaf. *Efeitos do negócio jurídico nulo*. São Paulo: Saraiva, 2010, p. 128-129).

[570] ÁVILA, Humberto. *A teoria dos princípios*: da definição à aplicação dos princípios jurídicos. 11. ed. São Paulo: Malheiros, 2010.

[571] A respeito da confiança, ver: FRADA, Manuel António de Castro Portugal Carneiro da. *Teoria da confiança e responsabilidade civil*. Coimbra: Almedina, 2007.

[572] Na lição de Judith Martins-Costa, "a confiança é a matriz do princípio hermenêutico da boa-fé que importa em interpretar e integrar os contratos segundo os valores da legítima crença e da conduta proba, correta e leal" (MARTINS-COSTA, Judith. O método de concreção e a intepretação contratual: primeiras notas de uma leitura. In: NANNI, Giovanni Ettore (coord.). *Temas relevantes do direito civil contemporâneo. Reflexões sobre os cinco anos do Código Civil. Estudos em homenagem ao Professor Renan Lotufo*. São Paulo: Atlas, 2008, p. 489).

temente escoradas em critérios objetivos e distantes da pura obediência de um acordo de vontades.

O Princípio da confiança contribui decisivamente para a compreensão das razões pelas quais um negócio jurídico nulo, a despeito dessa mácula, pode vir a produzir efeitos jurídicos. A "decisão responsável" no campo dos negócios jurídicos, acentua Hamid Charaf Bdine Junior[573], é a bússola que deve pautar o intérprete. Os princípios jurídicos dotados de imperatividade (dentre eles o da conservação dos negócios jurídicos) devem em conjunto e em harmonia agir no processo de revelação da norma jurídica individual, também sob pena de se desatender à "função social da hermenêutica".[574] Cada parte deve poder razoavelmente determinar o resultado do seu comportamento contratual. Deve poder confiar na atuação de outros e nas relações por eles criadas para também poder assim agir[575]. O Princípio da confiança[576] tem força normativa e finca as suas raízes sobre o personalismo ético. Segundo Francisco Amaral, a pessoa livre, social e racional determina a si mesmo, responde pelos seus atos e respeita a dignidade das outras pessoas, criando maior harmonia nas suas relações jurídicas.[577] Deve o negócio jurídico ser considerado um elemento central da vida em sociedade, a base da atuação organizada de cada membro da ordem jurídica, um dado básico comum e o suporte fático da própria vida em sociedade.[578]

---

[573] BDINE JÚNIOR, Hamid Charaf. *Efeitos do negócio jurídico nulo*. São Paulo: Saraiva, 2010, p. 129.

[574] FERRAZ JÚNIOR, Tércio Sampaio. *Introdução ao Estudo do Direito*: técnica, decisão, dominação. 2. ed. São Paulo: Atlas, 1994.

[575] Sobre a confiança negocial, ver: WEINGARTEN, Celia. El valor economico de la confianza para empresas y consumidores. In: MARQUES, Claudia Lima; MIRAGEM, Bruno (orgs.). Doutrinas essenciais. Direito do Consumidor. São Paulo: Revista dos Tribunais, 2011, v. IV, p. 58-77.

[576] BAGGIO, Andreza Cristina. O direito do consumidor brasileiro e a teoria da confiança. São Paulo: Revista dos Tribunais, 2012, Biblioteca de Direito do Consumidor v. 41, p. 93 ss.

[577] AMARAL, Francisco. *Direito Civil. Introdução*. 6. ed. Rio de Janeiro: Renovar, 2006.

[578] BDINE JÚNIOR, Hamid Charaf. *Efeitos do negócio jurídico nulo*. São Paulo: Saraiva, 2010, p. 131.

5.3. A eficácia jurídico-social como critério maior de interpretação útil (teleológica-finalística) dos negócios jurídicos. O "critério realista" de interpretação do negócio jurídico

Como assinalamos no capítulo segundo, a autonomia privada negocial faz gerar os atos regulados pelas normas jurídicas. A iniciativa do indivíduo tem ampla liberdade de procurar conceber os interesses socialmente apreciáveis e dignos de tutela jurídica, de acordo com o ponto de vista geral da consciência social. Uma vez considerada a real intenção prática das partes, o sistema jurídico visa proteger o interesse objetivamente reconhecível como pretendido se for consentâneo com o próprio sistema jurídico. Tal interesse passível de proteção jurídica deve poder enquadrar-se (isto é, *tipificar-se*) nas mesmas funções econômico-sociais dignas de proteção.

Os negócios jurídicos exigem valorações econômicas e éticas de uma consciência social historicamente determinada, como anota Emílio Betti[579] ao referir à chamada "tipicidade social". A tipicidade social do negócio jurídico é o enquadramento existente entre a manifestação da autonomia privada e as funções sociais e econômicas dignas de proteção do Direito num determinado contexto histórico. A interpretação do negócio jurídico é um processo que não põe em relevo o teor das palavras ou a materialidade da conduta propriamente dita. Nele, sobressai todo o complexo de circunstâncias nas quais se lançam a declaração e o comportamento. A preocupação do intérprete reside, segundo a perspectiva da consciência social, em um típico significado e em um valor gerado a partir dos comportamentos revelados no (e pelo) negócio jurídico, enfatiza Betti[580].

O Princípio da conservação dos negócios jurídicos deve assim exercer uma função útil em atenção à primazia da eficácia jurídica e social.[581] Não deve ser apresentado como se restrito a uma fase preliminar na teoria da interpretação, como se fosse possível esgotá-lo na sua função preservativa. O referido princípio se presta a exercer uma útil função hermenêutica. Deve-se conferir preferência pelo maior efeito possível nas hipóteses

---

[579] BETTI, Emilio. *Interpretação da lei e dos atos jurídicos*. São Paulo: Martins Fontes, 2007, p. 341 ss.

[580] BETTI, Emilio. *Interpretação da lei e dos atos jurídicos*. São Paulo: Martins Fontes, 2007, p. 467-468.

[581] BETTI, Emilio. *Interpretação da lei e dos atos jurídicos*. São Paulo: Martins Fontes, 2007, p. 498-499.

em que haja dúvidas[582]. Nas palavras de Emilio Betti, "nos seus resultados práticos, o critério da conservação - inconcebível num sistema de rígido formalismo - leva, efetivamente, a atenuar a rigorosa aplicação das normas, as quais impõem o ônus da idoneidade dos meios, a quem se serve dos instrumentos postos à disposição da autonomia privada"[583].

A interpretação jurídica é assim posta em condições de ressaltar a finalidade e o espírito da norma jurídica derivada da autonomia privada, em virtude da primazia da eficácia jurídica e social dos comportamentos autorizados pelo Direito, salienta Karl Larenz.[584] O intérprete deve perscrutar o que acordaram as partes. Deve averiguar se o acordado merece ser considerado juridicamente existente, válido e, em especial, eficaz, sob a perspectiva de quais são os direitos e os deveres atribuídos às partes ou a terceiros a partir do acordado[585], propõe Luiz Prieto Sanchís.[586] E uma vez revelada pelo intérprete a vontade comum das partes no exame dos três planos do negócio jurídico, deve-se proceder à interpretação do negócio em cada um dos planos sob a mesma perspectiva de superação das invalidades (isto é, de máxima expansão da eficácia jurídica e social), desde que presentes estejam as condições de harmonia com o ordenamento jurídico, alerta Rodolfo Luis Vigo[587].

Impende consignar que Massimo C. Bianca destaca ser a primeira regra de interpretação objetiva do negócio jurídico a que determina o primordial respeito ao Princípio da conservação do contrato. O papel que desempenha ele neste processo de revelação negocial é de ordem essencial e

---

[582] BETTI, Emilio. *Interpretação da lei e dos atos jurídicos*. São Paulo: Martins Fontes, 2007, p. 507 ss.

[583] BETTI, Emilio. *Interpretação da lei e dos atos jurídicos*. São Paulo: Martins Fontes, 2007, p. 508 ss.

[584] LARENZ, Karl. *Metodologia da Ciência do Direito*. 4. ed. Trad. José Lamego. Lisboa: Fundação Calouste Gulbenkian, 2005, p. 469 ss.

[585] VIGO, Rodolfo Luis. *Interpretação jurídica. Do modelo jus-positivista legalista do século XIX às nossas perspectivas*. 2 ed. ver. Trad. Susana Elena Dalle Mura. São Paulo: Revista dos Tribunais, 2010, p. 157-158.

[586] SANCHÍS, Luis Prieto. *Apuntes de teoria del derecho*. Madrid: Editorial Trotta, 2005, p. 272-273; VIGO, Rodolfo Luis. *Interpretação jurídica. Do modelo jus-positivista legalista do século XIX às nossas perspectivas*. 2 ed. rev. Trad. Susana Elena Dalle Mura. São Paulo: Revista dos Tribunais, 2010, p. 157-158.

[587] VIGO, Rodolfo Luis. *Interpretação jurídica. Do modelo jus-positivista legalista do século XIX às nossas perspectivas*. 2 ed. rev. Trad. Susana Elena Dalle Mura. São Paulo: Revista dos Tribunais, 2010, p. 164.

PRINCÍPIO DA CONSERVAÇÃO DOS NEGÓCIOS JURÍDICOS

não meramente complementar ou supletivo de lacunas, como se poderia cogitar. O Princípio da conservação dos negócios jurídicos, diz Massimo Bianca, é um princípio geral que encontra aplicação não somente no campo das nulidades, mas igualmente nos variados ramos do Direito Civil. Cada cláusula, acentua ele, deve ser interpretada de modo que possa ter algum efeito ao invés de uma acepção que não lhe atribua efeito algum. Cuida-se, salienta uma vez mais, de guardar uma interpretação útil do negócio jurídico, qual deve prestigiar a interpretação negocial que se lhe atribua, diz, o "massimo effetto".[588]

O problema da interpretação pautada pela eficácia jurídico-social concerne, em última análise, ao problema da concretização do próprio Direito.[589] A esse respeito Eros Roberto Grau enfatiza que no processo de "concretização do Direito", a questão primordial diz respeito ao intérprete e ao seu esforço para desvendá-lo. Os textos normativos sempre reclamam a interpretação, por mais claros que sejam. Somente pela interpretação os comandos nele contidos poderão ser aplicados, diz. Sem a interpretação adequada, não há efetividade social para o Direito, observa Grau[590], de modo que merece, justamente por isso, ser superado o conflito entre a vontade e a sua declaração, como igualmente adverte Nelson Nery Junior.[591] A eficácia jurídica, destarte, é a essência do próprio processo de interpretação jurídica. A ineficácia (o seu contraponto) é o crucial desafio a ser pelo intérprete equacionado. A ferramenta eficiente de que dispõe é o Princípio da conservação dos negócios jurídicos. O problema da ineficácia da norma jurídica (seja a norma geral, seja particular), diz Tércio Sampaio Fer-

---

[588] BIANCA, Massimo C. *Diritto Civile. Il contrato.* 2. ed. Milano: Giuffrè: 2000, v. 3, 436-437.

[589] BESSONE, Darcy. *Do contrato.* Teoria geral. 4. ed. São Paulo: Saraiva, 1997, p. 170 ss.

[590] Anota Eros Roberto Grau: "A norma é construída, pelo intérprete, no decorrer do processo de concretização do direito. O texto, preceito jurídico, é, como diz Frederich Müller, matéria que precisa ser trabalhada. Partindo do texto da norma (e dos fatos), alcançamos a norma jurídica, para então caminharmos até a norma de decisão, aquela que confere solução ao caso. Somente então se dá a concretização do direito. Concretizá-lo é produzir normas jurídicas gerais nos quadros de solução de casos determinados (Muller)" (GRAU, Eros Roberto. *Ensaio e discurso sobre a interpretação/aplicação do Direito.* 3 ed. São Paulo: Malheiros, 2005, p. V).

[591] Sobre como resolver a divergência entre a vontade e a declaração, ver: NERY JÚNIOR, Nelson. *Vícios do ato jurídico e reserva mental.* São Paulo: Revista dos Tribunais, 1983.

PERFIL DOGMÁTICO DA CONSERVAÇÃO DOS NEGÓCIOS JURÍDICOS

raz Junior[592], implica questões relativas à sua própria validade, conquanto estejam em planos distintos.

A interpretação jurídica adequada para a compreensão dos negócios sob as luzes da eficácia jurídica e social exige do intérprete recorrer ao método realista de interpretação preconizado por Danz.[593] Trata-se de um modelo pelo qual se deve decisivamente renunciar à tarefa de investigar qual foi a vontade interna das partes. Identificar com precisão um elemento interno (volitivo) é tarefa árdua que traz resultados por vezes pífios e distantes da realidade. Na verdade, diz, o intérprete deve se colocar no lugar de pessoas normais, cujas condições pessoais correspondam àquelas condições dos que celebraram o negócio, equidistantes e imparciais. A partir daí, deve-se procurar desvendar como teriam concebido e entendido a conduta que se constituiu na declaração de vontade.

O método realista de interpretação busca, na sua essência, identificar como outros nas mesmas condições teriam cumprido o contrato em igual caso. Descartam-se os "processos inúteis de interpretação", dentre eles as intenções não manifestadas e os pensamentos internos das partes. Age-se no sentido de substituir os agentes por dois outros sujeitos de direitos iguais nas mesmas condições (por "duas pessoas normais"). Os fatores psicológicos somente exercem influência se tais pensamentos (internos) exteriorizarem-se[594]. Sendo assim, tais elementos serão considerados sob o mesmo método realista de interpretação, passando a compor as próprias circunstâncias do caso.[595]

Pelo método realista de interpretação[596] que perfilhamos, é buscada a interpretação voltada para máxima expansão da eficácia negocial. Delineia

---

[592] FERRAZ JÚNIOR, Tércio Sampaio. *Introdução ao Estudo do Direito*: técnica, decisão, dominação. 2. ed. São Paulo: Atlas, 1994, p. 198 ss.

[593] DANZ, E. *La interpretación de los negocios juridicos*. 3. ed. Madrid: Editorial Revista de Derecho Privado, 1955. p. 6 ss.

[594] MARINO, Francisco Paulo De Crescenzo. Interpretação e integração dos contratos. In: JABUR, Gilberto Haddad; PEREIRA JÚNIOR, Antonio Jorge. *Direito dos Contratos*. São Paulo: Quartier Latin, 2006, p. 52. *V.* ainda, MARINO, Francisco Paulo De Crescenzo. *Interpretação do negócio jurídico*: panorama geral e atuação do princípio da conservação. Dissertação de Mestrado apresentada à Faculdade de Direito da Universidade de São Paulo, 2003 e MARINO, Francisco Paulo De Crescenzo. *Interpretação do negócio jurídico*. São Paulo: Saraiva, 2011.

[595] BESSONE, Darcy. *Do contrato*. Teoria geral. 4. ed. São Paulo: Saraiva, 1997, p. 177 ss.

[596] DANZ, E. *La interpretación de los negocios juridicos*. 3. ed. Madrid: Editorial Revista de Derecho Privado, 1955.

o complexo de circunstâncias que constituirão a "moldura da declaração negocial", como salienta Francisco Paulo de Crescenzo Marino.[597] Com efeito, no processo de investigação do conteúdo global do contrato, de início, o intérprete procura fixar o conteúdo das declarações negociais. A reconstrução primeira do conteúdo declarado, diz, é um "caminho subjetivo", pois no momento hermenêutico inicial, o intérprete deve averiguar o sentido efetivamente atribuído à declaração pelas partes do contrato. No processo hermenêutico, a ênfase se desloca para a compreensão dos contratantes a partir do sentido da linguagem utilizada na declaração e desde a posição de dois outros agentes equidistantes e nas mesmas condições das partes, pretendendo por meio desse raciocínio alcançar o entendimento concreto das partes.[598]

Diante de todo o exposto, sobressaem os contornos da adequada eficácia jurídica e social do negócio jurídico. O intérprete deve indagar: qual é a razão do Direito? Por qual razão as partes celebraram determinado negócio jurídico? O que desejaram as partes? A resposta a essas indagações vem da pena de Renan Lotufo[599]. Como anota, o Direito visa orientar e impulsionar os comportamentos dos membros da sociedade. O que as partes desejam são os efeitos que lhes dispensa Direito. Por essa razão, os comportamentos devem estar em conformidade com as exigências do próprio Direito. Devem ser os comportamentos por ele determinados e a ele orientados. Somente se assim o for, podemos dizer com segurança que o Direito cumpriu a sua finalidade precípua. O negócio jurídico representa a prerrogativa que o ordenamento jurídico confere para o indivíduo capaz de criar, sustenta o autor, a partir da sua vontade, as relações às quais o Direito confere validade, desde que em harmonia. Segundo Silvio Rodri-

---

[597] MARINO, Francisco Paulo De Crescenzo. Interpretação e integração dos contratos. In: JABUR, Gilberto Haddad; PEREIRA JÚNIOR, Antonio Jorge. *Direito dos Contratos*. São Paulo: Quartier Latin, 2006, p. 60.

[598] MARINO, Francisco Paulo De Crescenzo. Interpretação e integração dos contratos. In: JABUR, Gilberto Haddad; PEREIRA JÚNIOR, Antonio Jorge. *Direito dos Contratos*. São Paulo: Quartier Latin, 2006, p. 62 ss.

[599] LOTUFO, Renan. Inédito. Palestra de abertura do I Congresso de Direito Civil - As cláusulas gerais vistas pela jurisprudência no limiar da primeira década de vigência do Código Civil brasileiro - intitulada "A Parte Geral do Código Civil: seus princípios e o papel das cláusulas gerais", realizada em 08.08.2011, no Salão Nobre da Faculdade de Direito de Sorocaba/SP.

gues, "a vontade humana procura alcançar o efeito que não destoa da lei e que, por esse motivo, obtém que esta empreste eficácia ao ato almejado".[600]

A autonomia privada apresenta-se nesse panorama sob a proteção das exigências do Princípio da conservação dos negócios jurídicos. A garantia de interpretação negocial no sentido de conferir eficácia jurídica e social para os comportamentos legítimos assumidos pelos membros da sociedade é a forma pela qual se evidencia tal proteção. O poder reconhecido e concedido pelo ordenamento jurídico estatal para um grupo social ou para um indivíduo de determinar as vicissitudes jurídicas das consequências dos comportamentos livremente assumidos é o que sobressai em um sistema de proteção dos Direitos fundamentais e dos valores superiores aos interesses puramente privados.[601] A esse respeito, Carlos Alberto Mota Pinto alerta que a autonomia privada é o princípio jurídico revelador do poder reconhecido aos particulares para a autorregulamentação dos seus interesses (de autogoverno de sua esfera jurídica).[602] Significa tal princípio, diz, "que os particulares podem, no domínio de sua convivência com outros sujeitos jurídico-privados, estabelecer a ordenação das respectivas relações jurídicas".[603]

O Direito Civil contemporâneo, como ensina Francisco Amaral[604], atravessa uma fase de transformação dos seus valores e dos seus aspectos formais e materiais. É uma verdadeira "crise de paradigmas", na lição de Thomas Kuhn[605]. Dinamiza-se com isso, em meio a tantas incertezas, o papel que se reclama do Direito a função[606]. Há a inadequação dos insti-

---

[600] RODRIGUES, Silvio. *Direito civil aplicado*. São Paulo: Saraiva, 1981, v. 1, p. 304.

[601] A respeito do conceito de autonomia privada, *v.*, ainda, PERLINGIERI, Pietro. *Perfis do Direito Civil. Introdução ao Direito Civil Constitucional*. Trad. de Maria Cristina de Cicco. Rio de Janeiro: Renovar, 1997, p. 17.

[602] Sobre a autonomia privada ser um princípio fundamental de direito civil, ver: PINTO, Carlos Alberto da Mota. *Teoria geral do direito civil*. 4. ed. por MONTEIRO, António Pinto e MOTA PINTO, Paulo. Coimbra: Coimbra Editora, 2005, p. 103 ss.

[603] PINTO, Carlos Alberto da Mota. *Teoria geral do direito civil*. 4. ed. por MONTEIRO, António Pinto e MOTA PINTO, Paulo. Coimbra: Coimbra Editora, 2005, p. 102.

[604] AMARAL, Francisco. *Direito Civil. Introdução*. 6 ed. Renovar: Rio de Janeiro, 2006, p. 152.

[605] Ensina Thomas S. Kuhn: "um paradigma é aquilo que os membros de uma comunidade partilham e, inversamente, uma comunidade científica consistente em homens que partilham um paradigma" (KUHN, Thomas S. *Estrutura das revoluções científicas*. 10 ed. São Paulo: Perspectiva, 2011, p. 221).

[606] Sobre a função no Direito, ver: AMARAL, Francisco. *Direito Civil. Introdução*. 6 ed. Renovar: Rio de Janeiro, 2006, p. 153.

PRINCÍPIO DA CONSERVAÇÃO DOS NEGÓCIOS JURÍDICOS

tutos jurídicos herdados do Direito Moderno do século XIX para a solução dos problemas da sociedade. Os valores fundamentais atuais podem ser assentados sobre dois pilares: segurança e a justiça, refere o autor. Os valores específicos a serem amparados pelo Direito, acentua Francisco Amaral, são a igualdade e a liberdade. A liberdade, como é elementar, surte os efeitos imediatos na autonomia privada. De nada adianta a segurança e a autonomia no plano do negócio jurídico se o mesmo sistema de Direito que os dispensa não cria igualmente mecanismos hermenêuticos seguros e eficazes que visam garantir os valores que a mesma ordem jurídica se dispõe a resguardar.

5.3.1. O perfil da interpretação teleológica do negócio jurídico no Direito estrangeiro

Segundo Carlos Maximiliano, a interpretação teleológica significa o processo de revelação da norma pelo intérprete a partir de um determinado texto que põe em relevo os fins para os quais ela se destina. O Direito é uma ciência normativa ou finalística, razão pela qual a interpretação deve ser também essencialmente teleológica. O intérprete deve ter em mira o fim da norma jurídica, isto é, o resultado que precisa atingir com a sua atuação prática, seja em relação às partes, seja em relação às exigências dessa própria ordem jurídica. Com apoio em Picard, Carlos Maximiliano diz que "o Direito não é uma escolástica; é uma face da vida social. O fim prático (*teleológico*) vale mais do que a Lógica Jurídica. O homem não é feito com os princípios; os princípios é que são feitos para o homem".[607]

No desvendar o conteúdo do negócio jurídico, devemos apresentar os métodos de interpretação adotados pelos ordenamentos jurídicos estrangeiros, os quais pautados pela interpretação teleológica. Tal critério finalístico marca decisivamente o Princípio da conservação dos negócios jurídicos, destaca Custódio da Piedade Ubaldino Miranda.[608]

---

[607] MAXIMILIANO, Carlos. *Hermenêutica e aplicação do Direito*. 18. ed. Rio de Janeiro: Forense, 2000, p. 152-155.

[608] MIRANDA, Custódio da Piedade Ubaldino. *Interpretação e integração dos negócios jurídicos*. São Paulo: Revista dos Tribunais, 1989, p. 138.

No Direito alemão, há dois dispositivos essenciais na matéria de interpretação dos negócios jurídicos, acentua Karl Larenz[609]: o § 133º, segundo o qual, na interpretação de uma declaração de vontade, deve se averiguar qual foi a vontade real, e não se ater ao sentido literal da expressão; e o § 157º, que preceitua que os contratos devem interpretar-se como o exige a boa fé, tendo em conta os usos do comércio jurídico.[610]

No Direito italiano, o Código Civil de 1942 dedica um capítulo próprio às regras da interpretação dos contratos, consoante se observa dos artigos 1.362 a 1.371. A norma fundamental da interpretação dos negócios jurídicos na Itália é a prevista no artigo 1.362, segundo o qual se fixa que o objetivo da interpretação é averiguar a comum intenção das partes. O intérprete deve se afastar do sentido literal da linguagem. Deve recorrer aos elementos que integram o "comportamento global" das partes[611]. O Código Civil da Itália possui regra jurídica expressa a respeito do Princípio da conservação dos contratos, no seu artigo 1.367, *in verbis*: "*Conservação do contrato*: Na dúvida, o contrato ou as cláusulas singulares devem interpretar-se no sentido em que possam ter qualquer efeito; antes que naquele, segundo o qual não teriam efeito algum". Como refere Ubaldino Miranda, as regras constantes dos artigos 1.362 e 1.366 do Código Civil italiano destinam-se a proporcionar os critérios para a aferição do sentido jurídico a ser atribuído ao conteúdo do negócio jurídico, as quais se fundam em duas regras básicas: i) a exclusão do objeto da interpretação da vontade não expressa e ii) a limitação do uso dos meios interpretativos, com especial atenção à dificuldade de precisa captação desta "comum intenção das partes".[612]

No Direito Civil francês, o princípio fundamental que domina a interpretação dos contratos é o contido no artigo 1.156 do *Code*, segundo o qual o intérprete deve procurar indagar qual foi a "comum intenção dos contraentes" e não se ater ao sentido literal dos seus termos. Cuida-se da emanação do dogma da vontade, como é próprio aos ideários dos revo-

---

[609] LARENZ, Karl. *Metodologia da Ciência do Direito*. 4. ed. Trad. José Lamego. Lisboa: Fundação Calouste Gulbenkian, 2005. (Capítulo IV – Interpretação das leis, p. 439-518).

[610] MIRANDA, Custódio da Piedade Ubaldino. *Interpretação e integração dos negócios jurídicos*. São Paulo: Revista dos Tribunais, 1989, p. 139.

[611] MIRANDA, Custódio da Piedade Ubaldino. *Interpretação e integração dos negócios jurídicos*. São Paulo: Revista dos Tribunais, 1989, p. 145-146.

[612] MIRANDA, Custódio da Piedade Ubaldino. *Interpretação e integração dos negócios jurídicos*. São Paulo: Revista dos Tribunais, 1989, p. 152.

lucionários franceses, que historicamente fizeram destacar a autonomia da vontade individual.[613] A declaração da vontade deve ser tida como a expressão da vontade interna, salvo prova em contrário. Na ausência dessa prova, o magistrado deve aplicar as cláusulas do próprio negócio, acentua a doutrina.[614]

Em Portugal, a interpretação dos negócios jurídicos vem disciplinada pelos artigos 236º a 238º do Código Civil. As soluções propostas pelo Direito português se afinam, na sua essência, com as do Direito alemão. O artigo 236º do Código Civil de Portugal apresenta o "tipo do sentido negocial decisivo" para a interpretação, consagrando a chamada "teoria da impressão do destinatário". A regra estabelece ser juridicamente decisivo o "razoável sentido" que o destinatário atribuiu para a declaração. O "razoável sentido" é aquele que seria adotado por um "participante normalmente inteligente do comércio jurídico", anota Miranda. Devem ser consideradas todas as circunstâncias compreensíveis do negócio jurídico, por meio de sua criteriosa interpretação. A teoria da impressão do destinatário resolve o conflito entre a vontade real e a declarada ao atribuir ao declarante a responsabilidade pelo conteúdo da declaração como revela a seu destinatário, destaca o autor, desde que este use a "diligência necessária" no contexto da declaração e os demais elementos a esclarecer o sentido desejado pelo declarante. O poder de decisão sobre o conteúdo negocial é conferido pelo sentido com o qual se entendeu a declaração de vontade negocial e sem que se abstraia o dever de perquirir qual o sentido realmente desejado pelo contratante.[615]

No Direito anglo-americano, o princípio cardeal da interpretação dos contratos é o de que a interpretação deve se orientar de forma a apurar qual foi a intenção comum das partes e como ela foi expressa. O intérprete parte da presunção de que aos contratantes quiseram o que efetivamente declararam. Por presunção, não há, dito por outras palavras, a dissonância entre a vontade interna e a declarada. O sentido das expressões utilizadas deve ser o usual. Deve-se considerar não somente a finalidade econômica,

---

[613] POTHIER, Robert Joseph. *Tratado das Obrigações*. Trad. de Adrian Sotero de Witt Batista e Douglas Dias Ferreira. Campinas: Servanda, 2001, p. 96-103.

[614] MIRANDA, Custódio da Piedade Ubaldino. *Interpretação e integração dos negócios jurídicos*. São Paulo: Revista dos Tribunais, 1989, p. 155.

[615] MIRANDA, Custódio da Piedade Ubaldino. *Interpretação e integração dos negócios jurídicos*. São Paulo: Revista dos Tribunais, 1989, p. 158 ss.

mas também o panorama factual em que foi o negócio celebrado. Não se deve decompor as expressões empregadas, as quais não serão isoladamente consideradas com o objetivo de extrair o sentido maior dado à intenção das partes e retratado no programa contratual. O sentido de cada expressão isoladamente considerado deve ceder diante do sentido que resulte da análise do conjunto das expressões empregadas, destaca a doutrina. E o sentido decisivo, portanto, é o literal do que se parte, ou seja, é o senso usual das expressões empregadas, salvo se do contexto em que se integram se dever concluir que a intenção das partes foi atribuir um sentido diferente do usual[616], como adverte Custódio da Piedade Ubaldino Miranda.[617]

5.4. A aplicação concreta do Princípio da conservação dos negócios jurídicos pelo método realista de interpretação jurídica. A primazia da eficácia jurídica e social, na perspectiva de Silvio Rodrigues

O que apresentamos até o momento exige exemplificar a aplicação concreta para mais adequada compreensão. No Direito brasileiro, o método realista de interpretação e o papel desempenhado pela eficácia jurídica e social dos negócios como critério de interpretação foram captados por Silvio Rodrigues. As suas lições merecem conduzir os passos seguintes para a verificação da operabilidade e para a demonstração da aplicação concreta do Princípio da conservação dos negócios jurídicos. No Código Civil em vigor, os seus princípios informadores (socialidade, eticidade, operabilidade e atividade) concorrem fortemente à realização da eficácia dos negócios jurídicos. De outro lado, é igualmente correto dizer que mesmo na vigência do Código Beviláqua houve forte prestígio à conservação dos negócios jurídicos.

A respeito do Princípio da conservação dos negócios jurídicos, Silvio Rodrigues refere à inviabilidade de se anular a aquisição de bem imóvel por uma sociedade anônima autorizada a assim proceder por Assembleia Geral Extraordinária designada para tal fim. No caso por ele apresentado, foram identificados defeitos formais e substanciais no negócio, os

---

[616] MIRANDA, Custódio da Piedade Ubaldino. *Interpretação e integração dos negócios jurídicos.* São Paulo: Revista dos Tribunais, 1989, p. 164.
[617] MIRANDA, Custódio da Piedade Ubaldino. *Interpretação e integração dos negócios jurídicos.* São Paulo: Revista dos Tribunais, 1989, p. 165 ss.

PRINCÍPIO DA CONSERVAÇÃO DOS NEGÓCIOS JURÍDICOS

quais consistiram, essencialmente: i) no exercício de direito de voto por acionistas legalmente impedidos à época e ii) no suposto erro perpetrado sobre o valor da coisa. Segundo Silvio Rodrigues, o negócio jurídico deveria subsistir a despeito disso, pois não se esteve diante de um erro substancial. Houve, no caso concreto por ele destacado, o expresso prestígio do Princípio da conservação dos negócios jurídicos[618] com a afirmação de que "a nulidade só deve ser decretada quando nítido o defeito que macule o negócio jurídico".[619]

Silvio Rodrigues igualmente examina o Princípio da conservação dos negócios jurídicos em parecer assim apresentado:

> **NEGÓCIO JURÍDICO.** Conceito. Existência e validade. Princípio da conservação. Pessoa jurídica. Início de sua existência. Alteração na sua gerência não afeta a sua existência. Eficácia da representação a partir da alteração contratual. Validade dos atos praticados pelos novos gerentes entre a assinatura do instrumento e o arquivamento deste no Registro de Comércio. A ratificação tácita dos atos do representante os convalida de quaisquer defeitos e a ratificação retroage à data em que foram praticados[620].

Ainda sob o regime do Código Civil de 1916, diz o autor em tela ser firme a lição de que a nulidade dos atos jurídicos somente deve ser decretada quando for manifesto o vício que os macula. Destaca que o interesse da sociedade impõe realmente a preservação da eficácia dos negócios jurídicos, primordialmente em nome da salvaguarda da segurança negocial. Por essa razão, alerta ser dever do intérprete manter a higidez negocial, salvo se for absolutamente demonstrada a existência de um defeito grave e insuperável.[621]

---

[618] RODRIGUES, Silvio. *Direito civil aplicado*. São Paulo: Saraiva, 1981, v. 3, p. 104 ss.
[619] RODRIGUES, Silvio. *Direito civil aplicado*. São Paulo: Saraiva, 1981, v. 3. p. 87 ss.
[620] RODRIGUES, Silvio. *Direito civil aplicado*. São Paulo: Saraiva, 1981, v. 1. p. 297 ss.
[621] RODRIGUES, Silvio. *Direito civil aplicado*. São Paulo: Saraiva, 1981, v. 1, p. 302 ss.

Silvio Rodrigues[622] uma vez mais enfrenta o Princípio da conservação dos negócios jurídicos em consulta formulada em 07 de julho de 1972, assim apresentada:

SOCIEDADE DE ADVOGADOS. Exclusão de sócios dissidentes. Ato que não implica a dissolução da sociedade. Seu prosseguimento com os sócios remanescentes. Interpretação de cláusula contratual. Direitos da maioria estipulados no contrato. Dispensa de recurso à via judicial. Sociedade. Tendência do direito moderno de preservar a sobrevivência da personalidade jurídica da empresa. Inadmissibilidade, por abusiva, de denúncia unilateral. Possibilidade de continuação entre os sócios remanescentes. Princípio da conservação dos negócios jurídicos. Condição potestativa. Hipótese em que é admitida. Interpretação do art. 115 do Código Civil.

A situação fática pode ser sintetizada nos seguintes termos: as partes eram sócios de escritório de advocacia. Os sócios majoritários (que representavam 77% de seu capital) deliberaram excluir dos quadros sociais os sócios minoritários, que representavam 23%. E assim fizeram com arrimo no disposto na cláusula 10ª do instrumento contratual, a qual autorizava os sócios que representassem a maioria do capital social a excluir da sociedade qualquer dos demais, por motivo grave. Caberia ao sócio excluído, então, em seis meses a contar da alteração dos atos constitutivos com a exclusão, o recebimento do correspondente às suas quotas, a ser calculado de acordo com o último balanço geral levantado.

O fato é que, diante da exclusão dos sócios que veio a termo, os excluídos demandaram a dissolução e a liquidação de toda a sociedade de advogados. A pretensão fora julgada procedente em primeiro grau de jurisdição. Para tanto, sustentaram os autores, dentre outros pontos, os seguintes argumentos: i) que se deixou de observar o Princípio do devido processo legal à exclusão em tela; ii) que se haveria proceder à liquidação de toda sociedade e a sua apuração de haveres; iii) que a sanção objeto da cláusula 10ª referida concernia somente aos casos de gravidade, os quais não foram delineados e iv) que, "ao ver dos excluídos, a sociedade de advogados, por isso que se reveste de nítido caráter *intuitu personae*, não é suscetível de

---

[622] RODRIGUES, Silvio. *Direito civil aplicado*. São Paulo: Saraiva, 1981, v. 1, p. 123.

PRINCÍPIO DA CONSERVAÇÃO DOS NEGÓCIOS JURÍDICOS

sobreviver com a saída de um grupo de sócios, como é o caso das sociedades comerciais". Acrescentam: "naquelas, a separação dos sócios dissolve a sociedade *automaticamente* porque cada um dos prestadores de serviços profissionais, isto é, cada um dos outorgados nas procurações que o habilitaram a tais serviços, irá prestá-los *separadamente*, podendo constituir outra ou outras associações. A primeira sociedade, porém, está extinta".[623]

Nesse contexto fático, Silvio Rodrigues conclui que o comportamento da maioria não revela decisivamente o propósito de dissolver a sociedade. O ato jurídico de exclusão dos sócios divergentes não teve o condão de promover a dissolução daquela pessoa jurídica, diz o autor. Sublinha Silvio Rodrigues com acerto (ainda na década de 70) que, diante das exigências do Princípio da conservação dos negócios jurídicos, "a respeitável decisão se afastou de toda a tendência do direito moderno, inspirado no interesse social, no sentido de preservar a vida das pessoas jurídicas existentes e de conservar os atos jurídicos, uma vez que as razões que os procuram invalidar não sejam irremovíveis e possam ser removidas sem prejuízo para quem quer que seja".[624]

Afirma o civilista, portanto, há quatro décadas, existir no Direito brasileiro a tendência de impedir que a vontade individual "por capricho ou emulação" encerre a existência de uma sociedade contra a maioria dos sócios, que desejam a sua sobrevivência. A solução, salienta, nada significa senão a aplicação do Princípio da conservação também no campo da teoria das pessoas morais, a qual somente deve ser decretada quando for manifesta a impossibilidade de prestar-lhe continuidade. [625]

5.5. A função social da empresa: considerações a respeito do princípio da preservação da empresa como uma manifestação do Princípio da conservação dos negócios jurídicos e da segurança jurídica na ordem econômica

No caso último acima analisado, datado dos anos 70, foi abordado o que a doutrina vindoura passaria a referir como o Princípio da preservação da

---

[623] RODRIGUES, Silvio. *Direito civil aplicado*. São Paulo: Saraiva, 1981, v. 1, p. 127.
[624] RODRIGUES, Silvio. *Direito civil aplicado*. São Paulo: Saraiva, 1981, v. 1, p. 129.
[625] RODRIGUES, Silvio. *Direito civil aplicado*. São Paulo: Saraiva, 1981, v. 1, p. 134-135.

empresa[626]. Tal princípio não deixa de se relacionar estruturalmente com o Princípio da conservação dos negócios jurídicos.

De acordo Ana Frazão[627], a função social da empresa é um princípio que impõe o estímulo e a preservação da atividade empresarial. Visa assegurar a preservação e a manutenção da atividade geradora de empregos, de tributos e de riquezas para a comunidade. É a razão que autoriza a proteção empresarial e o efeito principal de sua função social e de seu objetivo. A manutenção estável e duradoura da atividade e da rentabilidade empresariais é um fator imprescindível que deve ser considerado no interesse social, pressuposto do atendimento de todos os demais interesses que se projetam sobre ela.[628]

Como antes destacamos, a função é "um poder que deve ser exercido no interesse de outrem", diz Francisco Amaral[629]. Com apoio em Fabio Konder Comparato, Claudio Luiz Bueno de Godoy[630] afirma que quando se fala em função, há um poder de dar destinação a um objeto ou a uma relação jurídica, vinculando-os a certos objetivos a serem alcançados não em proveito próprio, mas em proveito alheio. Na contemporaneidade, a Ciência do Direto experimenta o fenômeno da funcionalização, como ocorre com o contrato e com a propriedade, assim igualmente a afetar a empresa.

---

[626] A respeito da aplicação do princípio da conservação no campo da teoria das pessoas morais, *v.* FRAZÃO, Ana. *Função social da empresa*: repercussões sobre a responsabilidade civil dos controladores e administradores de S/A. Rio de Janeiro: Renovar, 2011. No sentido de preservação da empresa, *v.* "PENHORA. Modalidade "on line". Indeferimento. Inteligência do princípio da conservação da empresa. Aplicação do artigo 620, do Código de Processo Civil. Alegação de dificuldade de alienação do bem constrito. Mera suposição. Suficiência para garantir a execução. Indeferimento mantido. Recurso não provido. (TJSP, Agravo de Instrumento n. 0003383-06.2011.8.26.0000 - São Paulo - 18ª Câmara de Direito Privado - Relator: ROQUE ANTONIO MESQUITA DE OLIVEIRA - 08/06/2011 – voto 20.527 – v.u.).

[627] FRAZÃO, Ana. *Função social da empresa*: repercussões sobre a responsabilidade civil dos controladores e administradores de S/A. Rio de Janeiro: Renovar, 2011, p. 214-215. A respeito da superação das nulidades no direito concorrencial, *v.* CALDERINI, Vincenzo. *Le nullità speciali di diritto commerciale*: la nullità delle intese restrittive delle concorrenza. Tesi di Dottorato. Napoli: Università degli studi di Napoli Federico II, 2008, 210 p.

[628] FRAZÃO, Ana. *Função social da empresa*: repercussões sobre a responsabilidade civil dos controladores e administradores de S/A. Rio de Janeiro: Renovar, 2011, p. 214.

[629] AMARAL, Francisco. *Direito Civil. Introdução*. 6. ed. Rio de Janeiro: Renovar, 2006, p. 149.

[630] GODOY, Claudio Luiz Bueno de. *Função social do contrato*: os novos princípios contratuais. 2. ed. rev. atual. São Paulo: Saraiva, 2007, p. 114.

A empresa, sob a perspectiva econômica, é uma organização que se estabelece entre o capital e o trabalho. É a atividade econômica que se organiza destinada à produção e à circulação de bens e serviços ou, "um conjunto organizado de elementos (capital e trabalho) destinado à produção para o mercado".[631] A empresa é um elemento fundamental da economia de nossos tempos. Trata-se de instrumento valioso para a realização das atividades mercantis e industriais em uma sociedade de consumo massivo. Sendo assim, assume valor que supera aos interesses dos próprios sócios e dos acionistas, mas que, na verdade, atende à toda coletividade, de modo que faz jus à proteção jurídica contra as vicissitudes que se lhe impõe a própria ordem socioeconômica.[632]

A Lei de Falências e Recuperação de Empresas (Lei nº 11.101/05) é fortemente inspirada pelo Princípio da manutenção da empresa. A falência é o último recurso para a solução das dívidas do empresário. O Princípio da conservação dos negócios jurídicos dimana efeitos também sobre a preservação da própria atividade empresarial. A interrupção de sua atividade não pode ficar a critério exclusivo dos gestores, nem de determinados sócios ou de credores. Há a necessidade de equilibrar os interesses relevantes e que justificam a continuidade da sua atividade.[633]

Nesse exato sentido são as lições que se pode colher de voto da lavra do Des. Pereira Calças[634], do Tribunal de Justiça do Estado de São Paulo. A fundamentação do aresto foi essencialmente inspirada pelas lições de Antônio Manuel da Costa e Menezes Cordeiro e Eichler. No caso concreto em destaque, houve a repulsa judicial de situação na qual se observou a ilicitude de atuação de certa empresa, em regime de recuperação judicial, que alterou substancialmente a proposta do plano de pagamento dos seus credores, assim causando "surpresa aos presentes em ato assemblear". Como se afirmou com acerto, houve o descumprimento do dever

---

[631] AMARAL, Francisco. *Direito Civil. Introdução*. 6. ed. Rio de Janeiro: Renovar, 2006, p. 149.

[632] FRAZÃO, Ana. *Função social da empresa*: repercussões sobre a responsabilidade civil dos controladores e administradores de S/A. Rio de Janeiro: Renovar, 2011.

[633] FRAZÃO, Ana. *Função social da empresa*: repercussões sobre a responsabilidade civil dos controladores e administradores de S/A. Rio de Janeiro: Renovar, 2011, p. 218 ss.

[634] Tribunal de Justiça do Estado de São Paulo, Seção de Direito Privado, Câmara Reservada à Falência e Recuperação, Agravo De Instrumento nº 0032073-45.2011.8.26.0000, Boston Scientific do Brasil Limitada. *vs*. Saúde ABC Serviços Médico Hospitalares Limitada (em recuperação judicial), voto nº 21.415, j. 18.10.2011.

PERFIL DOGMÁTICO DA CONSERVAÇÃO DOS NEGÓCIOS JURÍDICOS

de lealdade em relação aos credores ausentes, os quais presumivelmente aquiesceram aos termos do plano inicialmente apresentado.

O instituto da recuperação judicial da empresa é de natureza negocial. Dessa forma, exige na sua fase pré-contratual (em especial a partir do exame concreto da situação jurídica do devedor que irá propor o plano de superação da crise econômico-financeira) um comportamento "leal, honesto e probo". Deve ele poder transmitir para os credores, acolhendo-o ou repelindo-o, a "confiança na relação contratual que será constituída com a concessão da recuperação judicial".[635] O Princípio da conservação dos negócios jurídicos assenta-se sobre a necessidade de conferir segurança jurídica para todas as relações negociais. Repugna à consciência do intérprete a decretação de ineficácia de negócios jurídicos quando igual resultado se possa alcançar de modo diverso, como antes alertara Silvio Rodrigues.[636]

A tônica que se visualiza para a proteção da função social da empresa revela a aplicação concreta do Princípio da conservação dos negócios jurídicos. As exigências de eficácia e da segurança jurídica são eficientes vetores de interpretação. A segurança jurídica, diz Humberto Ávila, é uma norma ("princípio-condição") que fixa os ideais de cognoscibilidade, de confiabilidade e de calculabilidade do Direito, que não podem ser descartados

---

[635] No caso em estudo, a "surpresa" decorrente da modificação abrupta e substancial do plano apresentado no prazo do art. 53, é passível de objeção em 30 dias, a teor do que dispõe o artigo 55, ambos da Lei nº 11.101/2005. Isso ocorrerá, em especial, quando a alteração implicar a cessão de crédito titularizado pela pessoa jurídica e de responsabilidade de uma empresa "virtualmente falida" não pode receber o beneplácito do Poder Judiciário, que, obviamente, como salientou em mais de uma oportunidade o Des. Pereira Calças, "não é mero chancelador de deliberações assembleares".

[636] Ensina Silvio Rodrigues: "é absolutamente ilógico, irrazoável e antieconômico decretar-se a ineficácia de um negócio, por um defeito menor, quando poderá ser ele refeito, imediatamente, de maneira adequada; deve-se aproveitar o que foi feito, pois *utile per inutile non vitiatur*; da mesma maneira – é inútil decretar-se a dissolução da sociedade para que um sócio que se retira apure os haveres que tem a receber se igual solução se alcança de forma mais simples, isto é, mantendo a sociedade com os sócios remanescentes o ordenando que estes que paguem, ao retirante, aquilo a que tem de direito" (RODRIGUES, Silvio. *Direito civil aplicado.* São Paulo: Saraiva, 1981, v. 1, p. 135).

PRINCÍPIO DA CONSERVAÇÃO DOS NEGÓCIOS JURÍDICOS

pelo intérprete[637]. Como enfatiza Geraldo Ataliba[638], o Direito é, "por excelência, acima de tudo, instrumento de segurança". A mesma segurança jurídica deve ser considerada como uma verdadeira "norma-princípio": estabelece um estado de coisas que deve ser buscado mediante a adoção de condutas que gerem efeitos concretos para sua promoção gradual. A sua aplicação no âmbito dos negócios exige o cotejo de uma norma derivada da autonomia privada com o caso concreto. Reside o seu caráter distintivo na "interposição de uma norma" entre a norma superior e a realidade fática. Como destaca Humberto Ávila, "ao contrário de um princípio material, que exige a correlação entre os efeitos de um comportamento e o estado de coisas que ele determina realizar, o princípio da segurança jurídica exige a correlação entre os efeitos de uma norma e o estado de coisas cuja realização ele estabelece".[639]

Impende consignar a esse propósito que a Câmara de Direito Empresarial do Tribunal de Justiça do Estado de São Paulo, por voto do eminente Des. Enio Zuliani[640], salientou que em nome do Princípio da preservação da empresa, a concessão de ordem judicial acautelatória pode, sob determinadas circunstâncias (no caso, discutia-se o direito de preferência na aquisição de ações), gerar uma situação que "favorece, única e exclusivamente, os interesses dos minoritários, constituindo um perigo para a instituição e para a segurança do negócio jurídico concretizado". Tal situação, diz expressamente, desatende às exigências da segurança jurídica e do Princípio da conservação dos negócios jurídicos.[641]

---

[637] ÁVILA, Humberto. *Segurança jurídica*: entre permanência, mudança e realização no Direito Tributário. São Paulo: Malheiros, 2011, p. 695.

[638] "Ele (o Direito) é que assegura a governantes e governados os recíprocos direitos e deveres, tornando viável a vida social. Quanto mais segura uma sociedade, tanto mais civilizada. Seguras são as pessoas que têm certeza de que o Direito é objetivamente um e que os comportamentos do Estado ou dos demais cidadãos dele não discreparão" (ATALIBA, Geraldo. *República e Constituição*. 3. ed. São Paulo: Malheiros, 2011, p. 180-181).

[639] ÁVILA, Humberto. *Segurança jurídica*: entre permanência, mudança e realização no Direito Tributário. São Paulo: Malheiros, 2011.

[640] Tribunal de Justiça do Estado de São Paulo. Agravo de instrumento nº 0217635-30.2011.8.26.0000, Itu/SP, voto nº 22765, Alexandre Schincariol *vs.* Jadangil Participações e Representações Ltda.

[641] Colhe-se do voto em referência: "O impasse provocado pela decisão em exame poderá paralisar a administração, diante de não ser instantânea e ou natural a irreversibilidade de negócio envolvendo quantia vultosa, o que desestrutura a potencialidade administrativa, com inegável prejuízo para o desenvolvimento do objetivo social, prejudicando a sociedade

5.5.1. A natureza jurídica e a "soberania" do plano de recuperação empresarial elaborado pela Assembleia-Geral de Credores à vista da função social da empresa e do princípio que acena à sua preservação

Ainda no que diz respeito à aplicação concreta do Princípio da conservação dos negócios jurídicos no plano do Direito falimentar, convém referir às disposições relativas à recuperação judicial e extrajudicial previstas na Lei n. 11.101/05. O artigo 47 de referido diploma normativo afirma que a recuperação judicial se destina a viabilizar a "superação da situação de crise econômico-financeira do devedor". Visa permitir a "manutenção da fonte produtora", do emprego dos trabalhadores e dos interesses dos credores, promovendo assim a "preservação da empresa, a sua função social e o estímulo à atividade econômica".

Rachel Sztajn[642] observa que o instrumento jurídico em foco objetiva a reorganização das sociedades em crise, viabilizando a "maximização da alocação dos recursos existentes ou criados na sociedade". No Direito falimentar atual, ao reverso do que regia o revogado Decreto-Lei n. 7.661/45, é possível verificar com segurança o abandono da visão que conferia destaque à simples retirada do mercado do empresário "inábil" ou "inepto".

Antes da decretação da quebra, o intérprete deve analisar eficientemente, isto é, sob a perspectiva econômico-social, a probabilidade de sobrevivência do negócio, ainda que sob o regime de administração de terceiros. O escopo da tutela jurídica dispensada pela Lei n. 11.101/05 põe em relevo o devedor de boa-fé, e não necessariamente o mercado de crédito e a confiança negocial. Em compasso com o mandamento previsto no artigo 170 da Constituição Federal de 1988, a recuperação de empresa prestigia a livre iniciativa, a valorização do trabalho e a dignidade da pessoa humana. A empresa promove a criação e a manutenção de postos de trabalho, com visto. Contudo, no Direito empresarial, devem ser evitados os perigos imanentes do "assistencialismo exacerbado".

---

e os contratantes. Isso significa que o juízo de ponderação que é necessário realizar na análise do cabimento da liminar acusa não ser razoável estagnar os planos sociais e das partes envolvidas para proteger um eventual direito de preferência que não foi exercido (total ou parcial) mediante depósito do preço".

[642] SOUZA JUNIOR, Francisco Satiro; PITOMBO, Antonio Sérgio A. de Moraes. *Comentários à lei de recuperação de empresas e falência*. Lei n. 11.101/2004 – artigo por artigo. 2. ed. rev. atual. amp. São Paulo: Revista dos Tribunais, 2007, p. 47.

PRINCÍPIO DA CONSERVAÇÃO DOS NEGÓCIOS JURÍDICOS

A Assembleia-Geral de credores é um órgão que expressa a vontade coletiva da comunhão de credores, ensina Erasmo Valladão Azevedo e Novaes França[643]. É organizada para atuar em nome e a bem do interesse comum dos credores. As deliberações da Assembleia-Geral de credores ("poder-função deliberante") somente devem prevalecer quando for observado o procedimento estabelecido em lei. "A vontade coletiva da comunhão de credores, portanto, só pode ser validamente exprimida uma vez seguindo o procedimento (...) estabelecidos na lei", salienta Erasmo Valladão Azevedo e Novaes França.[644]

A questão que desperta relevância diz respeito à invalidade das deliberações da Assembleia-Geral de Credores. A invalidade das deliberações, como acentua a doutrina, revela apenas as situações jurídicas de ineficácia negocial. Não se está, portanto, no plano da validade. Informa a doutrina que "são ineficazes as deliberações que alteram ou sejam suscetíveis de alterar *direitos especiais dos credores* ou *direitos de terceiros* antes que estes consintam".[645] As deliberações somente poderão ser consideradas eficazes caso os credores efetivamente a elas consintam, como exige o § 2º do art. 50 de mencionado diploma. Caso contrário, conquanto sejam válidas, serão ineficazes.

Mauro Rodrigues Penteado[646] observa que o plano de recuperação judicial proposto pelo devedor deve ser considerado um negócio jurídico. Importante observar que sobre ele incidem as exigências do Princípio da conservação dos negócios jurídicos. Podem os credores aceitar a proposta do devedor sem reservas desde que o façam expressamente ou que silen-

---

[643] FRANÇA, Erasmo Valladão Azevedo e Novaes. In. SOUZA JUNIOR, Francisco Satiro; PITOMBO, Antonio Sérgio A. de Moraes. *Comentários à lei de recuperação de empresas e falência.* Lei n. 11.101/2004 – artigo por artigo. 2. ed. rev. atual. amp. São Paulo: Revista dos Tribunais, 2007, p. 471.

[644] FRANÇA, Erasmo Valladão Azevedo e Novaes. In. SOUZA JUNIOR, Francisco Satiro; PITOMBO, Antonio Sérgio A. de Moraes. *Comentários à lei de recuperação de empresas e falência.* Lei n. 11.101/2004 – artigo por artigo. 2. ed. rev. atual. amp. São Paulo: Revista dos Tribunais, 2007, p. 471.

[645] SOUZA JUNIOR, Francisco Satiro; PITOMBO, Antonio Sérgio A. de Moraes. *Comentários à lei de recuperação de empresas e falência.* Lei n. 11.101/2004 – artigo por artigo. 2. ed. rev. atual. amp. São Paulo: Revista dos Tribunais, 2007, p. 471-472.

[646] PENTEADO, Mauro Rodrigues. In. SOUZA JUNIOR, Francisco Satiro; PITOMBO, Antonio Sérgio A. de Moraes. *Comentários à lei de recuperação de empresas e falência.* Lei n. 11.101/2004 – artigo por artigo. 2. ed. rev. atual. amp. São Paulo: Revista dos Tribunais, 2007, p. 85.

ciem no prazo previsto em lei conferido às objeções (Lei n. 111.101/05, art. 55). Pode o plano ser aprovado, no todo ou em parte, pela Assembleia--Geral de Credores, como informa a alínea "a", do inc. I., do art. 35 da Lei n. 11.101/05.[647]

Francisco Satiro de Souza Junior anota que o plano de recuperação judicial é um "contrato solene, com caráter de cooperação celebrado entre o devedor e credores".[648] É *solene* porque exige a forma escrita[649] e a homologação pela autoridade judicial, sob condição suspensiva, gerando a novação de obrigações dos envolvidos e o título executivo judicial. O plano de recuperação judicial expõe os créditos que serão habilitados, em havendo a posterior quebra do devedor. Fica sujeito ao exame dos elementos de existência e dos requisitos de validade próprios de todos os negócios jurídicos. Trata-se, assim, de um negócio jurídico que consubstancia uma faculdade do devedor a ser ajustada com os seus credores, inspirado uma vez mais pelo Princípio da conservação dos negócios jurídicos e da função social da atividade empresarial. Permite o tratamento unitário das relações jurídicas com os credores e a sujeição dos seus interesses pessoais ao superior interesse social da empresa[650], abrindo a possibilidade de alienação dos ativos sob o procedimento judicial, como dispõe o art. 142 da Lei n. 11.101/2005.

Pelo fato de consistir em um negócio jurídico, o plano de recuperação submete-se às exigências que o ordenamento jurídico impõe à existência, à validade e à eficácia de todos os negócios jurídicos, bem assim ao respeito aos princípios e aos valores afirmados pelo sistema do Direito, sob pena de o Poder Judiciário estar autorizado a proclamar sua invalidade.

A Câmara Reservada à Falência e Recuperação do Tribunal de Justiça do Estado de São Paulo, nos autos de Agravo de Instrumento n. 0136362-29.2011.8.26.0000, uma vez mais em voto de relatoria do Des. Pereira Cal-

---

[647] PENTEADO, Mauro Rodrigues. SOUZA JUNIOR, Francisco Satiro; PITOMBO, Antonio Sérgio A. de Moraes. *Comentários à lei de recuperação de empresas e falência*. Lei n. 11.101/2004 – artigo por artigo. 2. ed. rev. atual. amp. São Paulo: Revista dos Tribunais, 2007, p. 85-86.

[648] SOUZA JUNIOR, Francisco Satiro; PITOMBO, Antonio Sérgio A. de Moraes. *Comentários à lei de recuperação de empresas e falência*. Lei n. 11.101/2004 – artigo por artigo. 2. ed. rev. atual. amp. São Paulo: Revista dos Tribunais, 2007, p. 526.

[649] A respeito da forma dos negócios jurídicos, *v.* PINTO, Antonio Mota. *Declaração tácita e comportamento concludente no negócio jurídico.* Coimbra: Almedina, 1995.

[650] SOUZA JUNIOR, Francisco Satiro; PITOMBO, Antonio Sérgio A. de Moraes. *Comentários à lei de recuperação de empresas e falência*. Lei n. 11.101/2004 – artigo por artigo. 2. ed. rev. atual. amp. São Paulo: Revista dos Tribunais, 2007, p. 531.

ças[651], observou que, a despeito de a lei recuperacional afirmar a "soberania" do plano aprovado pela Assembleia-Geral de Credores, submete-se ele ao crivo judicial, por certo. Significa dizer que o Poder Judiciário está autorizado a afirmar sua nulidade quando verificar que se incorreu em "graves violações aos clássicos princípios gerais do direito, a diversos princípios constitucionais e às regras de ordem pública", deixando de apresentar condições constitucionais, principiológicas e legais para ser homologado.

Acentua-se no julgado em testilha que nenhum plano de recuperação judicial (assim como nenhum negócio jurídico) pode ser aprovado quando não constar os seus elementos e os seus requisitos de validade; "previsão clara e inequívoca do valor das parcelas de pagamento de cada crédito habilitado, as datas certas em que os pagamentos deverão ser realizados, e, principalmente, quando não se demonstrar que o princípio da igualdade dos credores de cada classe é religiosamente observado (*pars conditio creditorum*), o qual é de aplicação obrigatória em qualquer processo que discipline a insolvência de qualquer espécie de devedor", acentua. Como já dissemos e destacado foi no julgado em estudo, não há um "valor absoluto" que por si só determine seja proteção dispensada à "soberania da Assembleia-Geral de Credores" tal como necessariamente proposta pela parte; "como ensinaram Sócrates e Platão, as leis é que são soberanas, não os homens. Aristóteles, na Ética a Nicômano, fortaleceu a concepção de soberania da lei, harmonizando a ideia de justiça e equidade".

O aresto exame alude novamente de forma explícita ao Princípio da conservação dos negócios jurídicos. Observa que a despeito da necessidade de atender-se ao Princípio da preservação da empresa, não é incontrastável a aplicação concreta de referido comando de ordem principiológica. A realidade posta a desate, em certas situações, anota, pode desaconselhar a primazia das medidas de preservação da empresa. Ainda assim, as medidas concretamente úteis podem (melhor, devem) ser antes adotadas para viabilizar a recuperação econômica da empresa e, consequentemente, das suas relações negociais. Perfeita resta a sintonia entre a máxima expansão da eficácia dos negócios jurídicos, o controle judicial de sua validade e eficácia e a aplicação concreta do Princípio da conservação em evidência.

---

[651] TJSP, Câmara Reservada à Falência e Recuperação do Tribunal de Justiça do Estado de São Paulo, Agravo de Instrumento n. 0136362-29.2011.8.26.0000, Relator: Des. Pereira Calças, Data do julgamento: 28/02/2012.

PERFIL DOGMÁTICO DA CONSERVAÇÃO DOS NEGÓCIOS JURÍDICOS

5.5.2. A ineficácia dos atos e negócios jurídicos apontados nos artigos 129 e 130 da Lei de Falências e Recuperação Judicial e Extrajudicial (Lei nº 11.101/05): reflexões a respeito da invalidade e ineficácia e os seus efeitos fáticos e jurídicos

No cenário inspirado pela função social da empresa, outro ponto que desperta interesse em virtude de conferir aplicação concreta ao Princípio da conservação dos negócios jurídicos diz respeito à ineficácia (revogabilidade) dos atos e dos negócios jurídicos elencados no artigo 129 da Lei nº 11.101/05.

O parágrafo único do artigo 130 da Lei nº 11.101/05 afirma que "a ineficácia poderá ser declarada de ofício pelo juiz, alegada em defesa ou postulada mediante ação própria ou incidentalmente no curso do processo". Sucede que tanto nas situações previstas no artigo 129 quanto naquelas versadas pelo artigo 130 de referida lei, não se está diante do plano da validade, mas, sim, no plano da eficácia dos negócios jurídicos, como observa Manoel de Queiroz Pereira Calças.[652]

As hipóteses dos artigos 129 e 130 da Lei n. 11.101/05 são todas situações de ineficácia do negócio jurídico. Os atos nela mencionados existem e são válidos, mas concretamente não produzem os efeitos em relação à massa falida. O negócio jurídico nulo, diz o autor, não vincula os que dele participaram por ausência de validade. Já o negócio jurídico ineficaz vincula as partes porque é válido, mas não produz efeitos em relação a terceiros.[653]

Segundo Miguel Maria de Serpa Lopes[654], a distinção entre a invalidade e a ineficácia dos atos é realmente significativa. Na ineficácia, diz, o ato é "bifronte", isto é, é válido em face dos contratantes, mas é ineficaz em relação aos terceiros. Em relação aos terceiros, os seus efeitos estão subordinados secundariamente às consequências da invalidade. Os efeitos dos atos/negócios são distintos: na nulidade, a sanção consiste na supressão

---

[652] CALÇAS, Manoel de Queiroz Pereira. *Da ineficácia e da revogação dos atos praticados antes da falência*. Revista do Advogado n. 83. Associação dos Advogados de São Paulo ano XXV. São Paulo: AASP, setembro de 2005, p. 90.

[653] CALÇAS, Manoel de Queiroz Pereira. *Da ineficácia e da revogação dos atos praticados antes da falência*. Revista do Advogado n. 83. Associação dos Advogados de São Paulo ano XXV. São Paulo: AASP, setembro de 2005, p. 90-91.

[654] LOPES, Miguel Maria de Serpa. *Curso de Direito Civil*. v. 1. 8. ed. rev. atual. Rio de Janeiro: Freitas Bastos, 1996, p. 504.

de todos os efeitos do negócio jurídico, em princípio, em relação a todos, como regra. Na ineficácia, os efeitos sociais e jurídicos ficam em relação entre as partes, mesmo futuros, mas não em relação aos terceiros.

Na vigência do Decreto-Lei nº 7.661/45, a ineficácia dos atos do falido (ineficácia objetiva ou ineficácia subjetiva) somente eram sujeitos ao reconhecimento por meio de ação revocatória. No regime atual da Lei nº 11.101/05, prevê a lei recuperacional que a ineficácia pode ser declarada de ofício pela autoridade judicial, bem como ser alegada em defesa ou pleiteada mediante ação própria ou incidentalmente no curso do processo.

O artigo 130 da Lei em foco afirma serem passíveis de revogação os atos praticados com a intenção de prejudicar credores, "desde que haja a prova de conluio fraudulento entre o devedor e o terceiro que com ele contrata". Diz a lei ser preciso haver prova do efetivo prejuízo sofrido pela massa. Diante do artigo 130 em estudo, a despeito de a lei haver afirmado que o ato deve ser revogado (isto é, apreciado no plano da validade), a situação diz respeito ao plano da eficácia, como analisa Manoel de Queiroz Pereira Calças[655].

Manoel Justino Bezerra Filho[656] destaca que o legislador optou aqui por referir a duas realidades distintas, pelo que deflui da literalidade dos dispositivos em tela: no artigo 129, estabelece a ineficácia; no art. 130, fixa a invalidade dos atos jurídicos. A ineficácia, diz, deve ser considerada, de acordo com Liebman, como a capacidade de um ato para produzir efeitos na esfera jurídica das pessoas mediante vantagens ou desvantagens. O ato ineficaz, alerta, não é nulo, pois pode vincular os agentes (isto é, ser considerado válido para determinadas pessoas) e ser ineficaz (meramente sem efeitos) em relação a outras[657].

Prevalece o entendimento de que a relação jurídica estabelecida nas circunstâncias previstas no artigo 129 da lei em estudo não deve ter peremptoriamente a sua nulidade reconhecida, com a proclamação de sua invalidade.

---

[655] CALÇAS, Manoel de Queiroz Pereira. *Da ineficácia e da revogação dos atos praticados antes da falência*. Revista do Advogado n. 83. Associação dos Advogados de São Paulo ano XXV. São Paulo: AASP, setembro de 2005, p. 95-96.

[656] BEZERRA FILHO, Manoel Justino. *Nova lei de recuperação e falências comentada*. Lei 11.101, de 9 de fevereiro de 2005, comentário artigo por artigo. 3. ed. 2. Tir. São Paulo: Revista dos Tribunais, 2005, p. 296.

[657] BEZERRA FILHO, Manoel Justino. *Nova lei de recuperação e falências comentada*. Lei 11.101, de 9 de fevereiro de 2005, comentário artigo por artigo. 3. ed. 2. Tir. São Paulo: Revista dos Tribunais, 2005, p. 303)

Será preciso, uma vez mais, conferir salvaguarda diante das exigências concretas do Princípio da conservação dos negócios jurídicos. A nosso ver, a hipótese diz respeito à ineficácia dos atos e dos negócios jurídicos em relação aos credores do falido. Nada mais. Não se há afirmar a nulidade nessas circunstâncias. A recusa dos efeitos jurídicos e sociais para as alienações havidas nessas condições não determina a invalidade negocial propriamente dita. A nulidade pode vir a ser superada no que toca à aquisição patrimonial, por exemplo, pela complementação do preço de mercado pelo adquirente de boa-fé em benefício da massa de credores. Realmente, sendo assim, a situação é de mera ineficácia negocial.

5.6. Os negócios jurídicos solenes e o Princípio da conservação dos negócios jurídicos: uma proposta de superação de invalidades formais com ênfase na primazia da eficácia jurídica e social do negócio jurídico

Classificados de acordo com a forma, os negócios jurídicos podem ser divididos em formais ou em não formais.[658] Preferimos doravante a eles referir como negócios solenes ou não solenes. Por certo, a forma e a formalidade são conceitos jurídicos distintos.[659] Os negócios solenes são aqueles que a lei determina devam se revestir de uma determinada forma para que se atenda à sua validade. São os que se contrapõem aos negócios de forma livre, ou seja, os que podem ser celebrados validamente por qualquer modo.

Nos negócios jurídicos solenes, a forma é a determinada por lei. É o seu requisito de validade.[660] Segundo Orlando Gomes, "solene será, pois, o negócio jurídico cuja forma prescrita na lei é de sua substância; e que não vale, se não for observada".[661] No Direito romano, como vimos, em um estágio inicial de desenvolvimento, a solenidade dos atos jurídicos assumia envergadura tal que não raras vezes sobrepunha à própria razão de

---

[658] GOMES, Orlando. *Introdução ao Direito Civil*. 19. ed. rev. atual. aum. Rio de Janeiro: Forense, 2007, p. 275.

[659] LOTUFO, Renan. *Questões relativas a mandato, representação e procuração*. São Paulo: Saraiva, 2001, p. 117-118.

[660] FIGUEIREDO, Gabriel Seijo Leal de. *Contrato de fiança*. São Paulo: Saraiva, 2010, p. 107 ss.

[661] GOMES, Orlando. *Introdução ao Direito Civil*. 19. ed. rev. atual., aumentada de acordo com o Código Civil de 2002. Rio de Janeiro: Forense, 2007, p. 275

sua celebração (a questão de fundo), o que não se pode mais admitir nos dias que correm.[662]

O artigo 108 do Código Civil brasileiro preconiza que "não dispondo a lei em contrário, a escritura pública é essencial à validade dos negócios jurídicos que visem à constituição, transferência, modificação ou renúncia de direitos reais sobre imóveis de valor superior a trinta vezes o maior salário mínimo vigente no País". Assevera o artigo 109 de referido diploma legislativo: "No negócio jurídico celebrado com a cláusula de não valer sem instrumento público, este é da substância do ato".

De acordo com a regra constante no artigo 107 do Código Civil, "a validade da declaração não dependerá de forma especial, senão quando a lei expressamente a exigir". Álvaro Villaça Azevedo alerta que a regra geral em matéria de negócios jurídicos é a informalidade na manifestação de vontade. Mesmo em se tratando de negócios jurídicos solenes, diz, se na relação jurídica não figura terceira pessoa, a contratação faz lei entre as partes e "tem força executória própria, mesmo que necessite, em certos casos, da presença judiciária, a completar seu organismo jurídico".[663]

O problema da superação das formas e das solenidades de um negócio jurídico é de todo relevante para a interpretação do Direito também no campo das relações contratuais internacionais. Desafia os estudiosos de Direito Internacional Privado. Tal questão é referida pela doutrina com a sugestiva denominação "batalha das formas" (*battle of the forms*)[664]. A interpretação jurídica que se está a referir, por ser a consentânea com os valores superiores àqueles impostos unicamente pelas regras jurídicas, acena à superação das invalidades de ordem puramente formal.[665]

---

[662] MARKY, Thomas. *Curso elementar de Direito Romano*. 8. ed. São Paulo: Saraiva, 1995, p. 47.

[663] "A justiça negocial, sendo o negócio verdadeira *lex privata*, deve realizar-se tanto quanto possível nos moldes pactuados. A ausência de formalidade de registro, nesses aludidos negócios, que não é essencial a eles, mas garantia contra terceiros, não deve empanar referidas avenças" (AZEVEDO, Álvaro Villaça. *Teoria Geral do Direito Civil*: Parte Geral. São Paulo: Atlas, 2011, p. 181).

[664] A respeito da batalha das formas, v. SÁ RIBEIRO, Marilda R. Batalha das formas e negociação prolongada nos contratos internacionais. In: RODAS, João Grandino (coord.) *Contratos Internacionais*. 3. ed., São Paulo: RT, 2002, p. 251-282.

[665] FILLIPO, Thiago Baldani Gomes de. Nulidades do negócio jurídico. In: GUERRA, Alexandre; BENACCHIO, Marcelo. (orgs.). TOLEDO, Armando Sérgio Prado de (coord.). Negócio jurídico. São Paulo: Quartier Latin, 2013, p. 178-179.

No que diz respeito à regra prevista no artigo 108 do Código Civil brasileiro, José Osório de Azevedo Junior ensina, por exemplo, que a exigência de escritura pública de compra e venda para a aquisição do direito real pelo compromissário comprador que paga a integralidade do preço "sempre foi um absurdo do direito brasileiro". Nas suas palavras, "se o comprador já pagou o preço (em se tratando, especificamente, de compra de lote de terreno), o negócio está consumado e ninguém pode voltar atrás. O vendedor não pode mais vender o lote para outra pessoa, sob pena de praticar um crime. Então, por que exigir novo contrato (referindo, agora, ao negócio jurídico solene), isto é, uma escritura de venda?"[666]

Guillermo A. Borda[667], na Argentina, afirma que em se tratando de atos jurídicos solenes, é necessário observar que os atos praticados sem a observância das formalidades previstas na lei criam "obrigações naturais". Sendo assim, não obstante a sua nulidade, uma vez cumprido o negócio jurídico, não há direito à repetição do que se pagou.

O estudo das solenidades dos negócios jurídicos deve considerar na atualidade o interesse tutelado na sua acepção "axiológico-constitucional", diz Pietro Perlingieri.[668] É exatamente a nossa percepção do problema em foco. É preciso indagar concretamente não apenas a existência de uma solenidade prescrita na lei, mas, em especial, é preciso perscrutar qual foi a sua razão fático-jurídica em um dado caso concreto. Nesse exame, pode o rigor formal vir a ser afastado pelo intérprete. Assim agindo, é possível viabilizar excepcionalmente o afastamento do rigor da solenidade que, conquanto esteja realmente prevista na lei, pode não se justificar pelas circunstâncias concretas do fato posto a desate. A orientação que apresentamos a respeito dos negócios jurídicos solenes está a propor a análise criteriosa para a superação dos vícios de forma.

Dito por outras palavras, a regra entre nós é a liberdade das formas. A solenidade, destarte, deve ser considerada a medida de exceção. A solenidade negocial deve ser entendida, no mais das vezes, como a derrogação do próprio Princípio de liberdade das formas, o qual deriva da conforma-

---

[666] AZEVEDO JUNIOR, José Osório. *Direitos imobiliários da população de baixa renda*. São Paulo: Sarandi, 2011, p. 25 ss.

[667] BORDA, Guillermo *Tratado de Derecho civil. Parte general*. 10. ed. v. II. Editorial Perrot: Buenos Aires, ano, p. 443.

[668] PERLINGIERI, Pietro. *Perfis do direito civil:* introdução ao direito civil constitucional. Rio de Janeiro: Renovar, 1997, p. 294.

ção da autonomia privada. Em se tratando de formas, o intérprete deve superar o entendimento prevalente de que as prescrições supralegais de índole constitucional devem ser indiferentes às exigências de solenidade. O apego excessivo ao rigor formal sem a realização de interpretação teleológica dos fins para os quais ela se destina revela um juízo "inaceitável em um ordenamento unitário", observa Pietro Perlingieri. Ao intérprete, é preciso recorrer, diz, "aos princípios gerais elaborados em relação aos critérios extraíveis sobre as normas sobre a forma sem recorrer aos altos cumes do ordenamento".[669] O sistema jurídico apresenta elementos que revelam o prestígio de uma interpretação funcional. Em determinadas circunstâncias, as exigências formais cedem diante da eficácia jurídica e social do negócio jurídico.

Não pretendemos sustentar a absoluta extirpação das formas solenes dos negócios jurídicos. O que nos parece pertinente é a reflexão crítica sobre a razão das exigências legais de formas a partir da interpretação teleológico-finalístico do negócio e à luz dos valores a ela superiores contemplados pelo ordenamento jurídico.

Ora, se é correto dizer, como alerta Renan Lotufo, que "o Direito visa a proteger valores sociais, podendo utilizar-se da técnica de criar formalidades que ensejem não só maior facilidade de conhecimento a todos, como formas de intervenção de agentes públicos para conferir as vontades, nos atos, como dar a chancela ao negócio quando se vai além da forma para a solenidade"[670], é igualmente verdadeiro afirmar que diante das solenidades, havendo a colisão com superiores valores, devem tais exigências ser analisadas de forma que preponde a interpretação que se lhe confira eficácia jurídica e social norteada por critérios de razoabilidade devidamente funcionalizados.

É dizer, nas circunstâncias do caso concreto, as solenidades podem vir a ser superadas em virtude da máxima expansão de eficácia e da operabilidade do Princípio da conservação dos negócios jurídicos, de modo que se confira operabilidade ao Direito que delas emanam. Sendo assim, uma vez observada a finalidade negocial e devidamente preservados os direitos de terceiros por eles afetados, o ordenamento jurídico autoriza o

---

[669] PERLINGIERI, Pietro. *Perfis do direito civil:* introdução ao direito civil constitucional. Rio de Janeiro: Renovar, 1997, p. 294.

[670] LOTUFO, Renan. *Código Civil comentado.* Parte Geral. (art. 1º a 233). São Paulo: Saraiva, 2003, v. 1, p. 292.

PERFIL DOGMÁTICO DA CONSERVAÇÃO DOS NEGÓCIOS JURÍDICOS

intérprete a relevar certas deficiências de solenidades. Para essa tarefa, o próprio Direito cria mecanismos específicos, tais como a confirmação, a conversão e a convalidação dos negócios jurídicos. A razão justificadora da norma jurídica impositiva do caráter solene ao negócio jurídico deve manter-se preservada para que a sua incidência nulificante, diz, seja realmente adequada em um dado caso concreto.

Não almejamos eliminar as formas solenes dos negócios jurídicos. Nossa proposta circunscreve-se a reconhecer a possibilidade de o intérprete se orientar pela interpretação teleológica-finalística em cotejo com os valores superiores[671] que podem concretamente permitir sejam as deficiências relevadas em atenção à salvaguarda da eficácia jurídica e social. Significa afirmar que não se deve ceder de imediato à mera subsunção a partir da literalidade da regra constante no inciso IV do art. 166 do Código Civil. A possibilidade de superação de exigências formais, aliás, não é recente no Direito. Mesmo entre os romanos, fora reconhecida como o embrião do que mais tarde se veio conhecer como abuso do direito a proibição de alegar nulidades formais por aquele que a elas deu causa no momento de celebração do negócio jurídico, impedindo que por esse fundamento fique autorizado o descumprimento do contrato[672]. Cuida-se, na expressão cunhada por Judith Martins-Costa, de criar mecanismos para garantir a "operatividade da boa-fé no processo obrigacional".[673]

Em Portugal, Pedro Pais de Vasconcelos examina a superação judicial das invalidades formais sob o prisma e luzes do princípio *favor negotti*, que neste ensaio se refere como o Princípio da conservação dos negócios jurídicos. Ao referir ao art. 220º do Código Civil de Portugal (segundo o qual a falta de forma imposta por lei determina, em princípio, a nulidade), referido autor tece considerações que bem se podem aplicar ao ordenamento jurídico brasileiro.

---

[671] V. PERLINGIERI, Pietro. *Perfis do direito civil:* introdução ao direito civil constitucional. Rio de Janeiro: Renovar, 1997.

[672] GUERRA, Alexandre. *Responsabilidade civil por abuso do direito*: entre o exercício inadmissível de posições jurídicas e o direito de danos. São Paulo: Saraiva, 2011, p. 45.

[673] MARTINS-COSTA, Judith. *A boa-fé no direito privado*: sistema e tópica no processo obrigacional. 2. tiragem. São Paulo: Revista dos Tribunais, 2000, p. 455 e s. (5.2.2.3. A boa-fé como limite ao exercício de direitos subjetivos; CORDEIRO, Antonio Manuel da Rocha e Menezes. *Litigância de má-fé, abuso do direito de acção e culpa "in agendo"*. Coimbra: Almedina, 2005, p. 54.

Em primeiro lugar, diz Pedro Pais Vasconcelos, é assente que a regra em foco não comporta interpretação literal (assim como não a admite o quanto disposto nos artigos 108 e 166 do Código Civil brasileiro). A questão que apresenta diz respeito à situação na qual uma das partes se recusa injustificadamente ao cumprimento do dever de atender à solenidade imposta pela lei. A doutrina reconhece a responsabilidade pré-contratual e a vinculação das partes aos termos da negociação, por certo[674]. Possível é o suprimento judicial da resistência oposta injustificadamente pela parte na formalização. Nas suas palavras, "detecta-se hoje já com certa clareza uma linha de orientação jurisprudencial nos tribunais portugueses no sentido de desconsiderar ou bloquear a nulidade formal, quando invocada contra a boa-fé pela parte que lhe deu causa"[675].

Seja no Direito português, seja no brasileiro, a regra geral no plano dos negócios jurídicos é realmente a liberdade de formas. É o que acentua o art. 104, inciso III, do Código Civil brasileiro, primeira parte. Cristiano de Souza Zanetti[676] observa que o Direito contemporâneo não se afasta estruturalmente do reconhecimento atribuído à liberdade contratual, a despeito das limitações impostas por regras setoriais, como se observa nas disposições do Código de Defesa do Consumidor. O dirigismo contratual, como a expansão do limite de ordem pública, como acentuado por Zanetti, é a forma encontrada pelo Direito para promover a socialização do Direito dos contratos no século XX. Seja como for, a liberdade contratual é de ser considerada a regra e a exigência de solenidades formais a exceção.

Os princípios regentes do Direito contratual relacionam-se, na verdade, com as exigências próprias da autonomia privada, do consensualismo e do *favor negotti*, enfatiza Vasconcelos. Daí se poder afirmar que as exigências de formais especiais que traduzem solenidades são de natureza excepcional. A afirmação de nulidade por vício de forma, como regra, conspira contra a própria função do Direito. As exigências de forma não destoam, no caso

---

[674] VASCONCELOS, Pedro Pais de. *Teoria Geral do Direito Civil*. 6. ed. Coimbra: Almedina, 2010, p. 766. A esse respeito, no que diz concerne à vedação de comportamento contraditório como manifestação da boa-fé, ver: GUERRA, Alexandre. *Responsabilidade civil por abuso do direito*: entre o exercício inadmissível de posições jurídicas e o direito de danos. In. LOTUFO, Renan (coord.). Coleção Professor Agostinho Alvim. São Paulo: Saraiva, 2011.

[675] VASCONCELOS, Pedro Pais de. *Teoria Geral do Direito Civil*. 6. ed. Coimbra: Almedina, 2010.

[676] ZANETTI, Cristiano de Souza. *Direito contratual contemporâneo*: A liberdade contratual e sua fragmentação. Rio de Janeiro: Forense, 2008.

PERFIL DOGMÁTICO DA CONSERVAÇÃO DOS NEGÓCIOS JURÍDICOS

concreto, da necessidade de proceder à uma redução teleológica da regra jurídica. Somente será afirmada a nulidade quando não se fizer possível suprir a deficiência formal, seja por sentença, seja pelos demais meios de aproveitamento dos negócios jurídicos. O sentido útil que se pode afirmar para as solenidades nesse panorama se vincula à segurança a ser conferida para o negócio, assim como à publicidade que se deseja a ele imprimir. Para atender às exigências de publicidade e solenidade, a doutrina portuguesa refere que a situação seja posta a desate judicial, assim afirmada a relação jurídica que contém o vício por meio de pronunciamento jurisdicional de conteúdo declaratório, com o que restará suprida a deficiência de solenidade de início constatada.[677]

Rudolf Von Ihering[678], dissertando a respeito da responsabilidade pré-negocial, ensina que o ordenamento jurídico reconhece o dever da parte (ainda na fase pré-contratual) de não fraudar as expectativas legítimas criadas por seus próprios atos. Fere o dever de lealdade todo aquele que depois de suscitar na outra a justa expectativa de celebração de certo negócio, desiste injustificadamente de consumar a avença.

Cristiano de Souza Zanetti, sob a rubrica "preservação do pactuado", propõe igualmente critérios à superação das deficiências de forma dos negócios jurídicos solenes. Ao explanar a respeito da conversão substancial dos negócios jurídicos, do contrato preliminar e da forma contratual, afirma ser a liberdade de formas um princípio de Direito no plano nacional, de modo que não há censura a ser oposta, como regra (isto é, salvo quando a lei expressamente determine o contrário) ao fato de a declaração negocial poder ser expressa sob os mais variados modos, tais como por escritos, por meios orais ou por formas gestuais.[679]

---

[677] VASCONCELOS, Pedro Pais de. Teoria Geral do Direito Civil. 6. ed. Coimbra: Almedina, 2010, p. 768.

[678] A respeito da responsabilidade daquele que incorre em erro na celebração do negócio jurídico em relação à contraparte pelo dano que, por sua culpa lhe causou, *v.* IHERING, Rudolf Von. *Culpa "in contrahendo" ou indemnização em contratos nulos ou não chegados à perfeição.* Trad. e nota introdutória de Paulo Mota Pinto. Coimbra: Almedina, 2008. Afirma Rudolf Von Ihering, ainda, que a nulidade de um contrato exclui a ação de cumprimento (a tutela específica), mas não a ação de indenização por culpa.

[679] ZANETTI, Cristiano de Souza. *A conservação dos contratos nulos por defeito de forma.* Tese de Livre-Docência em Direito Civil. USP. São Paulo, 2010, p. 215. A obra foi posteriormente publicada sob o mesmo título pela Editora Quartier Latin (São Paulo). Contudo, as referências serão feitas à tese original de livre-docência do autor.

No Direito Civil contemporâneo, anota Zanetti, a obtenção da justa composição dos interesses por meio do negócio jurídico é mais importante do que o cumprimento de um requisito formal. Razão lhe assiste. A assunção da obrigação pelo consenso torna-se a regra maior no Direito privado. O cumprimento das exigências formais tem caráter nitidamente acessório. Vale dizer, somente deve ser exigido excepcionalmente.[680] O Direito, alerta o autor, deve buscar mecanismos para garantir a eficácia jurídica e social das manifestações dos sujeitos de direito mesmo quando não sejam observadas as formalidades legais. Segundo ele, é preciso ao intérprete afastar da interpretação literal dos textos, como em uma primeira leitura se poderia fazer diante do que afirma o inciso III do artigo 104 do Código Civil brasileiro.[681]

Destaca o jurista em referência a possibilidade de conversão do negócio jurídico solene (que apresenta uma deficiência formal) para o respectivo contrato preliminar. A solução é inspirada também pelo Princípio da conservação dos negócios jurídicos. A saída alvitrada serve para compatibilizar as exigências impostas pela lei, pois, como cediço, ao contrato preliminar, como informa o artigo 462 do Código Civil, não se exige a observância das solenidades previstas em lei para o negócio jurídico final (definitivo): "O contrato preliminar, *exceto quanto à forma*, deve conter todos os requisitos essenciais do contrato a ser celebrado". Nas palavras de Zanetti, "a conversão seria sempre possível desde que recusada a execução específica do contrato preliminar".[682] A conversão do contrato definitivo em contrato preliminar bilateral aproveita a ambas as partes[683], diz, pois em última análise permite que sejam parcialmente preservados os efeitos queridos.[684] A solução por ele alvitrada é possível nos contratos em que a forma ostenta

---

[680] ZANETTI, Cristiano de Souza. *A conservação dos contratos nulos por defeito de forma*. Tese de Livre-Docência em Direito Civil. USP. São Paulo, 2010, p. 217.

[681] ZANETTI, Cristiano de Souza. *A conservação dos contratos nulos por defeito de forma*. Tese de Livre-Docência em Direito Civil. USP. São Paulo, 2010, p. 288.

[682] ZANETTI, Cristiano de Souza. *A conservação dos contratos nulos por defeito de forma*. Tese de Livre-Docência em Direito Civil. USP. São Paulo, 2010, p. 253.

[683] ZANETTI, Cristiano de Souza. *A conservação dos contratos nulos por defeito de forma*. Tese de Livre-Docência em Direito Civil. USP. São Paulo, 2010, p. 255.

[684] ZANETTI, Cristiano de Souza. *A conservação dos contratos nulos por defeito de forma*. Tese de Livre-Docência em Direito Civil. USP. São Paulo, 2010, p. 255.

PERFIL DOGMÁTICO DA CONSERVAÇÃO DOS NEGÓCIOS JURÍDICOS

uma função acautelatória bilateral.[685] A conversão do contrato definitivo solene nulo por defeito de forma não promove o "desequilíbrio dos interesses juridicamente protegidos", argumenta[686]. O mesmo procedimento pode ser observado, a título de exemplo, em relação ao pacto antenupcial[687] nulo por defeito de forma, o que faz vivificar o Princípio da conservação dos negócios jurídicos.

Diante de todo o exposto, concluímos que, como regra, os contratos nulos por vício de forma (solenes) com função acautelatória podem ser convertidos nos respectivos preliminares bilaterais[688], assim os conservando ao final. Nos casos em que a solenidade exerce uma função de esclarecimento, por sua vez, como anota Zanetti, a mitigação da exigência formal é igualmente cabível quando o negócio não aproveitar à parte mais forte da relação jurídica. Não se impede a conversão do negócio nulo em um contrato preliminar que beneficie a quem tinha inicialmente o interesse maior na observância do dever de esclarecimento garantido pelo rigor formal, adverte[689]. Nestes casos, esclarece ele, não há razão lógica ou jurídica que impeça o direito da parte protegida de que ela própria exija a conclusão e o cumprimento do negócio jurídico final.[690]

Igualmente sob o prisma de Zanetti, o ordenamento jurídico brasileiro acolhe o Princípio da conservação do negócio jurídico inválido[691]. O mesmo faz (e, na verdade, com maior razão) ao acolher os negócios puramente ineficazes. O Direito moderno consagra a máxima romana *utile per inutile non vitiatur* ("o útil não deve ser viciado pelo inútil") e o princípio *favor negotti*. O Princípio em destaque é revelado, dentre outros, como se

---

[685] DEL NERO, João Alberto Schützer. *Conversão substancial do negócio jurídico*. Biblioteca de teses. Rio de Janeiro: Renovar, 2001.

[686] ZANETTI, Cristiano de Souza. *A conservação dos contratos nulos por defeito de forma*. Tese de Livre-Docência em Direito Civil. USP. São Paulo, 2010, p. 255 ss.

[687] ZANETTI, Cristiano de Souza. *A conservação dos contratos nulos por defeito de forma*. Tese de Livre-Docência em Direito Civil. USP. São Paulo, 2010, p. 262-263.

[688] ZANETTI, Cristiano de Souza. *A conservação dos contratos nulos por defeito de forma*. Tese de Livre-Docência em Direito Civil. USP. São Paulo, 2010, p. 263.

[689] ZANETTI, Cristiano de Souza. *A conservação dos contratos nulos por defeito de forma*. Tese de Livre-Docência em Direito Civil. USP. São Paulo, 2010, p. 266-267.

[690] ZANETTI, Cristiano de Souza. *A conservação dos contratos nulos por defeito de forma*. Tese de Livre-Docência em Direito Civil. USP. São Paulo, 2010, p. 267.

[691] JUNQUEIRA, Antonio Junqueira de. *Negócio jurídico: existência, validade e eficácia*. Atual. de acordo com o Código Civil (Lei n. 10.406, de 10.01.2002). São Paulo: Saraiva, 2002, p.42.

observa, anota o autor, pelo artigo 184 do Código Civil e parágrafo 2º, e pelo artigo 51, do Código de Defesa do Consumidor. Segundo se colhe da pena de Paulo Lôbo[692], "deve-se aproveitar, ao máximo possível, o negócio, em atenção, principalmente, à intenção negocial manifestada pelas partes". Ademais disso, a segurança jurídica e a tutela da confiança despertada na contraparte e no meio social igualmente conspiram ao seu favor.[693]

Assiste razão a Pietro Perlingieri, portanto, quando afirma a necessidade de individuação das exigências e dos interesses que justificam a forma negocial solene. É preciso verificar, diz o autor, se no caso concreto a exigência de determinada solenidade é realmente merecedora de tutela jurídica (*"meritevolezza"*).[694] Tal juízo de merecimento de tutela jurídica como o fundamento para a exigência de solenidade somente deve ser acatado quando a forma for realmente um meio adequado para conferir segurança jurídica compatível com os fins negociais, desde que seja coerente com as reais exigências da hipótese concreta. O criterioso exame deve ser realizado pelo intérprete em atenção às circunstâncias do fato concreto e não no plano abstrato da norma jurídica impositiva da invalidade do negócio jurídico. É dizer, o exame da razoabilidade na imposição das solenidades decorre, portanto, da análise do negócio jurídico em cotejo com os valores superiores contemplados pelo sistema jurídico, os quais são intrínsecos àquele negócio jurídico, principalmente os valores eleitos como fundamentais pela ordem jurídica. Como ensina Perlingieri, é necessário perquirir a "razão suficiente da prescrição de forma", uma vez que, nas suas palavras, "toda forma negocial tem necessariamente uma função, ainda que heterogênea".[695]

A solução apresentada pelos autores acima destacados atende satisfatoriamente às exigências do Princípio da razoabilidade no campo do rigor de forma solene dos negócios jurídicos.[696] Ao lado das determinações legais das solenidades, a tutela da confiança na aparência de um direito deve

---

[692] LÔBO, Paulo. *Direito Civil*. Parte Geral, 2. ed. São Paulo: Saraiva, 2010, p. 321.

[693] LÔBO, Paulo. *Direito Civil*. Parte Geral, 2. ed. São Paulo: Saraiva, 2010, p. 321 ss.

[694] PERLINGIERI, Pietro. *Perfis do direito civil*: introdução ao direito civil constitucional. Rio de Janeiro: Renovar, 1997, p. 229 (Capitulo 8. 147 – Merecimento de tutela (*meritevolezza*) dos estatutos privados e reserva de lei).

[695] PERLINGIERI, Pietro. *Perfis do direito civil*: introdução ao direito civil constitucional. Rio de Janeiro: Renovar, 1997, p. 294 ss.

[696] A respeito da conformação encampada a respeito do postulado normativo da razoabilidade, *v*. OLIVEIRA, José Roberto Pimenta. *Os princípios da razoabilidade e da proporcionalidade*

igualmente ser um princípio geral efetivamente protegido pela ordem jurídica. Alias, é corolário do Princípio da segurança jurídica, como aludimos, consoante esclarece Manuel António de Castro Portugal Carneiro da Frada.[697] A confiança despertada na aparência de um direito também radica no Princípio da conservação dos negócios jurídicos. Tal confiança pode justificar, em situações excepcionais, a superação dos rigores de forma exigidos pela lei[698]. O Princípio da confiança na aparência produz eficácia para os terceiros que confiaram na validade e na seriedade da contratação celebrada. Pode, assim, preponderar concretamente a segurança negocial, que deflui do conteúdo do negócio jurídico declarado em num dado contexto fático. Com efeito, a circulação de bens e de riquezas pressupõe a celebração de negócios jurídicos presumivelmente existentes, válidos e, sobretudo, presumivelmente eficazes, como destaca Luiz Fabiano Correa.[699]

Sendo assim, o intérprete deve prestigiar a validade de um negócio jurídico solene que em princípio não atende à forma prevista na lei se não houver ofensa aos Direitos fundamentais, má-fé ou lesão aos demais direitos daqueles protegidos pela ordem jurídica em virtude da instituição da própria regra impositiva da solenidade. Deve o intérprete se pautar, uma vez mais, pela razoabilidade e pela adequada ponderação dos valores em conflito no caso concreto, especialmente a partir das exigências da teleologia do negócio jurídico.[700]

---

no direito administrativo brasileiro. Coleção Temas de Direito Administrativo. São Paulo: Malheiros, 2006, v. 16.

[697] FRADA, Manuel António de Castro Portugal Carneiro da. *Teoria da confiança e responsabilidade civil*. Coimbra: Almedina, 2007, p. 901ss.

[698] CORREIA, Ferrer A. *Erro e interpretação na teoria do negócio jurídico*. 4 reimp. Coleção Teses. Coimbra: Almedina, 2001; PINTO, Paulo Mota. *Declaração tácita e comportamento concludente na teoria do negócio jurídico*. Coimbra: Almedina, 1995.

[699] CORREA, Luiz Fabiano. *A proteção da boa-fé nas aquisições patrimoniais*: esboço de uma teoria geral da proteção dispensada pelo direito privado brasileiro à confiança na aparência de direito em matéria patrimonial. Campinas: Interlex informações jurídicas Ltda., 2001, p. 439.

[700] Anota Luiz Fabiano Correa: "Todo aquele que livre e conscientemente contribui para que uma pessoa de boa-fé confie em uma aparência de direito traduzida por uma situação de fato externa em desacordo com a realidade jurídica e assim a leva a fazer um ato de disposição patrimonial, como contraprestação do bem jurídico supostamente amparado pela relação jurídica aparente, sujeita-se à eficácia da aparência do direito, tal como se a realidade jurídica existisse. Dispensa-se a imputabilidade da aparência de direito ao prejudicado se há o interesse público na preservação da confiabilidade de certas instituições jurídicas" (CORREA, Luiz Fabiano. *A proteção da boa-fé nas aquisições patrimoniais*: esboço de uma teoria geral da proteção

PRINCÍPIO DA CONSERVAÇÃO DOS NEGÓCIOS JURÍDICOS

Como salienta Paulo Lôbo, o contrato representa um esforço humano e uma utilidade social, os quais devem ser considerados pelas partes e pela ordem social para que sejam salvaguardados os negócios celebrados na maior extensão possível. A doutrina assim concebe a interpretação em favor do contrato (*favor contractus*). Acolhe o autor nesse panorama o Princípio da conservação dos negócios jurídicos[701], que autoriza, justamente em nome da primazia da eficácia, a superação de exigências formais não merecedoras de tutela jurídica, isto é, a superação das exigências que não atendem à segurança, aos fins do negócio jurídico e às reais exigências da hipótese concreta[702]. Assume particular destaque nesse quadro a regra constante no artigo 462 do Código Civil[703], como dito. É possível reconhecer, por exemplo, por força da própria celebração do negócio jurídico, mesmo quando desatendidas as exigências das solenidades, a incidência de responsabilidades decorrentes de obrigações *propter rem* em relação ao promissário-comprador[704], em se tratando de compromisso de compra e venda de bens imóveis. Fica ao adquirente autorizada, inclusive, a proteção possessória e a execução específica da obrigação nele consubstanciada.

Em suma, no Direito Civil contemporâneo, é preciso que o intérprete abandone a concepção fundamentalmente subjetivista do negócio jurídico. A vontade negocial resta substituída pelo reconhecimento social dos efeitos da declaração da vontade consubstanciada na sua declaração. A preocupação do intérprete deve concentrar-se na captação dos dados objetivamente extraídos do comportamento social das partes como exigido para o normal desempenho da atividade econômica. A proposta de máxima expansão de eficácia do negócio jurídico solene que deixa de observar à exigência legal atende ao Princípio da segurança jurídica e à credibilidade necessária para

---

dispensada pelo direito privado brasileiro à confiança na aparência de direito em matéria patrimonial. Campinas: Interlex informações jurídicas Ltda., 2001, p. 445).

[701] LÔBO, Paulo. *Direito Civil*. Parte Geral. 2 ed. São Paulo: Saraiva, 2010, p. 179-180.

[702] LÔBO, Paulo. *Direito Civil*. Parte Geral. 2 ed. São Paulo: Saraiva, 2010, p. 179-180.

[703] Especificamente referindo às alienações de bens imóveis ver: ZEVEDO JUNIOR, José Osório de. O contrato de compra e venda de bens imóveis. In: GUERRA, Alexandre; BENACCHIO, Marcelo. *Direito imobiliário brasileiro: novas fronteiras na legalidade constitucional*. São Paulo: Quartier Latin, 2011, p. 527-540.

[704] A respeito das obrigações *propter rem*, ver: COSTA, José Eduardo. A responsabilidade pelas despesas e tributos imobiliários e as obrigações propter rem. In: GUERRA, Alexandre; BENACCHIO, Marcelo. *Direito imobiliário brasileiro: novas fronteiras na legalidade constitucional*. São Paulo: Quartier Latin, 2011, p. 425-440.

a vida em sociedade. O Princípio da conservação dos negócios jurídicos é, nesse compasso, uma diretriz afinada ao Princípio da sociabilidade, mandamento que deflui da boa-fé lealdade, como veremos. Também a tutela da própria confiança negocial, como vimos, faz exigir a adoção de um comportamento voltado à cooperação[705] eficiente entre as partes contratantes, as quais devem efetivamente cumprir a palavra empenhada a despeito da eventual desatenção da solenidade porventura exigida pelo legislador. Nas palavras de Marcelo Vicenzi, "constituindo o vínculo obrigacional numa ordem de cooperação polarizada pelo adimplemento, é dever de cada parte, decorrente da tutela da confiança, proceder com atenção e consideração aos legítimos interesses da contraparte, pois só assim a relação contratual poderá ser desenvolvida na sua normalidade".[706]

5.7. A boa-fé lealdade como um critério interpretativo do Princípio da conservação dos negócios jurídicos e o Princípio da eticidade como seu primeiro fundamento axiológico no Código Civil brasileiro

No exame do Princípio da conservação dos negócios jurídicos, a boa-fé lealdade[707] representa um essencial vetor de interpretação dos negócios jurídicos, preservando-os, conservando-os e garantindo a sua eficácia jurídica e social. A boa-fé pode ser considerada um requisito de validade de todo negócio jurídico, em conformidade com o artigo 113 do Código Civil brasileiro, leciona Renan Lotufo[708]. Trata-se, por assim dizer, de uma verdadeira "cláusula geral de interpretação conforme" que se expressa em

---

[705] Sobre a conformação do processo obrigacional a partir da cooperação bilateral no cumprimento de um programa comum, ver: SILVA, Clóvis do Couto e. *A obrigação como processo*. São Paulo, FGV, 2008.

[706] VICENZI, Marcelo. *Interpretação do contrato*: ponderação de interesses e solução de conflitos. São Paulo: Revista dos Tribunais, 2011, p. 55-56.

[707] A expressão é de NORONHA, Fernando. *O direito dos contratos e seus princípios fundamentais*: autonomia privada, boa-fé, justiça contratual. São Paulo: Saraiva, 1994.

[708] LOTUFO, Renan. Inédito. Palestra de abertura do I Congresso de Direito Civil – As cláusulas gerais vistas pela jurisprudência no limiar da primeira década de vigência do Código Civil brasileiro -, intitulada A Parte Geral do Código Civil: seus princípios e o papel das cláusulas gerais, realizada em 08.08.2011, no Salão Nobre da Faculdade de Direito de Sorocaba.

PRINCÍPIO DA CONSERVAÇÃO DOS NEGÓCIOS JURÍDICOS

reação ao positivismo jurídico, enfatiza Marcelo Vicenzi[709]. Paulo Nalin[710] atribui relevância intensa ao Princípio da boa-fé. Afirma que a boa-fé é um elemento de existência do negócio jurídico. Nas suas palavras, "não tenho dúvida de que o contrato celebrado sem sua observância também será inexistente, sendo ela (boa-fé), antes, elemento de materialização do negócio jurídico do que simples elemento informativo do que conformativo da vontade contratual".

O sistema jurídico que emerge do Código Civil brasileiro em vigor é repleto de cláusulas gerais.[711] O Princípio da conservação dos negócios jurídicos é igualmente veiculado por meio de uma cláusula geral, assim como a própria boa-fé lealdade o é[712]. Em poucas palavras, as cláusulas gerais são uma técnica legislativa, isto é, uma forma de legislar por meio de comandos abertos[713] e dependentes do prudente preenchimento pelo intérprete no caso concreto[714], como ensina Alberto Gosson Jorge Junior.[715]

Judith Martins-Costa[716] enfatiza que o conceito de boa-fé (assim com os conceitos de lealdade e de veracidade) não é oferecido para o intérprete

---

[709] VICENZI, Marcelo. *Interpretação do contrato*: ponderação de interesses e solução de conflitos. São Paulo: Revista dos Tribunais, 2011, p. 98.

[710] NALIN, Paulo. A boa-fé como elemento de existência do negócio jurídico. In: DELGADO, Mário Luiz; ALVES, Jones Figueirêdo (Coords.). *Novo Código Civil*: questões controvertidas. Parte geral do Código Civil. São Paulo: Método, 2007, p. 344. (Série Grandes Temas de Direito Privado, v. 6).

[711] JORGE JÚNIOR, Alberto Gosson. *Cláusulas gerais no Código Civil*. São Paulo: Saraiva, 2004.

[712] "O Código Civil vigente não apenas traz uma série de regras legais inspiradas no princípio da conservação dos atos jurídicos, como ainda estabelece cláusula geral celebrando essa mesma orientação (artigo 184) que, por sinal, já existia desde o Código anterior (artigo 153)." (STJ, REsp. 1106625/PR, Rel. Ministro SIDNEI BENETI, Terceira Turma, j. 16/08/2011, DJe 09/09/2011).

[713] TOSTA, Jorge; BENACCHIO, Marcelo. A intepretação dos negócios jurídicos. In: GUERRA, Alexandre; BENACCHIO, Marcelo. (orgs.). TOLEDO, Armando Sérgio Prado de (coord.). *Negócio jurídico*. São Paulo: Quartier Latin, 2013, p. 141-142

[714] MENKE, Fabiano. A intepretação das cláusulas gerais. A subsunção e a concreção dos conceitos. In: MARQUES, Claudia Lima; MIRAGEM, Bruno (orgs.). *Doutrinas essenciais. Direito do Consumidor*. São Paulo: Revista dos Tribunais, 2011, v. IV, p. 131.

[715] JORGE JUNIOR, Alberto Gosson. Estruturação normativa da responsabilidade civil dos bancos por meio de cláusulas gerais e paradigmas para sua aplicação concreta. In: GUERRA, Alexandre; BENACCHIO, Marcelo (coords.). *Responsabilidade civil bancária*. São Paulo: Quartier Latin, 2012, p. 98 e 100.

[716] MARTINS-COSTA, Judith. *A boa-fé no direito privado*: sistema e tópica no processo obrigacional. 2. tiragem. São Paulo: Revista dos Tribunais, 2000, p. 427 ss. No mesmo sentido,

PERFIL DOGMÁTICO DA CONSERVAÇÃO DOS NEGÓCIOS JURÍDICOS

por meio de regras jurídicas preestabelecidas. Traduzem verdadeiras construções do Direito. A boa-fé lealdade é um princípio de caráter geral, diz a autora, que merece sobressair no processo de construção do significado do negócio jurídico para qualquer contrato e para qualquer cláusula que o compõe. Não deve o Princípio da conservação dos negócios jurídicos ser aplicado apenas quando houver incerteza sobre o conteúdo do negócio jurídico.[717] Sendo assim, anota, a boa-fé assume uma cardeal função no plano dos negócios jurídicos, em especial nos casos em que a integração (e a interpretação mais aprofundada) são necessárias.[718]

O artigo 239º do Código Civil de Portugal dispõe: "(Integração). Na falta de disposição especial, a declaração negocial deve ser integrada de harmonia com a vontade que as partes teriam tido se houvessem previsto o ponto omisso, ou de acordo com os ditames da boa fé, quando outra seja a solução por eles imposta". A regra em foco, acentua Orlando Gomes[719], se insere no conjunto de preceitos concernentes à interpretação dos contratos. Destina-se a traçar os critérios a serem observados pelo juiz na construção da norma contratual. Autoriza o intérprete a colmatar as lacunas até ao ponto de enriquecer de obrigações subsidiárias o seu conteúdo no processo de integração.[720] Como refere Orlando Gomes, "cumpre-lhe, por

da mesma autora, *v*. O método da concreção e a interpretação dos contratos: primeiras notas de uma leitura suscitada pelo Código Civil. In: NANNI, Giovanni Ettore (coord.). *Temas relevantes do Direito Civil contemporâneo*. Reflexões sobre os cinco anos do Código Civil. Estudos em homenagem ao Professor Renan Lotufo. São Paulo: Atlas, 2008, p. 475-506.

[717] Alberto Gosson Jorge Júnior ensina: "(Cláusulas gerais são) elementos de conexão entre as normas jurídicas rígidas (pontuais) e a necessidade de mudança de conteúdo de determinados valores, em meio a um ambiente social de transformação, operando, dentro de certos limites, a adaptação do sistema jurídico (aberto) às novas exigências na interpretação desses valores" (JORGE JÚNIOR, Alberto Gosson. *Cláusulas gerais no Código Civil*. São Paulo: Saraiva, 2004).

[718] MARTINS-COSTA, Judith. O método de concreção e a intepretação contratual: primeiras notas de uma leitura. In: NANNI, Giovanni Ettore (coord.). Temas relevantes do direito civil contemporâneo. Reflexões sobre os cinco anos do Código Civil. Estudos em homenagem ao Professor Renan Lotufo. São Paulo: Atlas, 2008, p. 506.

[719] GOMES, Orlando. *Ensaios de Direito Civil e de Direito do Trabalho*. O Princípio da boa fé no código civil português. Rio de Janeiro: Aide Editora, 1986, p. 51.

[720] GOMES, Orlando. *Ensaios de Direito Civil e de Direito do Trabalho*. O Princípio da boa-fé no código civil português. Rio de Janeiro: Aide Editora, 1986, p. 51 ss.

PRINCÍPIO DA CONSERVAÇÃO DOS NEGÓCIOS JURÍDICOS

outras palavras, proceder, nesses casos, a uma interpretação construtiva. Cabe-lhe, em síntese, empregar o método da integração".[721]

Silvio Luis Ferreira da Rocha também observa que o Princípio da conservação dos negócios jurídicos pode ser equacionado a partir de dois modelos interpretativos distintos. Pelo primeiro modelo (o denominado modelo subjetivo), a interpretação negocial é uma atividade que visa primordialmente encontrar a chamada *intenção comum das partes*. Versa a respeito da interpretação guiada pelo princípio da investigação da vontade real, mas o intérprete não deve transformar-se, observa o autor, em um "pesquisador do elemento psíquico". A pesquisa da intenção comum das partes, diz, objetiva somente "resguardar a substância da real manifestação de vontade das partes, eventualmente falseada por uma formulação imperfeita do texto do contrato, mesmo que aparentemente o termo ou a expressão utilizados não deem margem a incertezas".[722]

O segundo modelo interpretativo de Ferreira da Rocha (de matiz objetivo) é subsidiário. Somente é cabível quando a atividade de interpretação sob o modelo subjetivo não produz os resultados eficientes, vale dizer, quando não se logrou estabelecer a real intenção das partes. A interpretação objetiva consiste em adotar regras para solução de dúvidas que persistiam após o critério subjetivo. São elas a boa-fé, diz, o Princípio da conservação do contrato (Princípio da conservação dos negócios jurídicos, na sua amplitude maior) e o Princípio da "extrema ratio". Nas suas palavras, "o princípio da conservação do contrato apregoa a interpretação racional, isto é, aquela que tenha sentido e permita ao contrato produzir e efeito mais útil. Entre duas interpretações possíveis, deve-se priorizar aquela que seja útil e séria".[723]

Como cediço, dentre outras funções, a boa-fé lealdade é um cânone interpretativo do negócio jurídico. A nosso ver, a sua incidência não ocorre somente no final do modelo interpretativo objetivo do negócio jurídico para eventualmente suprir as deficiências constatadas no trabalho de identificação da autonomia privada nele revelada. A boa-fé visa preservar o negócio

---

[721] GOMES, Orlando. *Ensaios de Direito Civil e de Direito do Trabalho*. O Princípio da boa fé no código civil português. Rio de Janeiro: Aide Editora, 1986, p. 51.

[722] ROCHA, Silvio Luis Ferreira da. *Curso Avançado de Direito Civil*. Contratos. CAMBLER, Everardo (coord.). São Paulo, Revista dos Tribunais, 2002, v. 3, p. 96. ss.

[723] ROCHA, Silvio Luis Ferreira da. *Curso Avançado de Direito Civil*. Contratos. CAMBLER, Everardo (coord.). São Paulo, Revista dos Tribunais, 2002, v. 3, p. 99.

jurídico[724] e faz criar os deveres contratuais acessórios.[725] Por força da aparência do direito criado (que é digno de tutela pela ordem social), deve-se imprimir a máxima expansão de eficácia para todo negócio jurídico que seja consentâneo com o ordenamento que o recebe. Desde a sua gênese, devem todos guardar a observância da boa-fé. Como destacamos, as solenidades formais porventura desatendidas pelas partes cedem à análise meramente estrutural. Isto é, não devem se sobrepor à disciplina jurídica que dimana do negócio inserido no ordenamento jurídico assim considerado sob a forma sistemática, marcado pela coerência e pela unidade.[726]

A boa-fé lealdade é um conceito jurídico que, conquanto seja realmente indeterminado *a priori*, tem o seu conteúdo amplamente difundido nos Códigos Civis contemporâneos ocidentais, sustentam Renan Lotufo[727] e Marcelo Vicenzi.[728] A dificuldade na delimitação do conteúdo de certos conceitos jurídicos por certo não afasta a sua eficácia. Ao contrário, a dificuldade de delimitação conceitual somente a reforça. É que se observa, por exemplo, no enriquecimento sem causa: conquanto os seus contornos sejam realmente imprecisos (marcadamente porque não são fornecidos por textos legislativos) mantém o instituto forte inspiração na boa-fé lealdade.

A invalidade dos negócios jurídicos é um campo profícuo do Princípio de vedação do enriquecimento sem causa. Giovanni Ettore Nanni alerta que o negócio jurídico nulo não produz efeitos desde o momento em que celebrado, como regra. Excepcionalmente, contudo, diz o autor, pode pro-

---

[724] THEODORO JÚNIOR, Humberto. Contrato. Interpretação. Princípio da boa-fé. Teoria do ato próprio ou da vedação do comportamento contraditório. São Paulo: Revista de Direito Privado n. 38. Revista dos Tribunais, abril/2009, p. 149ss.). Ainda, ver BECKER, Anelise. *A natureza jurídica da invalidade cominada às cláusulas abusivas pelo Código de Defesa do Consumidor.* São Paulo: Revista de Direito do Consumidor n. 22, abr/1997.

[725] A respeito dos deveres contratuais lateriais, ver: SILVA, Jorge Cesa Ferreira da. *Violação positiva do contrato.* Rio de Janeiro: Renovar, 2001.

[726] A esse respeito, ver NORONHA, Fernando. *O direito dos contratos e seus princípios fundamentais*: autonomia privada, boa-fé, justiça contratual. São Paulo: Saraiva, 1994; DIEZ-PICAZO, Luis; GULLON, Antonio. *Sistema de derecho civil.* v. 1. Editorial Tecnos: Madrid, ano, p. 428-430; LOTUFO, Renan. *Código Civil comentado.* Parte Geral (arts. 1º a 232º). São Paulo: Saraiva: 2003, v. 1, p. 314-315; MARTINS-COSTA, Judith. A boa-fé no direito privado: sistema e tópica no processo obrigacional. 2. tir. São Paulo: Revista dos Tribunais, 2000, p. 428 ss.

[727] LOTUFO, Renan. Código Civil comentado. Parte Geral (arts. 1º a 232º). São Paulo: Saraiva: 2003, v. 1, p. 313-314.

[728] VICENZI, Marcelo. *Interpretação do contrato*: ponderação de interesses e solução de conflitos. São Paulo: Revista dos Tribunais, 2011, p. 136.

duzir efeitos jurídicos quando produz os efeitos concretos entre as partes. Nas palavras de Nanni, "deverá o direito evitar que uma das partes possa auferir uma vantagem patrimonial indevida. É quando o princípio do enriquecimento sem causa entra em cena".[729]

A boa-fé lealdade deve ser concebida como um princípio basilar da vida negocial.[730] É um paradigma de toda relação humana que dimana os seus efeitos no sentido de superação das invalidades. Reclama a aplicação concreta do Princípio da conservação dos negócios jurídicos. O comportamento daquele que empenha legitimamente a sua palavra faz surgir expectativas na contraparte e nos demais membros da ordem jurídica. Por essa razão, a boa-fé lealdade conspira em favor da aplicação do Princípio da conservação dos negócios jurídicos e para a segurança das relações negociais. A segurança jurídica, como destacamos, é necessária para a realização das finalidades dos interesses gerais servidos pelo Direito Civil, com ênfase à produção e na distribuição de bens e de serviços. A boa-fé lealdade é assegurada por meio e em função da tutela das expectativas legítimas das partes. Segundo Fernando Noronha[731], a segurança é essencial para o intercâmbio de bens e de serviços e para o perfeito funcionamento da economia. Fincam as suas bases numa relação de confiança. "Quando a lei impõe a quem se obrigou a necessidade de cumprir o compromisso assumido, está apenas protegendo, no interesse geral, a confiança que o credor legitimamente tinha que seu interesse particular seria satisfeito"[732], expõe Emilio Betti.[733]

No processo de interpretação jurídica em que avulta o Princípio da conservação dos negócios jurídicos, a regra constante no artigo 113 do Código Civil em vigor apresenta a chamada função interpretativa da boa-fé. A boa-fé deve nortear os destinatários do negócio jurídico. Destina-se a atribuir o real significado que as partes lhe conferiram ao se proceder com lisura, ou, na hipótese de cláusulas ambíguas, impõe-se conferir pre-

---

[729] NANNI, Giovanni Ettore. *Enriquecimento sem causa*. São Paulo: Saraiva, 2004, p. 364.

[730] LOTUFO, Renan. Código Civil comentado. Parte Geral (arts. 1º a 232º). São Paulo: Saraiva: 2003, v. 1, p. 315.

[731] NORONHA, Fernando. *O direito dos contratos e seus princípios fundamentais*: autonomia privada, boa-fé, justiça contratual. São Paulo: Saraiva, 1994.

[732] NORONHA, Fernando. *O direito dos contratos e seus princípios fundamentais*: autonomia privada, boa-fé, justiça contratual. São Paulo: Saraiva, 1994, p. 148 e 151.

[733] BETTI, Emilio. *Interpretação da lei e dos atos jurídicos*. São Paulo: Martins Fontes, 2007, p. 442-445.

ferência para o significado que a boa-fé aponte como o sentido mais razoável, ensina Renan Lotufo.[734] Ocupa a boa-fé um lugar de destaque por ser um vetor de interpretação negocial para a produção da eficácia jurídica e social. Francisco Paulo de Crescenzo Marino destaca a boa-fé na chamada hermenêutica complementar. Sustenta sua posição sobre três regras de cunho específico: i) a regra prevista no art. 423 do Código Civil e a indicada no artigo 114 do Código Civil; ii) a garantia de grau mínimo de correspondência entre as circunstâncias e o conteúdo declarado, nos contratos solenes, e, por último, iii) o *princípio da conservação negocial*; "devendo optar entre interpretação que atribua efeitos ao contrato e outra que os negue, o intérprete deve, na ausência de outros critérios aplicáveis, privilegiar a primeira, em atenção ao Princípio da conservação dos negócios jurídicos".[735]

A boa-fé lealdade figura como um critério hermenêutico que se justifica por uma interpretação teleológica e funcional de todas as normas jurídicas por meio da qual se obtém o resultado útil do negócio jurídico na sua maior extensão. Inspirado pela boa-fé lealdade, o Princípio da conservação nasce fundamentalmente na compreensão primeira do conteúdo, da função e da própria finalidade negócio jurídico.[736]

A boa-fé lealdade exige o respeito às relações jurídicas legítimas, na vertente de observância ao Princípio da eticidade. Como cediço, o Princípio da eticidade é um vetor regente do Código Civil de 2002. É o primeiro fundamento axiológico para o Princípio da conservação dos negócios jurídicos. O Princípio da eticidade prende-se fortemente às exigências da boa-fé lealdade. Trata-se de um princípio do Direito, assim como o Princípio da conservação, os quais se inter-relacionam. O fato de o Princípio da conservação dos negócios jurídicos cristalizar-se no plano dos princí-

---

[734] LOTUFO, Renan. Código Civil comentado. Parte Geral (arts. 1º a 232º). São Paulo: Saraiva: 2003, v. 1, p. 316.

[735] MARINO, Francisco Paulo de Crescenzo. Interpretação e integração dos contratos. In: JABUR, Gilberto Haddad; PEREIRA JÚNIOR, Antonio Jorge. *Direito dos Contratos*. São Paulo: Quartier Latin, 2006, p. 70. Do mesmo autor, v. ainda, *Interpretação do negócio jurídico*: panorama geral e atuação do princípio da conservação. Dissertação de Mestrado apresentada à Faculdade de Direito da Universidade de São Paulo, 2003; *Interpretação do negócio jurídico*. São Paulo: Saraiva, 2011; CASTRO JÚNIOR, Torquato. *A pragmática das nulidades e a teoria do ato jurídico inexistente*: reflexões sobre metáforas e paradoxos da dogmática privatista. São Paulo: Noeses, 2009, p. 140.

[736] MARINO, Francisco Paulo De Crescenzo. *Contratos coligados no direito brasileiro*. São Paulo: Saraiva, 2009, p. 148 ss.

PRINCÍPIO DA CONSERVAÇÃO DOS NEGÓCIOS JURÍDICOS

pios jurídicos (e não no plano das regras jurídicas), como vimos, não lhe retira a coercitividade, notadamente em uma concepção contemporânea do Direito permeada por valores e pela perspectiva humanista[737] que lhe imprime o Direito Civil Constitucional.

Nas palavras de Miguel Reale, a eticidade é marcada pela "probidade e pela boa-fé, assim como pela correção (*"corretezza"*), ao contrário do que ocorre no Código vigente (referindo ao Código Civil brasileiro de 1916), demasiado parcimonioso nessa matéria".[738] No Direito Privado contemporâneo, avulta a importância do respeito aos Princípios de ordem pública e da proteção dos interesses gerais da coletividade.[739]

Como destacamos algures, a força normativa dos princípios é reconhecida amplamente no Direito contemporâneo. No entanto, a nosso ver, ainda que não houvesse normas jurídicas para lhe conferir concreção, o Princípio da conservação dos negócios jurídicos haveria que ser necessariamente observado pelo aplicador da norma individual derivada da autonomia privada na própria extensão que lhe impõe o conceito de sistema.[740] O Princípio da eticidade constitui o fundamento para a norma jurídica e, consequentemente, confere a ela a força normativa. Na atual compreensão da Ciência do Direito, sobressai o fim social (melhor, a funcionalização[741]) na aplicação das normas jurídicas, como, aliás, já determinara a Lei de Introdução ao Código Civil brasileiro – LINDB (Decreto-Lei n. 4.657/42).[742]

Diante do exposto, certo é que a interpretação teleológica permeada por valores éticos é a que deve preponderar no processo de superação das invalidades em um caso concreto. Entra em cena nessa tarefa o Princípio da conservação dos negócios jurídicos. Ao aplicar lei, o magistrado deve

---

[737] BRITTO, Carlos Ayres. *O humanismo como fundamento constitucional.* Belo Horizonte: Forum, 2007.

[738] REALE, Miguel. *História do novo Código Civil.* Biblioteca de Direito Civil. Estudos em homenagem ao professor Miguel Reale. São Paulo: Revista dos Tribunais, 2005, p. 37.

[739] ABREU FILHO, José. *O negócio jurídico e a sua teoria geral:* de acordo com o novo Código Civil (Lei n. 10.406, de 10.1.2002). 5. ed. São Paulo: Saraiva, 2003, p. 376.

[740] AMARAL, Francisco. *Direito Civil. Introdução.* 6 ed. Rio de Janeiro: Renovar, 2006, p. 38-39. No mesmo sentido, v. CANARIS, Claus-Wilhelm. *Pensamento sistemático e o conceito de sistema na ciência no direito.* 4 ed. Lisboa: Fundação Calouste Gulbenkian. 2008.

[741] BOBBIO, Norberto. *Da estrutura à função:* novos estudos de teoria do direito. Trad. de Daniela Beccaccia Versiani. São Paulo: Manole, 2007.

[742] V. FERRAZ JÚNIOR, Tércio Sampaio. *Introdução ao Estudo do Direito:* técnica, decisão, dominação. 2. ed. São Paulo: Atlas, 1994.

atender aos fins sociais a que ela se dirige e às exigências do bem comum, como estabelece o art. 5º da Lei de Introdução às Normas do Direito Brasileiro. O Princípio da conservação dos negócios jurídicos deve ser avaliado em situação de primazia nos processos de interpretação e de integração de todo negócio jurídico.[743] Por tudo, há assim que se respeitar às exigências do Direito Civil-Constitucional capitaneado por Pietro Perlingieri, traduzindo-se em um método de interpretação jurídica cujas regras de Direito privado devem ser compreendidas sob a inspiração dos Direitos fundamentais consagrados pela ordem jurídica[744] e pelos princípios igualmente dotados de força normativa.[745]

5.8. O Princípio da operabilidade como o segundo fundamento axiológico, no Código Civil brasileiro, ao Princípio da conservação dos negócios jurídicos

A aceitação do Princípio da conservação dos negócios jurídicos na doutrina brasileira é marcante. Segundo Antonio Junqueira de Azevedo, dentro de cada plano do negócio jurídico e nas relações mantidas entre eles, as exigências do princípio em estudo dominam toda a matéria negocial[746].

---

[743] MARINO, Francisco Paulo de Crescenzo. *Interpretação do negócio jurídico*. São Paulo: Saraiva, 2011, p. 313.

[744] "A solução para cada controvérsia não pode mais ser encontrada levando em conta simplesmente o artigo de lei que parece contê-la e resolvê-la, mas, antes, à luz do inteiro ordenamento jurídico, e, em particular, de seus princípios fundamentais, considerados como opções de base que o caracterizam" (PERLINGIERI: Pietro. *Perfis do Direito Civil. Introdução ao Direito Civil Constitucional*. Trad. Maria Cristina de Cicco. 2 ed. Rio de Janeiro: Renovar, 2002, p. 04.)

[745] A esse respeito, ainda, v. BONAVIDES, Paulo. *Curso de direito constitucional*. 21. ed. São Paulo: Malheiros, 2007; ÁVILA, Humberto. *Teoria dos princípios*: da definição à aplicação dos princípios jurídicos. 11. ed. rev. atual. São Paulo: Malheiros, 2010. "Os princípios são normas imediatamente finalísticas, já que estabelecem um estado de coisas cuja promoção gradual depende dos efeitos decorrentes da adoção de comportamentos a ela necessários. Os princípios são normas cuja qualidade frontal é, justamente, a determinação da realização de um fim juridicamente relevante, ao passo que a característica dianteira das regras é a previsão de comportamento" (ÁVILA, Humberto. *Teoria dos princípios*: da definição à aplicação dos princípios jurídicos. 11. ed. rev. atual. São Paulo: Malheiros, 2010, p. 184).

[746] AZEVEDO. Antônio Junqueira de. *Novos estudos e pareceres de direito privado*. (Parecer) Nulidade parcial de ato normativo. Lei parcialmente inconstitucional. *Utile per inutile non vitiatur*. Certeza e segurança jurídica. Eficácia *ex nunc* de jurisprudência quando há reviravolta de jurisprudência consolidada. Aplicação da boa-fé objetiva ao Poder Público. São Paulo: Saraiva, 2009, p. 15-32.

Nas suas palavras, "tanto o legislador quanto o intérprete, o primeiro, na criação das normas jurídicas sobre os diversos negócios, e o segundo, na aplicação dessas normas, devem procurar conservar, em qualquer um dos três planos - existência, validade e eficácia -, o máximo possível do negócio jurídico realizado pelo agente".[747]

O Princípio da operabilidade é fundamento axiológico para o Princípio da conservação dos negócios jurídicos. A eficácia jurídica e social dos negócios jurídicos é revelada no Código Civil também a partir do Princípio da operabilidade. Especialmente sob a órbita privada, o Direito não é (e realmente não dever ser) uma mera construção cerebrina. É um meio eficaz de efetiva composição dos interesses dos membros de uma determinada sociedade. Daí assistir razão a Inocêncio Galvão Telles quando observa que os negócios jurídicos têm um "substrato real", não constituindo "mera criação artificiosa do Direito".[748]

Miguel Reale revela explicitamente o Princípio da operabilidade como um vetor cardeal ao Código Civil brasileiro de 2002. Nos trabalhos de sua elaboração, o Coordenador-Geral do Projeto do Código Civil destaca que toda vez que se examinou uma norma jurídica e houve divergências de caráter teórico ou a respeito da conveniência de ser enunciada de uma forma ou de outra, a opção foi de acordo com a lição de Jhering: "é da essência do direito a sua *realizabilidade*: o direito é feito para ser executado".[749]

A operabilidade que marca a eficácia jurídica e social dos negócios jurídicos foi igualmente tônica do Código Europeu dos Contratos. Nos "Princípios de Direito Europeu dos Contratos" elaborados pela Comissão para o Direito Europeu dos Contratos, como doravante se observará, estabeleceu-se que "as cláusulas do contrato devem ser interpretadas no sentido de que são lícitas e *eficazes*".

Cuida-se de um princípio igualmente apresentado pelo Instituto Internacional para a Unificação do Direito Privado (*UNIDROIT*) nos "Princípios dos Contratos Comerciais Internacionais" (art. 4.5): "todos os termos de um contrato devem ser interpretados de maneira a produzir efeitos".

---

[747] AZEVEDO, Antônio Junqueira de *Negócio jurídico*: existência, validade e eficácia. 4. ed. São Paulo: Saraiva, 2002, p. 66.

[748] TELLES, Inocêncio Galvão. *Manual dos contratos em geral*. 4. ed. Coimbra: Coimbra Editora: 2002, p. 23.

[749] REALE, Miguel. *História do novo Código Civil*. Biblioteca de Direito Civil. Estudos em homenagem ao professor Miguel Reale. São Paulo: Revista dos Tribunais, 2005, p. 37 e 41.

Como leciona Leonardo de Andrade Mattietto, "o direito contemporâneo caminha, portanto, no sentido de assegurar os efeitos do negócio celebrado entre as partes, tanto quanto seja isto possível, em um autêntico *favor contractus*. Espera-se, afinal, que as partes tenham contratado para que o negócio valha e produza normalmente os seus efeitos, e não o contrário".[750] A nosso ver, o Princípio da operabilidade aproxima-se significativamente das exigências de eficiência impostas para o intérprete em virtude do Princípio da conservação dos negócios jurídicos, com a máxima expansão dos efeitos sociais e jurídicos de todo negócio legitimamente celebrado.

5.9. O Princípio da socialidade, sob a vertente da função social externa do contrato, como o terceiro fundamento axiológico, no Código Civil brasileiro, do Princípio da conservação dos negócios jurídicos

Sob a vertente da função social externa do negócio jurídico de natureza contratual, o Princípio da socialidade é outro fundamento axiológico no Código Civil brasileiro do Princípio da conservação dos negócios jurídicos. O referido princípio marca a perspectiva social que se dispensa para o Direito Civil na contemporaneidade sob a inspiração do Código Civil de 2002, edificado sobre bases históricas e sociais muito distintas daquelas que inspiraram o Código Civil de 1916, como alerta Orlando Gomes.[751] No Direito Civil atual, há instrumentos jurídicos que servem para a eficaz manutenção da higidez do negócio jurídico. Sobressai a relevância social que a eles se reserva. Em nome da máxima expansão da eficácia, é preciso verdadeiramente *aperfeiçoar* a relação jurídica, de modo que o seu rompimento deve ser de todo evitado pelo intérprete.

Segundo Cláudio Luiz Bueno de Godoy, "em diversos termos, deve-se, pelo papel que desempenha nas relações sociais, procurar o *máximo de eficácia* desta que, afinal, é forma de circulação de riquezas, mas, primeiro até, instrumento da promoção da dignidade humana e do solidarismo social -

---

[750] MATTIETTO, Leonardo de Andrade. Invalidade dos atos e negócios jurídicos. In: TEPEDINO, Gustavo (coord.). *A parte geral do novo Código Civil. Estudos na perspectiva civil-constitucional*. Rio de Janeiro: Renovar, 2007, p. 353.

[751] V. GOMES, Orlando. *Raízes históricas e sociológicas do Código Civil Brasileiro*. São Paulo: Martins Fontes, 2005; REALE, Miguel. *História do novo Código Civil*. Biblioteca de Direito Civil. Estudos em homenagem ao professor Miguel Reale. São Paulo: Revista dos Tribunais, 2005, p. 41.

PRINCÍPIO DA CONSERVAÇÃO DOS NEGÓCIOS JURÍDICOS

o contrato".[752] O contrato surte efeitos internos (obrigatórios) em relação aos contratantes e também efeitos externos (de oposição) para os terceiros.[753] Sobressai a proteção jurídica contratual na sua realidade externa em relação a terceiros. Há uma "erosão do princípio como posto na doutrina tradicional", enfatiza Marcelo Benacchio.[754] O contrato (assim como o negócio jurídico que o insere) é uma situação jurídica reconhecida pelo ordenamento jurídico e não mais meramente *res inter alios acta*.

Sendo assim, o contrato é especialmente merecedor de proteção em nome dos interesses protegidos de outros além dos contratantes propriamente ditos. Impõe-se a observância à segurança jurídica e à "certeza a respeito do cumprimento e dos limites das obrigações assumidas".[755] Quanto maior for a evolução dos meios de produção e maior a intensidade das relações de circulação de bens e serviços, mais relevante é o alcance subjetivo dos efeitos do contrato. Confluem no contrato os valores como a justiça e a segurança jurídica. Passa a ser reconhecido como um bem dotado de valor econômico e social. O contrato deixa de ser apenas um meio (um instrumento do comércio jurídico e de escoamento de produção industrial) e se torna um elemento dotado de eficácia própria oponível inclusive contra os terceiros, os quais lhe devem respeito do nome do Princípio de funcionalidade, anota Humberto Theodoro Neto[756].

Para o titular dos direitos consubstanciados no negócio jurídico de natureza contratual, assiste o direito de defendê-los contra os terceiros[757]. E aos terceiros, por sua vez, assiste o legítimo interesse na sobrevivência do próprio negócio jurídico, especialmente quando versam a respeito de bens ou de interesses que ultrapassem aqueles particulares dos contratantes, argumenta com acerto Teresa Negreiros.[758]

---

[752] GODOY, Claudio Luiz Bueno de. *Função social do contrato*: os novos princípios contratuais. 2. ed. rev. atual. São Paulo: Saraiva, 2007, p. 170 ss.

[753] BENACCHIO, Marcelo. *Responsabilidade civil contratual*. São Paulo: Saraiva, 2011, p. 51.

[754] BENACCHIO, Marcelo. *Responsabilidade civil contratual*. São Paulo: Saraiva, 2011, p. 51.

[755] THEODORO NETO, Humberto. *Efeitos externos do contrato*: direitos e obrigações nas relações entre contratantes e terceiros: Rio de Janeiro: Forense, 2007, p. 264-265.

[756] THEODORO NETO, Humberto. *Efeitos externos do contrato*: direitos e obrigações nas relações entre contratantes e terceiros: Rio de Janeiro: Forense, 2007, p. 261 ss.

[757] BENACCHIO, Marcelo. *Responsabilidade civil contratual*. São Paulo: Saraiva, 2011, p. 51-52.

[758] NEGREIROS, Teresa. *Teoria do contrato*: novos paradigmas. 2 ed. Rio de Janeiro: Renovar, 2006.

PERFIL DOGMÁTICO DA CONSERVAÇÃO DOS NEGÓCIOS JURÍDICOS

A função social externa do contrato ganha corpo nos negócios jurídicos que versam a respeito de bens e de interesses essenciais. Em se tratando de bens essenciais (especialmente nos chamados contratos existenciais), como veremos especificamente adiante, o Princípio da conservação dos negócios jurídicos age com ainda maior robustez. Na civilística contemporânea, o contrato não mais deve ser apreciado somente à vista de uma perspectiva individualista e egoística das partes a ele vinculadas. Ao lado da avaliação das características das suas espécies (cuja interpretação e o regime jurídico devem necessariamente variar), é igualmente preciso avaliar os bens cuja contratação seja o objeto do vínculo. Assim, atende-se ao que decidiu chamar "paradigma da diversidade".[759]

O Código Civil vigente afirma que se deve procurar preservar o negócio jurídico contratual se estiver em confronto com a sua potencial extinção, alerta Francisco Eduardo Loureiro.[760] Exemplificativamente, diz Claudio Godoy, é o que permite a manutenção de um negócio jurídico desde que a parte aceite executá-lo nos moldes em que realmente for compreendido nos casos de erro, a teor do que dispõe o artigo 144 do Código Civil, como igualmente se aplica em relação à lesão, por força do que dispõe o artigo 157, parágrafo 2º, do Código Civil.[761] O Princípio da conservação dos negócios jurídicos impõe ao aplicador do Direito que, quando sejam possíveis interpretações diversas, *opte* pela que garanta eficácia ao contrato e não pela que a recusa. "Se uma interpretação nega efeito ao contrato e outra o garante, por esta última *deve* guiar o intérprete"[762].

Antonio Junqueira de Azevedo ensina que a função social do contrato deve atender às exigências que a ordem jurídica impõe para o plano da eficácia.[763] Paulo Lôbo alude, a propósito, à diferença que se deve estabelecer entre o Princípio da conservação e o da conversão do contrato.

---

[759] NEGREIROS, Teresa. *Teoria do contrato. Novos paradigmas.* 2 ed. Rio de Janeiro: Renovar, 2006 p. 51 ss.

[760] *V.* LOUREIRO, Francisco Eduardo. *Extinção dos contratos.* In: LOTUFO, Renan; NANNI, Giovanni Ettore. Teoria geral dos contratos. São Paulo: Atlas, 2011, p. 609-648

[761] *V.* GODOY, Claudio Luiz Bueno de. *Função social do contrato*: os novos princípios contratuais. 2. ed. rev. atual. São Paulo: Saraiva, 2007, p. 170.

[762] Trata-se, como dissemos, de regra jurídica expressa no artigo 1.367 do Código Civil italiano. (ver GODOY, Claudio Luiz Bueno de. *Função social do contrato*: os novos princípios contratuais. 2. ed. rev. atual. São Paulo: Saraiva, 2007, p. 171 ss).

[763] AZEVEDO. Antônio Junqueira de. *Novos estudos e pareceres de direito privado.* São Paulo: Saraiva, 2009, p. 601.

PRINCÍPIO DA CONSERVAÇÃO DOS NEGÓCIOS JURÍDICOS

A conversão, como demonstraremos, não corresponde especificamente a um princípio de direito privado. Na verdade, é uma medida sanatória (medida de aproveitamento) da invalidade do negócio jurídico. Cuida-se de uma das manifestações concretas tradicionalmente aceitas do princípio objeto desse trabalho. Na conversão do contrato, não se está precisamente diante da interpretação de uma relação originária cuja nulidade já foi afirmada, mas, sim, no seu dizer, está o intérprete diante "do novo no qual ele se converteu, quando for possível. Em comum, o interesse pela preservação da função social do contrato".[764]

Paulo Lôbo destaca que o Princípio da conservação dos negócios jurídicos deve realmente ser considerado como uma manifestação da função social do contrato, na posição que acedemos. A função social do contrato, alerta, impõe que os interesses individuais das partes sejam exercidos em conformidade com os interesses sociais, os quais devem prevalecer na hipótese de conflito.[765] As medidas sanatórias das invalidades dos negócios jurídicos[766] mantém a mesma raiz axiológica.

Importante exemplificar que a distinção estabelecida entre os institutos da mora e o do inadimplemento absoluto[767], consoante regra constante no artigo 402 do Código Civil, revela uma vez mais a aplicação concreta do Princípio da conservação dos negócios jurídicos. Na sua gênese, a diferenciação em foco revela o desejo do legislador na manutenção do vínculo jurídico. Também a teoria do adimplemento substancial do negócio jurídico[768], as disposições relativas à evicção[769] e aos vícios redibitórios e o regime jurídico da revisão judicial dos negócios jurídicos por onerosidade excessiva, diz Cláudio Luiz Bueno de Godoy, têm a origem no Princípio da conservação dos negócios jurídicos.[770] A distinção entre o inadimplemento

---

[764] LÔBO, Paulo. *Direito Civil*. Parte Geral. 2 ed. São Paulo: Saraiva, 2010, p. 180

[765] LÔBO, Paulo. *Direito Civil*. Parte Geral. 2 ed. São Paulo: Saraiva, 2010, p. 67-69.

[766] SCHMIEDEL, Raquel Campani. *Negócio jurídico. Nulidades e medidas sanatórias*. 2. ed. São Paulo: Saraiva, 1985.

[767] Sobre a distinção entre inadimplemento absoluto e mora, ver: ALVIM, Agostinho. *Da inexecução das obrigações e suas conseqüências*. São Paulo: Saraiva, 1949.

[768] AGUIAR JUNIOR, Ruy Rosado de. *Extinção dos contratos por incumprimento do devedor (resolução)*. Rio de Janeiro: Aide, 1991.

[769] COSTA, José Eduardo da. *A evicção nos contratos onerosos*: fundamento, natureza e estrutura. São Paulo: Saraiva, 2004.

[770] GODOY, Claudio Luiz Bueno de. *Função social do contrato*: os novos princípios contratuais. 2. ed. rev. atual. São Paulo: Saraiva, 2007, p. 170 ss.

PERFIL DOGMÁTICO DA CONSERVAÇÃO DOS NEGÓCIOS JURÍDICOS

absoluto e a mora é marcada particularmente pela impossibilidade de purgação do primeiro e pela possibilidade de assim se proceder no segundo caso, a critério da utilidade da prestação para o credor.[771] A divisão que verificamos entre o inadimplemento absoluto total e parcial e em relação ao descumprimento integral ou parcial da obrigação igualmente revela o desejo do legislador civil de que o intérprete envide esforços na percepção do que se cumpriu (no todo ou em parte) e no que ainda se poderá ainda vir a cumprir (purgar). A análise jurídica da perspectiva da possibilidade de purgação da mora[772], a nosso viso, evidência o desejo de realização do Princípio da conservação no plano do Direito obrigacional, como ensina Agostinho Alvim[773].

5.9.1. A "nova dicotomia contratual" proposta por Antonio Junqueira de Azevedo entre contratos existenciais e de lucro: o "paradigma da essencialidade" como critério de aplicação do Princípio da conservação dos negócios jurídicos. Os contratos cativos e o Princípio da conservação dos negócios jurídicos.

Segundo Teresa Negreiros, a atribuição de efeitos para os negócios jurídicos contratuais que o Direito positivo reconhece como inválidos deve passar pela invocação do que denomina *paradigma da essencialidade*. Cuida-se, diz ela, de um método de compreensão do mundo contratual sob as luzes de um novo critério de classificação. A seu ver, os contratos destinados à satisfação de necessidades existenciais devem ser diferenciados daqueles cujo objeto seja a utilização ou a aquisição de bens não essenciais à pes-

---

[771] ALVIM, Agostinho. *Da inexecução das obrigações e suas conseqüências*. São Paulo: Saraiva, 1949, p. 14 ss.

[772] A mora, consoante Agostinho Alvim, é definida pelos clássicos como o inadimplemento culposo no pagar o que se deve ou no receber o que é devido, corresponde, na verdade, ao retardamento culposo no adimplemento; "a culpa é elementar na mora do devedor". Ocorre mora, igualmente, no chamado cumprimento imperfeito da obrigação, em tempo, forma e lugar diversos daqueles estipulados no vínculo obrigacional, na qual, de toda forma, ainda se vê possível o cumprimento da obrigação devida, a critério da utilidade da prestação para o credor; "a mora converte-se em inadimplemento absoluto quando a prestação, por causa dela, se tenha tornado inútil ao credor" (ALVIM, Agostinho. *Da inexecução das obrigações e suas conseqüências*. São Paulo: Saraiva, 1949, p. 50)

[773] ALVIM, Agostinho. *Da inexecução das obrigações e suas conseqüências*. São Paulo: Saraiva, 1949, p. 45.

PRINCÍPIO DA CONSERVAÇÃO DOS NEGÓCIOS JURÍDICOS

soa humana enquanto tal. "A essencialidade do bem deve ser considerada como fator determinante da vulnerabilidade da parte que contrata a sua utilização ou aquisição".[774]

O "paradigma da essencialidade", como igualmente refere Hamid Charaf Bdine Júnior[775], deve servir como um critério identificador das hipóteses em que o sistema recomenda a atribuição de eficácia para os negócios nulos. Sobressai naqueles em que o objeto venha a saciar necessidades essenciais do(s) contratante(s), em contraposição àqueles que consideram apenas bens nímios. A par disso, igualmente será possível ao intérprete prestigiar os efeitos de negócios nulos relativos aos objetos não essenciais desde que sejam incapazes de produzir danos ou causar prejuízos.

Sob a mesma inspiração são as palavras de Antonio Junqueira de Azevedo, que propõe a "nova dicotomia contratual do século XXI" entre i) *contratos existenciais* e ii) *contratos de lucro*. Os primeiros exigem que o processo de interpretação se dê no sentido da sua salvaguarda na amplitude maior, considerando a natureza fundamental dos interesses e dos direitos por ele protegidos.[776]

O Princípio da conservação dos negócios jurídicos apresenta-se em destaque no plano dos chamados *contratos existenciais*. São relações contratuais que reclamam do intérprete com intensidade maior a manutenção dos efeitos neles consubstanciados. A distinção que se deve estabelecer, a propósito, entre os chamados contratos existenciais, de um lado, e os contratos de lucro, de outro, remonta ao que Antonio Junqueira de Azevedo denomina "a nova dicotomia contratual do século XXI"[777]. No rol de contratos existenciais, diz Azevedo, no qual se inserem os contratos de trabalho, de aquisição de casa própria, de conta corrente bancária, de locação residencial e os demais que concernem à existência humana exigem do intérprete procedimento próprio, manifesta-se com intenso vigor Princípio da conservação dos negócios jurídicos, exemplifica Marco Fabio Morsello[778].

---

[774] NEGREIROS, Teresa. *Teoria do contrato*: novos paradigmas. 2. ed. Rio de Janeiro: Renovar, 2006, p. 473-474.

[775] BDINE JÚNIOR, *Efeitos do negócio jurídico nulo*, São Paulo: Saraiva, 2010, p. 191.

[776] AZEVEDO. Antônio Junqueira de. *Novos estudos e pareceres de direito privado*. São Paulo: Saraiva, 2009, p. 600 ss.

[777] AZEVEDO, Antonio Junqueira de. *Novos estudos e pareceres de direito privado*. São Paulo: Saraiva, 2009, p. 185-186.

[778] MORSELLO, Marco Fabio. Contratos existenciais e de lucro. Análise sob a ótica dos princípios contratuais contemporâneos. In: LOTUFO, Renan; NANNI, Giovanni Ettore;

PERFIL DOGMÁTICO DA CONSERVAÇÃO DOS NEGÓCIOS JURÍDICOS

Os contratos existenciais exigem maior robustez do intérprete na incidência do Princípio da conservação dos negócios jurídicos, especialmente quando concernentes a bens jurídicos *vitais* (água, coleta de esgoto e energia elétrica etc.). Sobressai nesse ponto o *paradigma da essencialidade*, assim denominado por Teresa Negreiros. A interpretação a ser dispensada deve propiciar a realização da sua função social, seja na vertente interna (a qual diz respeito à equivalência das prestações, diz), seja na sua vertente externa (que se caracteriza pela realização dos fins sociais para os quais o contrato existe, anota), de modo que garanta e assegure os valores inerentes à condição humana digna, como alerta Ruy Rosado de Aguiar Junior.[779]

Marco Fabio Morsello leciona, a respeito da intepretação contratual, como se deve proceder nuns e noutros contratos (nos contratos existenciais e nos de lucro). As suas palavras são de relevo para a finalidade de esquadrinhar a incidência com maior intensidade do Princípio da conservação dos negócios jurídicos na primeira hipótese:

> Nos contratos existenciais, à luz da necessidade de proteção à parte mais fraca, os princípios sociais do contrato ensejarão aplicação preponderante diante da autonomia privada, com espeque na existência de relações jurídicas que dizem respeito à subsistência humana, de modo a abranger, *e.g.*, todos os contratos de consumo, bem como os contratos de trabalho, locação residencial e compra da casa própria[780].

Igualmente opera com maior intensidade o Princípio da conservação dos negócios jurídicos nos chamados contratos relacionais (contratos cativos ou contratos de longa duração). O Princípio da conservação dos negócios jurídicos manifesta-se firmemente no plano dos chamados contratos

---

MARTINS, Ricardo Rodrigues (coords.). *Temas relevantes do Direito civil contemporâneo*. Reflexões sobre os 10 anos do Código Civil. São Paulo: Atlas, 2012, p. 293).

[779] AGUIAR JUNIOR, Ruy Rosado de. *Contratos relacionais, existenciais e de lucro*. Revista Trimestral de Direito Civil n. 45. Editora Parma. Janeiro/março 2011, p. 106-107.

[780] MORSELLO, Marco Fabio. Contratos existenciais e de lucro. Análise sob a ótica dos princípios contratuais contemporâneos. In: LOTUFO, Renan; NANNI, Giovanni Ettore; MARTINS, Ricardo Rodrigues (coords.). *Temas relevantes do Direito civil contemporâneo*. Reflexões sobre os 10 anos do Código Civil. São Paulo: Atlas, 2012, p. 305.

relacionais (*relational contracts*). Nas palavras de Cláudia Lima Marques[781], os contratos relacionais são aqueles nos quais, observados em métodos de contratação de massa, por meio de contratos de adesão ou de condições gerais de contratos[782], se prestam a fornecer serviços no mercado dotados de especialidade "envolvendo uma cadeia de fornecedores organizados entre si e com uma característica dominante: a posição de catividade ou dependência dos clientes consumidores".

Como exemplos de referida forma contratual, alude a autora, são os contratos que disciplinam as relações bancárias com os clientes, os contratos de seguro-saúde de assistência médico-hospitalar, os contratos de seguro em geral, os de consórcios e os imobiliários, assim como os serviços de transmissão de informações de lazer e TV por cabo, de telefonia, de televisão, de computadores e os chamados serviços públicos essenciais, como os de fornecimento de água, de coleta de esgoto e de energia elétrica[783]. Neles, o Princípio da conservação dos negócios jurídicos manifesta-se com maior robustez, fundamentalmente em razão da necessidade de proteger-se a esfera jurídica daqueles hipossuficientes que depositam a confiança negocial própria de tais formas contratuais dotadas de catividade.[784]

---

[781] MARQUES, Cláudia Lima. *Contratos no Código de Defesa do Consumidor*. O novo regime das relações contratuais. 6. ed. São Paulo: Revista dos Tribunais, 2011, p. 96.

[782] A respeito do tema, v., ainda, RIBEIRO, Joaquim de Souza. *O problema do contrato*. As cláusulas contratuais gerais e o princípio da liberdade contratual. Coleção teses. Coimbra: Almedina, 2003.

[783] MARQUES, Cláudia Lima. *Contratos no Código de Defesa do Consumidor*. O novo regime das relações contratuais. 6. ed. São Paulo: Revista dos Tribunais, 2011, p. 96-97. A esse respeito, particularmente no que concerne aos contratos de seguro e sua interpretação conservativa, v. GUERRA, Alexandre. O contrato de seguro sob a perspectiva do Direito Civil-Constitucional. Entre (e além) o Código Civil e o Código de Defesa do Consumidor. In: LOTUFO, Renan; NANNI, Giovanni Ettore; MARTINS, Fernando Rodrigues (coords.). Temas relevantes do Direito Civil contemporâneo. Reflexões sobre os 10 anos do Código Civil. São Paulo: Atlas, 2012, p. 468-502. Sobre o princípio da continuidade de prestação de serviços públicos essenciais, que, em certa medida, revela manifestação do mesmo Princípio da conservação dos negócios jurídicos sob o plano das relações de Direito público, v. GUERRA, Alexandre Dartanhan de Mello. Responsabilidade civil do Estado e o princípio da continuidade de prestação de serviços públicos essenciais. In: GUERRA, Alexandre Dartanhan de Mello; PIRES, Luis Manuel Fonseca; BENACCHIO, Marcelo (coords.). *Responsabilidade civil do Estado*. Desafios contemporâneos. São Paulo: Quartier latin, 2010, p. 499-535.

[784] Ainda a respeito de contratos cativos, ver: KUHN, Adriana Menezes de Simão. O tempo e a catividade nos contratos: elementos para uma abordagem sistêmica da teoria dos contratos; KARAN-SILVEIRA, Marco Antonio. Contratos cativos de longa duração: tempo e equilíbrio

A jurisprudência tem igualmente reconhecido a necessidade de proceder-se a um esforço da interpretação no sentido da manutenção dos contratos relacionais. A título de exemplo, é o que se observa nas hipóteses relativas aos contratos de seguro no qual se garante o direito à renovação automática em situações particulares e em proteção à boa-fé e à expectativa do direito da contraparte hipossuficiente (consumidor), nas hipóteses em que a relação jurídica se vê regida por tal microssistema.

A mesma proteção jurídica no sentido de persistência da relação obrigacional é verificada nos contratos que versam a respeito de planos de previdência privada, como enfatiza Ronaldo Porto Macedo Junior: "(...) os interesses da restituição, expectativa e dependência em razão da confiança tendem a ser ampliados, e aqui se defende expressamente que assim o sejam, tendo em vista os interesses de cooperação econômica". Ao lado dos princípios da solidariedade e do equilíbrio de poder, presentes em tais relações jurídicas, acrescenta o autor o Princípio da continuidade, identificado no inciso VI, do art. 5º, do Código de Defesa do Consumidor, que pode ser conceituado como aquele em que "a defesa da continuidade da relação contratual passa a ser entendida como um interesse que deve ser protegido e que merece lugar entre os demais interesses envolvidos na relação contratual"[785].

Erik Frederico Gramstrup informa que os contratos relacionais são aqueles nos quais há a gênese de vínculos jurídicos de longa duração, "implicada com vínculos de solidariedade, cooperação e confiança desconhecidos pela doutrina clássica dos contratos e dos negócios jurídicos"[786]. Os contratos relacionais, diz, porque essencialmente duradouros, encontram-se em condições de sofrer alterações de regime ao longo de sua execução, quer por iniciativa das partes, quer por intervenção. São os mais permeados pela necessidade de observância do Princípio da conserva-

---

nas relações contratuais. In: MARQUES, Claudia Lima. *A nova crise do contrato: estudos sobre a nova teoria contratual.* São Paulo: Revista dos Tribunais, 2007; BAGGIO, Andreza Cristina. *O direito do consumidor brasileiro e a teoria da confiança.* São Paulo: Revista dos Tribunais, 2012, Biblioteca de Direito do Consumidor v. 41 (Cap 2. A complexidade das relações contratuais da sociedade de consumo).

[785] MACEDO JUNIOR, Ronaldo Porto. Contratos relacionais e defesa do consumidor. 2. ed. São Paulo: Revista dos Tribunais, 2006, p. 273.

[786] GRAMSTRUP, Erik Frederico. Contratos relacionais. In: LOTUFO, Renan; NANNI, Giovanni Ettore (coords.). *Teoria geral dos contratos.* São Paulo: Altas, 2011, p. 324.

ção dos negócios jurídicos[787]. Tais contratos pressupõem fortemente um dever de cooperação recíproca[788] por período prolongado para o alcance ao objetivo estabelecido no programa contratual, a qual pode sofrer os efeitos deletérios da desigualdade das forças entre os contratantes, assim fazendo atrair por vezes a proteção dispensada ao regime jurídico protetivo consumerista. Podem igualmente atrair, em se tratando de prestação de serviços públicos, a participação e a intervenção das chamadas agências reguladoras[789].

É essencial destacar, ainda, em se tratando da relação travada entre os contratos relacionais e o Princípio da conservação dos negócios jurídicos, é a situação que se encontram de permeabilidade para a aplicação concreta de mencionado princípio nas vicissitudes que o vínculo obrigacional pode vir a suportar. Isso ocorre especialmente nas situações em que se divisa a chamada *perturbação de prestações*[790]. Tanto é assim que a doutrina refere, em tais relações contratuais, a existência de uma chamada "cláusula de revisão inerente". Cuida-se de cláusula implícita de revisão própria voltada para o cumprimento dos fins contratuais. "Como o objetivo comum paira sobre as cláusulas e condições do negócio, que, aliás, se revestem de certa incompletude proposital, deve-se admitir a revisão sempre que necessária ao objetivo comum visado"[791].

---

[787] SILVA, Clóvis do Couto e. *A obrigação como processo*. São Paulo: FGV, 2007; BAGGIO, Andreza Cristina. O direito do consumidor brasileiro e a teoria da confiança. São Paulo: Revista dos Tribunais, 2012, Biblioteca de Direito do Consumidor v. 41, p. 189.

[788] A respeito do dever de cooperação recíproca, ver SOMBRA, Thiago Luís Santos. Adimplemento contratual e cooperação do credor. São Paulo: Saraiva, 2011; SILVA, Jorge Cesa Ferreira da. *A boa-fé e a violação positiva do contrato*. Rio de Janeiro: Renovar, 2002.

[789] GRAMSTRUP, Erik Frederico. Contratos relacionais. In: LOTUFO, Renan; NANNI, Giovanni Ettore (coords.). *Teoria geral dos contratos*. São Paulo: Altas, 2011, p. 324.

[790] A expressão é de António Menezes Cordeiro e se presta a frisar que o fundamento da revisão judicial do contrato não se concentra nas condições subjetivas das partes, mas, sim, nos aspectos objetivos do vínculo obrigacionais, circunscritos ao desequilíbrio das prestações propriamente ditas. (CORDEIRO, António Menezes. *Da modernização do Direito Civil*. Aspectos gerais. v. I. Coimbra: Almedina, 2004, p. 97-116, § 6º - A perturbação das prestações).

[791] GRAMSTRUP, Erik Frederico. Contratos relacionais. In: LOTUFO, Renan; NANNI, Giovanni Ettore (coords.). *Teoria geral dos contratos*. São Paulo: Altas, 2011, p. 329.

PERFIL DOGMÁTICO DA CONSERVAÇÃO DOS NEGÓCIOS JURÍDICOS

5.10. O negócio jurídico e a tutela do equilíbrio contratual: manifestações não tradicionais do Princípio da conservação dos negócios jurídicos

Três institutos jurídicos merecem ser agora pinçados. Versam a respeito do reequilíbrio das prestações no negócio jurídico. Em comum, trazem na sua essência o Princípio da conservação dos negócios jurídicos no plano contratual. Segundo Eduardo Luis Bussata[792], são aplicações práticas *não clássicas* do princípio em evidência. Encontram-se positivados no Direito Brasileiro, implicando num alargamento da compreensão do instituto objeto desse ensaio. Preferimos referir às situações que doravante se examinam como manifestações *não tradicionais* do Princípio da conservação dos negócios jurídicos.

Sinteticamente, são tais manifestações do Princípio da conservação dos negócios jurídicos: i) a revisão judicial dos negócios jurídicos por onerosidade excessiva, ii) a cláusula *hardship* e iii) a teoria do adimplemento substancial do negócio jurídico.[793] Servem todos para salvaguardar o negócio jurídico contratual, mantendo-o, a despeito da *perturbação das prestações*[794] que podemos visualizar ao longo do tempo na vida do contrato, especialmente no que diz respeito às duas primeiras hipóteses.

5.10.1. A revisão judicial dos negócios jurídicos e a onerosidade excessiva à luz do Princípio da conservação dos negócios jurídicos

O ambiente contratual é profícuo campo para a revelação do Princípio da conservação dos negócios jurídicos, como já assinalamos. Miguel Angel Del Arco e José Antonio Doral[795] afirmam que o Princípio da conservação dos negócios jurídicos é o mais característico vetor da interpretação que domina a seara negocial. Corresponde ao histórico brocardo *amplius valeat quam pereat*. No Direito espanhol, destacam, toda interpretação deve ser

---

[792] BUSSATA, Eduardo Luiz. Princípio da conservação dos contratos. In: HIRONAKA, Giselda Maria Fernandes Novaes; TARTUCE, Flávio (coords.). *Direito contratual*: temas atuais. São Paulo: Método, 2007, p. 159.

[793] BUSSATA, Eduardo Luiz. Princípio da conservação dos contratos. In: HIRONAKA, Giselda Maria Fernandes Novaes; TARTUCE, Flávio (coords.). *Direito contratual*: temas atuais. São Paulo: Método, 2007, p. 147.

[794] CORDEIRO, António Manuel da Rocha e Menezes. *Da modernização do Direito Civil*. Aspectos gerais. Coimbra: Livraria Almedina, 2004, v. I.

[795] ANGEL DEL ARCO, Miguel; DORAL, Jose Antonio. *El negocio jurídico*. Madrid: Trivium, 1982.

favorável à validade e à eficácia dos atos jurídicos, a teor do artigo 1284 do Código Civil de Espanha. Na dúvida entre os graus de ineficácia de um negócio, o intérprete deve optar pela solução mais favorável no sentido da sua eficácia. Por exemplo, dizem, a anulabilidade será *mais favorável* que a nulidade em contrato, em respeito ao disposto no artigo 1300 de referido diploma.

Teresa Ancona Lopez alerta que no campo dos contratos vive-se uma "mudança de paradigmas", com a necessidade de respeito aos valores existenciais. No momento, observa ela, há uma verdadeira reconstrução do Direito, seja privado, seja público. O valor da pessoa humana tem a sua dignidade reconhecida por força de mandamento constitucional. Os valores da igualdade substancial e de proteção da livre iniciativa exigem da mesma forma a sua observância, por parte do jurista, porque alçados a *status* constitucional. O fenômeno da "despatrimonialização do Direito Civil", destaca ainda Lopez[796], exige o reconhecimento de uma justificação institucional que garanta o livre desenvolvimento da pessoa humana. Aos princípios tradicionais do Direito Contratual somam-se outros, tais como o da função social do contrato e da boa-fé objetiva, como antes se desenvolveu.

A revisão judicial dos negócios jurídicos parte de uma compreensão contemporânea e suficiente da chamada cláusula *rebus sic stantibus*. Por ela, claramente é revelado o Princípio da conservação dos negócios jurídicos, a nosso ver. Isso não se dá apenas a partir da compreensão do princípio consubstanciado na máxima *pacta sunt servanda*. O Princípio da força obrigatória das convenções, por certo, se aplicado "à risca", pode tornar inviável o adimplemento das obrigações aos quais se refere, nas perspectivas jurídica e econômica. No entanto, em situações nas quais reste caracterizada intensa "perturbação das prestações"[797] por onerosidade excessiva (superveniente ao momento da contratação), o sistema jurídico fornece mecanismos de reequilíbrio da relação obrigacional. Cuida-se de casos nos quais, ao longo da execução, há o distanciamento de um sinalagma inicial ideal, como destaca Enio Santarelli Zuliani.[798] Diante de tal exi-

---

[796] LOPEZ, Teresa Ancona. Princípios contratuais. In. FERNANDES, Wanderley (coord.). *Fundamentos e princípios dos contratos empresariais*. São Paulo: Saraiva, 2007 (Série GVlaw), p. 07 ss.

[797] CORDEIRO, António Manuel da Rocha e Menezes. *Da modernização do Direito Civil*. Aspectos gerais. Coimbra: Livraria Almedina, 2004, v. I.

[798] ZULIANI, Ênio Santarelli. Resolução do contrato por onerosidade excessiva. In: LOTUFO, Renan; NANNI, Giovanni Ettore (coords.). *Teoria geral dos contratos*. São Paulo: Atlas,

PERFIL DOGMÁTICO DA CONSERVAÇÃO DOS NEGÓCIOS JURÍDICOS

gência, o sistema jurídico cria meios eficazes para permitir ao intérprete a manutenção do vínculo contratual.[799] A regra de equidade prevista no artigo 479 do Código Civil mostra-se particularmente importante para essa finalidade, como veremos.[800]

A revisão judicial dos contratos é uma das manifestações do Princípio da conservação dos negócios jurídicos, vetor de compreensão negocial no qual o pano de fundo é a sua preservação[801]. Vera Helena de Mello Franco[802] alerta que quando uma cláusula contratual for susceptível de gerar dois sentidos "deverá ser entendida aquela que gere algum efeito e não naquele que nenhum efeito ocorra". Enfatiza que somente se permite o sacrifício da vontade das partes depois de realizadas todas as tentativas para salvá-lo. Na sua síntese, não compete ao intérprete nesse processo precisar o que a parte "pensou ou quis" ou o que poderia ser sua presumida vontade (vontade contratual em concreto), mas o que "normalmente ocorre" (*id quod prelumque accidit*).[803]

No campo da revisão judicial dos contratos por onerosidade excessiva, impende relembrar que não se está a cuidar de relações jurídicas que nasceram em situação de desequilíbrio. Para tais patologias do negócio jurídico, como antes referimos, o regime da extinção dos negócios jurídicos[804] diz respeito à anulabilidade (seara própria dos vícios do consentimento

---

2001, p. 649-666.

[799] ZULIANI, Ênio Santarelli. Resolução do contrato por onerosidade excessiva. In: LOTUFO, Renan; NANNI, Giovanni Ettore (coords.). *Teoria geral dos contratos*. São Paulo: Atlas, 2001, p. 661.

[800] Informa Emilio Betti: "Quando a interpretação é preordenada ao controle crítico de um provimento ainda sujeito a impugnação, é claro que a funcionalidade do provimento constitui, justamente, a instância desse controle; e, por conseguinte, o critério da conservação do ato deve ser entendido *cum grano salis*, e o instrumento da interpretação corretiva deve ser utilizado de maneira muito mais cautelosa" (BETTI, Emilio. *Interpretação da lei e dos atos jurídicos*. São Paulo: Martins Fontes, 2007, p. 329-330).

[801] VERA-CRUZ PINTO, Eduardo. Da diferença entre negócio (facto) e contrato (norma) na actual interpretação pelos juízes da justiça contratual. In: GUERRA, Alexandre; BENACCHIO, Marcelo. (orgs.). TOLEDO, Armando Sérgio Prado de (coord.). *Negócio jurídico*. São Paulo: Quartier Latin, 2013, p. 27).

[802] FRANCO, Vera Helena de Mello. *Teoria geral do contrato*: confronto com o direito europeu futuro. São Paulo: Revista dos Tribunais, 2011, p. 203.

[803] FRANCO, Vera Helena de Mello. *Teoria geral do contrato*: confronto com o direito europeu futuro. São Paulo: Revista dos Tribunais, 2011, p. 203.

[804] PROENÇA, José Carlos Brandão. *A resolução do contrato no Direito Civil*: do enquadramento e do regime. Coimbra: Coimbra Editora, 2006.

PRINCÍPIO DA CONSERVAÇÃO DOS NEGÓCIOS JURÍDICOS

e sociais). Ou, ainda, de nulidades, se se incorrer nas situações gizadas pelo artigo 166 do Código Civil. O problema da revisão dos negócios jurídicos não concerne a uma deficiência genética do sinalagma contratual. A revisão judicial mostra-se adequada para as situações nas quais houve o desequilíbrio *posterior* ao momento da formação da relação jurídica entre a prestação e a sua respectiva contraprestação, como destacam Araken de Assis[805] e Francisco Eduardo Loureiro.[806]

A doutrina civil tradicional entendia que o Princípio *pacta sunt servanda* era o fundamento maior e decisivo da conservação dos negócios jurídicos. Mais tarde, passa-se a entender que a manutenção do vínculo jurídico estava, na verdade, relacionada não à sua exclusiva rigidez, mas, sim, decisivamente, à possibilidade conferida pela própria ordem jurídica de *adaptá-lo* ao longo da vida dos seus protagonistas e da sua própria existência enquanto ente autônomo. A adaptabilidade (maleabilidade) do vínculo contratual é o que permite a sua sobrevivência nas tormentosas águas da vida. Vale dizer, o contrato passa a ser assim reconhecido como um *ente jurídico autônomo*. Assim como ocorre na física no que diz respeito à chamada resiliência dos materiais, no mundo do Direito (e particularmente no campo do negócio jurídico), o que não se verga quando submetido à pressão (força provocada por agentes externo ou interno), fatalmente se rompe.

A esse propósito, é pertinente a observação de Giuseppe Tomasi di Lampedusa na sua clássica obra *O Leopardo* (*Il gattopardo*): "tudo deve mudar para que tudo fique como está". Significa dizer, tornando-o maleável e permeável à realidade e às suas novas conformações e exigências (tal como se passa nas leis da física) o negócio jurídico contratual pode mais apropriadamente se amoldar às novas circunstâncias que o envolvem sem haver o seu inexorável rompimento.[807] Nesse cenário, sobressai o relevo que se impõe à revisão judicial em nome da conservação dos negócios jurídicos. A cláusula *rebus sic stantibus* serve como uma revelação do Princípio da

---

[805] ASSIS, Araken de. *Resolução do contrato por inadimplemento*. 4. ed. rev. atual. São Paulo: Revista dos Tribunais, 2004, p. 93-95.

[806] LOUREIRO, Francisco Eduardo. Extinção dos contratos. In: LOTUFO, Renan; NANNI, Giovanni Ettore (coords.). *Teoria geral dos contratos*. São Paulo: Atlas, 2001, p.610-611.

[807] Especificamente no plano de revisão dos contratos bancários, ver: GUERRA, Alexandre Dartanhan de Mello; OLIVEIRA, Roque Antonio Mesquita de. *Revisão judicial dos contratos bancários de concessão de crédito*. Revista Brasileira de Direito Bancário e Mercado de capitais n. 52. São Paulo: Revista dos Tribunais, 2010.

PERFIL DOGMÁTICO DA CONSERVAÇÃO DOS NEGÓCIOS JURÍDICOS

conservação dos negócios jurídicos[808], ensinam Laura Coradini Frantz[809] e Enio Santarelli Zuliani[810].

No campo da revisão judicial dos contratos, avultam as teorias objetivas e subjetivas, como vimos. As primeiras (teorias objetivas) põem em destaque não a vontade interna dos contratantes, mas o acordo exteriorizado, com as obrigações que dessa exteriorização nasceram à vista das circunstâncias econômicas existentes no momento de sua celebração. É preciso observar "el equilibrio o relación entre las prestaciones recíprocas, en fim, con la finalidad que se desprende del propio negocio".[811]

Nas teorias subjetivas, como destacamos, é posto em relevo os fundamentos ou os critérios que atendem à vontade das partes e os motivos determinantes, bem como as circunstâncias que os celebrantes tiveram em conta quando do acordo tal como eles a apreciaram e os fins econômicos perseguidos; "el contrato es *obra de las partes* y no obra de los jueces", informam Jorge Mosset Iturraspe e Miguel A. Piedecasas.[812] Nessa ótica, vale relembrar, a função social externa do contrato serve como um dos fundamentos do Princípio da conservação dos negócios jurídicos.[813]

A revisão judicial dos contratos é, diante de todo exposto, um modo de solução de desequilíbrios materiais das prestações na execução contratual.[814] A via mais adequada para a garantia do Princípio da conserva-

---

[808] FRANTZ, Laura Coradini. *Revisão dos contratos*: elementos para sua construção dogmática. São Paulo: Saraiva, 2007, p. 178-179.

[809] Informa a doutrinadora em referência: "a revisão é a solução que deverá ser privilegiada para o desequilíbrio superveniente, sempre que possível, em obediência ao princípio da manutenção do contrato" (FRANTZ, Laura Coradini. *Revisão dos contratos*: elementos para sua construção dogmática. São Paulo: Saraiva, 2007, p. 148-149).

[810] ZULIANI, Ênio Santarelli. Resolução do contrato por onerosidade excessiva. In: LOTUFO, Renan; NANNI, Giovanni Ettore (coords.). *Teoria geral dos contratos*. São Paulo: Atlas, 2001, p. 661.

[811] ITURRASPE, Jorge Mosset; PIEDECASAS, Miguel A. *Responsabilidad civil y contratos:* la revisión del contrato. Santa Fe: Rubinzal-Culzoni, 2008, p. 138. Em tradução livre: "o equilíbrio ou relação entre as prestações recíprocas, enfim, com a finalidade que desprende do próprio negócio".

[812] ITURRASPE, Jorge Mosset; PIEDECASAS, Miguel A. *Responsabilidad civil y contratos:* la revisión del contrato. Santa Fe: Rubinzal-Culzoni, 2008, p. 24 ss.

[813] ITURRASPE, Jorge Mosset; PIEDECASAS, Miguel A. *Responsabilidad civil y contratos:* la revisión del contrato. Santa Fe: Rubinzal-Culzoni, 2008, p. 57; LÔBO, Paulo. *Contratos*. São Paulo: Saraiva, 2011, p. 205.

[814] A esse respeito, *v.* BARGELLI, Elena. *Il sinalagma rovesciato*. Milano: Dott. A. Giuffrè Editore: 2010.

ção dos negócios jurídicos será a que visa a ofertar à parte prejudicada a possibilidade de revisão quando do rompimento do equilíbrio entre as prestações.[815] A revisão contratual é um elemento próprio da evolução do Direito Contratual. Revela a concepção social voltada à tutela da justiça e do equilíbrio contratuais e não a prevalência da imutável da palavra empenhada. Decerto, vigora no Direito das obrigações uma orientação que ordena sejam os contratos conservados e não resolvidos ou anulados, como enfatiza Wladimir Alcebíades Marinho Falcão Cunha[816].

A nota de destaque da revisão judicial dos negócios jurídicos, como refere Ana Rita de Figueiredo Nery[817], é marcada pela superação das soluções tradicionais de "extirpação do acordo de vontades do mundo jurídico quando se verifica qualquer violação à norma, pela pecha de inexistência ou invalidade". Os esforços devem se concentrar, no seu entender, sobre a garantia da circulação do crédito, ainda que se mantenha o negócio jurídico sobre novas bases ajustadas à realidade das circunstâncias que o permeiam. Do exposto, deflui a pertinência da invocação do Enunciado 176 da III Jornada de Direito Civil do Conselho de Justiça Federal, alusiva ao artigo 478 do Código Civil, *in verbis*: "Em atenção ao Princípio da conservação dos negócios jurídicos, o art. 478 do Código Civil de 2002 deverá conduzir, sempre que possível, à revisão judicial dos contratos e não à resolução contratual".[818]

---

[815] Destaca Paulo Lôbo: "As normas que incidem sobre o conteúdo material dos contratos devem ser encaradas pelos intérpretes, particularmente pelos julgadores, como normas voltadas fundamentalmente à revisão contratual e não à sua resolução ou à sua decretação de nulidade" (LÔBO, Paulo. *Contratos*. São Paulo: Saraiva, 2011, p. 209-210).

[816] CUNHA, Wladimir Alcebíades Marinho Falcão. *Revisão judicial dos contratos: do Código de Defesa do Consumidor ao Código Civil de 2002*. Coleção Professor Rubens Limongi França. 3. São Paulo: Método, 2007.

[817] NERY, Ana Rita de Figueiredo. Revisão judicial dos contratos bancários e responsabilidade civil. In: GUERRA, Alexandre; BENACCHIO, Marcelo (coords.). *Responsabilidade civil bancária*. São Paulo: Quartier Latin do Brasil, 2012.

[818] No mesmo sentido, v. GUERRA, Alexandre Dartanhan de Mello; OLIVEIRA, Roque Antônio Mesquita de. *A revisão judicial de contratos bancários de concessão de crédito*. Revista do Direito Bancário e do mercado de capitais. São Paulo: Revista dos Tribunais n. 52, p. 157-195, 2011. No campo da revisão judicial dos negócios jurídicos, cumpre salientar o teor dos enunciados 22, 149 e 157 do Conselho da Justiça Federal do Superior Tribunal de Justiça, em suas *Jornadas de Direito Civil*, os quais reconhecem a aplicação concreta do Princípio da conservação dos negócios jurídicos, *in verbis*: i) Enunciado 22: "A função social do contrato, prevista no art. 421 do novo Código Civil, constitui cláusula geral, que reforça o princípio da

Como acentua ainda Nery, nada impede, como consequência do Princípio da conservação dos negócios jurídicos, que passe o intérprete pela tentativa de manutenção do contrato com fundamento no artigo 317 do Código Civil, para que somente depois (por impossibilidade de manutenção da avença) haja a resolução contratual por onerosidade excessiva. O artigo 317 do Código Civil compõe o sistema de tratamento da onerosidade excessiva ao lado da previsão do artigo 478 e seguintes do Código Civil e do Código de Defesa do Consumidor.[819]

Importante salientar, por oportuno, que a revisão do negócio jurídico contratual não escapa da preocupação dos estudiosos do Direito empresarial[820]. Merece registro a propósito o teor do Anteprojeto de Código Comercial apresentado ao Senado Federal e em regular processo legislativo. Conquanto tenha sido alvo de severas críticas, o trabalho é digno de referência quando, no seu livro último, ao encerrar a sua Parte Geral (Dos fatos jurídicos empresariais), em um título único apresenta a disciplina dos chamados "negócios jurídicos empresariais". O anteprojeto (nomeado "Minuta") fornece o tratamento jurídico próprio para o problema das invalidades, afastando-se dos rigores e das exigências impostas pela lei civil em vigor, o que reclama a reflexão do intérprete a respeito da sua conveniência[821]. É especialmente digna de observação a regra constante em seu artigo 166, a qual se afina em

conservação do contrato, assegurando trocas úteis e justas"; ii) Enunciado 149: "Em atenção ao princípio da conservação dos contratos, a verificação da lesão deverá conduzir, sempre que possível, à revisão judicial do negócio jurídico e não à sua anulação, sendo dever do magistrado incitar os contratantes a seguir as regras previstas no art. 157, §2º, do Código Civil de 2002" e iii) Enunciado 291: "Nas hipóteses de lesão previstas no art. 157 do Código Civil, pode o lesionado optar por não pleitear a anulação do negócio jurídico, deduzindo, desde logo, pretensão com vista à revisão judicial do negócio por meio da redução do proveito do lesionador ou do complemento do preço".

[819] NERY, Ana Rita de Figueiredo. Revisão judicial dos contratos bancários e responsabilidade civil. In: GUERRA, Alexandre; BENACCHIO, Marcelo (coords.). *Responsabilidade civil bancária*. São Paulo: Quartier Latin do Brasil, 2012.

[820] Exemplificativamente, a respeito do negócio jurídico no plano societário, ver: COSTA, José Eduardo; SACRAMONE, Marcelo Barbosa. *Negócio jurídico associativo e o ato constitutivo de sociedade*. In: TOLEDO, Armando Sérgio Prado de (coord.); GUERRA, Alexandre; BENACCHIO, Marcelo (orgs.). Negócio jurídico. São Paulo: Quartier Latin, 2013, p. 250-268.

[821] É preciso afirmar que o Anteprojeto em foco vem sendo objeto de severas críticas pela comunidade acadêmica, como se observa, a título de exemplo, de artigo de autoria de Erasmo Valladão Azevedo e Novaes França intitulado "O *Antiprojeto* de novo Código Comercial" (Revista Jurídica Consulex n. 400, ano XVII. São Paulo: setembro de 2013, p. 32-37).

PRINCÍPIO DA CONSERVAÇÃO DOS NEGÓCIOS JURÍDICOS

particular com as exigências do Princípio da conservação dos negócios jurídicos, segundo a qual "não será declarada a nulidade, nem decretada a anulação, do negócio jurídico empresarial se a declaração não tiver implicado prejuízo ou os ocasionados forem de pequena monta".

A regra em referência absorve, como é possível afirmar, não somente o Princípio da conservação dos negócios jurídicos, mas, designadamente, a necessidade da efetiva demonstração de prejuízo para as partes e para os terceiros para sua invalidação. Ademais disso, a regra jurídica em evidência exige que os prejuízos sejam expressivos, razão pela qual se observa a pertinência da alusão ora feita, conquanto de *lege ferenda*. Também no plano da interpretação do negócio jurídico empresarial (seção III), cumpre salientar, manifesta-se o princípio objeto desse estudo, dentre outros momentos, pelo comando que deflui dos seus artigos 172 e 173. Dispõe o primeiro que, "na interpretação do negócio jurídico empresarial, o sentido literal da linguagem não prevalecerá sobre a essência da declaração". A essência da declaração, de acordo com o parágrafo único da regra em foco, é de ser definida "pelos objetivos visados pelo empresário e pela função econômica do negócio jurídico empresarial".

5.10.1.1. A equidade e a regra prevista no artigo 479 do Código Civil como critério à aplicação concreta do Princípio da conservação dos negócios jurídicos

No Direito contratual, ganha destaque crescente o papel da equidade. O instituto de maior expressão que a ela se prende é a *reductio ad aequitatem*. O seu regime jurídico é veiculado pelo artigo 479 do Código Civil brasileiro, o qual imbrica ao Princípio da conservação dos negócios jurídicos: "A resolução do contrato pode ser evitada, oferecendo-se o réu a modificar equitativamente as condições do contrato".

A relação de adequação que o Direito exige à preservação do vínculo jurídico deve ser conformada por meio da oferta de modificação equitativa do contrato[822]. A medida presta-se a garantir vida à relação contratual.[823]

---

[822] NITSCHKE, Guilherme Carneiro Monteiro. Revisão, resolução, reindexação, renegociação: o juiz e o desequilíbrio superveniente de contratos de duração. Rio de Janeiro: Revista Trimestral de Direito Civil v. 50, abril/junho de 2012, p. 141.

[823] ROSITO, Francisco. *Os contratos conexos e sua intepretação*. São Paulo: Revista dos Tribunais n. 866. Dezembro de 2007, p 24ss.

PERFIL DOGMÁTICO DA CONSERVAÇÃO DOS NEGÓCIOS JURÍDICOS

Busca o intérprete não somente o equilíbrio objetivo entre as prestações (o qual que foi destruído por circunstâncias supervenientes à gênese negocial) mas, especialmente, o retorno da proporção estabelecida entre as prestações originariamente fixada.[824] O dispositivo legal em testilha viabiliza a abertura do modelo contratual tradicional e rígido. Evita o fim do contrato quando a contraparte oferece a modificar equitativamente as condições do contrato.[825]

Nelson Rosenvald salienta que regra em tela consubstancia a aplicação concreta do Princípio da conservação dos negócios jurídicos. Concede ao credor (e não a ambos os contratantes, como deveria a lei fazê-lo) a opção pela revisão contratual como forma de impedir a resolução contratual por onerosidade excessiva.[826] O Princípio da conservação exige que o ordenamento produza normas hábeis para preservar as relações e apenas como última solução, desfazê-las.[827] A extinção do contrato, portanto, deve ser cogitada como "segunda opção", diz o autor. É aplicável às hipóteses em que o magistrado perceba a real impossibilidade de reconstrução da justiça contratual, até mesmo quando demonstre o credor ser ele o prejudicado pela revisão.[828]

José de Oliveira Ascensão destaca que a lei civil portuguesa igualmente prefere a modificação do contrato, reequilibrando-o, à extinção do negócio jurídico.[829] Na verdade, nem sempre a manutenção do contrato é possível, ainda que em termos econômicos.[830] Isso não infirma, entretanto, a operabilidade do Princípio da conservação dos negócios jurídicos. A alteração

---

[824] FRANTZ, Laura Coradini. *Revisão dos contratos*: elementos para sua construção dogmática. São Paulo: Saraiva, 2007, p. 148 ss.

[825] LÔBO, Paulo. *Contratos*. São Paulo: Saraiva, 2011, p. 210.

[826] V. SOMBRA, Thiago Luís Santos. *Adimplemento contratual e cooperação do credor*. São Paulo: Saraiva, 2011.

[827] NANNI, Giovanni Ettore. A obrigação de renegociar no Direito Contratual brasileiro. São Paulo: Revista do Advogado n. 116. Ano XXXII. Associação dos Advogados de São Paulo, jul. 2012, p. 96.

[828] ROSENVALD, Nelson. *Código Civil comentado. Doutrina e jurisprudência*. PELUSO, Cezar (coord.). Barueri: Manole, 2007, p. 375.

[829] ASCENSÃO, José de Oliveira. *Direito Civil*. Teoria Geral. Relações e situações jurídicas. Coimbra: Coimbra Editora, 2002, v. III, p. 207.

[830] COSTA, José Eduardo da. A revisão dos contratos: entre o pacta sunt servanda e o equilíbrio econômico. In: LOTUFO, Renan; NANNI, Giovanni Ettore; MARTINS, Fernando Rodrigues (coords.). Temas relevantes do Direito Civil contemporâneo. Reflexões sobre os 10 anos do Código Civil. São Paulo: Atlas, 2012, p. 440-441.

das circunstâncias do negócio jurídico, diz ele, pode ser de envergadura tão intensa que não seja possível a subsistência do negócio jurídico. As partes não estão obrigadas a manter-se vinculadas a termos substancialmente diferentes daquele em que se ajustou no momento da contratação[831], o que nem mesmo a função social dos contratos lhes impõe.

Na Itália, Paolo Gallo[832] observa que o legislador de 1942, no Código Civil, conquanto não tenha previsto explicitamente a possibilidade de revisão do contrato, concedeu à parte o direito de paralisar a pretensão deduzida com a idônea oferta de redução das prestações à equidade (*riduzione ad equità*). Invoca a esse propósito o artigo 1467, § 3º, do Código Civil italiano. A norma, como afirma, é a expressão do Princípio geral de conservação do contrato, destinado a permitir à contraparte evitar o fim do contrato e a consequente perda de valores por ele representados.

Segundo ensina Álvaro Villaça Azevedo, a regra do artigo 479 do Código Civil, que autoriza ao intérprete evitar a resolução contratual mediante a oferta do suficiente para modificar equitativamente as condições do contrato, comporta interpretação orientada pela prudência; "é preciso tentar-se a revisão, para salvar, de extinção, o contrato; contudo, essa revisão não pode ser imposta contra a vontade das partes".[833]

5.10.1.2 A modificação judicial da cláusula penal como instrumento de salvaguarda do sinalagma contratual e de operabilidade do Princípio da conservação dos negócios jurídicos

A conformação jurídica da cláusula penal no ordenamento jurídico brasileiro, a teor do que lhe fornece o artigo 413 do Código Civil, permite entrever outra manifestação do Princípio da conservação dos negócios jurídicos afeita ao problema da revisão judicial dos contratos.

---

[831] ASCENSÃO, José de Oliveira. *Direito Civil*. Teoria Geral. Relações e situações jurídicas. Coimbra: Coimbra Editora, 2002, v. III, p. 208 ss.

[832] GALLO, Paolo. *Trattato del contratto*. I remedi, la fidúcia, l'apparenza. Roma: UTET Giuridica: 2010, t. 3. (L' offerta di riduzione ad equità, p. 2327).

[833] AZEVEDO, Álvaro Villaça. *Teoria geral dos contratos típicos e atípicos*: curso de direito civil. 3. ed. São Paulo: Atlas, 2009, p. 30; SOUZA JUNIOR, Lauro Gama e. *Os princípios do UNIDROIT relativos aos contratos do comércio internacional 2004 e o direito brasileiro*: convergências e possibilidades. São Paulo: Revista de Arbitragem e Mediação n. 8. Revista dos Tribunais. Janeiro de 2006, p. 48ss.

Tratando-se de cláusula penal, diz a regra jurídica, a penalidade pode ser reduzida equitativamente pelo juiz se a obrigação principal tiver sido cumprida em parte *ou se o montante da finalidade for manifestamente excessivo*, tendo-se em vista a natureza e a finalidade do negócio.[834] De acordo com Rubens Limongi França[835], a finalidade da cláusula penal é reforçar o vínculo de outra obrigação; estimular o cumprimento dessa obrigação sob a ameaça da incidência de penalidade e proporcionar, se compensatória, ao credor, a possibilidade de prefixação de perdas e danos.

Na sua essência, a cláusula penal visa a reforçar o adimplemento do negócio jurídico. Tal asserção seria suficiente, por si só, para nela vislumbrar-se outra manifestação do Princípio da conservação dos negócios jurídicos. Mas há mais. A possibilidade de redução judicial por equidade da cláusula penal faz entrever também o desejo do legislador de adimplemento do negócio jurídico, ainda que seja parcial, como também a sua preservação. Por meio da correção judicial de seus excessos, o negócio jurídico é ajustado aos parâmetros exigidos pela moderação.[836]

5.10.2. A cláusula *hardship* como instrumento de aplicação do Princípio da conservação dos negócios jurídicos

A segunda manifestação não tradicional do Princípio da conservação dos negócios jurídicos no campo contratual ocorre nas chamadas cláusulas *hardship*. *Hardship* significa dificuldade. Pode ser traduzida como a adversidade, o infortúnio, a necessidade ou a privação.

---

[834] CORDEIRO, Carlos José; GOMES, Josiane Araújo. *Revisão judicial dos contratos como instrumento de equilíbrio econômico contratual*. São Paulo: Revista Síntese n. 73. Direito Civil e Processual Civil. Ano XII, p. 137.

[835] ROSENVALD, Nelson. *Cláusula penal*: a pena privada nas relações negociais. Belo Horizonte, Lúmen Júris, ano, p. 222.

[836] LOTUFO, Renan. Código Civil comentado. Direito das Obrigações. Parte Geral, São Paulo: Saraiva: 2003, v. 2, p. 478. A respeito da perspectiva de Antonio Junqueira de Azevedo quanto ao problema de revisão e da conservação dos contratos, ver. AZEVEDO, Antonio Junqueira de. Parecer. Natureza jurídica do leasing financeiro. Validade ou nulidade de cláusula de pagamento antecipado da opção de compra ("valor residual garantido"). Atualização em dólar e alteração das circunstâncias. In: *Estudos e pareceres de direito privado*. São Paulo: Saraiva, 2004, p. 263-270.

Judith Martins-Costa[837] ensina que o contrato é uma "instituição cronotrópica", cujo tempo é o seu maior desafio. A promessa de cumprimento que se contém na declaração, alerta, é uma promessa futura. "Cada contrato caracteriza, verdadeiramente, um ato de comprometimento do futuro". E o futuro, diz, é incerto por sua própria essência ("pleno de riscos"). Para assegurar o equilíbrio entre obrigações contratuais interdependentes, por vezes a própria lei a prevê a possibilidade de revisão ou de extinção se for impossível o reequilíbrio. Para além da lei, há fórmulas de adaptação entre o contrato e a realidade.[838] De um lado, diz, as chamadas *cláusulas de adaptação automática*. A sua atuação ocorre quando o evento previsto se realiza. De outro lado, observamos as cláusulas que preveem a *adaptação semiautomática* ("resolução-salvaguarda", "cláusulas de alinhamento" ou "cláusula de cliente mais favorecido"), como salienta a autora. De outro, ainda, há as *cláusulas não-automáticas* (isto é, as que impõem a obrigação de renegociação do contrato alcançar a revisão conducente ao reequilíbrio atingido pelas circunstâncias supervenientes afetaram o equilíbrio inicial).

Particularmente nesse ponto, assume destaque a cláusula *hardship*. Ela exige substancialmente a provocação de renegociação contratual diante da mudança das circunstâncias que o permeiam.[839] Pelas referidas *cláusulas de renegociação*[840], as partes reservam-se o poder de consensualmente determinar o regime que será observado a partir da incidência de circuns-

---

[837] MARTINS-COSTA, Judith. A cláusula de "hardship" e a obrigação de renegociar nos contratos de longa duração. In: *Transformações contemporâneas do direito das obrigações*. Mauricio MOTA, Maurício; KLOH, Gustavo (org.). Rio de Janeiro; Elsevier, 2011, p. 258-259.

[838] GALLO, Paolo. *Trattato del contrato*. Tomo terzo. I remedi. La fiducia. L'apparenza. Milano: UTET giuridica, ano, p. 2318-2319; WALD, Arnoldo. O equilíbrio econômico-financeiro e a revisão dos contratos. In: NEVES, Thiago Ferreira Cardoso (coord.). *Direito & Justiça Social: por uma sociedade mais justa, livre e solidária*. Estudos em homenagem ao Professor Sylvio Capanema de Souza. São Paulo: Altas, 2013, p. 301.

[839] A esse respeito. *v.* PRADO, Mauricio Almeida. *Le hardship dans le droit du commerce internacional*. FEDUCI (Fondation por l'Etude du Droit el des usages du Commerce Internacional – collection dirigée par Henry Lesguillons): Paris, 2003.

[840] MARTINS, Fernando Rodrigues. *Princípio da justiça contratual*. São Paulo: Saraiva, 2009, p. 389.

tâncias supervenientes que afetem sobremaneira o equilíbrio entre as prestações[841], como já reconhecido fora por Orlando Gomes[842] na década de 80.

Os Princípios *Unidroit* apresentam as cláusulas em foco como um sinônimo de onerosidade excessiva. De fato, as *hardship clauses* são verdadeiras cláusulas de readaptação contratual. São disposições lícitas, em princípio, porque se inserem no âmbito da autonomia privada negocial[843]. Visam a salvaguardar o contrato toda vez que um evento externo promover a ruptura do sinalagma contratual[844] capaz de impor um ônus excessivo a uma das partes. Mantém, pois, clara relação com o Princípio da conservação dos negócios jurídicos. As *hardship clauses* objetivam a modificação ou o ajuste da avença ao longo do tempo. Atuam sob a forma de um legítimo dever de renegociação contratual, no sentido de restabelecer a economia do contrato, conservando-o sem pôr em risco a segurança jurídica das disposições pactuadas. Cuida-se de exceção à literal conformação da regra *pacta sunt servanda* em nome, como visto, da concepção moderna do princípio *rebus sic stantibus*, salienta Judith Martins-Costa.[845]

A *hardship clauses* foram acolhidas nos trabalhos do *Unidroit*[846], no âmbito do comércio internacional. Como ensina Guido Alpa, tendem a manter em vida o contrato celebrado; "l'effetto dell'hardship è diretto al mantenimento del rapporto"[847]. Há deveres laterais impostos aos contratan-

---

[841] MARTINS-COSTA, Judith. A cláusula de "hardship" e a obrigação de renegociar nos contratos de longa duração. In: *Transformações contemporâneas do direito das obrigações*. Mauricio MOTA, Maurício; KLOH, Gustavo (org.). Rio de Janeiro; Elsevier, 2011, p. 262; MARTINS--COSTA, Judith. A cláusula de "hardship" e a obrigação de renegociar nos contratos de longa duração. In: *Transformações contemporâneas do direito das obrigações*. Mauricio MOTA, Maurício; KLOH, Gustavo (org.). Rio de Janeiro; Elsevier, 2011, p. 263-264.

[842] GOMES, Orlando. *Questões mais recentes de direito privado*. São Paulo: Saraiva, 1987, p. 303

[843] GOMES, Orlando. *Questões mais recentes de Direito Privado*: pareceres. ("Hardship clause". Opção. Condição alternativa). São Paulo: Saraiva, 1987, p. 302-303.

[844] BARGELLI, Elena. *Il sinalagma rovesciato*. Milano: Dott. A. Giuffrè Editore: 2010.

[845] MARTINS-COSTA, Judith. A cláusula de "hardship" e a obrigação de renegociar os contratos de longa duração. In: MOTA, Maurício; KLOH, Gustavo (orgs.). *Transformações contemporâneas do Direito das Obrigações*. Rio de Janeiro: Elsevier, 2011, p. 263.

[846] VILLELA, João Baptista. *Princípios UNIDROIT*: relativos aos contratos comerciais internacionais – 2004. São Paulo: Quartier Latin, 2009.

[847] ALPA, Guido. *Fontamenti del diritto privato europeo*. Trattato di Diritto Privato a cura di Giovanni Iudica e Paolo Zatti. Milano: Dott. A. Giuffré Editore, 2005, p. 345. No mesmo sentido, *v.* MAURO, Antonio de; FORTINGUERRA, Fabio; TOMMASI, Sara. *Lá responsabilità precontratuale*. 2. ed. Milano: Dott. A. Giuffré Editore, 2007, p. 263-264.

PRINCÍPIO DA CONSERVAÇÃO DOS NEGÓCIOS JURÍDICOS

tes decorrentes da natureza e dos objetivos do contrato, assim como das práticas estabelecidas entre os contratantes, da boa-fé e da razoabilidade. Surge a cláusula em estudo, assim, como uma manifestação da atividade criadora na prática negocial, ensinam Iturraspe e Piedecasas[848]. Representam um meio eficaz para a preservação do contrato. Despertam interesse no contexto sob estudo, pois são vocacionadas a preencher uma das funções essenciais atribuídas ao contrato: a preservação do equilíbrio das prestações e manutenção do vínculo contratual.

A cláusula em testilha funciona como um instrumento de conservação do contrato por meio da própria adaptação contratual.[849] A cláusula *hardship* tem por fundamento a autonomia privada. Sua aplicação decorre de uma manifestação da vontade dos contratantes. Destina-se a resolver a tensão existente entre os princípios da *pacta sunt servanda* e *rebus sic stantibus*. E permite que os contratantes de diferentes culturas jurídicas possam harmonizar seus interesses na manutenção do vínculo contratual, por meio do estímulo à negociação, especialmente em contratos de longa duração[850], nos quais impregna a noção de "evolutividade dos contratos"[851].

Guilherme Carneiro Monteiro Nitschke[852] lembra que o sentido a anima a cláusula *hardship* é verdadeiramente a "mantença do contrato". Na impossibilidade de renegociação contratual, adverte, a solução deve pender, no processo interpretativo, à permanência da avença sobre bases revisadas. É o que dessume das exigências dos Princípios *Unidroit*, os quais

---

[848] ITURRASPE, Jorge Mosset; PIEDECASAS, Miguel A. *Responsabilidad civil y contratos:* la revisión del contrato. Santa Fe: Rubinzal-Culzoni, 2008.

[849] GLITZ, Frederico Eduardo Zenedin. *Uma leitura da contemporaneidade contratual*: lesão, cláusula de *hardship* e conservação do contrato. 2005. 218 f. Dissertação (Mestrado em Direito) - Universidade Federal do Paraná. Curitiba, 2005, p. 177.

[850] NITSCHKE, Guilherme Carneiro Monteiro. Tempo e equilíbrio contratual. In: *Transformações contemporâneas do direito das obrigações*. Mauricio MOTA, Maurício; KLOH, Gustavo (org.). Rio de Janeiro; Elsevier, 2011, p. 94-96.

[851] NITSCHKE, Guilherme Carneiro Monteiro. Tempo e equilíbrio contratual. In: *Transformações contemporâneas do direito das obrigações*. Mauricio MOTA, Maurício; KLOH, Gustavo (org.). Rio de Janeiro; Elsevier, 2011, p. 97-98.

[852] NITSCHKE, Guilherme Carneiro Monteiro. Tempo e equilíbrio contratual. In: *Transformações contemporâneas do direito das obrigações*. Mauricio MOTA, Maurício; KLOH, Gustavo (org.). Rio de Janeiro; Elsevier, 2011, p. 97-98.

PERFIL DOGMÁTICO DA CONSERVAÇÃO DOS NEGÓCIOS JURÍDICOS

denotam a "praxe comercial internacional de manutenção em vida da relação contratual".[853]

A fundamentação teórica da cláusula *hardship* aproxima-se da teoria da base do negócio jurídico, como salienta Frederico Eduardo Zenedin Glitz. Diz respeito à possibilidade de readaptação dos contratos diante das novas condições do negócio viabiliza a manutenção da relação contratual, da confiança das partes e da garantiria de segurança jurídica.[854]

Como preceitua Judith Martins-Costa[855], a recusa em renegociar caracteriza culpa contratual, pois as partes são obrigadas a formular "proposições sérias", relativas ao contrato, retornando-o às suas bases originárias. Diante da injustificada negativa de renegociação, visualizamos o inadimplemento culposo da relação obrigacional, seja a recusa direta, seja a chamada recusa "disfarçada". Ocorrerá a recusa disfarçada sob a forma de "proposições inaceitáveis" pela outra parte caso em que haverá a ofensa à boa-fé lealdade.[856]

5.10.3. A teoria do adimplemento substancial dos negócios jurídicos como manifestação concreta do Princípio da conservação dos negócios jurídicos

O Princípio da conservação dos negócios jurídicos no campo contratual revela-se ainda pela teoria do adimplemento substancial do negócio jurídico. Cuida-se do terceiro ponto a ser pinçado na reflexão que ora apresentamos. Nas relações contratuais, pode haver não somente o inadimplemento, mas também o chamado *adimplemento ruim*. Trata-se da situa-

---

[853] NITSCHKE, Guilherme Carneiro Monteiro. Tempo e equilíbrio contratual. In: *Transformações contemporâneas do direito das obrigações*. Mauricio MOTA, Maurício; KLOH, Gustavo (org.). Rio de Janeiro; Elsevier, 2011, p. 98; NERY JUNIOR, Nelson; SANTOS, Thiago Rodovalho dos. *Renegociação contratual*. São Paulo: Revista dos Tribunais, ano 100, vol. 906, abril de 2011, p. 140.

[854] GLITZ, Frederico Eduardo Zenedin. *Uma leitura da contemporaneidade contratual*: lesão, cláusula de *hardship* e conservação do contrato. 2005. 218 f. Dissertação (Mestrado em Direito) - Universidade Federal do Paraná. Curitiba, 2005, p. 163 ss.

[855] MARTINS-COSTA, Judith. A cláusula de "hardship" e a obrigação de renegociar nos contratos de longa duração. In: *Transformações contemporâneas do direito das obrigações*. Mauricio MOTA, Maurício; KLOH, Gustavo (org.). Rio de Janeiro; Elsevier, 2011, p. 265.

[856] MARTINS-COSTA, Judith. A cláusula de *hardship* e a obrigação de renegociar nos contratos de longa duração. In: *Transformações contemporâneas do direito das obrigações*. Mauricio MOTA, Maurício; KLOH, Gustavo (org.). Rio de Janeiro; Elsevier, 2011, p. 270.

PRINCÍPIO DA CONSERVAÇÃO DOS NEGÓCIOS JURÍDICOS

ção de descumprimento contratual que recai apenas sobre parte mínima da prestação. Para esses casos, o Direito inglês desenvolveu a doutrina da *substantial performance*. Entende-se não se justificar a rescisão contratual nesse panorama, mesmo a despeito da existência de cláusula resolutiva expressa contratualmente ajustada. Ocorre nas situações em que se reputa o descumprimento minimamente gravoso e, consequentemente, pouco prejudicial ao "projeto de benefícios" recíprocos constantes do contrato, nas palavras de Araken de Assis.[857]

A teoria do adimplemento substancial veda que a parte lesada pelo descumprimento contratual, nos casos em que o adimplemento se fez expressivo (substancial) pretenda a extinção do contrato.[858] É dizer, nas hipóteses de *inadimplemento de escassa relevância*, o sistema jurídico cria meios de conservação do negócio jurídico. No Direito brasileiro, revela uma vez mais a manifestação do Princípio da conservação dos negócios jurídicos e da boa-fé lealdade. Guarda correspondência com a vedação ao exercício inadmissível de posições jurídicas e à função social do contrato.[859] Não se permite o rompimento do vínculo contratual em situações nas quais o adimplemento parcial se aproxime da prestação devida, do cumprimento do *programa contratual*,[860] casos nos quais sobressai a justiça contratual[861] e a proporcionalidade.[862]

O adimplemento substancial deve ser analisado, pela autoridade judicial, de acordo com as exigências do caso concreto[863]. O intérprete deve verificar o cumprimento efetuado e a medida atingida para a satisfação dos interesses do credor. Deve-se superar o raciocínio lógico, substituindo-o

[857] ASSIS, Araken de. *Resolução do contrato por inadimplemento*. 4. ed. rev. atual. São Paulo: Revista dos Tribunais, 2004, p. 129-131.

[858] SILVA, Vivien Lys Porto Ferreira da. *Extinção dos contratos*: limites e aplicabilidade. São Paulo: Saraiva, 2010. p. 241.

[859] SILVA, Vivien Lys Porto Ferreira da. *Extinção dos contratos*: limites e aplicabilidade. São Paulo: Saraiva, 2010, p. 242.

[860] Como enfatiza Cláudio José Franzolim, os negócios jurídicos contratuais não são "programas completos e desconexos com a realidade em que se situam" (FRANZOLIM, Cláudio José. *Negócios jurídicos: intepretação, integração, conteúdo negocial e efeitos*. Revista de Direito Privado n. 39. São Paulo: Revista dos Tribunais, jul/2009, p. 61ss.).

[861] AGUIAR JUNIOR, Ruy Rosado de. *Extinção dos contratos por incumprimento do devedor (resolução)*. Rio de Janeiro: Aide, 1991.

[862] MARTINS, Fernando Rodrigues. *Princípio da Justiça contratual*. São Paulo: Saraiva, 2009.

[863] ALVES, Jonas Figueiredo. *O adimplemento substancial como elemento decisivo à preservação do contrato*. Revista jurídica Consulex. Brasília, n. 240, janeiro 2007, p. 35.

PERFIL DOGMÁTICO DA CONSERVAÇÃO DOS NEGÓCIOS JURÍDICOS

pelo método da "concreção", por meio do qual, como acentua Vivien Lys Porto Ferreira da Silva[864], a autoridade judicial deve identificar os parâmetros razoáveis, colhidos a partir da própria orientação jurisprudencial, com base na abertura do sistema, os quais servirão de fundamento às decisões judiciais proferidas.

Segundo Claudio Luiz Bueno de Godoy, a vedação de resolução nos casos de adimplemento substancial é uma exigência de manutenção do contrato. Seu fundamento reside não somente nos interesses da parte, mas também no que efetivamente representa a celebração do contrato para toda sociedade: "forma de transmissão de riquezas e de promoção de valores constitucionais, dentre eles o solidarismo, que impede a resolução quando praticamente adimplido o resultado final do acordo de vontades. Nesse caso, há que se socorrer da cláusula geral da boa-fé objetiva".[865]

A título de exemplo, a possibilidade de purgação da mora nos contratos de alienação fiduciária em garantia é um meio no qual opera a eficácia jurídica e social em atenção ao Princípio da conservação dos negócios jurídicos.[866] Sobressai nesse campo o entendimento da jurisprudência de que se considera a possibilidade de purgação da mora em contratos de financiamento garantidos por alienação fiduciária mesmo quando ainda não pagos significativo percentual do respectivo preço[867]. O objetivo maior é preservar o contrato de consumo[868], cujo mais amplo acesso deve ser garantido como o objetivo de promover o solidarismo, a função social do contrato e sua concreta eficácia social e jurídica, como acentua o Superior Tribunal de Justiça[869].

---

[864] SILVA, Vivien Lys Porto Ferreira da. *Extinção dos contratos*: limites e aplicabilidade. São Paulo: Saraiva, 2010, p. 243.

[865] GODOY, Claudio Luiz Bueno de. *Função social do contrato*: os novos princípios contratuais. 2. ed. rev. atual. São Paulo: Saraiva, 2007, p. 174.

[866] CHALHUB, Melhin Mamem. *A purgação da mora nos contratos de alienação fiduciária de bens móveis*. Revista de Direito do consumidor n. 66. São Paulo: Revista dos Tribunais, abril de 2008, p. 91ss.

[867] GODOY, Claudio Luiz Bueno de. *Função social do contrato*: os novos princípios contratuais. 2. ed. rev. atual. São Paulo: Saraiva, 2007, p. 175-176).

[868] NERY JUNIOR, Nelson. *Os princípios gerais do Código Brasileiro de Defesa do Consumidor*. São Paulo: Revista de Direito do Consumidor v. 3, Jul/ 1992, p. 44ss..

[869] STJ, REsp. 272.739/MG, Rel. Ministro RUY ROSADO DE AGUIAR, Quarta Turma, j. 01/03/2001, DJ 02/04/2001 p. 299.

PRINCÍPIO DA CONSERVAÇÃO DOS NEGÓCIOS JURÍDICOS

No plano dos contratos relacionais[870], cumpre-nos novamente gizar, as relações jurídicas afloram a partir o Princípio da conservação dos negócios jurídicos e nele ganham especial operabilidade.[871], o que se afina com o princípio em foco, como leciona Eduardo Luiz Bussata.[872] Sendo assim, considerando a elevada carga axiológica que sustenta o Princípio da conservação dos negócios jurídicos nas situações apresentadas, podemos reconhecer a sua tarefa cardeal no processo de interpretação do negócio jurídico. A nosso ver, como já dissemos, negar ou minimizar as suas reais potencialidades é negar a própria tutela jurídica da autonomia privada.[873]

5.11. A aplicação do Princípio da conservação dos negócios jurídicos como um mecanismo de superação da nulidade prevista no artigo 318 do Código Civil brasileiro

O Princípio da conservação dos negócios jurídicos (*favor contractus*) propicia o equacionamento de situações variadas, como vimos. É o que ocorre, além de tudo o quanto articulado, no processo de superação de invalidade de um negócio jurídico na situação de desrespeito à regra prevista no artigo 318 do Código Civil. Referido artigo preleciona serem nulas as convenções de pagamento ou em moeda estrangeira, *in verbis*: "são nulas as convenções de pagamento em ouro ou em moeda estrangeira, bem como para compensar a diferença entre o valor desta e o da moeda nacional, excetuados os casos previstos na legislação especial."

Em uma primeira análise, a literalidade do dispositivo legal transcrito está a determinar a nulidade peremptoriamente, isto é, sem margem a

---

[870] MACEDO JÚNIOR, Ronaldo Porto. *Contratos relacionais e defesa do consumidor*. São Paulo: Revista dos Tribunais, 2006.

[871] BUSSATA, Eduardo Luiz. Princípio da conservação dos contratos. In. HIRONAKA, Giselda Maria Fernandes Novaes e TARTUCE, Flávio (coords). *Direito Contratual. Temas atuais*. São Paulo: Forense, 2009, p. 165-166.

[872] BUSSATA, Eduardo Luiz. Princípio da conservação dos contratos. In. HIRONAKA, Giselda Maria Fernandes Novaes e TARTUCE, Flávio (coords). *Direito Contratual. Temas atuais*. São Paulo: Forense, 2009, p. 165-166.

[873] NANNI, Giovanni Ettore. O dever de cooperação nas relações obrigacionais à luz do princípio constitucional da solidariedade. In: NANNI, Giovanni Ettore (coord.) *Temas relevantes do Direito Civil contemporâneo*. Reflexões sobre os cinco anos do Código Civil. Estudos em homenagem ao Professor Renan Lotufo. São Paulo: Atlas, 2008, p. 318). Ainda, *v.* SILVA, Clóvis V. do Couto e. *A obrigação como processo*. São Paulo: FGV, 2007.

interpretações no plano das regras jurídicas. Uma vez apresentada a hipótese afirmada pela regra jurídica, por força do disposto no inciso VII do artigo 166 do Código Civil, outra solução não haveria senão proclamar a nulidade, como determina pela parte inicial do artigo em evidência.

No entanto, dissentimos da posição que emerge da literalidade da disposição legal. A interpretação puramente gramatical, mediante a aplicação rígida da regra em estudo (subsunção), não resiste à orientação do Superior Tribunal de Justiça. A Corte inclina-se a atender às exigências do Princípio da conservação dos negócios jurídicos. Entende serem legítimos os contratos celebrados em moeda estrangeira, desde que o pagamento se efetive mediante conversão em moeda nacional no câmbio do vencimento. A interpretação que prevalece, acertadamente, garante a operabilidade do Princípio da conservação dos negócios jurídicos. Atende-se satisfatoriamente às exigências da boa-fé lealdade. Está em harmonia, pois, com os Princípios da eticidade e da função social do contrato.

Sendo assim, por força do Princípio da conservação dos negócios jurídicos, em havendo um negócio jurídico celebrado em moeda estrangeira ou ouro, o intérprete está autorizado a interpretar a norma em foco no sentido de autorizar a conversão da moeda estrangeira ou ouro à moeda de curso forçado no Brasil no câmbio do dia do adimplemento. A satisfação do vínculo obrigacional virá a ocorrer em moeda nacional, assim atendendo às exigências de nossa legislação[874], consoante acentua o Superior Tribunal de Justiça.[875]

---

[874] STJ, REsp. 804.791/MG, Rel. Ministra NANCY ANDRIGHI, Terceira Turma, j. 03/09/2009, DJe 25/09/2009

[875] "(...) O fato de a sentença estrangeira conter condenação em dólares norte-americanos não fere o art. 318 do Código Civil ou o Decreto-Lei n. 857, de 11.9.1969, e não impede a homologação, mesmo porque não se poderia exigir que a sentença proferida no exterior, decorrente de obrigação financeira lá assumida, imponha condenação na moeda brasileira. Ao interessado caberá, no momento próprio, durante a execução da sentença estrangeira no Brasil, postular o que for de direito a respeito da conversão do dólar norte-americano em reais" (STJ, SEC 6.069/EX, Rel. Ministro CESAR ASFOR ROCHA, Corte Especial, j. 24/11/2011, DJe 16/12/2011).

5.12. O Princípio da conservação dos negócios jurídicos na perspectiva dos Princípios *Unidroit*

O Princípio da conservação dos negócios jurídicos ganha força no Direito estrangeiro contemporâneo. É o que observamos nos *Princípios de Direito Europeu dos Contratos*, assim como nos estudos coordenados pelo Instituto Internacional para a Unificação do Direito Privado (*Unidroit*). Necessário, portanto, o registro. No seu artigo 4.5., dispõem os *Princípios Unidroit* que todos os termos de um contrato devem ser interpretados de maneira a produzir efeitos.

No plano internacional, a orientação que prevalece é sentido de assegurar efeitos aos negócios realizados entre as partes na medida do possível (*favor contractus*). Uma vez operada a contratação, surge a expectativa legítima de que, ao final, hauram as partes os benefícios decorrentes da eficácia negocial, permitindo a ele que produza normalmente os seus efeitos. José Ângelo Estrella Faria[876] enfatiza que, conquanto estejamos diante de Direito cogente[877], na sua acepção estrita, os *Princípios Unidroit* repousam sua autoridade sobre a "modernidade, liberdade e justiça contratuais e de segurança jurídica".

O artigo 4.5, de mencionado diploma, sob a rubrica *"Interpretação útil"*, afirma: "os termos de um contrato devem ser interpretados de modo que a que se dê efeito a todos eles, ao invés de privar quaisquer deles de efeito". Igualmente desperta interesse, no plano da conservação negocial, a regra constante de seu artigo 4.1., sob a rubrica *"Interpretação"*, que faz expressamente assegurar a eficácia externa do contrato enquanto *situação jurídica*[878] passível de proteção jurídica inclusive em relação aos terceiros, como acentua Marcelo Benacchio.[879] O contrato é um bem jurídico autônomo e digno de interpretação que prestigie não somente a intenção das partes.[880]

---

[876] VILELLA, João Baptista *et al. Princípios UNIDROIT Relativos aos Contratos Comerciais Internacionais/2004*. Versão em língua portuguesa. São Paulo: Quartier Latin, 2009, p. vi.

[877] STJ, REsp 1046453/RJ, Rel. Ministro RAUL ARAÚJO, QUARTA TURMA, j. 25/06/2013, DJe 01/07/2013.

[878] BENACCHIO, Marcelo. *Responsabilidade civil contratual*. São Paulo: Saraiva, 2011.

[879] BENACCHIO, Marcelo. *Responsabilidade civil contratual*. São Paulo: Saraiva, 2011, p. 105.

[880] Comentários ao artigo 4.1., item "2". VILELLA, João Baptista *et al. Princípios UNIDROIT Relativos aos Contratos Comerciais Internacionais/2004*. Versão em língua portuguesa. São Paulo: Quartier Latin, 2009, p. 125.

Como observa Leonardo de Andrade Mattietto[881],

> Nos *Princípios de Direito Europeu dos Contratos*, elaborados pela Comissão para o Direito Europeu dos Contratos, ficou estabelecido que "as cláusulas do contrato devem ser interpretadas no sentido de que são lícitas e eficazes" (art. 5: 106). O princípio da conservação dos contratos, aliás, já vinha expresso em vários códigos: no francês (art. 1.157), no italiano (art. 1.367), no espanhol (art. 1.284), no português (art. 237), bem como admitido na jurisprudência alemã, austríaca e na inglesa.

O Princípio da conservação dos negócios jurídicos foi reconhecido e referido nos Princípios em tela (ou UPICC – *UNIDROIT Princípios of International Commercial Contracts*), sob a rubrica *favor contractus*. Lauro Gama Junior[882] acentua que o princípio essencialmente objetiva preservar o contrato sempre que possível, mediante a limitação do número de casos em que a existência ou validade contratual podem ser questionadas, incentivando o cumprimento contratual mesmo depois de seu termo.

O *UPICC* assim favorece a vinculação dos acordos e a validade contratual, criando mecanismos à manutenção dos negócios como vivos apesar do desequilíbrio ulterior de prestações a despeito do descumprimento contratual.[883] Lauro Gama Junior alude, por exemplo, à situação de um contrato dever ser considerado existente pelo mero consenso das partes sem nenhuma outra exigência de natureza formal, tais como escritos, ou de natureza substancial (causa contratual). A existência de um contrato pode ser inferida, alerta, pela mera conduta das partes, mesmo nos casos em que não tenha sido expressada aceitação de uma oferta.

---

[881] MATTIETTO, Leonardo de Andrade. Invalidade dos atos e negócios jurídicos. In: TEPEDINO, Gustavo (coord.). *A parte geral do novo Código Civil. Estudos na perspectiva civil-constitucional.* Rio de Janeiro: Renovar, 2007, p. 354.

[882] GAMA JUNIOR, Lauro. *Prospects for the UNIDROIT Principles in Brazil.* Uniform Law Review. Revue de Droit Uniforme NS v. XVI, 2011, p. 613-656.

[883] NERY JUNIOR, Nelson;. SANTOS, Thiago Rodovalho dos. *Renegociação contratual.* São Paulo: Revista dos Tribunais, ano 100, vol. 906, abril de 2011, p. 139 ss.

O contrato deve sobreviver ainda em função da onerosidade excessiva, anota Gama Junior[884]. O *UPICC*, diz o autor, concede à parte menos favorecida o direito de postular a restruturação do contrato para adaptar os seus termos às circunstâncias modificadas. A mera ruptura contratual, enfatiza, não leva ao fim do acordo que é alinhado às noções de *favor contractus* e inadimplemento substancial, também adotado pela *UN Convention on the Internacional Sale of Goods*.

De acordo com o *Unidroit Principles*, pelo exposto, a parte somente é autorizada a extinguir a relação contratual quando o descumprimento alcançar o patamar de inexecução substancial. Tal entendimento está em conformidade com o princípio *favor contractus*, igualmente reconhecido pelo Código Civil (como se observa nos artigos 157 § 2º, 170 e 184, dentre outros) e pela jurisprudência recente do Superior Tribunal de Justiça. Exige-se corretamente o inadimplemento substancial como condição para a ruptura do contrato.[885]

5.13. O Princípio da conservação dos negócios jurídicos no Direito do Consumidor: reflexões a respeito do artigo 51, § 2º, da Lei nº 8.078, de 11 de setembro de 1990

O Princípio da conservação dos negócios jurídicos está presente nas regras que compõem o Código de Defesa do Consumidor em relação às cláusulas contratuais abusivas, a teor do que dispõe o parágrafo 2º de seu artigo 51, *in verbis*: "a nulidade de uma cláusula contratual abusiva não invalida o contrato, exceto quando de sua ausência, apesar dos esforços de integração, decorrer ônus excessivo a qualquer das partes".

José Oliveira Ascensão[886] observa que não obstante o artigo 51 do Código de Defesa do Consumidor declare-as nulas de pleno direito, o

---

[884] GAMA JUNIOR, Lauro. *Prospects for the UNIDROIT Principles in Brazil*. Uniform Law Review. Revue de Droit Uniforme NS v. XVI, 2011, p. 629.

[885] A esse respeito, alude Lauro Gama Junior aos seguintes arestos do Superior Tribunal de Justiça: REsp n. 981.750 (2010), 977.007 (2009), 1.058.114 (2009), 1.051.270 (2011), 1.202.514 (2011) e 912.697 (2010). (GAMA JUNIOR, Lauro. *Prospects for the UNIDROIT Principles in Brazil*. Uniform Law Review. Revue de Droit Uniforme NS v. XVI, 2011, p. 630.

[886] ASCENSÃO, José de Oliveira. As pautas de valoração do conteúdo dos contratos no Código de Defesa do Consumidor e no Código Civil. In. LOTUFO, Renan; MARTINS, Fernando Rodrigues (coords.). *20 anos do Código de Defesa do Consumidor. Conquistas, desafios e perspectivas*. São Paulo: Saraiva, 2011, p. 218.

inciso V do artigo 6º de referido diploma legislativo consagra o direito de o consumidor de pretender a modificação das cláusulas contratuais que estabeleçam prestações desproporcionais, assim afirmando a possibilidade de cisão das disposições nulas e válidas. "Enquanto num caso a sanção cominada é a nulidade, no outro é a revisão das cláusulas".[887]

O sistema consumerista opta claramente pelo Princípio da conservação dos negócios jurídicos nas relações por ele equacionadas. Afasta a interpretação no sentido de que a conclusão primeira, isto é, pela extinção negocial, seja a mais adequada.[888] A regra jurídica em estudo presta-se a atender ao Princípio da conservação negocial. A interpretação contratual deve atender à utilidade e operatividade do negócio jurídico de consumo. Nelson Nery Junior observa a esse respeito que a interpretação das relações consumeristas, o exame das cláusulas abusivas e da presunção de "vantagem exagerada" devem ser feitos de modo a conferir utilidade e operatividade ao negócio jurídico de consumo, "não devendo ser empregada solução que tenha por escopo negar efetividade à convenção negocial de consumo".[889]

O Código Brasileiro de Defesa do Consumidor adota o Princípio da conservação dos contratos como um de seus princípios fundamentais e como direito básico do consumidor, na linha do que prevê o inciso V do artigo 6º da Lei n. 8.078/90. São direitos básicos do consumidor, diz, a modificação das cláusulas contratuais que estabeleçam prestações desproporcionais ou sua revisão em razão de fatos supervenientes que as tornem excessivamente onerosas[890]. A nulidade de uma cláusula contratual somente sacri-

---

[887] ASCENSÃO, José de Oliveira. As pautas de valoração do conteúdo dos contratos no Código de Defesa do Consumidor e no Código Civil. In. LOTUFO, Renan; MARTINS, Fernando Rodrigues (coords.). *20 anos do Código de Defesa do Consumidor. Conquistas, desafios e perspectivas.* São Paulo: Saraiva, 2011, p. 218-219.

[888] MUÑOZ, Alberto Alonso; MALFATTI, Alexandre David; PALHARES, Cinara. Negócio jurídico de consumo. Apontamentos sobre os planos da existência, validade e eficácia. In: GUERRA, Alexandre; BENACCHIO, Marcelo. (orgs.). TOLEDO, Armando Sérgio Prado de (coord.). *Negócio jurídico.* São Paulo: Quartier Latin, 2013, p. 405.

[889] NERY JÚNIOR, Nelson. *Código Brasileiro de Defesa do Consumidor comentado pelos autores do anteprojeto.* In: GRINOVER, Ada Pellegrini *et al.* 9. ed. Rio de Janeiro: Forense Universitária, 2007, p. 603, destacamos.

[890] SCHMITT, Cristiano Heineck. *Cláusulas abusivas nas relações de consumo.* 3. ed. São Paulo: Revista dos Tribunais, Biblioteca do Direito do Consumidor n. 27, 2010, p. 172-173.

PRINCÍPIO DA CONSERVAÇÃO DOS NEGÓCIOS JURÍDICOS

fica a relação negocial não se puder manter o contato em razão da excessiva onerosidade dela resultante, informa Luis Antonio Rizzatto Nunes[891].

Cláudia Lima Marques[892] refere que sobressaem no Direito do Consumidor as reflexões a respeito dos novos paradigmas do Direito Contratual, especialmente diante das chamadas *cláusulas contratuais abusivas* previstas em seu artigo 51, as quais são *nulas de pleno direito*.[893] Tal posição é revelada particularmente nos casos de injustificada negativa de renovação de relação contratual, em contratos cativos, como antes aludimos, assim como em relações securitárias[894], hipóteses nas quais a jurisprudência do Tribunal de Justiça do Estado de São Paulo nega proteção à potestividade ao fornecedor e determina, coativamente, a recondução contratual.[895]

Antonio Herman V. Benjamin, Cláudia Lima Marques e Leonardo Roscoe Bessa[896] igualmente se posicionam pela prevalência, no processo hermenêutico, em solo consumerista, do simples afastamento da disposição contratual eivada de nulidade, mantendo assim as demais disposições. Entretanto, salientam que se da retirada da cláusula abusiva decorrer ônus excessivo a qualquer das partes (notadamente ao consumidor), todo o contrato deve ser declarado inválido. Devem, então, as partes serem restituídas ao estado anterior, como determina o artigo 182 do Código Civil. É permitida a aplicação sistemática do Código Civil às relações consumeristas,

---

[891] NUNES, Luis Antonio Rizzatto. *Curso de Direito do Consumidor*. 4. ed. São Paulo: Saraiva, 2010, p. 140.

[892] MARQUES, Cláudia Lima. *Contratos no Código de Defesa do Consumidor*. 6. ed. São Paulo: Revista dos Tribunais, 2011, p. 495 ss.

[893] A respeito da impropriedade da expressão "nulas de pleno direito, *v.* VELOSO, Zeno. *Invalidade do negócio jurídico*. Nulidade e anulabilidade. 2 ed. Belo Horizonte: Del Rey, 2005.

[894] Tribunal de Justiça do Estado de São Paulo, Seção de Direito Privado, 29ª Câmara, Agravo de Instrumento n° 1.052.334-0-3, rel. Des. Pereira Calças, j. 17.01.2007; AI 1.084.641-08, TJSP, Rel. Des. LUÍS DE CARVALHO; Al 949.770-0, TJSP, Rel. Des. Pereira Calças.

[895] TJSP, Apelação n. 0000169-42.2008.8.26.0572, rel. Des. PAULO AYROSA, 31ª Câmara de Direito Privado, j. 22/11/2011; TJSP, Embargos infringentes n. 9216654-13.2009.8.26.0000, rel. Des. HUGO CREPALDI, 25ª Câmara de Direito Privado, j. 11/11/2011); TJSP, Embargos infringentes n. 0134916-16.2010.8.26.0100, rel. Des. ANTONIO NASCIMENTO, 26ª Câmara de Direito Privado, j. 30/11/2011.

[896] BENJAMIN, Antonio Herman V., MARQUES, Claudia Lima e BESSA, Leonardo Roscoe. *Manual de Direito do Consumidor*, 2 ed. 2 tir. São Paulo: Revista dos Tribunais, 2009, p. 295-296.

PERFIL DOGMÁTICO DA CONSERVAÇÃO DOS NEGÓCIOS JURÍDICOS

como é certo. Nesse caso, destacam, cabe ao consumidor requerer indenização pelos prejuízos decorrentes da nulidade do contrato.[897]

Diante do exposto, é conveniente sublinhar que a regra prevista no parágrafo 2º do artigo 51 da Lei Federal n. 8.078/90 consagra explicitamente o Princípio da conservação dos negócios jurídicos.[898] A nulidade de uma cláusula contratual não deve ser considerada por si só como fundamento suficiente de contaminação de todo o conteúdo do contrato, sendo tal interpretação possível.[899]

5.14. O Princípio da conservação dos negócios jurídicos e sua aplicação concreta na recente jurisprudência brasileira do Superior Tribunal de Justiça e Tribunal de Justiça do Estado de São Paulo

Diversas são as manifestações do Princípio da conservação dos negócios jurídicos na jurisprudência brasileira. A algumas delas, pois. Nos autos de Recurso Especial n. 1.106.625/PR, de relatoria do Ministro Sidnei Beneti, a Terceira Turma do Superior Tribunal de Justiça afirmou que a ordem jurídica é harmônica com os interesses individuais e do desenvolvimento econômico-social, motivo pelo qual não deve fulminar completamente os atos que lhe sejam desconformes em qualquer extensão. O Princípio da conservação dos efeitos dos negócios, diz, estabelece que as normas cogentes que se destinem a ordenar e coordenar a prática dos atos necessários ao convívio social devem respeitar os negócios jurídicos realizados. Deve-se preferir a interpretação que evite a anulação completa do ato praticado, optando-se pela sua redução e recondução aos parâmetros da legalidade.[900]

O Superior Tribunal de Justiça, por sua Terceira Turma, no Recurso Especial n. 981.750/MG, de relatoria da Ministra Nancy Andrighi, entendeu que nos termos do artigo 184 do Código Civil, a nulidade parcial

---

[897] BENJAMIN, Antonio Herman V., MARQUES, Claudia Lima e BESSA, Leonardo Roscoe. *Manual de Direito do Consumidor*, 2 ed. 2 tir. São Paulo: Revista dos Tribunais, 2009, p. 296.

[898] *V.* MIRAGEM, Bruno. *Curso de Direito do Consumidor*. 2 ed. São Paulo: Revista dos Tribunais, 2010.

[899] NERY JÚNIOR, Nelson. In. GRINOVER, Ada Pellegrini et al. *Código brasileiro de Defesa do Consumidor comentado pelos autores do anteprojeto*. 9ª ed. Rio de Janeiro: Forense universitária, 2007, p. 603.

[900] STJ, REsp. 1106625/PR, Rel. Ministro SIDNEI BENETI, Terceira Turma, j. 16/08/2011, DJe 09/09/2011.

de um contrato não deve alcançar sua parte válida, desde que o válido possa *subsistir autonomamente*. Há a nulidade parcial sempre que o vício que o invalida não atinja o núcleo do negócio jurídico. No caso, tendo sido demonstrado que o negócio tinha caráter unitário (tais como se observa nos chamados contratos coligados[901]), em que as partes só teriam celebrado se válido em seu conjunto não se pode cogitar de redução, daí porque a invalidade seria total.

Restou assentado em referido aresto[902]:

> (...) O Princípio da conservação do negócio jurídico não deve afetar sua causa ensejadora, interferindo na vontade das partes quanto à própria existência da transação. A boa-fé objetiva se apresenta como uma exigência de lealdade, modelo objetivo de conduta, arquétipo social pelo qual impõe o poder-dever de que cada pessoa ajuste a própria conduta a esse modelo, agindo como agiria uma pessoa honesta, escorreita e leal.

No Recurso Especial n. 977.007/GO, por voto de autoria da Ministra Nancy Andrighi, a Terceira Turma do Superior Tribunal de Justiça sustentou que em uma ação revisional de contratos de compra e venda de safra futura de soja, havendo a praga na lavoura, não há a possibilidade de obter complementação do preço da saca de soja sob a invocação de onerosidade excessiva, por se cuidar de um contrato aleatório. A despeito da regra constante do art. 478 do Código Civil, disse-se ser possível reconhecer a onerosidade excessiva à revisão contratual, como determina o Código de Defesa do Consumidor, desde que sejam respeitados os requisitos específicos estipulados no Código Civil. Reconheceu-se no caso a primazia do Princípio da conservação dos negócios jurídicos, "que foi expressamente adotado em diversos outros dispositivos do CC/02, como no parágrafo único do art. 157 e no art. 170".[903]

---

[901] NANNI, Giovanni Nanni. Contratos coligados. In: LOTUFO, Renan; NANNI, Giovanni Ettore. *Teoria Geral dos contratos*. São Paulo: Atlas, 2011, p. 270-271.

[902] STJ, REsp. 981.750/MG, Rel. Ministra NANCY ANDRIGHI, Terceira Turma, j. 13/04/2010, DJe 23/04/2010.

[903] STJ, REsp 977.007/GO, Rel. Ministra NANCY ANDRIGHI, TERCEIRA TURMA, j. 24/11/2009, DJe 02/12/2009.

Nos autos de Recurso Especial n. 1.058.114/RS, de relatoria do Ministro João Otávio de Noronha, a Segunda Seção do Superior Tribunal de Justiça afirmou que uma vez constatada a abusividade dos encargos pactuados na cláusula de comissão de permanência em contratos bancários, deve o juiz restringi-la, preservando tanto quanto possível for a vontade das partes manifestada na celebração do contrato. Entendeu-se dever homenagear ao Princípio da conservação dos negócios jurídicos consagrado nos artigos 139 e 140 do Código Civil alemão, reproduzido no artigo 170 do Código Civil brasileiro. Ainda, restou observado que a decretação de nulidade de cláusula contratual é medida excepcional e somente adotada se for impossível o seu aproveitamento.[904]

No Tribunal de Justiça de Estado de São Paulo, destacam-se os seguintes julgados reconhecendo a aplicação do Princípio da conservação dos negócios jurídicos. Nos autos de Agravo de Instrumento n. 0082029-30.2011.8.26.0000, a 11ª Câmara de Direito Privado do Tribunal de Justiça do Estado de São Paulo, em voto de relatoria do Des. Renato Rangel Desinano, observou-se que se há suspender os efeitos de uma cláusula contratual abusiva cuja única função seja mascarar a venda casada realizada pelo fornecedor. No entanto, em homenagem ao princípio da conservação dos contratos, deve-se respeitar todos os contratos demais celebrados pela empresa, sob pena de levá-la à falência e tornar a decisão liminar irreversível.

Prestigiou-se novamente o Princípio da conservação dos negócios jurídicos na hipótese de doação de imóvel, efetuada por instrumento particular, cujo valor era superior a trinta salários mínimos (hipótese em que se exigiria instrumento público). Afirmou a Corte que a prova dos autos revelou a inexistência de elementos indicativos de vícios do consentimento.[905]

A Sexta Câmara de Direito Privado do Tribunal de Justiça de São Paulo, em voto de relatoria do Des. Encinas Manfré, reconheceu a primazia do Princípio da conservação em contrato de seguro saúde coletivo no qual se pretendeu a manutenção da avença, a qual foi deferida pela autoridade

---

[904] STJ, REsp 1058114/RS, Rel. Ministra NANCY ANDRIGHI, Rel. p/ Acórdão Ministro JOÃO OTÁVIO DE NORONHA, SEGUNDA SEÇÃO, j. 12/08/2009, DJe 16/11/2010.
[905] TJSP, Apelação n. 0007533-55.2009.8.26.0079, Relator: Carlos Henrique Miguel Trevisan, 4ª Câmara de Direito Privado, Data do julgamento: 15/09/2011.

PRINCÍPIO DA CONSERVAÇÃO DOS NEGÓCIOS JURÍDICOS

judicial, fundamentalmente porque em curso o tratamento da esposa do autor, que se encontrava há anos em estado de coma.[906]

A 25ª Câmara do Tribunal de Justiça do Estado de São Paulo afirmou que em respeito ao Princípio da conservação dos contratos, deve-se deferir o direito à purgação da mora em contratos de arrendamento mercantil, fundamentalmente com arrimo disposto no parágrafo 2º do artigo 51 do Código de Defesa do Consumidor.[907]

A 24ª Câmara Cível do Tribunal de Justiça de São Paulo rendeu igual destaque ao Princípio da conservação das pessoas jurídicas, como antes mencionado em tópico próprio, argumento com o qual reduziu a penhora de 30% a 10% sobre o faturamento bruto empresarial.[908]

A 4ª Câmara de Direito Privado do Tribunal de Justiça de São Paulo afirmou que, diante de um compromisso de compra e venda, se o preço ajustado for muito superior ao preço de mercado, havendo dolo de aproveitamento, há que se manter o negócio por força do princípio em foco, procedendo, contudo, à correção do preço, por apreciação judicial.[909]

A expressiva orientação jurisprudencial da Corte se apresentou nos contratos de alienação fiduciária em garantia, nos quais se admitiu a purgação de mora ainda que não quitados o correspondente a 40% do preço, como exigia o Decreto-Lei n. 911/69. Argumentou-se que nessas situações, a prudência e razoabilidade que norteiam o julgador recomendam a preservação da continuidade da relação contratual, sobressaindo assim a aplicação do Princípio da conservação dos negócios jurídicos.[910]

---

[906] TJSP, Apelação n. 0126891-24.2004.8.26.0100, Relator: Encinas Manfré, 6ª Câmara de Direito Privado, Data do julgamento: 27/08/2009.

[907] TJSP - AI nº 990.09.326.993-7 - Barretos - 25ª Câmara de Direito Privado - Rel. Antonio Benedito Ribeiro Pinto - J. 25.02.2010. Voto nº 16.652.

[908] TJSP - AI nº 990.09.301.853-5 - São Paulo - 24ª Câmara de Direito Privado - Rel. Carlos Henrique Abrão - J. 12.04.2010 - v.u. Voto nº 141.

[909] TJSP - Ap. Cível nº 356.979-4/3 - Santos - 4ª Câmara Direito Privado - Rel. Des. Francisco Loureiro - J. 14.09.2006 - v.u. Voto nº 1.738.

[910] TJSP, Apelação n. 1091625001, Relator: Orlando Pistoresi, 30ª Câmara de Direito Privado, Data do julgamento: 03/12/2008; TJSP, Apelação n. 9001203-05.2004.8.26.0000, Relator: Rosa Maria de Andrade Nery, 10ª Câmara do extinto 2º TAC, Data do julgamento: 27/10/2004; TJSP, Agravo de instrumento n. 0038273-15.2004.8.26.0000, Relator: Soares Levada, 10ª Câmara do extinto 2º TAC, Data do julgamento: 28/04/2004; TJSP, Agravo de instrumento n. 9002228-87.2003.8.26.0000, Relator: Soares Levada, 10ª Câmara do extinto 2º TAC, Data do julgamento: 01/10/2003.

A 2ª Câmara de Direito Privado do Tribunal de Justiça de São Paulo, nos autos de Apelação Cível n. 069.838-4/3 de relatoria do Des. Ênio Santarelli Zuliani, em julgamento datado de 27.04.2009, afirmou que em demandas que buscam a resolução de contratos, é sempre conveniente refletir sobre o resultado prático objetivado e, pelo que se apurou nos autos, considerou-se que o conflito decorreu do arrependimento do comprador e não dos efeitos da mora do vendedor, determinando a sobrevivência da relação contratual:

> (...) O arrependimento, como motivação de fim de contrato, implica consequências (arts. 1088 e 1095 do Código Civil), salvo quando plenamente justificado. (...). Contratos fazem circular a riqueza e os critérios pessoais, uma necessidade da dinâmica do mundo; arrependimento e resolução retrocedem o escopo social do negócio jurídico e, portanto, merecem interpretação restritiva. Os vendedores cumpriram todos os termos do contrato e não compete ao comprador, apenas por insatisfação com a demora ou retardamento no cumprimento das medidas burocráticas. Fincar o pé e reclamar devolução do preço pago. Quando o comprador teima em desfazer um negócio efetivo e integralmente cumprido, mesmo com atraso, entra em terreno propício do exercício abusivo do direito de rescindir o contrato. Falta-lhe justa causa e, consequentemente, o interesse de agir. (...).[911]

A 20ª Câmara de Direito Privado do Tribunal de Justiça de São Paulo, nos autos de Apelação Cível n. 1.112.182-1, afirmou:

> (...) É princípio geral de Direito que a invalidade parcial de um negócio jurídico não o prejudicará na parte válida e também que a invalidade da obrigação principal não implica a invalidade das obrigações acessórias (artigo 153 do Código Civil de 1.916 e artigo 184 do Novo Código Civil). A opção do legislador foi evitar, sempre que possível, a destruição dos negócios jurídicos, ainda que atingidos por algum vício invalidante. Nosso direito adotou o Princípio da conservação dos negócios jurídicos e, conforme ensina Humberto

---

[911] TJSP, Apelação Cível n. 69.838-4 - Presidente Prudente - 2a Câmara de Direito Privado - Relator: Ênio Zuliani - 27.04.99 - V.U.

Theodoro Júnior (...). Esse exatamente o caso dos autos: a nulidade do negócio jurídico é apenas parcial, atingindo somente a cláusula de juros (obrigação acessória), não invalidando integralmente o mútuo. Ao contrário, este, na essência, permanece válido, até porque a dívida existe e não foi negada pelos devedores. (...). Assim, seja pelo princípio que veda o enriquecimento sem causa, seja pelo Princípio da conservação dos negócios jurídicos, não há como isentar os apelados do pagamento dos valores originariamente emprestados; a obrigação principal subsiste, excluindo-se unicamente os juros ilegais.[912]

---

[912] EMENTA: Ação de cobrança decorrente de mútuo civil – Possibilidade de cobrança dos valores efetivamente emprestados, com afastamento dos juros ilegais – inexigibilidade dos juros que não afeta todo o negócio jurídico – Inteligência do art. 153 do CC de 1916 (artigo 184 do NCC) – Incidência do princípio que veda o enriquecimento sem causa e de conservação dos negócios jurídicos – Subsistência da obrigação principal – Apelação provida.

CAPÍTULO 6
DECADÊNCIA

6.1. Contornos gerais da decadência do direito de pretender a anulação dos negócios jurídicos à luz do Princípio da conservação dos negócios jurídicos

Doravante, a examinaremos os institutos jurídicos previstos no Código Civil vocacionados a velar pela eficácia do Princípio da conservação dos negócios jurídicos. São eles: i) a decadência do direito de pretender a anulação; ii) a confirmação; iii) a convalidação; iv) a redução parcial e v) a conversão. Heinrich Ewald Hörster[913] designa tais institutos (que serão tratados como "medidas sanatórias" das invalidades dos negócios jurídicos, seguindo a expressão cunhada por Raquel Campani Schmiedel[914]) como os meios jurídicos de "minoração das consequências da invalidade do negócio jurídico". Cuida-se, em suma, da aplicação concreta tradicionalmente reconhecida do Princípio da conservação dos negócios jurídicos.

De acordo com Caio Mario da Silva Pereira[915], o negócio jurídico anulável convalesce por três razões, tornando-se eficaz. A primeira causa de convalescença diz respeito ao decurso do tempo (que o torna válido pelo

---

[913] HÖRSTER, Heinrich Ewald. *A Parte Geral do Código Civil Português*: Teoria Geral do Direito Civil. Coimbra: Almedina, 2007, p. 594.

[914] SCHMIEDEL, Raquel Campani. *Negócio jurídico. Nulidades e medidas sanatórias*. 2. ed. São Paulo: Saraiva, 1985.

[915] PEREIRA, Caio Mario da Silva. *Instituições de direito civil*: introdução ao direito civil, teoria geral de direito civil. 22. ed. Rio de Janeiro: Forense, 2007, p. 641.

PRINCÍPIO DA CONSERVAÇÃO DOS NEGÓCIOS JURÍDICOS

fato de extinguir o direito de anulação judicial). Nesse caso, o prazo decadencial é curto justamente em razão do interesse social de que não perdure a situação de indefinição dos direitos. Há, acentua, a conveniência geral em sua estabilização. A segunda causa de convalescimento do negócio jurídico, diz, é a confirmação, como analisaremos adiante, por meio da qual há a atitude inequívoca de quem tinha qualidade para atacá-lo no sentido de lhe atribuir eficácia jurídico-social e não o fez. A terceira causa é o suprimento da autorização nos casos em que sua ausência torna o ato anulável, como prevê o artigo 176 do Código Civil.

No Direito italiano, Massimo C. Bianca[916] reúne na expressão "sanatória" todas as situações de remoção legal ou voluntária da invalidade do negócio jurídico. O contrato anulável, diz ele, é passível de sanação voluntária mediante a convalidação ("convalida") e a confirmação ("conferma"). É igualmente admissível a sobrevivência do negócio jurídico nas situações de nulidade parcial, as quais reclamam a aplicação do *principio di conservazione del contratto*.

José Abreu Filho[917], no Brasil, alude à "impugnabilidade" de um negócio jurídico inválido. Trata-se de instituto que resulta da privação de efeitos de certos negócios jurídicos que se constituíram validamente, mas que, de acordo com lição de Giuseppe Stolfi, "depois se destroem, privados que ficam dos efeitos respectivos em razão de causas extrínsecas de mais variada natureza". Como salienta o autor com apoio em Emilio Betti, concernem aos institutos da revogação, da rescisão e da resolução do negócio jurídico.[918] Considerando que o estudo que se empreende se destina às medidas sanatórias de invalidades dos negócios jurídicos, não

---

[916] BIANCA, Massimo C. *Diritto civile*. Il contrato. 2. ed. Giuffrè Editore: Milão, 2003, 3.v., p. 635-640. Anota Bianca que o limite da aplicação do princípio em tela está na extensão da modificação do conteúdo do contrato. Por vezes, caso tal alteração seja intensa, não se justificará objetivamente a manutenção do negócio jurídico, pois haverá um desvirtuamento da autonomia privada. Exige-se, diz com acerto, uma valoração de compatibilidade da modificação do contrato com a sua causa concreta, devendo-se verificar se a modificação tem ou não importância determinante à vista os interesses determinantes das partes.

[917] ABREU FILHO, José. *O negócio jurídico e a sua teoria geral*. De acordo com o novo Código Civil (Lei n. 10.406, de 10.1.2002). 5 ed. São Paulo: Saraiva, 2003, p. 385.

[918] ABREU FILHO, José. *O negócio jurídico e a sua teoria geral*. De acordo com o novo Código Civil [Lei n. 10.406, de 10.1.2002]. 5 ed. São Paulo: Saraiva, 2003, p. 385.

há lugar para o exame aprofundado de tais figuras, em relação as quais fica somente o registro.[919]

No direito positivo vigente, a matéria objeto desse capítulo é versada essencialmente nos artigos 178 e 179 do Código Civil brasileiro, *in verbis*:

> **Art. 178.** É de quatro anos o prazo de decadência para pleitear-se a anulação do negócio jurídico, contado:
>
> I - no caso de coação, do dia em que ela cessar;
>
> II - no de erro, dolo, fraude contra credores, estado de perigo ou lesão, do dia em que se realizou o negócio jurídico;
>
> III - no de atos de incapazes, do dia em que cessar a incapacidade.
>
> **Art. 179.** Quando a lei dispuser que determinado ato é anulável, sem estabelecer prazo para pleitear-se a anulação, será este de dois anos, a contar da data da conclusão do ato.

Em primeiro lugar, devemos afirmar que os negócios jurídicos anuláveis podem ser sanados pela fluência do prazo decadencial previsto em lei para se pretender sua desconstituição. As anulabilidades, como vimos no capítulo terceiro, diversamente das nulidades, são sujeitas a prazos decadenciais. A exiguidade de mencionados prazos, a nosso ver, retrata o desejo do legislador de dispensar atenção ao Princípio da atividade[920], preconizado por Renan Lotufo, bem como de orientar o intérprete no sentido de superação das deficiências dos negócios jurídicos em respeito à segurança jurídica e à boa-fé negocial.

As anulabilidades, como dissemos, devem ser invocadas pela parte interessada nos prazos prefixados pela lei.[921] A autoridade judicial não as proclama *ex officio*, portanto. O mesmo regime dependente de provocação da parte interessada é o que se observa no Direito português, assim como a exiguidade do prazo, ainda menor, a teor do que dispõe o artigo 287º do Código Civil: "só tem legitimidade para arguir a anulabilidade as pessoas

---

[919] Para estudo mais aprofundado do tema, ver: DANTAS, San Tiago. *Programa de Direito Civil*. Parte Geral. Rio de Janeiro: Editora Rio, 1979, p. 337ss.

[920] LOTUFO, Renan. *Código Civil comentado*. Parte Geral (arts. 1º a 232º). São Paulo: Saraiva: 2003, v.1, p. 548.

[921] SCHMIEDEL, Raquel Campani. *Negócio jurídico. Nulidades e medidas sanatórias*. 2. ed. São Paulo: Saraiva, 1985, p. 66.

em cujo interesse a lei estabelece, e só dentro do ano subsequente à cessação do vício que lhe serve de fundamento".

Nas hipóteses de decadência do direito de pretender a anulação do negócio jurídico, ocorre o aperfeiçoamento do negócio anulável por meio de um fato jurídico e não por um ato propriamente dito, como observamos diante da confirmação negocial e das demais figuras a serem tratadas nos capítulos vindouros, à exceção da conversão substancial do negócio jurídico. A diferenciação estabelecida entre a decadência do direito de pretender a anulação do negócio jurídico e as demais figuras afeitas à sanação das nulidades está no fato de que a decadência se opera por meio de um *fato jurídico* (vale dizer, o decurso do tempo) e as demais hipóteses, contrariamente, dependem de comportamentos humanos efetivos para que assim o seja. Por essa razão, Raquel Campani Schmiedel afirma que a decadência é de ser considerada uma forma de "convalidação subjetiva" e, as demais, são formas objetivas.[922]

Sob a égide do Código Civil de 1916, a questão em exame era regida mediante a incidência de prazo prescricional (e não decadencial, como hoje se observa). No diploma civil em vigor, por expressa afirmação do legislador, a hipótese é de decadência. Como é de conhecimento geral, a diferenciação entre os institutos da prescrição e da decadência rende ensejo a acirrada discussão doutrinária que desborda nosso âmbito de investigação. Merece registro apenas a observação de Silvio Luis Ferreira da Rocha, para quem "o direito extinto com a decadência não chega a tornar-se efetivo pela falta de exercício, enquanto o direito eventualmente extinto com a prescrição nasce e se efetiva, perecendo pela ausência de proteção pela ação da violação sofrida".[923]

Nos casos em que se encontra a fluir o prazo decadencial previsto na lei civil, a doutrina afirma que o negócio jurídico encontra-se com a sua eficácia "pendente" (a chamada eficácia "intermística"). Tal situação perdurará até que o negócio seja desconstituído por sentença ou se torne definitiva após o decurso do lapso decadencial sem o manejo da ação judicial. Não nos parece que o fato deva ser necessariamenteapreciado sob esse prisma.

---

[922] SCHMIEDEL, Raquel Campani. *Negócio jurídico. Nulidades e medidas sanatórias*. 2. ed. São Paulo: Saraiva, 1985, p.67.

[923] ROCHA, Silvio Luís Ferreira da. Da prescrição e da decadência. In. LOTUFO, Renan; NANNI, Giovanni Ettore (coords.). *Teoria Geral do Direito Civil*. São Paulo: Atlas, 2008, p. 817-818.

DECADÊNCIA

O Princípio da conservação dos negócios jurídicos exige que o negócio seja considerado existente, válido e eficaz no quadriênio ou biênio inicial. Significa dizer que a possibilidade do eventual manejo de demanda para desconstituí-lo não faz reconhecer que assim necessariamente o será. A presunção deve se fixar no sentido de que o negócio jurídico que ingressou presumivelmente válido (e eficaz) na ordem jurídica assim se manterá, cumprindo sua a função em nome da segurança jurídica e do Princípio da conservação dos negócios jurídicos.

Não se está, pois, na hipótese, diante de uma "confirmação ulterior" do negócio jurídico. Isso porque a confirmação pressupõe um comportamento do agente nesse sentido. O decurso do prazo em testilha revela um fato jurídico propriamente dito, como destacamos, assim afinado aos propósitos da sanação dos negócios jurídicos.[924] A experiência ensina que somente em situações excepcionais pretendem as partes em juízo a anulação do negócio jurídico pelos vícios do consentimento, sociais ou por incapacidade relativa do agente. Daí não se dever condicionar a eficácia do negócio nesses casos ao decurso do prazo em lei fixado para pretender-se sua desconstituição. [925]

A decadência do direito de pretender a anulação do negócio jurídico ressalta a importância do tempo na Ciência do Direito, por vezes descurado pelo jurista contemporâneo. A decadência significa "a perda de um direito potestativo em virtude da inércia de seu titular pelo período determinado em lei", nas palavras de Francisco Amaral. O seu fundamento está na necessidade de certeza e segurança nas relações jurídicas, de sorte que garanta a paz e a ordem social em nome da preservação do interesse geral. As suas razões são, pois, as mesmas que justificam o Princípio da conservação dos negócios jurídicos. [926]

No Direito português, Luís Cabral de Moncada[927] afirma que a decadência é tratada como expressão sinônima à caducidade ou à perempção, as

---

[924] EHRHARDT JÚNIOR, Marcos, Vícios do consentimento na teoria do fato jurídico: breves anotações sobre os defeitos do estado de perigo e da lesão nos negócios jurídicos. DIDIER JÚNIOR, Fredie; EHRHARDT JÚNIOR, Marcos (coords.). *Revisitando a teoria do fato jurídico*: homenagem a Marcos Bernardes de Mello. São Paulo: Saraiva, 2010, p. 389-390.

[925] Sobre o tema, ver: CÂMARA LEAL, Antônio Luis. *Da prescrição e da decadência*. São Paulo: Forense, 1982.

[926] AMARAL, Francisco. *Direito Civil. Introdução*. 6. ed. Rio de Janeiro: Renovar, 2010, p. 567.

[927] MONCADA, Luís Cabral de. *Lições de Direito Civil*. 4. ed. rev. Coimbra: Almedina, 1995, p. 738.

quais correspondem às formas de extinção dos direitos. António Menezes Cordeiro examina a decadência em um capítulo dedicado à "repercussão do tempo nas situações jurídicas". O ser humano, diz o autor, é transitório por natureza, pelo menos na vida terrena. Se é assim, o Direito Civil adota por meio dos institutos da decadência uma visão atemporal da condição humana em resposta à consciência da morte. A despeito das limitações da condição do homem, visa à estabilidade das relações e das situações jurídicas constituídas. O vernáculo "decadência", como observa Antônio Menezes Cordeiro[928], diz respeito ao que é "fraco e transitório".

Quer no Direito nacional, quer no Direito estrangeiro, diante de negócios anuláveis e, portanto, passíveis de pretender-se a decadência, há fundamento suficiente para encontrar o Princípio da conservação dos negócios jurídicos. Os negócios jurídicos celebrados e eivados de vícios menos graves (anulabilidades), via de regra, devem sobreviver, conquanto sejam imperfeitos, se a parte interessada não reclamar a sua invalidade nos prazos previstos em lei. Nas palavras de José de Oliveira Ascensão, trata-se do "aproveitamento dos negócios jurídicos viciados"; "a anulabilidade tem de ser construída, porque, entre o nulo e o válido, a sua natureza é como esfumada, algo de zona cinzenta entre o negro do nulo e o branco da validade".[929]

Segundo Heinrich Ewald Hörster, a regra constante no artigo 289º do Código Civil de Portugal traz os elementos de "perturbação ao tráfego jurídico" por força da nulidade e da anulabilidade, os quais se manifestam em especial diante dos negócios jurídicos de atribuição de bens. Foram identificadas as situações nas quais surge a necessidade de precipuamente minimizar os efeitos da invalidade a partir de uma ponderação crítica dos interesses em disputa. As consequências do vício devem ser equacionadas e moduladas de acordo com o Princípio da conservação dos negócios jurídicos.[930]

---

[928] CORDEIRO, António Menezes. *Tratado de Direito Civil português*. Parte geral. Coimbra: Livraria Almedina, 2005, tomo IV, p. 207 ss.

[929] ASCENSÃO, José de Oliveira. *Direito Civil*. Teoria Geral. Acções e factos jurídicos. 2. ed. Coimbra: Coimbra editora, v. II., 2003, p. 408-409.

[930] HÖRSTER, Heinrich Ewald. *A Parte Geral do Código Civil Português*: Teoria Geral do Direito Civil. Coimbra: Almedina, 2007, p. 595.

6.2. A decadência do direito de pretender a anulação no Direito Civil brasileiro: análise das regras previstas nos artigos 177 a 179 do Código Civil brasileiro

Ao contrário do regime que a lei civil impõe para a declaração da nulidade, a anulabilidade do negócio jurídico convalesce pelo decurso do tempo, como vimos. Sendo estabelecida a proteção pela lei em favor de certas pessoas, a elas assiste o legítimo interesse e a faculdade de intentar a respectiva ação judicial objetivando a decretação de anulação do negócio. Entretanto, o exercício de tal direito submete-se a um prazo legal para ingressar em juízo. Se inerte o interessado, decai ao titular o seu direito de obter judicialmente a anulação do negócio jurídico. Sendo assim, o negócio não mais poderá ser anulado e continuará a existir e a produzir efeitos, sem mais haver sobre ele a "sombra de perturbação", como sugere Zeno Veloso[931], ou seja, sem mais haver a possibilidade de vir a ser invalidado.

Na linha do que previa o artigo 152 do Código Civil de 1916, dispõe o artigo 177 do Código Civil em vigor que "a anulabilidade não tem efeito antes de julgada por sentença, nem se pronuncia de ofício; só os interessados a podem alegar, e aproveita exclusivamente aos que a alegarem, salvo o caso de solidariedade ou indivisibilidade". Diferentemente do que passa com o negócio jurídico nulo, o negócio anulável gera todos os efeitos fáticos e jurídicos até a sua desconstituição por meio de sentença judicial ou até o decurso do prazo decadencial previsto nos artigos 178 e 179 do Código Civil. Daí não se poder falar em eficácia pendente ou eficácia intermística, como esclarecemos linhas atrás. A decretação da anulabilidade pode ser obtida por meio de ação anulatória por via incidental. Somente há a desconstituição do negócio com a prolação de sentença definitiva, que o excluirá do mundo jurídico. Não há, saliente-se, a possibilidade de pronunciamento *ex officio* de anulabilidade pela autoridade judicial, entendimento que vem ao encontro das exigências impostas pelo Princípio da conservação dos negócios jurídicos.

O prazo decadencial para pleitear a anulação do negócio jurídico é de quatro anos, como edita o artigo 178, "caput", do Código Civil. Nos incisos seguintes, o dispositivo legal reza que aludido prazo deve ser contado, i) no

---

[931] VELOSO, Zeno. *Invalidade do negócio jurídico. Nulidade e anulabilidade.* 2. ed. Belo Horizonte: Del Rey, 2005, p. 275 ss.

PRINCÍPIO DA CONSERVAÇÃO DOS NEGÓCIOS JURÍDICOS

caso de coação, do dia em que ela cessar; ii) no de erro, dolo, fraude contra credores, estado de perigo ou lesão, do dia em que se realizou o negócio jurídico e, iii) no de atos de incapazes, do dia em que cessar a incapacidade. Como pode haver outros casos de anulabilidade (desde que assim expressamente declarados na lei), prevê o artigo 179 de referido diploma: "quando a lei dispuser que determinado ato é anulável, sem estabelecer prazo para pleitear-se a anulação, será este de 2 (dois) anos, a contar da data da conclusão do ato".

Mesmo antes do advento do Código Reale, entendia o legislador pátrio que nos casos de anulação por vícios do consentimento, por vícios sociais ou por incapacidade relativa do agente, os prazos deveriam ser inferiores à prescrição vintenária então estabelecida pelo Código Civil de 1916. Tal constatação revela a aplicação concreta do Princípio da conservação dos negócios jurídicos inspirado sob as luzes de que se devem estabilizar as relações jurídicas e sociais em nome dos interesses das partes e dos terceiros.

A nosso ver, a própria afirmação da anulabilidade dos negócios jurídicos decorre do exercício da autonomia privada[932], não somente na criação, mas também na extinção de negócios jurídicos, que deve ser entendida numa acepção ampla. Uma vez a irradiar o negócio jurídico os seus efeitos, passam eles a ser merecedores de proteção pelo Direito. Como salienta Renan Lotufo, os negócios jurídicos que produzem efeitos no âmbito social provocam a necessidade de segurança, que é fundamental para o Direito. "Não se pode imaginar instabilidade dos negócios que provoque insegurança prejudicial à atividade econômica. Daí a necessidade de limitação temporal para o exercício de direitos que visem desconstituir negócios mediante a anulabilidade".[933]

A regra constante no artigo 179 do Código Civil de 2002 fixa, no silêncio da lei, o prazo de dois anos a pleitear-se a anulação negocial a contar da data de conclusão do ato. Trata-se de dispositivo sem precedentes no

---

[932] A respeito do tema na perspectiva do Direito do Consumidor, ver: MUÑOZ, Alberto Alonso; MALFATTI, Alexandre David; PALHARES, Cinara. Negócio jurídico de consumo. Apontamentos sobre os planos da existência, validade e eficácia. In: GUERRA, Alexandre; BENACCHIO, Marcelo. (orgs.). TOLEDO, Armando Sérgio Prado de (coord.). *Negócio jurídico*. São Paulo: Quartier Latin, 2013, p. 408-409.

[933] LOTUFO, Renan. Código Civil comentado. Parte Geral (arts. 1º a 232º). São Paulo: Saraiva: 2003, v.1, p. 485-486.

DECADÊNCIA

Código Civil de 1916 que revela o Princípio da atividade reconhecido por Renan Lotufo, como referimos alhures. Serve como elemento de irradiação do Princípio da conservação dos negócios jurídicos. Como exemplo, podemos referir à regra constante do artigo 496 do Código Civil: o prazo para anular a compra e venda havida entre ascendentes e descendentes sem a vênia dos demais será de dois anos desde a contar da celebração. Cuida-se de prazo evidentemente reduzido, que assim milita em prol da segurança jurídica e guarda o Princípio da conservação dos negócios jurídicos.[934]

A brevidade e a redução de prazos decadenciais de anulação dos negócios jurídicos no Código Civil vigente revelam o intuito do sistema jurídico de que o negócio mantenha-se válido (e eficaz, consequentemente) caso o interessado não demande o reconhecimento judicial do vício que o inquina, o qual não compromete sua higidez. É dizer, presume-se válido todo negócio jurídico até decisão judicial final em sentido contrário. Consubstancia-se nesse panorama a conformação e a aplicação concreta do Princípio da conservação dos negócios jurídicos pela própria permanência do negócio jurídico (e dos seus efeitos) a integrar o ordenamento jurídico como norma individual de comportamento das partes.

Nos casos de invalidação do negócio jurídico, há necessidade de especial proteção dos terceiros de boa-fé que com as partes contrataram. A regra constante no artigo 182 do Código Civil determina os efeitos da declaração de nulidade ou da anulação do negócio jurídico em relação às partes. Anulado o negócio jurídico, diz, "restituir-se-ão as partes ao estado em que antes dele se achavam, e, não sendo possível restituí-las, serão indenizadas com o equivalente". É o entendimento que deve preponderar[935]. O artigo em foco enuncia claramente que o negócio anulável ingressa no mundo jurídico produzindo seus efeitos próprios (válidos e eficazes) e depende necessariamente de uma sentença judicial definitiva para que seja, somente assim, decretada a sua anulação.[936] Há plena eficácia do negócio jurídico

---

[934] TEPEDINO, Gustavo; BARBOZA, Heloisa Helena; MORAES, Maria Celina Bodin de. *Código Civil interpretado conforme a Constituição da República: parte geral e obrigações* (arts. 1º a 420). Rio de Janeiro: Renovar, 2004. v. 1, p. 326; THEODORO JÚNIOR, Humberto. *Comentários ao novo Código Civil. Livro III – Dos fatos jurídicos. Do negócio jurídico.* TEIXEIRA, Sálvio de Figueiredo (coord.) v. III, t. 1. Rio de Janeiro: Forense, 2008.

[935] VELOSO, Zeno. *Invalidade do negócio jurídico. Nulidade e anulabilidade.* 2. ed. Belo Horizonte: Del Rey, 2005, p. 266.

[936] VELOSO, Zeno. *Invalidade do negócio jurídico. Nulidade e anulabilidade.* 2 ed. Belo Horizonte: Del Rey, 2005.

até então, conquanto possa ser declarado inválido na fluência do prazo decadencial para sua anulação a todos os efeitos de direito.[937]

6.3. A decadência do direito de pretender a anulação dos negócios jurídicos inválidos e sua aplicação concreta. Reflexões a partir da jurisprudência do Superior Tribunal de Justiça

Cumpre-nos atentar à orientação do Superior Tribunal de Justiça a respeito da decadência do direito de pedir em juízo a anulação dos negócios. Os arestos à pesquisa no sítio eletrônico aludem aos negócios jurídicos celebrados sob a égide do Código Civil, de modo que, em princípio, a ele se submetem.

Sob a vigência do Código Civil de 1916, o Superior Tribunal de Justiça afirmou que no caso em que irmãos analfabetos foram induzidos a celebrar negócio jurídico por força de "ardis engendrados pelo inventariante", cessionário de direitos, a respeito dos quais os cedentes não tinham compreensão da desproporção entre o preço e o valor da coisa, reconheceu-se a presença de dolo, vício do consentimento na celebração do negócio jurídico, o que fez incidir o prazo prescricional quadrienal antes previsto no artigo 178, § 9º, inc. V, "b", do Código Civil de 1916.[938]

O Superior Tribunal de Justiça sedimentou o entendimento de que o Código Civil de 1916 foi técnico ao prever como termo inicial do prazo à propositura da ação anulatória o dia da celebração do contrato ou da prática do ato e não a data da ciência do vício ou a data em que a parte experimentou o prejuízo. Entendeu-se dever respeitar a literalidade do vigente artigo 178, § 9º, V, b, do Código Civil de 1916[939], o que igualmente se aplica em

---

[937] Colhe-se da pena de Zeno Veloso: "Temos de repudiar, portanto, e com toda a energia, a falsa afirmação de que a sentença de nulidade opera retroativamente e a sentença de anulação *ex nunc*, prospectivamente. Ambas têm eficácia *ex tunc*. Em princípio, verificada judicialmente a invalidade do negócio, restaura-se o *statu quo ante*. Mas isto na medida do possível, do razoável, sem agredir a realidade ou querer que o decreto judicial alcance o impossível e faça milagres" (VELOSO, Zeno. *Invalidade do negócio jurídico. Nulidade e anulabilidade.* 2 ed. Belo Horizonte: Del Rey, 2005).

[938] STJ, REsp. 107.961/RS, Rel. Ministro BARROS MONTEIRO, QUARTA TURMA, j. 13/03/2001, DJ 04/02/2002, p. 364.

[939] STJ, REsp 868.524/MT, Rel. Ministro LUIS FELIPE SALOMÃO, QUARTA TURMA, j. 09/02/2010, DJe 12/03/2010.

DECADÊNCIA

relação ao prazo quadrienal de anulação de venda de ascendente para descendente por interposta pessoa, sob o regime do Código Civil anterior.[940]

Sob o regime do Código Civil de 1916, o Superior Tribunal de Justiça afirmou prescrever em quatro anos a ação de impugnação de reconhecimento do filho natural, ainda que sob o fundamento de "falsa ideologia", intentada por colaterais, com exclusivo fim à sucessão hereditária, com arrimo na regra constante no então vigente artigo 178, § 9º, VI, do Código Civil.[941]

Na hipótese de fraude consubstanciada em averbação no registro imobiliário decorrente de ter a construtora se apropriado indevidamente de áreas que ficaram livres e que pertenceriam ao condomínio, Superior Tribunal de Justiça decidiu que a ação de anulação respectiva prescrevia em quatro anos, a contar da data do registro (averbação), com igual fundamento no art. 178, § 9º, V, "b", do Código Civil de 1916.[942]

[940] STJ, AgRg no REsp 482.089/SP, Rel. Ministro VASCO DELLA GIUSTINA, TERCEIRA TURMA, j. 15/02/2011, DJe 23/02/2011.
[941] STJ, REsp 645.421/SP, Rel. Ministro LUIS FELIPE SALOMÃO, QUARTA TURMA, julgado em 26/10/2010, DJe 23/11/2010.
[942] STJ, REsp. 680.742/RS, Rel. Ministro FERNANDO GONÇALVES, QUARTA TURMA, julgado em 07/02/2008, DJ 18/02/2008, p. 30.

CAPÍTULO 7
CONFIRMAÇÃO E CONVALIDAÇÃO DOS NEGÓCIOS JURÍDICOS

Código Civil brasileiro.

Art. 169. O negócio jurídico nulo não é suscetível de confirmação, nem convalesce pelo decurso do tempo.

Art. 172. O negócio anulável pode ser confirmado pelas partes, salvo direito de terceiro.

Art. 173. O ato de confirmação deve conter a substância do negócio celebrado e a vontade expressa de mantê-lo.

Art. 174. É escusada a confirmação expressa, quando o negócio já foi cumprido em parte pelo devedor, ciente do vício que o inquinava.

Art. 175. A confirmação expressa, ou a execução voluntária de negócio anulável, nos termos dos artigos 172 a 174, importa a extinção de todas as ações, ou exceções, de que contra ele dispusesse o devedor.

Art. 176. Quando a anulabilidade do ato resultar da falta de autorização de terceiro, será validado se este a der posteriormente.

7.1. Considerações comuns aos institutos da confirmação e da convalidação diante do Princípio da conservação dos negócios jurídicos

As *medidas sanatórias das invalidades dos negócios jurídicos* (expressão de Raquel Campani Schmiedel consagrada pela doutrina nacional) são os instrumen-

PRINCÍPIO DA CONSERVAÇÃO DOS NEGÓCIOS JURÍDICOS

tos jurídicos destinados a salvaguardar a manifestação de vontade das partes, preservando-a de deficiências que inquinam os negócios celebrados, tornando-os nulos ou anuláveis. A locução é precisa e merece nossa acolhida. A partir da sua compreensão, serão apresentadas as duas hipóteses objeto do presente capítulo sob o prisma do Princípio da conservação dos negócios jurídicos. Examinaremos conjuntamente o perfil dogmático da confirmação e da convalidação dos negócios jurídicos e a sua aplicação concreta na recente jurisprudência do Superior Tribunal de Justiça e do Tribunal de Justiça do Estado de São Paulo.

Raquel Campani Schmiedel[943] enfatiza que as "medidas sanatórias" são de duas espécies. De um lado, as medidas sanatórias *involuntárias*, as quais se verificam por meio de um *fato jurídico* relevante (tais como a decadência). De outro, há as chamadas medidas sanatórias *voluntárias*, que se realizam por meio da confirmação, da convalidação, da redução parcial e da conversão substancial do negócio jurídico.[944]

7.2. A imprecisão terminológica, no plano da superação das invalidades, da "ratificação" dos negócios jurídicos

Um esclarecimento inicial é pertinente a respeito do conceito de ratificação. Considerando que os autores clássicos referiram ao conceito de ratificação, devemos traçar as linhas que seguem a seu respeito. Sob nosso prisma, à luz da disciplina que impõe o Código Civil em vigor, não mais se há reconhecer a ratificação como se fosse um instituto jurídico autônomo no plano das medidas sanatórias das invalidades negociais. Significa dizer que a ratificação insere-se no próprio conceito de confirmação do negócio jurídico. É a forma pela qual o Código Civil de 2002 a ela alude ao versar a respeito das invalidades do negócio jurídico na sua Parte Geral Daí a razão pela qual não se justifica na atualidade, a nosso ver, dispensar-lhe tratamento dogmático autônomo.

Silvio de Salvo Venosa alerta que o Código Civil em vigor preferiu usar a expressão *confirmação* no plano das invalidades. Pontifica: "ratificar ou con-

---

[943] SCHMIEDEL, Raquel Campani. *Negócio jurídico. Nulidades e medidas sanatórias*. 2. ed. São Paulo: Saraiva, 1985, p. 61.
[944] Daí a razão da divisão entre os capítulos sexto, no qual se examinou, destacadamente, a decadência, e os capítulos vindouros, dedicados à confirmação, convalidação, redução parcial e conversão dos negócios jurídicos.

CONFIRMAÇÃO E CONVALIDAÇÃO DOS NEGÓCIOS JURÍDICOS

firmar", é dar validade a ato jurídico.[945] Pontes de Miranda[946], de seu turno, esclarece que a ratificação não se distancia da confirmação, na sua estrutura. A raiz de ratificação, esclarece, deriva de *ratihabitio*. Pela ratificação, "completa-se" o que faltava à manifestação de vontade própria, no que também "faltou de vontade" de outrem. A ratificação, como enfatiza Pontes de Miranda, é um negócio jurídico unilateral derivado de manifestação de vontade não-receptícia. Pode ocorrer mesmo depois do ajuizamento da ação de anulação negocial. Não pode se verificar, entretanto, depois do trânsito em julgado de decisão que efetivamente a anula em respeito à substitutividade própria da prestação jurisdicional.[947] Forçoso afirmar que tudo o que se aplica à conformação jurídica da ratificação igualmente se aplica para a confirmação. Por tal razão e por rigor científico, não se recomenda o tratamento diferenciado como se dois institutos autônomos fossem.[948]

A ratificação do negócio jurídico deve respeitar aos direitos de terceiros. É dizer, não pode prejudicar terceira pessoa que confiou na própria anulabilidade do ato e que adquiriu os direitos subordinados a essa anulação. Por outro lado, caso o terceiro prejudicado consinta à ratificação do primeiro negócio jurídico, a ratificação será possível por quem poderia pretender anular o negócio jurídico. Como anota Carvalho Santos a propósito, "o direito de terceiro não é obstáculo à ratificação do ato quando o próprio terceiro, por sua vez, também ratifica, embora tacitamente".[949] Doravante, como foi esclarecido, versaremos somente a respeito da *confirmação* e da *convalidação* dos negócios jurídicos. Considerando o corte metodológico, o instituto não nos parece deva ser examinado nos propósitos desse estudo.

---

[945] VENOSA, Sílvio de Salvo. *Código Civil interpretado*. 2. ed. São Paulo: Altas, 2011, p. 194. Em sentido contrário, CARVALHO SANTOS, J. M. *Código Civil brasileiro interpretado*. Parte Geral. 5. ed. Rio de Janeiro: Livraria Freitas Bastos S/A, 1953, v. III, p. 263.

[946] MIRANDA, Pontes de. *Tratado de Direito Privado*. 4. ed. São Paulo: Revista dos Tribunais, 1983, v. IV, p. 239.

[947] MIRANDA, Pontes de. *Tratado de Direito Privado*. 4. ed. São Paulo: Revista dos Tribunais, 1983, v. IV, p. 249.

[948] CARVALHO SANTOS, J. M. *Código Civil brasileiro interpretado*. Parte Geral. 5. ed. Rio de Janeiro: Livraria Freitas Bastos S/A, 1953, v. III.

[949] CARVALHO SANTOS, J. M. *Código Civil brasileiro interpretado*. Parte Geral. 5. ed. Rio de Janeiro: Livraria Freitas Bastos S/A, 1953, v. III, p. 269. Ainda, ver GUERRA, Alexandre. *Responsabilidade civil por abuso do direito*: entre o exercício inadmissível de posições jurídicas e o direito de danos. São Paulo: Saraiva, 2011, p. 34 ss; CARVALHO SANTOS, J. M. *Código Civil brasileiro interpretado*. Parte Geral. 5. ed. Rio de Janeiro: Livraria Freitas Bastos S/ A, 1953, v. III, p. 268.

7.3. A confirmação dos negócios jurídicos e seu perfil dogmático: um exame a partir do Princípio da conservação dos negócios jurídicos

7.3.1. Perfil dogmático da confirmação: conceito, natureza jurídica e espécies

Clóvis Beviláqua[950] leciona que a confirmação é a declaração "da pessoa a quem pertence o direito de impugnação de não querer servir-se desse direito". No seu dizer, "é uma renúncia à faculdade de pedir a anulação e, como tal, é um ato unilateral, que se torna perfeito, pois, com a simples declaração de quem confirma". Para que a confirmação assuma eficácia suficiente para sanar o vício do negócio jurídico, diz, o "ato de confirmação" deve conter: i) a substância do negócio anulável, ii) a menção do motivo que o torna vicioso e iii) a declaração de que se pretende corrigir o vício sobre o qual seria fundada a ação à qual se renuncia.[951]

Álvaro Villaça Azevedo[952] destaca que a confirmação é um ato de sanação dos vícios de negócio jurídico anulável.[953] A confirmação é um gênero de medida sanatória clássica dos vícios do negócio jurídico, ao lado de decurso do prazo para invocar-se a anulabilidade, da redução parcial e da conversão do negócio jurídico, como sublinhamos. As espécies de confirmação, refere o autor, são: i) convalidação (a qual se opera mediante manifestação de vontade por parte de terceira pessoa que poderia vir a invocar a anulabilidade do negócio jurídico) e ii) retificação (a qual se verifica por força da parte que teve, diretamente, a liberdade negocial cerceada no momento da gênese do negócio jurídico). Diverge a doutrina a respeito da

---

[950] BEVILÁQUA, Clóvis. *Código Civil dos Estados Unidos do Brasil*. 11. ed. São Paulo: Livraria Francisco Alves, 1958, v. 1, p. 310-311.

[951] BEVILÁQUA, Clóvis. *Código Civil dos Estados Unidos do Brasil*. 11. ed. São Paulo: Livraria Francisco Alves, 1958, v. 1, p. 310-311.

[952] AZEVEDO, Álvaro Villaça. *Teoria Geral do Direito Civil*: Parte Geral. São Paulo: Atlas, 2011, p. 355.

[953] Na lição de Álvaro Villaça Azevedo, "alguns autores não entendem como sinônimos esses vocábulos (referindo-se a confirmação e ratificação) preferindo cogitar a ratificação somente quando o representante acolhe os efeitos jurídicos de um negócio praticado por alguém que se fez seu representante, sem que lhe tenha sido outorgado mandato. Desse modo, com a ratificação, o representado está a aceitar efeitos de um contrato que jamais existiu (mandato), tornando-o realidade com seu ato ratificador. Na confirmação, ao contrário, curam-se os vícios de um negócio existente, que pode tornar-se imprestável caso a confirmação não ocorra" (AZEVEDO, Álvaro Villaça. *Teoria Geral do Direito Civil*: Parte Geral. São Paulo: Atlas, 2011, p. 355).

CONFIRMAÇÃO E CONVALIDAÇÃO DOS NEGÓCIOS JURÍDICOS

sinonímia dos termos confirmação, ratificação, validação ou convalidação. Nossa posição foi satisfatoriamente apresentada linhas atrás.

Raquel Campani Schmiedel[954] afirma que a confirmação é um "ato jurídico de natureza negocial não-receptícia" pelo qual se "aperfeiçoa o suporte fático do negócio jurídico que entrou no mundo jurídico deficitariamente". Trata-se, diz, de um meio de preservação do negócio *anulável*, que não se aplica, pois, aos negócios jurídicos nulos, a teor do que dispõe o artigo 169 do Código Civil brasileiro. Sendo assim, enfatiza, somente se pode cogitar o salvamento do negócio jurídico nulo por meio de sua repetição sem o vício que o compromete. Tal *repetição do negócio* deve ser considerada um negócio jurídico autônomo. Não constitui, portanto, uma forma de ratificação negocial propriamente dita (pois se está diante de "re-celebração" do negócio jurídico). Impende destacar que nos casos de negócios jurídicos nulos (porque não suscetíveis de confirmação), os efeitos da nova celebração não serão retroativos ao momento de realização do negócio jurídico primeiro (viciado), como adverte Clóvis Beviláqua.[955]

No que diz respeito aos negócios jurídicos anuláveis, importa fixar a diferença entre os atos anuláveis e os atos "simplesmente incompletos". Os negócios jurídicos anuláveis, como informa Schmiedel, estão sujeitos à confirmação. Para os chamados "atos incompletos" (ou os negócios jurídicos incompletos), o termo que se lhes aplica, diz a autora, é a ratificação. O ato anulável é passível de confirmação, de modo que se extrai do próprio negócio o vício de que ele se ressente. O negócio jurídico "incompleto" é objeto de ratificação, pois não implica em dele excluir-se o vício. A *completude*, ensina ela, tem como resultado a "integração no pressuposto de legitimidade como condição de sua eficácia".[956]

Sob a perspectiva eleita, como dissemos, cumpre-nos enfatizar que não há razão que justifique o tratamento autônomo dos institutos da ratificação e da confirmação. É dizer, a nosso viso, a ratificação é a própria confirmação do negócio jurídico. Visando a escoimar imprecisões terminológicas, adiante não mais referiremos ao conceito de ratificação. Com efeito, como

---

[954] SCHMIEDEL, Raquel Campani. *Negócio jurídico. Nulidades e medidas sanatórias*. 2. ed. São Paulo: Saraiva, 1985, p. 61.

[955] BEVILÁQUA, Clóvis. *Código Civil dos Estados Unidos do Brasil*. 11. ed. São Paulo: Livraria Francisco Alves, 1958.

[956] SCHMIEDEL, Raquel Campani. *Negócio jurídico. Nulidades e medidas sanatórias*. 2. ed. São Paulo: Saraiva, 1985, p. 62.

PRINCÍPIO DA CONSERVAÇÃO DOS NEGÓCIOS JURÍDICOS

alertamos, tal instituto não é tratado de independentemente pelo legislador civil de 2002, isto é, como se um instituto jurídico autônomo (no Capítulo V do Título I do Livro III da Parte Geral do Código Civil em vigor).[957] Os artigos 166 a 184 do Código Civil não referem especificamente ao instituto da ratificação, mas, sim, à confirmação. Os negócios jurídicos incompletos e dependentes de ratificação tornam-se válidos e eficazes por meio da confirmação, por sua estrutura jurídica abrangente. Por essa razão, nesse capítulo, trataremos sob a rubrica *confirmação* todas as hipóteses versadas nos artigos 169 e 172 a 175, reservando ao termo *convalidação* somente a hipótese gizada pelo artigo 176 do Código Civil. A *convalidação* é a medida sanatória que diz respeito à autorização prestada por terceiro ao negócio jurídico anulável quando dela depender, motivo de sua anulabilidade. [958] Os institutos da confirmação e convalidação são designações suficientes para revelar o necessário aos nossos propósitos em relação à aplicação concreta do Princípio da conservação dos negócios jurídicos.

No que diz respeito à natureza jurídica, o ato de confirmação constitui a renúncia ao direito de promover a anulação do negócio.[959] Dele deflui a própria extinção do direito de pedir a anulação no negócio jurídico. A confirmação dos negócios jurídicos anuláveis somente pode ocorrer depois de cessada a causa da invalidade. Quanto às suas formas, a doutrina sustenta acertadamente que a confirmação pode ser expressa ou tácita. A confirmação expressa vem disciplinada pelo artigo 173 do Código Civil: deve conter i) a substância do negócio celebrado e ii) a vontade expressa em mantê-lo. De outro lado, ocorre a confirmação tácita quando o obri-

---

[957] A esse respeito, ver VENOSA, Sílvio de Salvo. *Direito Civil*. Parte Geral. São Paulo, Atlas, 2002, v. I.

[958] MATTIETTO, Leonardo de Andrade. Invalidade dos atos e negócios jurídicos. In: TEPEDINO, Gustavo (coord.). *A parte geral do novo Código Civil. Estudos na perspectiva civil-constitucional*. Rio de Janeiro: Renovar, 2007, p. 354; VELOSO, Zeno. *Invalidade do negócio jurídico: nulidade e anulabilidade*. 2. ed. Belo Horizonte: Del Rey, 2005, p. 281.

[959] Em sentido contrário, *v.* SCHMIEDEL, Raquel Campani. *Negócio jurídico. Nulidades e medidas sanatórias*. 2. ed. São Paulo: Saraiva, 1985, p.64, para quem não há renúncia ao direito potestativo de anular o ato pelo ato ratificatório, mas sim supressão do *defeito* com o qual o suposto de fato se tornou protegido pelo Direito; "Mediante a ratificação ou confirmação torna-se *não-deficiente* o que antes era *deficiente*. Por meio do ato confirmatório, preenche-se o suporte fático do ato anulável, que passa a ser, desde o início, indeficiente (sem defeitos)" (SCHMIEDEL, Raquel Campani. *Negócio jurídico. Nulidades e medidas sanatórias*. 2. ed. São Paulo: Saraiva, 1985, p. 65).

CONFIRMAÇÃO E CONVALIDAÇÃO DOS NEGÓCIOS JURÍDICOS

gado pelo vínculo jurídico assume um comportamento incompatível com o desejo de anular o negócio contaminado. Nesse caso, a sua atividade implica manifestação de vontade no sentido de confirmar. É a situação do devedor que adimple a obrigação espontaneamente ciente de um vício que a inquina, como deflui do artigo 184 do Código Civil brasileiro.[960] Seja tácita, seja expressa, a confirmação importa que a parte lesada tenha efetivo conhecimento do vício que compromete o negócio anulável e da arguição de invalidade abdique. A legitimidade para proceder à confirmação compete ao titular da ação desconstitutiva do negócio jurídico. [961]

Diante do exposto, é possível afirmar que a confirmação é uma manifestação do Princípio da conservação dos negócios jurídicos por força da atribuição de validade e de eficácia para um negócio jurídico anulável pelas próprias partes ou pelos autorizados a pretender a sua anulação em juízo[962]. A convalidação dos negócios jurídicos, instituto precisamente conformado a partir do que sublinha o artigo 176 do Código Civil, é igualmente um instrumento de superação das invalidades negociais. Opera-se a convalidação especificamente, cumpre destacar, uma vez mais, diante da autorização prestada por terceira pessoa quando o negócio a exija (e não se fez), a qual se dá em um momento ulterior à celebração do negócio jurídico.

Francisco Amaral adverte que a confirmação dos negócios jurídicos inválidos revela a superação das invalidades e a atribuição de eficácia jurídica e social para os negócios imperfeitos na sua gênese. A teoria dos defeitos dos negócios jurídicos, diz, decorre de um processo histórico ideológico que seguiu a origem e a evolução do princípio da autonomia da vontade, hoje concebido essencialmente como autonomia privada[963]. A confirmação dos negócios jurídicos cristaliza de modo decisivo o Princípio da conservação dos negócios jurídicos, visando a preservar a eficácia jurídica e social que a ordem jurídica a eles deseja reconhecer.

---

[960] SCHMIEDEL, Raquel Campani. *Negócio jurídico. Nulidades e medidas sanatórias*. 2. ed. São Paulo: Saraiva, 1985, p. 65.

[961] SCHMIEDEL, Raquel Campani. *Negócio jurídico. Nulidades e medidas sanatórias*. 2. ed. São Paulo: Saraiva, 1985, p. 65.

[962] A respeito da confirmação, ver, ainda: COSTA, José Eduardo da; SACRAMONE, Marcelo Barbosa. A confirmação dos negócios jurídicos. In: GUERRA, Alexandre; BENACCHIO, Marcelo. (orgs.). TOLEDO, Armando Sérgio Prado de (coord.). *Negócio jurídico*. São Paulo: Quartier Latin, 2013, p. 312.

[963] AMARAL, Francisco. *Direito Civil. Introdução*. 6.ª ed. Forense: Rio de Janeiro, 2010, p. 490ss.

A confirmação, é certo, não se aplica às hipóteses de nulidades dos negócios jurídicos, como salienta Renan Lotufo.[964] Havendo a nulidade por força de simulação absoluta, por exemplo, o negócio jurídico não pode ser objeto de confirmação. Isso porque a lei expressamente o declara contrário ao sistema jurídico (havendo divergência doutrinária, entretanto, a respeito da validade da simulação inocente, como examinamos no capítulo terceiro). O negócio absolutamente simulado, no entender de Itamar Gaino, não é sequer suscetível do fenômeno da conversão.[965]

O negócio jurídico anulável pode ser confirmado pelas próprias partes, salvo direito de terceiros, nos termos do que dispõe do artigo 172 do Código Civil brasileiro. Os direitos de terceiros devem ser respeitados, os quais podem exigir no caso concreto que a confirmação se opere se vier a ocorrer em detrimento de referidas pessoas.[966] Vale salientar que o Direito brasileiro não exige sequer que a confirmação seja motivada. Entretanto, é preciso que o vício seja efetivamente conhecido por aquele que confirma. A confirmação corrige o vício do negócio jurídico e é irretratável, operando a renúncia à possibilidade de posteriormente anular, sob pena de incorrer-se em comportamento contraditório vedado pelo sistema jurídico (*venire contra factum proprium*)[967]. Sanado o vício que o maculava pelo ulterior assentimento por aquele que contra o negócio poderia se insurgir, a confirmação é ato jurídico irretratável próprio dos negócios jurídicos anuláveis[968]; "quem pode anular esse negócio viciado, pela falta de assistência, é que pode ratificá-lo ou confirmá-lo, concedendo, posteriormente, sua concordância, a autorização".[969]

A confirmação ocorre não somente nos casos em que a sanação negocial se dá por ato da própria parte, mas também naqueles em que se manifesta

---

[964] LOTUFO, Renan. *Código Civil comentado*. Parte Geral (arts. 1º a 232). São Paulo: Saraiva, 2003, v. 1, p. 476.

[965] GAINO, Itamar. *Da simulação dos negócios jurídicos*. São Paulo: Saraiva, 2008.

[966] AMARAL, Francisco. *Direito Civil. Introdução*. 6. ed. Forense: Rio de Janeiro, 2010, p. 491.

[967] A respeito da vedação ao comportamento contraditório, ver: SCHREIBER, Anderson. *A proibição de comportamento contraditório*: tutela da confiança e *venire contra factum proprium*. Rio de Janeiro: Renovar, 2005; GUERRA, Alexandre. *Responsabilidade civil por abuso do direito*: entre o exercício inadmissível de posições jurídicas e o direito de danos. São Paulo: Saraiva, 2011.

[968] AZEVEDO, Álvaro Villaça. *Teoria Geral do Direito Civil*: Parte Geral. São Paulo: Atlas, 2011, p. 359.

[969] AZEVEDO, Álvaro Villaça. *Teoria Geral do Direito Civil*: Parte Geral. São Paulo: Atlas, 2011, p. 361.

CONFIRMAÇÃO E CONVALIDAÇÃO DOS NEGÓCIOS JURÍDICOS

por um ato do seu representante, o qual deveria assisti-lo e assim não o fez no momento de celebração. Nesses casos, observa-se um vício no negócio jurídico que não irá produzir os efeitos inicialmente colimados justamente porque se encontra eivado de anulabilidade. Na confirmação, o prejudicado pelo vício dispõe do poder de provocar a extinção do negócio atingido. Se preferir, por outra banda, pode ele confirmar, validando-o, e, nas palavras de Antonio Menezes Cordeiro, "pondo cobro à fragilidade que o enfermava. Eis a confirmação civil básica: o instituto pelo qual o beneficiário de uma anulabilidade decide sanar o negócio atingido através de uma declaração a tanto dirigida".[970]

7.3.2. As origens históricas e a confirmação dos negócios jurídicos no Direito estrangeiro

António Menezes Cordeiro ensina que a confirmação descende da *ratihabitio* romana, encontrada nos *Digesta*. A confirmação não surgiu, diz o autor, no "velho direito romano", o qual era dominado pelo excessivo formalismo, como vimos. A confirmação somente veio a vivificar-se em um estágio mais avançado do desenvolvimento do Direito romano sob a chamada *aequitas*. O surgimento da confirmação, enfatiza Cordeiro, pressupôs um grau mais elevado de abstração do próprio Direito, o que não era característico dos romanos em uma etapa inicial de sua formação jurídica. Somente surgiu a confirmação com a compreensão (ainda que rudimentar) do instituto do negócio jurídico, da teoria das invalidades e da teoria das anulabilidades.[971]

No Direito estrangeiro, a confirmação dos negócios jurídicos é igualmente aceita e conhecida. Segundo António Menezes Cordeiro[972], o Código Civil francês apresenta uma sequência de disposições que autorizam a reconhecer a confirmação negocial como uma manifestação do Princípio da sanação dos negócios jurídicos, em especial no capítulo destinado às provas das obrigações e seu pagamento, a partir de seu artigo 1338º. O Direito francês alberga a confirmação (ou a ratificação) de uma obrigação

---

[970] CORDEIRO, António Manuel da Rocha e Menezes. *Da confirmação no direito civil*. Almedina: Coimbra, 2008, p. 13.

[971] CORDEIRO, António Manuel da Rocha e Menezes. *Da confirmação no direito civil*. Almedina: Coimbra, 2008, p. 28.

[972] CORDEIRO, António Manuel da Rocha e Menezes. *Da confirmação no direito civil*. Almedina: Coimbra, 2008, p. 28.

contra a qual a lei admita a "ação de nulidade ou de rescisão". Somente é válida quando nela se encontrem: i) a substância dessa obrigação; ii) a referência ao motivo da ação de rescisão e iii) a intenção de reparar o vício no qual essa ação se baseie, diz o artigo em referência. Na falta do ato de confirmação, basta que a obrigação seja executada voluntariamente depois do momento em que ela pode vir a ser validamente confirmada ou ratificada. A confirmação (ratificação ou execução voluntária) implica a renúncia aos meios e às exceções que poderiam ser opostas contra esse ato em princípio inválido, sem prejuízo do direito de terceiros. A regra constante do art. 1339º do *Code* expressamente veda a confirmação negocial nos casos de doações entre vivos quando forem nulas por vício de forma.[973]

O Código Civil alemão (*BGB*) também disciplina a confirmação do negócio jurídico nulo (*Bestätigung*). O conceito de nulidade no ordenamento jurídico alemão abarca o conceito de *insanabilidade* do negócio jurídico. A nulidade do negócio jurídico é definitiva e insanável. A confirmação de um negócio, conforme a sua natureza jurídica, é considerada uma nova celebração. No seu § 141º, o *BGB*, ao versar a respeito da *confirmação do negócio nulo* (vedada por lei, entre nós, força do artigo 169 do Código Civil) afirma que quando um negócio nulo for confirmado por quem o haja celebrado, a confirmação é de ser considerada uma nova contratação (eficácia *ex nunc*). Quando um negócio nulo for confirmado pelas partes, destaca, na dúvida quanto à interpretação negocial, ficam elas obrigadas a conceder-se mutuamente o que teriam caso o negócio fosse válido desde sua celebração. O § 144º do *BGB* refere ao negócio jurídico *anulável* e assevera que a anulação fica excluída quando o negócio anulável for confirmado pela pessoa com legitimidade para a anulação. A confirmação, no Direito alemão, não necessita adotar a forma prescrita à celebração do negócio jurídico confirmado, como disserta a respeito Werner Flume.[974]

Em Portugal, o instituto em foco é examinado no artigo 288º, sob a mesma rubrica *confirmação*.[975] A anulabilidade dos negócios jurídicos é

---

[973] CORDEIRO, António Menezes, *Da confirmação no Direito Civil*. Almedina: Coimbra, 2008, 43-44.

[974] FLUME, Werner. *El negocio jurídico*. Parte general del Derecho Civil. 4. ed. Trad. José Maria Miguel Gonzáles e Esther Gómez Calle. Madrid: Fundación Cultural del Notariado, 1998, p. 648-649.

[975] Código Civil de Portugal. ARTIGO 288º (Confirmação). 1. A anulabilidade é sanável mediante confirmação. 2. A confirmação compete à pessoa a quem pertencer o direito de

CONFIRMAÇÃO E CONVALIDAÇÃO DOS NEGÓCIOS JURÍDICOS

sanável mediante confirmação, diz, a qual compete à pessoa a quem pertencer o direito à anulação. Somente deve ser considerada eficaz quando for posterior à cessação do vício fundamento da anulabilidade e quando seu autor tiver conhecimento do vício e do direito à anulação. A confirmação, como igualmente se passa no Direito brasileiro, aliás, pode ser expressa ou tácita no Direito português, não tendo eficácia retroativa mesmo em relação a terceiros, por expressa disposição de lei.

A confirmação é considerada um ato jurídico unilateral não-receptício. Basta um "comportamento concludente"[976], por meio da qual a parte ou o terceiro possam concluir pela real existência de uma "vontade confirmativa". Cuida-se da situação referida como a confirmação tácita. É o que sucede, por exemplo, quando a pessoa a quem compete o direito de confirmar adota um comportamento incompatível com o intuito de anular o negócio jurídico, como o cumprimento espontâneo da prestação ciente do vício que se estabelece sobre o negócio jurídico. Heinrich Ewald Hörster[977] informa que a confirmação do negócio jurídico pode ainda ser integral ou parcial. A primeira apresenta-se diante de um negócio jurídico anulável integralmente e assim sanado pelo agente; a segunda quando se está diante de um negócio "parcialmente anulável".[978]

Na lição de Carlos Alberto Bittar, para que produza os seus efeitos, a confirmação deve, em primeiro lugar, "repousar" na vontade do declarante a quem cumpre estar ciente do vício. Somente se admite a confirmação após o desaparecimento do vício ou da incapacidade. A vontade confirmatória deve ser manifestada livremente e se ajustar aos demais requisitos exigidos para a higidez do negócio jurídico que se está a confirmar. A lei civil não exige forma especial para a confirmação (que, como visto, pode ser

---

anulação, e só é eficaz quando for posterior à cessação do vício que serve de fundamento à anulabilidade e o seu autor tiver conhecimento do vício e do direito à anulação. 3. A confirmação pode ser expressa ou tácita e não depende de forma especial. 4. A confirmação tem eficácia retroactiva, mesmo em relação a terceiro.

[976] A respeito do comportamento concludente no negócio jurídico, ver: PINTO, Antonio Mota. *Declaração tácita e comportamento concludente no negócio jurídico*. Coimbra: Almedina, 1995.

[977] HÖRSTER, Heinrich Ewald. *A parte geral do Código Civil português. Teoria geral do direito civil*. Coimbra: Almedina, 2007, p. 596.

[978] HÖRSTER, Heinrich Ewald. *A parte geral do Código Civil português. Teoria geral do direito civil*. Coimbra: Almedina, 2007, p. 597.

PRINCÍPIO DA CONSERVAÇÃO DOS NEGÓCIOS JURÍDICOS

expressa ou tácita). "Convalida-se o negócio inicialmente anulável, o qual realiza, de modo legítimo, os efeitos próprios, aniquilando os do vício".[979]

A confirmação pode ser total ou parcial. A confirmação parcial subdivide-se em *subjetivamente* parcial ou *objetivamente* parcial. Havendo vários legitimados a pretender a anulação negocial, se somente parte deles não pretendem assim proceder, podem estes confirmar o negócio. Neste caso, a convalidação negocial somente surte os efeitos jurídicos em relação àquele que assim agir, caso em que visualiza a confirmação parcial subjetiva. Nos casos de negócio jurídico divisível, havendo a confirmação de apenas parte do negócio, há a chamada confirmação parcial objetiva.[980]

No Direito brasileiro, é importante salientar que o artigo 169 do Código Civil brasileiro afirma que o negócio jurídico nulo não é suscetível de confirmação, nem convalesce pelo decurso do tempo.[981] Somente os negócios jurídicos anuláveis podem ser confirmados pelas partes para que produzam seus plenos efeitos. Carlos Alberto Bittar[982] observa que mediante ação positiva da parte lesada, a confirmação atribui eficácia jurídica para o negócio que poderia ser anulado em virtude de vício decorrente da incapacidade relativa ou do vício do consentimento. A confirmação, diz o autor, é um ato jurídico unilateral do interessado "que se conforma com o negócio viciado" e, a despeito dessa mácula, deseja os efeitos a ele correspondentes, seja mediante declaração expressa ao outro contratante, seja mediante o cumprimento das suas exigências (ainda que parcial). Seja a confirmação expressa ou tácita, consubstancia a renúncia à ação anulatória, assim revelando o acolhimento no sistema jurídico do negócio jurídico viciado e sedimentando os seus efeitos por meio da decadência do direito de pretender sua anulação. Confere-lhe, portanto, máxima expansão de eficácia jurídico-social. A confirmação torna definitiva a situação social e jurídica das partes, desde que serespeitados os direitos de terceiros, como reza a parte final do artigo 172 do Código

---

[979] BITTAR, Carlos Alberto. *Teoria Geral do Direito Civil*. São Paulo: Saraiva, p. 266.

[980] VELOSO, Zeno, *Invalidade do negócio jurídico, Nulidade e anulabilidade*. 2. ed. Belo Horizonte: Del Rey, 2005 ob. cit., p. 280 ss.

[981] De acordo com José Carlos Moreira Alves, em se tratando de negócios jurídicos nulos, o Direito Romano se regia pela regra de Paulo, segundo a qual "quod initio viciosum est, non potes tracto temporis convalescesse" (ALVES, José Carlos Moreira. *O novo Código Civil Brasileiro e o Direito Romano*: seu exame quanto às principais inovações no tocante ao negócio jurídico, cit., p. 126-127).

[982] BITTAR, Carlos Alberto. *Teoria Geral do Direito Civil*. São Paulo: Saraiva, p. 265-266.

CONFIRMAÇÃO E CONVALIDAÇÃO DOS NEGÓCIOS JURÍDICOS

Civil, razão pela qual se reconhece seguramente ser uma manifestação do Princípio da conservação dos negócios jurídicos.

Impende anotar que havendo vários legitimados a exercer o direito de pedir a anulação judicial do negócio jurídico, se parte deles não pretende exercer tal direito, é possível que venham estes a confirmar o negócio. Nesse caso, a convalidação negocial surtirá efeitos jurídicos somente em relação àquele que assim agiu. Cuida-se de situação de "confirmação parcial subjetiva". Nos negócios jurídicos divisíveis, se houver a confirmação de apenas parte dele, ocorre a confirmação parcial objetiva[983]. De acordo com Renan Lotufo[984], os requisitos da confirmação expressa são dois: i) a atenção à substância do negócio celebrado (devendo se observar que a confirmação dever conter as indicações precisas do negócio viciado a convalidar-se, de modo que, em se tratando de negócios solenes, deve ser adotada a forma prevista em lei) e ii) a vontade expressa de mantê-lo.[985]

Nomenclatura que desperta particular interesse é a "pseudoconfirmação" de um negócio jurídico. Ocorre nas hipóteses em que o negócio jurídico nulo vem a ser repetido (renovado) entre as mesmas partes, com o atendimento das exigências nos planos da existência, da validade e da eficácia, e no qual as partes estipulam livremente que os seus efeitos serão retroativos ao momento da realização do negócio primeiramente celebrado com o vício que o inquinava. A providência, em princípio, é juridicamente admitida. Encontra guarida firme no Princípio da autonomia privada. Entretanto, é certo que deve haver boa-fé e lealdade dos contratantes na consecução dos seus interesses e no respeito aos direitos de terceiros.

---

[983] VELOSO, Zeno. *Invalidade do negócio jurídico. Nulidade e anulabilidade*. 2. ed. Belo Horizonte: Del Rey, 2005, p. 280.

[984] LOTUFO, Renan. *Código Civil comentado*. Parte Geral (arts. 1º a 232). São Paulo: Saraiva, 2003, v. 1, p. 478

[985] LOTUFO, Renan. *Código Civil comentado*. Parte Geral (arts. 1º . São Paulo: Saraiva, 2003, v. 1, p. 478)

7.3.3. A confirmação dos negócios jurídicos e sua aplicação concreta à luz do Princípio da conservação dos negócios jurídicos

O cumprimento de um negócio jurídico vicioso, sendo tal situação conhecida pela parte que assim age, é uma usual forma de confirmação tácita do negócio jurídico como tal reconhecido pela jurisprudência. A jurisprudência igualmente identifica a confirmação nos casos em que o titular do direito de pleitear a anulação conhece o vício que contamina o negócio e ainda assim pratica o ato dele derivado, espontaneamente. Se assim o faz, entendem os tribunais com acerto que a parte aceitou o negócio anulável, de modo que se deve reputar ter havido a sua confirmação tácita. Com a mesma frequência são os casos de alienação, oneração ou consumo do bem objeto do negócio anulável.[986]

Nos autos de Recurso Especial n. 982.630/ES, de relatoria da Ministra Eliana Calmon, em 21.10.2008, a Segunda Turma do Superior Tribunal de Justiça afirmou que o erro de fato é o que traduz a falsa percepção da realidade e autoriza a invalidação do negócio jurídico ou sua confirmação, a critério das partes. No caso, foi comprovado que o contribuinte visava a optar pelas regras do Programa de Recuperação Fiscal do Ministério da Fazenda (REFIS). Considerando ter havido o recolhimento de várias parcelas com código de receita próprio e compatível com esta modalidade de parcelamento, declarou-se ser patente o erro na opção realizada pelas regras do chamado "REFIS alternativo". Sobressaiu, portanto, a possibilidade de confirmação do negócio jurídico em matéria de natureza tributária.[987]

O Superior Tribunal de Justiça firmou o entendimento de que em ação de desapropriação direta em que se reverteu em proveito do poder público as terras devolutas e alienadas pelo Estado ao particular, o comportamento da Administração Pública pode significar que seus títulos estão sujeitos à

---

[986] THEODORO JÚNIOR, Humberto. *Comentários ao Novo Código Civil*. Livro III. Dos fatos jurídicos. Do negócio jurídico. TEIXEIRA, Sálvio de Figueiredo (Coord.). Arts. 138 a 184. 4. ed. Rio de Janeiro: Forense, 2008, v. III. t. I, p. 101. No mesmo sentido são as lições de Caio Mario da Silva Pereira (PEREIRA, Caio Mario da Silva. Instituições de Direito Civil. Introdução do Direito Civil. Teoria Geral do Direito Civil. 22. ed. Rio de Janeiro: Forense, 2007, v. I., p. 642), p. 587.

[987] STJ, REsp. 982630/ES, Rel. Ministra ELIANA CALMON, SEGUNDA TURMA, j. 21/10/2008, DJe 18/11/2008.

CONFIRMAÇÃO E CONVALIDAÇÃO DOS NEGÓCIOS JURÍDICOS

ratificação (confirmação) e retificação pela União Federal que, no exercício do seu juízo discricionário, "dirá se continuam ou não a ser válidos".[988]

O Superior Tribunal de Justiça reconheceu expressamente a impossibilidade de confirmação de atos nulos. Admitiu, entretanto, ser possível sua nova realização, com a correção da falha que o contaminou (no que se verifica ser possível admitir a situação acima referida como "pseudoconfirmação"). Declarou ser irrelevante o fato de a nulidade antecedente haver sido reconhecida em juízo, pois "se as novas alterações contratuais reúnem todos os requisitos de validade do ato jurídico, possuem natureza de atos autônomos, pouco importando que contenham a expressão *ratificação*". Entendeu que na repetição da prática de atos idênticos aos declarados nulos, é vedada, em princípio, a concessão de efeitos *ex tunc*, mas, se assim o foi, em nome do Princípio da conservação dos negócios jurídicos, será possível declarar sua nulidade apenas nesse aspecto, mantendo-se, dessa forma, sua eficácia para o futuro.[989]

A confirmação do negócio jurídico foi invocada recentemente por acórdão de relatoria do então Des. Moura Ribeiro, da 11ª Câmara de Direito Privado do Tribunal de Justiça do Estado de São Paulo.[990] A hipótese merece reflexão. Celebrado um contrato de empréstimo bancário por um ex-sócio de pessoa jurídica (embora não formalizado perante a instituição financeira) beneficiou-se os codevedores (autores da ação), pois lhes possibilitou pagar as despesas realizadas em nome da empresa. Sucede que o ex-sócio da pessoa jurídica nela permaneceu no período de 01.11.2005 a 21.07.2006. A movimentação bancária efetuada indevidamente pelo ex-sócio, segundo os autores, teve início em maio de 2006. Os autores (codevedores) pleitearam a invalidade do empréstimo, o qual continuou a ser debitado da conta corrente da empresa até novembro de 2006. Ocorre que até novembro de 2006 houve a movimentação naquela conta e empréstimos lhes foram concedidos para cobrir o saldo negativo. Foi observado no julgado que os codevedores "aceitaram os empréstimos oferecidos pelo banco e deles se beneficiaram". Para os fins dos artigos 174 e 175 do Código Civil,

---

[988] STJ, AgRg nos EDcl no REsp 1104441/SC, Rel. Ministro LUIZ FUX, PRIMEIRA TURMA, j. em 01/06/2010, DJe 30/06/2010.

[989] STJ, REsp. 685.573/RS, Rel. Ministro CASTRO FILHO, TERCEIRA TURMA, julgado em 02/06/2005, DJ 15/08/2005, p. 313.

[990] TJSP, Tribunal de Justiça do Estado de São Paulo, Apelação nº 0043764-61.2008.8.26.0000, rel. Des. MOURA RIBEIRO, voto nº 20.085, j. 01.03.2012.

PRINCÍPIO DA CONSERVAÇÃO DOS NEGÓCIOS JURÍDICOS

consignou-se, o vício que supostamente maculava o contrato desapareceu pela sua confirmação tácita. No aresto foi consignado que "uma vez confirmado o ato, não podem mais os obrigados invocarem o defeito do negócio, não podem dar marcha à ré, reprovando o ajuste que os beneficiou no passado".[991]

Por todo o exposto, concluímos que a confirmação do negócio jurídico anulável é muito mais que a simples renúncia ao direito de arguir a anulabilidade. É, sim, um instrumento de garantia de eficácia jurídica e social que o ordenamento jurídico oferece ao negócio jurídico anulável. Trata-se, a nosso ver, de uma genuína manifestação do Princípio da conservação dos negócios jurídicos. O negócio jurídico eivado dos vícios acima esposados é sanado desde a sua celebração como se tal mancha jamais tivesse havido. Traduz uma clara revelação do Princípio da conservação dos negócios jurídicos (*favor negotti*). Revela uma vez mais que o Direito se funda sobre as regras de boa-fé e justifica o interesse social que se mantenham, por meio de um esforço interpretativo consciente, todos os negócios derivados legitimamente da autonomia privada, pois, nas palavras de Zeno Veloso, "o direito precisa ser firme, duradouro e estável".[992]

7.4. A convalidação no Direito brasileiro

7.4.1. Perfil dogmático da convalidação dos negócios jurídicos

O segundo instituto que desperta atenção neste capítulo é a convalidação dos negócios jurídicos.[993] A convalidação é precisamente indicada no artigo 176 do Código Civil. Ocorre a convalidação quando da anulabilidade do

---

[991] TJSP, Tribunal de Justiça do Estado de São Paulo, 11ª Câmara de Direito Privado, Apelação com revisão nº 9184938-65.2009.8.26.0000, rel. Des. Moura Ribeiro, voto nº 21.617, j. 12.04.2012.

[992] Como destaca Zeno Veloso, "o Direito precisa ser firme, duradouro, estável, o que não quer dizer que tenha de ser amorfo, estático, imutável. Ao contrário, deve se adaptar ao 'metabolismo social' - para usar uma feliz expressão de Canotilho - atendendo às necessidades do meio, aos reclamos do progresso e do desenvolvimento. Tudo milita, enfim, para que seja revisto e relativizado o dogma da projeção retroativa da invalidação dos negócios jurídicos" (VELOSO, Zeno. *Invalidade do negócio jurídico. Nulidade e anulabilidade*. 2. ed. Belo Horizonte: Del Rey, 2005, p. 363).

[993] SCHMIEDEL, Raquel Campani. *Negócio jurídico. Nulidades e medidas sanatórias*. 2. ed. São Paulo: Saraiva, 1985, p. 61 ss.

negócio jurídico resulta da falta de autorização de terceira pessoa, caso em que será ele *validado* se este (o terceiro) a der posteriormente.

Dispõe o artigo 176 do Código Civil brasileiro: "Quando a anulabilidade do ato resultar de falta de autorização de terceiro, será validado se este a der posteriormente". A convalidação exige a autorização (necessária) por terceira pessoa para a prática de um determinado negócio jurídico, sem o qual é anulável, sendo ela posteriormente prestada, (con)validando-o. A título de exemplo, ocorre a convalidação no ato do representante legal do relativamente incapaz que o chancela após a celebração do negócio pelo incapaz inicialmente não assistido, mas somente em momento anterior à assunção da plena capacidade civil (quando então poderia o menor, ele próprio, confirmá-lo).[994]

A convalidação é observada em certos negócios jurídicos nos quais se exigem, como um requisito de validade, a anuência (concorrência de vontade) manifestada em igual sentido por terceira pessoa. É o que se observa nos contratos de fiança, quando for prestada por pessoa casada sem a autorização do outro cônjuge. O art. 1.647, inciso III, do Código Civil[995] exige expressamente a autorização do outro cônjuge à celebração de tal negócio jurídico, exceto se casados sob o regime de bens da separação absoluta. Há a convalidação nas alienações imobiliárias realizadas por apenas um dos cônjuges, as quais, nos termos do inciso I do art. 1.647, do Código Civil, dependem de outorga uxória ou autorização material, salvo no regime da separação absoluta de bens. Igualmente pode haver a convalidação dos negócios jurídicos nos casos de venda de ascendentes para descendentes, nos termos do art. 496, do Código Civil brasileiro, negócio jurídico que, por expressa disposição de lei, depende de consentimento dos outros descendentes e do cônjuge do alienante. Nestes casos, uma vez celebrado o negócio jurídico sem a referida autorização, padecerá de anulabilidade, em princípio, como observa José Osório de Azevedo Junior.[996]

A autorização (convalidação) referida pela legislação brasileira nas hipóteses acima destacadas pode ser prestada em momento posterior para o aperfeiçoamento do próprio negócio jurídico. Humberto Theodoro

---

[994] PEREIRA, Caio Mario da Silva. *Instituições de Direito Civil*. Introdução do Direito Civil. Teoria Geral do Direito Civil. 22. ed. Rio de Janeiro: Forense, 2007, v. I., p. 641-642.

[995] *V.* FIGUEIREDO, Gabriel Seijo Leal de. *Contrato de fiança*. São Paulo: Saraiva, 2010.

[996] AZEVEDO JÚNIOR, José Osório de. *Compromisso de compra e venda*. 5. ed. rev. amp. de acordo com o Código Civil de 2002 . São Paulo: Malheiros, 2006, p. 238-239.

Júnior[997] salienta que a lei considera tais negócios *válidos* (melhor, *validados*) justamente se tal "autorização" for prestada por terceira pessoa em momento posterior (artigo 176 do Código Civil). A "aprovação" prestada *a posteriori* por terceira pessoa, diz, tem força suficiente para integrar ao negócio jurídico o dado que antes lhe faltava, assim ingressando imediatamente no plano da validade com o pronto afastamento do vício.[998] Os efeitos da convalidação se operam retroativamente, isto é, operam-se desde o momento de sua celebração, razão pela qual se afirma com acerto que a convalidação torna o negócio jurídico "não-anulável" desde a sua origem.

No que diz respeito à convalidação prestada pelo representante do incapaz, cumpre-nos salientar que quando o negócio jurídico envolve a esfera jurídica de outros além dos que emitem a declaração de vontade, duas situações distintas podem se configurar: i) o declarante age em nome de terceiro ou ii) o declarante age em nome próprio, mas subordinado à anuência de outrem.[999] A hipótese de anulabilidade contemplada pelo artigo 176 do Código Civil (a convalidação propriamente dita) é somente a última. Nesse caso, não falta a vontade do contratante. Na verdade, há uma deficiência exterior à vontade consistente na falta de um requisito exigido por lei que deveria somar-se à vontade da parte. O vício do negócio jurídico em questão é a anulabilidade. Mesmo com a falta de anuência, terá ele condições de produzir os seus efeitos jurídicos enquanto não for intentada a ação de anulação. O artigo 176 do Código Civil permite a aprovação ulterior, que *convalida* o negócio ao eliminar-se o vício que o compromete.

O ordenamento jurídico prevê, como exposto, para a validade de certos negócios jurídicos, a necessidade de autorização de terceira pessoa. Somente assim, pode o negócio jurídico ser considerado válido, tal como ocorre diante da necessidade de sobredita outorga do cônjuge prevista no

---

[997] THEODORO JÚNIOR, Humberto. *Comentários ao Novo Código Civil*. Livro III. Dos fatos jurídicos. Do negócio jurídico. TEIXEIRA, Sálvio de Figueiredo (Coord.). Arts. 138 a 184. 4. ed. Rio de Janeiro: Forense, 2008, v. III. t. I, p. 101. No mesmo sentido são as lições de Caio Mario da Silva Pereira (PEREIRA, Caio Mario da Silva. Instituições de Direito Civil. Introdução do Direito Civil. Teoria Geral do Direito Civil. 22. ed. Rio de Janeiro: Forense, 2007, v. I., p. 642).

[998] AZEVEDO JÚNIOR, José Osório de. *Compromisso de compra e venda*. 5. ed. rev. amp. de acordo com o Código Civil de 2002 . São Paulo: Malheiros, 2006, p. 241.

[999] THEODORO JÚNIOR, Humberto. *Comentários ao Novo Código Civil*. Livro III. Dos fatos jurídicos. Do negócio jurídico. TEIXEIRA, Sálvio de Figueiredo (Coord.). Arts. 138 a 184. 4. ed. Rio de Janeiro: Forense, 2008, v. III. t. I, p. 592-593.

artigo 1.647 do Código Civil, como já acentuamos. Uma vez desatendida a exigência de vênia conjugal, há a anulabilidade, consoante regra constante no artigo 1.649 do Código Civil. Como lecionam Gustavo Tepedino, Heloísa Helena Barboza e Maria Celina Bodin de Moraes[1000], nesses casos, a validade do negócio jurídico poderá ser "resgatada" com a posterior autorização de terceira pessoa, a qual, sendo prestada ao depois no sentido de subsistência do negócio, faz o intérprete reconhecer a sua convalidação.[1001]

No que diz respeito aos negócios celebrados por incapazes, Humberto Theodoro Junior[1002] afirma que o consentimento pode se manifestar por duas formas: i) consentimento assistencial ou ii) consentimento resguardativo. No primeiro caso, faltando o consentimento assistencial, o negócio praticado é anulável nos termos do inciso I do artigo 171 do Código Civil. Por sua vez, no caso de não ter sido prestado o consentimento resguardativo, a sanção nem sempre é a anulabilidade, mas a ineficácia do negócio em relação a tal pessoa. Em certos casos, a falta do consentimento resguardativo pode também acarretar a anulabilidade do negócio jurídico. É o que ocorre, por exemplo, na compra e venda de bens de ascendentes por descendentes sem o consentimento expresso dos outros descendentes e do cônjuge do alienante, ou, ainda, nos casos indicados nos sobreditos incisos I a IV do art. 1.647.

Vale destacar a esse propósito que nos termos do artigo 220 do Código Civil, a anuência ou a autorização de outrem, quando devida à validade de um ato, pode ser provada pelo mesmo modo que este ato. Sempre que possível, deve constar no próprio instrumento, estabelece o legislador civil. A lei não veda seja a autorização prestada também por instrumento à parte e até mesmo em momento posterior, como preceitua o artigo 176 a respeito da convalidação.

Em relação aos atos de relativamente incapazes, como visto, o negócio jurídico poderá ser vir a ser (con)validado por força da ulterior auto-

---

[1000] TEPEDINO, Gustavo, BARBOZA, Heloísa Helena, MORAES, Maria Celina Bodin de. *Código Civil interpretado conforme a Constituição da República*. Rio de Janeiro: Renovar, 2004. v. 1, p. 322.

[1001] TEPEDINO, Gustavo, BARBOZA, Heloísa Helena, MORAES, Maria Celina Bodin de. *Código Civil interpretado conforme a Constituição da República*. Rio de Janeiro: Renovar, 2004. v. 1, p. 322.

[1002] THEODORO JÚNIOR, Humberto. *Comentários ao Novo Código Civil*. Livro III. Dos fatos jurídicos. Do negócio jurídico. TEIXEIRA, Sálvio de Figueiredo (Coord.). Arts. 138 a 184. 4. ed. Rio de Janeiro: Forense, 2008, v. III. t. I, p. 592-593.

PRINCÍPIO DA CONSERVAÇÃO DOS NEGÓCIOS JURÍDICOS

rização legal dos pais ou do tutor. A posterior autorização deve observar a mesma forma que foi exigida para a celebração do negócio jurídico.[1003] A falta do assentimento de terceira pessoa concomitante à celebração do negócio jurídico pode ser suprida posteriormente, dessa forma, validando o negócio jurídico, em atenção à máxima expansão dos seus efeitos e às exigências do Princípio da conservação dos negócios jurídicos. A concessão de posterior autorização assemelha-se à confirmação do negócio jurídico apenas porque tem o mesmo efeito, qual seja, remover a anulabilidade que inquina o negócio jurídico desde o início. Daí a pertinência do alerta de Marcos Bernardes de Mello: "são substancialmente diferentes (a confirmação e a convalidação) porque a confirmação é ato próprio do figurante do ato, que é titular do direito, enquanto aquele que dá o assentimento, apenas integra o ato, sem praticá-lo".[1004]

7.4.2. A convalidação dos negócios jurídicos e sua aplicação concreta

Gustavo Tepedino, Heloisa Helena Barboza e Maria Celina Bodin de Moraes[1005] sustentam que a jurisprudência do Superior Tribunal de Justiça acolhe, sob a rubrica *convalidação*, a situação de outorga uxória prestada posteriormente ao negócio jurídico. Informam que referida corte, em acórdão de relatoria do Min. Antonio de Pádua Ribeiro (Recurso Especial n. 38.549, j. 08.06.2000), acolheu o Princípio da conservação dos negócios jurídicos em situações dessa natureza, permitindo sua convalidação, como também se passou no Recurso Especial n. 52.153 (rel. Min. Ruy Rosado de Aguiar, j. 06.12.1994).

O Superior Tribunal de Justiça afirmou que na compra e venda imobiliária, uma vez pago o preço, havendo injustificada recusa na outorga da escritura pelo titular do direito real, pode o promitente comprador postular a adjudicação judicial da propriedade imobiliária. Se os genitores

---

[1003] LOTUFO, Renan. *Código Civil comentado*. Parte Geral (arts. 1º a 232). São Paulo: Saraiva, 2003, v. 1, p. 482.

[1004] MELLO, Marcos Bernardes de. *Teoria do fato jurídico*. Plano da validade. 8. ed. rev. atual. São Paulo: Saraiva, 2008, p. 245.

[1005] TEPEDINO, Gustavo; BARBOZA, Heloisa Helena; MORAES, Maria Celina Bodin de. *Código Civil interpretado conforme a Constituição da República*: parte geral e obrigações (arts. 1º a 420). Rio de Janeiro: Renovar, 2004. v. 1, p. 323; NADER, Paulo. *Curso de Direito Civil. Parte Geral*, Rio de Janeiro: Forense, p. 427.

dos autores, titulares da coisa, não obtiveram a autorização judicial para a convalidação do negócio jurídico celebrado, a parte ideal dos menores não pode ficar vinculada à irretratabilidade da promessa de compra e venda, cabendo, destarte, a desconstituição judicial da alienação desse quinhão.[1006]

O mesmo Superior Tribunal de Justiça afirmou que a alienação de um bem feita por inventariante sem a autorização judicial exigida por lei não permite a convalidação dos vícios do negócio jurídico, de modo que deve ser inexoravelmente declarado inválido.[1007]

[1006] STJ, REsp. 95.802/PR, Rel. Ministro ANTÔNIO DE PÁDUA RIBEIRO, TERCEIRA TURMA, j. 03/08/2000, DJ 04/09/2000, p. 147.
[1007] STJ, REsp. 153.643/PR, Rel. Ministro EDUARDO RIBEIRO, TERCEIRA TURMA, j. 02/03/2000, DJ 05/06/2000, p. 154.

CAPÍTULO 8
A REDUÇÃO PARCIAL DOS NEGÓCIOS JURÍDICOS

8.1. Origens históricas da redução parcial dos negócios jurídicos

Código Civil brasileiro.

Art. 184. Respeitada a intenção das partes, a invalidade parcial de um negócio jurídico não o prejudicará na parte válida, se esta for separável; a invalidade da obrigação principal implica a das obrigações acessórias, mas a destas não induz a da obrigação principal.

A reforma (redução ou redução parcial do negócio jurídico) é outra forma de aplicação concreta do Princípio da conservação dos negócios jurídicos.[1008] A redução parcial, como doravante designaremos, com as raízes no Direito romano, é uma operação jurídica que consiste na eliminação dos elementos que determinaram a invalidade de um negócio (absoluta ou relativa), de forma a obter-se com os restantes elementos um outro texto coerente e válido.

De acordo com Joaquim Augusto Domingues Damas[1009], as origens da redução do negócio jurídico estão no mesmo brocardo que serviu de

---

[1008] O Código Civil de Portugal, em seu artigo 292º, dispõe: "A nulidade ou a anulação parcial não determina a invalidade de todo o negócio salvo quando se mostre que este não teria sido concluído sem a parte viciada"

[1009] DAMAS, Joaquim Augusto Domingues. *A redução do negócio jurídico*. Seminário de Direito Civil no Curso de Mestrado em Ciências Jurídicas na Faculdade de Direito da Universidade

PRINCÍPIO DA CONSERVAÇÃO DOS NEGÓCIOS JURÍDICOS

gênese ao Princípio da conservação dos negócios jurídicos: "utile per inutile non vitiatur"[1010]. A mais antiga referência a ele está em passagem de Ulpiano (*Digesto* 45, 1, 1, 5). Os negócios jurídicos devem ser concebidos e compreendidos no sentido de validade, anota, (a nosso ver, eficácia), salvaguardando as manifestações de autonomia privada que não conflitem com outros valores igualmente vigentes (e a ele superiores) na ordem jurídica e com os seus limitativos.

Joaquim Augusto Domingues Damas refere à existência do "Princípio do máximo aproveitamento dos negócios jurídicos" como sinônimo do Princípio da conservação dos negócios jurídicos.[1011] Revela-se por meio dele o espírito da ampla sanação negocial nos limites da própria ordem jurídica, pois "nenhuma ordem jurídica aceita toda e qualquer estipulação das partes, por mais liberal que seja, estabelecendo em maior ou menor medida limitações à autonomia privada". Na redução, há uma "alteração quantitativa" do negócio jurídico e não a sua "alteração qualitativa", como ocorre, por exemplo, nos casos de conversão substancial do negócio jurídico. Significa dizer que na redução do negócio jurídico, mantém-se essencialmente o mesmo negócio jurídico (que não se altera, portanto), mas fica somente amputada a sua parte inválida, preservando-o com a sua "fisionomia originária".[1012]

---

de Lisboa. Lisboa: 1984, p. 709-756.

[1010] Como destaca Cláudio Petrini Belmonte, a redução do negócio jurídico, particularmente nas situações em que se verifique a ocorrência de juros usurários, milita, decisivamente, em favor da "efetividade do princípio norteador do direito negocial moderno, qual seja, a conservação dos negócios jurídicos" (BELMONTE, Cláudio Petrini. *A redução do negócio jurídico e o contrato de mútuo fenerático*. Subsecretaria de edições técnicas do Senado Federal. Revista de Informação Legislativa n. 145, ano 37, Brasília, janeiro/março 2000, p. 25).

[1011] AZEVEDO, Antonio Junqueira de. (Parecer). Natureza jurídica do contrato de consórcio (sinalagma indireto). Onerosidade excessiva em contrato de consórcio. Resolução parcial do contrato. In: *Novos estudos e pareceres do direito privado*. São Paulo: Saraiva, 2009, p. 367)

[1012] Como leciona Joaquim Augusto Domingues Damas, "o negócio jurídico celebrado e o negócio reduzido são identificáveis nos seus elementos essenciais, aparecendo este, a reduzido, em relação àquele, o inicial, como o mesmo negócio, apenas mais pequeno por conter um ou alguns elementos (cláusula, parte de cláusula ou cláusulas) de menos" (DAMAS, Joaquim Augusto Domingues. *A redução do negócio jurídico*. Seminário de Direito Civil no Curso de Mestrado em Ciências Jurídicas na Faculdade de Direito da Universidade de Lisboa. Lisboa: 1984, p. 753).

A REDUÇÃO PARCIAL DOS NEGÓCIOS JURÍDICOS

Cláudio Petrini Belmonte[1013] afirma que o instituto da redução parcial do negócio jurídico encontra o seu precedente mais longínquo no Direito romano, nas lições de Ulpiano, como acima referimos, pelas quais se entendia que a nulidade de uma parte específica do negócio não implicava na sua nulidade total quando a parte nula não fosse a principal, mas apenas acessória e cindível da parte válida. Nesse cenário, destaca, o negócio podia produzir normalmente seus efeitos. Inocêncio Galvão Telles[1014] esclarece que no Direito Justinianeu havia uma distinção entre a invalidade total e a invalidade parcial do negócio, a qual era desconhecida na Época clássica.

8.2. Perfil dogmático da redução parcial dos negócios jurídicos: conceito e requisitos

Segundo Raquel Campani Schmiedel, para que seja possível a redução do negócio jurídico, é necessário que se esteja diante de um negócio jurídico único (embora complexo) e que a nulidade atinja diretamente uma das suas partes (melhor, uma parcela do negócio jurídico; o elemento do suporte fático da categoria negocial). Vale dizer, deve o intérprete estar diante de um vício que inquine somente um dos pontos da "estrutura global" do negócio jurídico[1015].

Há ampla aplicação concreta da redução parcial do negócio jurídico nas lides forenses, quer no Brasil[1016], quer em Portugal.[1017] Entre nós, leciona Clóvis Beviláqua[1018], a nulidade parcial de um negócio jurídico não o atinge

---

[1013] BELMONTE, Cláudio Petrini. *A redução do negócio jurídico e a proteção dos consumidores – uma perspectiva luso-brasileira.* Boletim de Faculdade de Direito da Universidade de Coimbra [Studia Iuridica 74]. Coimbra: Coimbra Editora, 2003, p. 15.

[1014] TELLES, Inocêncio Galvão. *Manual dos contratos em geral.* 4 ed. Coimbra: Coimbra editora, 2002, p. 370.

[1015] SCHMIEDEL, Raquel Campani. *Negócio jurídico. Nulidades e medidas sanatórias.* 2. ed. São Paulo: Saraiva, 1985, p. 68 ss.

[1016] A título de exemplo, ver: STJ, REsp. 981.750/MG, Rel. Ministra NANCY ANDRIGHI, TERCEIRA TURMA, j. 13/04/2010, DJe 23/04/2010; REsp 1046453/RJ, Rel. Ministro RAUL ARAÚJO, QUARTA TURMA, julgado em 25/06/2013, DJe 01/07/2013.

[1017] BELMONTE, Cláudio Petrini. *A redução do negócio jurídico e a proteção dos consumidores – uma perspectiva luso-brasileira.* Boletim de Faculdade de Direito da Universidade de Coimbra [Studia Iuridica 74]. Coimbra: Coimbra Editora, 2003, p. 18-19.

[1018] BEVILÁQUA, Clóvis. *Código Civil dos Estados Unidos do Brasil.* 11. ed. São Paulo: Livraria Francisco Alves, 1958, v. 1, p. 63-64.

na parte válida se ela puder subsistir autonomamente em virtude do Princípio *utile per inutile non vitiatur*. A nulidade da obrigação principal implica a nulidade da acessória, diz; a nulidade de um contrato de locação acarreta a nulidade da fiança, fundamentalmente por força do princípio segundo o qual *accessorium sequitir suum principale*. No entanto, a nulidade das obrigações acessórias não induz à nulidade da obrigação principal; "se numa locação for anulada a fiança, o pacto locatício subsistirá. O acessório pode desaparecer por nulidade, sem que isso atinja a obrigação principal".

A questão que surte especial interesse diz respeito em saber se a invalidade, uma vez reconhecida pelo intérprete, deve contaminar o negócio jurídico por completo ou somente atinge o ponto maculado. Com regra, a tradição do Direito e a obediência ao Princípio da conservação dos negócios jurídicos impõem que a invalidade, uma vez identificada, não se estenda necessariamente para todo o negócio. A invalidade somente afeta o negócio jurídico na sua integralidade se for constatado pelo intérprete que não teria sido realizado sem aquela parte deficiente, isto é, sem a parte especificamente atingida pela invalidade. A regra no Direito brasileiro é a cisão do negócio jurídico. É dizer, quem pretende a contaminação de todo o negócio deve demonstrar em juízo, concretamente, que o negócio foi querido e celebrado como um todo, necessariamente na sua integralidade.

Arnold Wald[1019] preleciona que a questão da (im)possibilidade de cisão do negócio jurídico deve ser compreendida a partir do que denomina "Princípio da acessoriedade". Segundo tal princípio, o intérprete deve perquirir se a parte principal estiver viciada, a nulidade é total; sendo, contudo, as declarações "paralelas e independentes" viciosas, a nulidade de uma parte não viciará a outra. Distinta é a solução proposta pelo Direito alemão, a qual é dotada de maior rigor. No sistema alemão, a nosso ver, nesse ponto, não se defere o mesmo destaque ao Princípio da conservação dos negócios jurídicos. Por força do § 139º do *BGB*, a nulidade de uma parte, como regra, contamina todo o negócio, a menos que se prove que a vontade das partes era circunscrita à realização do negócio jurídico no limite da sua porção válida, como sintetiza Raquel Campani Schmiedel[1020], referindo à

[1019] WALD, Arnold. Direito Civil. *Introdução e Parte Geral*. 9. ed. São Paulo: Saraiva, 2002, p. 215.

[1020] SCHMIEDEL, Raquel Campani. *Negócio jurídico. Nulidades e medidas sanatórias*. 2. ed. São Paulo: Saraiva, 1985, p. 68-69.

interpretação que igualmente se vê no Direito italiano, como alerta Inocêncio Galvão Telles.[1021]

A redução parcial do negócio jurídico pressupõe, estruturalmente, a unidade e a divisibilidade do negócio jurídico. Traz à tona o problema da "parcelização" do negócio jurídico. A "parcelização" negocial resolve-se pela determinação das partes do todo que é o negócio jurídico e pela definição dos critérios para a sua cindibilidade. Somente é possível a redução parcial se o tipo negocial permitir a ausência do elemento contaminado. Significa dizer, há a retirada de uma circunstância ou de uma cláusula que não sejam essenciais para a composição da estrutura daquele tipo negocial, como acentua Hamid Charaf Bdine Junior.[1022]

Devem ser atendidos os requisitos de ordem objetiva e subjetiva para viabilizar-se a redução parcial do negócio jurídico. O requisito objetivo é à possibilidade de cindir-se o negócio jurídico em partes distintas e como tais suscetíveis de umas se manterem e outras serem eliminadas. É dizer, é preciso poder-se excluir a parte inválida e ainda assim ser considerado um negócio jurídico apto para realizar sua função econômica e social e o propósito prático das partes.[1023] Como sintetiza Joaquim Augusto Domingues Damas, o "pressuposto da redução é, pois, a existência de um negócio jurídico divisível".[1024]

O requisito de ordem subjetiva é a "vontade hipotética das partes" no sentido de haver concretamente a redução do negócio jurídico, preservando-o naquilo em que possível for. A vontade hipotética, convém destacar, não diz respeito ao dever de o intérprete perquirir o elemento de ordem puramente psicológica. Consiste, na acepção de Damas, em aferir a vontade construída concretamente pelo intérprete, o qual "deve colocar-se no lugar das partes e questionar-se sobre o que teriam elas estabelecido no caso de saberem que a cláusula ou cláusulas contrariavam disposições legais", na linha do método de interpretação realista que antes apresenta-

---

[1021] TELLES, Inocêncio Galvão. *Manual dos contratos em geral*. 4. ed. Coimbra: Coimbra editora, 2002, p. 372-373.

[1022] BDINE JÚNIOR, Hamid Charaf. *Efeitos do negócio jurídico nulo*. São Paulo: Saraiva, 2010, p. 160.

[1023] DAMAS, Joaquim Augusto Domingues. *A redução do negócio jurídico*. Seminário de Direito Civil no Curso de Mestrado em Ciências Jurídicas na Faculdade de Direito da Universidade de Lisboa. Lisboa: 1984, p. 727-728.

[1024] DAMAS, Joaquim Augusto Domingues. *A redução do negócio jurídico*. Seminário de Direito Civil no Curso de Mestrado em Ciências Jurídicas na Faculdade de Direito da Universidade de Lisboa. Lisboa: 1984, p. 728 ss.

mos. Trata-se exatamente da posição que perfilhamos. É, acentua a doutrina, a apreciação objetiva (e funcional) dos interesses em conflito em conformidade com os critérios seguros de valoração dos quais partiram os contratantes para a conclusão do negócio.[1025]

Humberto Theodoro Júnior afirma serem requisitos da redução parcial do negócio jurídico: i) a possibilidade de o negócio ser desmembrado em partes ou capítulos distintos; ii) a não-interferência de um capítulo negocial nos demais, de modo que a invalidade de um não esteja a impedir a validade dos outros e iii) a intenção das partes.[1026] Zeno Veloso[1027] explica que uma vez demonstrada a unidade do negócio jurídico, isto é, demonstrado que as partes somente teriam celebrado o negócio jurídico caso válido necessariamente fosse conjuntamente (sem haver a possibilidade de fracionamento) não há a possibilidade de invocar-se a redução negocial. Realmente deve o intérprete proceder dessa forma, a despeito das exigências do Princípio da conservação dos negócios jurídicos. Por certo, é preciso guardar igual respeito aos objetivos das partes que celebram o negócio.[1028] O mesmo respeito deve se manter em relação à sua função social e econômica. A possibilidade de redução negocial contrária à vontade dos envolvidos, conquanto possa ser admitida, é providência rara e excepcional. Cabe ao intérprete perquirir o programado pelo consenso negocial e definir a essencialidade de uma determinada cláusula na regulamentação de seus interesses.[1029]

Luiz Eduardo Bussata observa que a redução do negócio jurídico pode ser qualitativa ou quantitativa. A primeira (de ordem qualitativa), ocorre quando há em um negócio jurídico cláusulas inválidas e válidas, tal como

---

[1025] DAMAS, Joaquim Augusto Domingues. *A redução do negócio jurídico*. Seminário de Direito Civil no Curso de Mestrado em Ciências Jurídicas na Faculdade de Direito da Universidade de Lisboa. Lisboa: 1984, p. 740.

[1026] THEODORO JÚNIOR, Humberto. *Comentários ao Novo Código Civil*. Livro III. Dos fatos jurídicos. Do negócio jurídico. TEIXEIRA, Sálvio de Figueiredo (Coord.). Arts. 138 a 184. 4. ed. Rio de Janeiro: Forense, 2008, v. III. t. I, p. 646-647.

[1027] VELOSO, Zeno. *Invalidade do negócio jurídico. Nulidade e anulabilidade*. 2. ed. Belo Horizonte: Del Rey, 2005, p. 95.

[1028] A esse respeito, v. THEODORO JÚNIOR, Humberto. *Comentários ao novo Código Civil*, ob. cit., p. 648; TELLES, Inocêncio Galvão, *Manual dos contratos em geral*. 4. ed. Coimbra: Coimbra editora, 2002, p. 373.

[1029] LOTUFO, Renan. *Código Civil comentado*. Parte Geral (arts. 1º a 232). São Paulo: Saraiva, 2003, v. 1, p. 493.

acentua o parágrafo 2º do artigo 51 do Código de Defesa do Consumidor[1030]. Ocorre, ainda, quando se está diante de uma condição resolutiva impossível. A redução quantitativa, por sua vez, está presente quando a invalidade da disposição resulta de excesso de certa quantidade ou de um limite autorizado por lei para o exercício da autonomia privada. Exemplifica o autor: "Tendo sido realizada uma contratação com cláusula penal ou juros acima dos patamares legalmente admitidos, deve ser realizada a redução quantitativa para adequar o contrato - ou a cláusula específica - aos ditames legais".[1031] Em ambas as hipóteses, leciona, a redução do negócio jurídico exige a separabilidade das obrigações e a observância da vontade hipotética das partes, com as exceções adiante apresentadas.

8.3. A redução parcial dos negócios jurídicos: a objetivação da "vontade hipotética das partes" no processo hermenêutico de aplicação do Princípio da conservação dos negócios jurídicos

No equacionar da nulidade parcial do negócio jurídico, assume relevo o problema da chamada "vontade hipotética das partes". A nosso ver, a vontade hipotética das partes, no processo hermenêutico, deve ser aferida de forma objetiva, concretamente, com vistas à aplicação eficiente do Princípio da conservação dos negócios jurídicos, como referimos no capítulo quinto em relação ao método realista de interpretação jurídica.

Carlos Aberto Mota Pinto[1032] preleciona que no Direito português, a redução negocial imbrica-se com o problema dos efeitos das nulidades negociais. Como regra, destaca o autor, a invalidade negocial é circunscrita à parte que contende com uma disposição legal ou arrasta, como seu efeito, a invalidade total.[1033] Em virtude da redução negocial, sobressai o Princípio da conservação (*utile per inutile non vitiatur*). Manuel A. Domin-

---

[1030] Código de Defesa do Consumidor. Art. 51. Parágrafo 2º: "A nulidade de uma cláusula contratual abusiva não invalida o contrato, exceto quando de sua ausência, apesar os esforços de integrar, decorrer ônus excessivo a qualquer das partes"

[1031] BUSSATA, Eduardo Luiz. Princípio da conservação dos contratos. In: HIRONAKA, Giselda Maria Fernandes Novaes; TARTUCE, Flávio (coords.). *Direito contratual*: temas atuais. São Paulo: Método, 2007, p. 157-158.

[1032] PINTO, Carlos Alberto Mota. *Teoria Geral do Direito Civil*, 4. ed. por MONTEIRO, António Pinto e MOTA PINTO, Paulo. Coimbra: Coimbra Editora, 2005, p 633.

[1033] PINTO, Carlos Alberto da Mota. *Teoria geral do direito civil*. 4. ed. por MONTEIRO, António Pinto e MOTA PINTO, Paulo. Coimbra: Coimbra Editora, 2005, p. 632.

gues de Andrade[1034] faz importante a observação de que uma vez verificada a nulidade parcial do negócio jurídico, o problema que se apresenta diz respeito a saber qual será a extensão da contaminação dela derivada. Vale dizer, é preciso saber se "essa nulidade só invalida a parte do negócio a que directamente se refere ou se arrasta consigo a nulidade total".[1035]

A questão deve ser resolvida a partir do exame objetivo da vontade hipotética das partes. É preciso desvendar, por outras palavras, qual foi a vontade conjectural em harmonia com o que as partes teriam querido, *provavelmente*, se soubessem que o negócio era eivado em parte de vício impeditivo de eficácia plena; "partindo da suposição de que as partes não previram essa desconformidade entre o negócio e a lei (...) e, por isso, nada proveram". A dificuldade de tal aferição, como salientamos no capítulo segundo, desvanece diante da compreensão da teoria estrutural do negócio jurídico ou pela compreensão do negócio jurídico como uma manifestação genuína do Princípio da autonomia privada.

A aferição da "vontade hipotética das partes" deve ser orientada pelo método realista[1036] de interpretação jurídica, como antes gizado. Cuida-se do critério adequado, a nosso ver, para a compreensão dos contornos dos negócios na contemporaneidade, sob as luzes da eficácia jurídica e social. Em última análise, o intérprete deve renunciar à tarefa de investigar qual foi vontade interna das partes. Ao reverso, deve colocar-se hipoteticamente na situação de pessoas nas mesmas condições daqueles que celebraram o negócio. E a partir daí, deve procurar desvendar como teriam as partes objetivamente concebido e como teriam compreendido a conduta que se constituiu ao final na declaração de vontade, assim seguindo os passos de Danz.[1037]

[1034] ANDRADE, Manuel A. Domingues de. *Teoria geral da relação jurídica*. 3 reimp. Almedina: Coimbra, 1972, v. II, p. 428.

[1035] ANDRADE, Manuel A. Domingues de. *Teoria geral da relação jurídica*. 3 reimp. Almedina: Coimbra, 1972, v. II, p. 428-429.

[1036] *V.* DANZ, E. *La interpretación de los negocios jurídicos*. 3. ed. Madrid: Editorial Revista de Derecho Privado, 1955.

[1037] Ensina a doutrina: "A interpretação dos negócios jurídicos não consiste em uma operação de prova nem a fixar se ocorreu ou não um fato; seu fim e seu resultado estão sempre a determinar um efeito concreto produzido, e é a base de toda a decisão: se a interpretação dada ao negócio jurídico é falsa, tem que ser também, por sua força, a decisão, mesmo quando a interpretação afete, ademais, as normas legais" (DANZ, E. *La interpretación de los negocios jurídicos*. 3. ed. Madrid: Editorial Revista de Derecho Privado, 1955, p. 6).

A REDUÇÃO PARCIAL DOS NEGÓCIOS JURÍDICOS

Pelo método realista de interpretação negocial, o intérprete busca saber como teriam outros, nas mesmas condições dos agentes, cumprido as declarações de vontade. Dessa forma, ficam descartados os processos "inúteis", diz Danz, para a interpretação, dentre eles aqueles circunscritos às intenções não manifestadas e aos pensamentos internos das partes. Nesse cenário, age o intérprete no sentido de substituir os agentes em si por dois outros sujeitos de direitos iguais nas mesmas condições, isto é, por "duas pessoas normais", na expressão de Darcy Bessone.[1038] Em casos dessa ordem, os fatores psicológicos somente exercerão influência se houver precisamente a sua exteriorização, de qualquer modo, situação em que devem ser considerados, sob o mesmo método realista, para compor as próprias circunstâncias do caso.[1039]

Darcy Bessone igualmente propõe uma análise objetiva da "vontade hipotética das partes". Distancia-se dos elementos subjetivos, os quais não se amoldam necessariamente às exigências do negócio jurídico como uma autêntica manifestação do Princípio da autonomia privada. Com acerto, salienta o autor que deve o intérprete distanciar-se dos "riscos próprios da investigação no plano subjetivo"[1040]. Para a apuração da vontade hipotética das partes, diz, entra em cena decisivamente a boa-fé lealdade (boa-fé objetiva). Cuida-se de princípio cardeal referido também por Darcy Bessone[1041], o qual inspira, nos seus dizeres, a "regra impositiva de reciprocidade, de lealdade e de probidade, e que se destina a lhe conferir a vital segurança" . No processo de revelação do negócio jurídico, o que se busca no Direito contemporâneo é aferir, segura e objetivamente, se, no caso concreto, o negócio foi querido como um todo ou se os contraentes o teriam realizado apesar da parte comprometida pela nulidade. Confere o Direito primazia ao elemento ético. Nesse último caso, fica afastada a porção inválida para manter-se a validade e a eficácia da parte remanescente.

[1038] BESSONE, Darcy. *Do contrato.* Teoria geral. 4. ed. São Paulo: Saraiva, 1997, p. 177.

[1039] MARINO, Francisco Paulo De Crescenzo. Interpretação e integração dos contratos. In: JABUR, Gilberto Haddad; PEREIRA JÚNIOR, Antonio Jorge. *Direito dos Contratos.* São Paulo: Quartier Latin, 2006, p. 52.

[1040] Convém registrar, entretanto, que o trabalho interpretativo de apreciação da vontade hipotética das partes da redução parcial do negócio jurídico exige prudência e não descarta por completo os meios de que se dispõe para apurar a vontade das partes. É preciso observar, a propósito, a regra constante no artigo 112 do Código Civil.

[1041] BESSONE, Darcy. *Do contrato.* Teoria geral. 4. ed. São Paulo: Saraiva, 1997, p. 177.

Raquel Campani Schmiedel[1042] adverte que a redução parcial do negócio pode se operar apenas com a diminuição de uma cláusula do negócio (quantitativa ou qualitativamente) sem implicar a substituição de uma disposição contratual por outra de natureza distinta. Também é possível nesse campo a substituição de uma cláusula não válida em virtude de excesso na estipulação negocial (redução quantitativa), por outra válida, guardando respeito à norma imperativa.

Diante de todo o exposto, podemos concluir que no processo de interpretação da vontade negocial, o intérprete deve orientar-se consciente e decisivamente no sentido de lhe conservar a existência, a validade e a eficácia.[1043] Deve buscar o seu aproveitamento maior ao invés de perseguir a invalidade, como se inexorável ela fosse. Significa dizer que ainda que a indagação pelo intérprete a respeito à vontade hipotética leve-o a um "resultado neutro", na expressão de Raquel Campani Schmiedel (isto é, a um resultado inconclusivo, ou não suficientemente seguro), o ordenamento jurídico exige do julgador esforços na tarefa hermenêutica para a preservação negocial, resguardando nesse proceder a máxima *utile per inutile non vitiatur* do Direito canônico.[1044]

Carlos Alberto da Mota Pinto[1045] pondera que a orientação predominante em Portugal é no sentido de adotar-se um critério superior à vontade hipotética ou *à* vontade conjectural das partes. É preciso averiguar, diz o autor, realística e objetivamente, pela consciência dos contratantes no momento da gênese do vínculo contratual, o que as partes "teriam querido provavelmente" se soubessem que ao negócio padeceria, em parte, de alguma disposição legal, de modo que não pudessem realizá-lo em sua integridade. Parece-nos assistir integral razão. Se se concluir que as partes prefeririam não realizar qualquer negócio, deve realmente o intérprete afirmar a invalidade. Se, por outro lado, concluir-se que, provavelmente,

---

[1042] SCHMIEDEL, Raquel Campani. *Negócio jurídico. Nulidades e medidas sanatórias.* 2. ed. São Paulo: Saraiva, 1985, p. 71.

[1043] MATTIETTO, Leonardo de Andrade. Invalidade dos atos e negócios jurídicos. IN: TEPEDINO, Gustavo [coord.]. *A parte geral do novo Código Civil. Estudos na perspectiva civil-constitucional.* Rio de Janeiro: Renovar, 2007, p. 355-356.

[1044] SCHMIEDEL, Raquel Campani. *Negócio jurídico. Nulidades e medidas sanatórias.* 2. ed. São Paulo: Saraiva, 1985, p. 71.

[1045] PINTO, Carlos Alberto da Mota. *Teoria geral do direito civil.* 4. ed. por MONTEIRO, António Pinto e MOTA PINTO, Paulo. Coimbra: Coimbra Editora, 2005, p. 633.

A REDUÇÃO PARCIAL DOS NEGÓCIOS JURÍDICOS

teriam realizado o negócio jurídico na parte não diretamente atingida pela invalidade (e a despeito dela), deve, sim, ter lugar a redução.[1046]

Um ponto merece especial reflexão. Indaga-se: é possível a redução do negócio jurídico nos casos em que a vontade hipotética é sentido de declarar-se a invalidade total de um negócio jurídico? A resposta é positiva, a nosso ver, excepcionalmente, como demonstraremos.

Carlos Alberto da Mota Pinto leciona que há casos nos quais redução do negócio jurídico deve ocorrer mesmo que a vontade hipotética seja no sentido da invalidade total[1047]. Cumpre-nos advertir que a posição exige cautela, pois contrasta, em princípio, com literalidade da regra estampada no artigo 184 do Código Civil, a qual explicitamente impõe o respeito à intenção das partes.

A redução parcial de um negócio jurídico pode operar-se excepcionalmente nos casos em que a invalidade parcial do negócio resultar da infração de uma norma que visa a proteger uma parte contra a outra, cujos interesses, sendo concretamente analisados, devem prevalecer no caso concreto. É o que afirma, no Brasil, Eduardo Luiz Bussata.[1048] Há a redução do negócio jurídico nessas circunstâncias, diz, mesmo que haja vontade em sentido contrário de uma das partes, como ensina Carlos Alberto da Mota Pinto no que refere à possibilidade de haver uma *redução teleológica* do negócio jurídico.[1049]

[1046] PINTO, Carlos Alberto da Mota. *Teoria geral do direito civil*. 4. ed. por MONTEIRO, António Pinto e MOTA PINTO, Paulo. Coimbra: Coimbra Editora, 2005, p. 634.

[1047] Em sentido contrário, por todos, *v.* THEODORO JÚNIOR, Humberto. *Comentários ao novo Código Civil*, ob. cit., p. 650. A esse respeito, *v.* comentários ao artigo 184. In: DUARTE, Nestor *et al. Código Civil comentado. Doutrina e jurisprudência*. PELUSO, Cezar (coord.). Barueri: Manole, 2007.

[1048] BUSSATA, Eduardo Luiz. Princípio da conservação dos contratos. In: HIRONAKA, Giselda Maria Fernandes Novaes; TARTUCE, Flávio (coords.). *Direito contratual*: temas atuais. São Paulo: Método, 2007, p. 158 ss.

[1049] Nas palavras de Carlos Alberto da Mota Pinto: "trata-se de uma *redução teleológica*, no sentido de ser determinada pela necessidade de alcançar plenamente as finalidades visadas pela norma imperativa infringida (pois tal finalidade frustrar-se-ia com a procedência da alegação de que nunca se teria celebrado o negócio sem que essa norma, destinada a proteger a outra parte, tivesse sido violada)" (PINTO, Carlos Alberto da Mota. *Teoria geral do direito civil*. 4. ed. por MONTEIRO, António Pinto e MOTA PINTO, Paulo. Coimbra: Coimbra Editora, 2005, p. 636).

Leonardo de Andrade Mattietto[1050] enfatiza que nos casos de nulidade parcial do negócio jurídico, a redução parcial exige a adoção de um critério de "prevalência presuntiva". No caso de nulidade das cláusulas principais, diz, presume-se a nulidade do contrato inteiro. Em havendo a nulidade de cláusulas secundárias, presume-se então a validade da parte residual. Numa ou noutra situação, entretanto, acentua o civilista, deve sobressair o escopo prático perseguido pelas partes por meio de negócio jurídico.[1051]

No processo de interpretação negocial com vistas à redução parcial, a nosso ver, é fundamental que o vício invalidante refira apenas à porção não essencial do negócio jurídico, isto é, não lhe atinja diretamente o chamado núcleo estruturante. Na compra e venda, por exemplo, preservados os seus elementos essenciais sem invalidades (*res, premium et consensus*) e recaindo o vício sobre um dado acessório (a cláusula penal, por exemplo, de natureza compensatória, com acima aludimos), não se há afirmar a extinção do negócio jurídico por completo, mas há somente proceder à redução pontual do seu conteúdo.[1052]

8.4. A redução parcial do negócio jurídico nas relações de consumo

No Direito brasileiro, a redução parcial dos negócios jurídicos ostenta especial aplicação concreta nas relações de consumo. Nesse ambiente, é possível a sua utilização ampla em nome da salvaguarda do negócio jurídico consumerista.

[1050] A respeito, ver: MATTIETTO, Leonardo de Andrade. Invalidade dos atos e negócios jurídicos. IN: TEPEDINO, Gustavo (coord.). *A parte geral do novo Código Civil. Estudos na perspectiva civil-constitucional*. Rio de Janeiro: Renovar, 2007, p. 313. Ainda, sobre a prudência judicial que se exige no processo em estudo: AZEVEDO JUNIOR, José Osório. *Juízo prudencial e dano moral*. In: GUERRA, Alexandre; BENACCHIO, Marcelo (coords.). *Responsabilidade civil bancária*. São Paulo: Quartier latin, 2012, p. 185-197.

[1051] No dizer de Hamid Charaf Bdine Junio, a redução é "uma operação de convalidação que consiste na eliminação dos elementos que nele determinaram nulidade (absoluta ou relativa), de forma a obter, com os restantes elemento, um outro texto coerente, completo e válido. A redução pressupõe a unidade e a divisibilidade do negócio, ou seja, coloca o problema da sua *parcelização*, que, por sua vez, se resolve pela determinação das partes do todo que é o negócio jurídico e pela definição de critérios para a sua cindibilidade" (BDINE JÚNIOR, Hamid Charaf. *Efeitos do negócio jurídico nulo*. São Paulo: Saraiva, 2010, p. 160).

[1052] SILVESTRE, Gilberto Fachetti; OLIVEIRA, Guilherme Fernandes de. *Reflexões em torno do Princípio da conservação do negócio jurídico* . Disponível em http://www.conpedi.org.br/anais/36/07_1230.pdf. Acesso em 12.07.2010, p. 7123.

A REDUÇÃO PARCIAL DOS NEGÓCIOS JURÍDICOS

Como vimos, a redução quantitativa dos efeitos do negócio jurídico não deve descaracterizar o contrato originário firmado entre as partes.[1053] A redução parcial não é um instituto exclusivo do Direito Civil, entretanto, como demonstraremos. De acordo com o parágrafo 2º do artigo 51 do Código de Defesa do Consumidor, "a nulidade de uma cláusula contratual abusiva não invalida o contrato, exceto quando de sua ausência, apesar dos esforços de integração, decorrer ônus excessivo a qualquer das partes".

José de Oliveira Ascensão observa que o parágrafo 2º do artigo 51 do Código de Defesa do Consumidor acolhe nos lindes do contrato de adesão o princípio que a nulidade de uma cláusula não invalida o contrato consumerista"exceto quando de sua ausência, apesar dos esforços de integração, decorrer ônus excessivo a qualquer das partes". Cuida-se de uma regra jurídica essencial. O objeto da redução parcial do negócio jurídico não é um contrato em si, como referimos, mas, sim, as suas cláusulas, as quais podem ser sacrificadas no caso específico sem derribar o negócio como um todo. Em um caso concreto, mesmo após ter o intérprete tentado integrar o contrato, se a posição das partes permanecer desequilibrada, é certo, o contrato não poderá subsistir, como acentua a parte final do dispositivo legal referido. A regra em tela atende a um só tempo aos interesses e às justas expectativas contratuais de ambas as partes; "joga com vários princípios de Direito sem perder de vista o objetivo final, da solução justa no caso concreto".[1054]

A redução parcial nas relações de consumo é observada particularmente nos contratos bancários[1055], nos casos de cobrança de juros remuneratórios acima do limite legal[1056], de anatocismo, de cobrança de multa moratória acima do limite, de utilização do método hamburguês quando não expressamente previsto no negócio jurídico e quando não atendido ao dever de

---

[1053] BELMONTE, Cláudio Petrini. *A redução do negócio jurídico e a proteção dos consumidores – uma perspectiva luso-brasileira*. Boletim de Faculdade de Direito da Universidade de Coimbra [Studia Iuridica 74]. Coimbra: Coimbra Editora, 2003, p. 188.

[1054] ASCENSÃO, José de Oliveira. As pautas de valoração do conteúdo dos contratos no Código de Defesa do Consumidor e no Código Civil. In. LOTUFO, Renan; MARTINS, Fernando Rodrigues (coords.). *20 anos do Código de Defesa do Consumidor. Conquistas, desafios e perspectivas*. São Paulo: Saraiva, 2011, p. 234.

[1055] A esse respeito, ver GUERRA, Alexandre Dartanhan de Mello; OLIVEIRA, Roque Antonio Mesquita de. *Revisão judicial dos contratos bancários de concessão de crédito*. Revista Brasileira de Direito Bancário e Mercado de capitais n. 52. São Paulo: Revista dos Tribunais, 2010.

[1056] STJ, REsp 1.106.625/PR, Rel. Min. SIDNEI BENETI, DJe de 9/9/2011

PRINCÍPIO DA CONSERVAÇÃO DOS NEGÓCIOS JURÍDICOS

informação adequada ao consumidor. É observada diante da utilização como índice de atualização inflacionária sem a previsão contratual neste sentido, como igualmente se constata em Portugal.[1057]

Nas relações de consumo, a redução parcial é aplicada com frequência nos chamados contratos coligados. Os contratos coligados são os que, de acordo com lição de Francisco Paulo de Crescenzo Marino[1058], formam uma unidade jurídica em virtude da sua "genética" ou da sua "funcionalidade", conquanto sejam celebrados separadamente. Nesses casos, enfatiza, a nulidade de um deles não contaminará necessariamente a todos os demais. No entanto, cumpre asseverar, é possível que o *complexo negocial* deixe de funcionar adequadamente sem a eficácia de todos os contratos coligados. Se assim o for, não há como negar a efetiva contaminação do todo pela parte viciosa. Restará maculado assim todo o "programa contratual", em se tratando de coligação contratual. Como observa Marino, "o importante é averiguar qual o papel que as partes atribuíram a cada contrato coligado dentro do complexo negocial. Se o contrato nulo tinha uma função secundária ou acessória, será possível reconhecer-lhe a nulidade, sem prejuízo da conservação dos demais", como igualmente destaca Humberto Theodoro Junior.[1059]

8.5. A redução parcial dos negócios jurídicos e sua aplicação concreta

A 3ª Câmara Cível do Tribunal de Justiça do Distrito Federal decidiu que em contratos coligados de compra e venda e alienação fiduciária (contratos principal e acessório), é inviável a rescisão do principal sem que o acessório também seja rescindido, consoante interpretação do artigo 184 do Código Civil. Entendeu que nessas condições, a rescisão da compra e

---

[1057] BELMONTE, Cláudio Petrini. *A redução do negócio jurídico e a proteção dos consumidores – uma perspectiva luso-brasileira.* Boletim de Faculdade de Direito da Universidade de Coimbra [Studia Iuridica 74]. Coimbra: Coimbra Editora, 2003, p. 175 ss.

[1058] MARINO, Francisco Paulo De Crescenzo. *Contratos coligados no direito brasileiro.* Saraiva: São Paulo, 2009.

[1059] THEODORO JÚNIOR, Humberto. *Comentários ao novo Código Civil. Livro III – Dos fatos jurídicos. Do negócio jurídico.* TEIXEIRA, Sálvio de Figueiredo (coord.) v. III, t. 1. Rio de Janeiro: Forense, 2008, p. 649.

A REDUÇÃO PARCIAL DOS NEGÓCIOS JURÍDICOS

venda implicará consequências para o agente financeiro, que perderá a garantia real, de modo que não se concebe a redução parcial negocial.[1060]

Em 13 de abril de 2010, 3ª Turma do Superior Tribunal de Justiça, no Recurso Especial n. 981.750/MG, de relatoria da Min. Nancy Andrighi, fez constar que, nos termos do art. 184 do Código Civil, a nulidade parcial do contrato não alcança a parte válida, desde que essa possa subsistir autonomamente. No entanto, haverá a nulidade parcial sempre que o vício que o invalida não atingir o núcleo do negócio jurídico.

Demonstrado que o negócio tinha caráter unitário no caso concreto, ou seja, que as partes só teriam celebrado se válido fosse o seu conjunto e sem a possibilidade de divisão ou fracionamento, não foi possível reconhecer a redução negocial, mas apenas sua invalidade total, de modo que, nessas circunstâncias, o Princípio da conservação do negócio jurídico não deve afetar sua causa, interferindo na vontade das partes quanto à própria existência da transação.[1061]

O Superior Tribunal de Justiça decidiu que a arguição de nulidade do anterior negócio jurídico não afeta a nova composição havida entre as partes na confissão de dívida, pois, como dispõe o artigo 184 do Código Civil em vigor, a nulidade parcial de um ato não o prejudicará na parte válida, se esta for separável.[1062]. A jurisprudência do Superior Tribunal de Justiça vem reiteradamente reconhecendo a aplicação concreta da redução parcial dos negócios jurídicos. Sedimenta-se dessa forma o Princípio da conservação dos negócios jurídicos e a ele se prestigia a máxima expansão dos efeitos.[1063]

Diante de todo exposto, é importante acentuar que os artigos 184 do Código Civil brasileiro e o parágrafo 2º do artigo 51 do Código de Defesa do Consumidor informam concretamente o Princípio da conservação dos

---

[1060] TJDF, Apelação Cível 2007.10.1.0033358, rel. Des. Leila Arrancha, j. 15 de agosto de 2008.

[1061] STJ, REsp. 981.750/MG, Rel. Ministra NANCY ANDRIGHI, TERCEIRA TURMA, j. 13/04/2010, DJe 23/04/2010.

[1062] STJ, AgRg no Ag 934.984/SP, Rel. Ministro FERNANDO GONÇALVES, QUARTA TURMA, j. 19/02/2008, DJe 03/03/2008.

[1063] STJ, Resp. 1106625/PR, Rel. Ministro SIDNEI BENETI, TERCEIRA TURMA, DJe 09/09/2011; AgRg no AREsp 116.476/SP, Rel. Ministro SIDNEI BENETI, TERCEIRA TURMA, j. 24/04/2012, DJe 08/05/2012; REsp. 981.750/MG, Rel. Ministra NANCY ANDRIGHI, TERCEIRA TURMA, j. 13/04/2010, DJe 23/04/2010; REsp. 1063343/RS, Rel. Ministra NANCY ANDRIGHI, Rel. p/ Acórdão Ministro JOÃO OTÁVIO DE NORONHA, SEGUNDA SEÇÃO, j. 12/08/2009, DJe 16/11/2010.

PRINCÍPIO DA CONSERVAÇÃO DOS NEGÓCIOS JURÍDICOS

negócios jurídicos pela redução parcial dos negócios jurídicos inválidos. Como salientam Gilberto Fachetti Silvestre e Guilherme Fernandes de Oliveira, a conservação dos negócios jurídicos relaciona-se com os princípios cardeais do Código Civil, os quais norteiam a relação que se mantém com a boa-fé, com a função social e com a autonomia da vontade. Ainda que o Princípio da conservação dos negócios jurídicos seja explicitamente revelado pelos artigos 170, 172, 184, 479, e parágrafo 2º do art. 157, Código Civil, dentre outros, dizem os autores em referência, seria um "desfecho obrigatório para um Código que se propõe a consagrar uma pauta axiológica dessa monta". O Princípio da conservação dos negócios jurídicos, enfatizam, traduz um meio de desenvolvimento da equidade e demais valores afirmados pela ordem jurídica.[1064]

Na maior extensão possível, no processo de revelação do conteúdo do negócio jurídico, é dever do intérprete agir com a prudência própria à Ciência do Direito. Deve buscar a preservação do fim prático almejado pelas partes por meio do negócio jurídico e assim garantir a sua essencial eficácia jurídica e social. A nosso ver, é o que melhor se amolda à interpretação do negócio sob uma perspectiva funcional pautada por valores sociais e por princípios éticos, atenta aos interesses superiores da sociedade e do sistema jurídico e não apenas aos interesses privatísticos das partes contratantes. Tal proceder guarda respeito à função social externa do contrato e ao Princípio da operabilidade, como vimos no capítulo quinto. Decotadas as disposições inválidas de um negócio jurídico com o processo de redução parcial em estudo, remanescerá ainda uma estrutura contratual apta para desempenhar os objetivos inicialmente visados, ainda que somente em parte.

[1064] SILVESTRE, Gilberto Fachetti; OLIVEIRA, Guilherme Fernandes de. *Reflexões em torno do Princípio da conservação do negócio jurídico* . Disponível em http://www.conpedi.org.br/anais/36/07_1230.pdf. Acesso em 12.07.2010, p. 7125 ss.

CAPÍTULO 9
CONVERSÃO DO NEGÓCIO JURÍDICO

Código Civil brasileiro.

Art. 170. Se, porém, o negócio jurídico nulo contiver os requisitos de outro, subsistirá este quando o fim a que visavam as partes permitir supor que o teriam querido, se houvessem previsto a nulidade.

9.1. Considerações iniciais

A conversão do negócio jurídico é a última manifestação concreta do Princípio da conservação dos negócios jurídicos que nos resta analisar. Cuida-se de uma importante medida sanatória da invalidade do negócio jurídico, autêntica manifestação do Princípio da conservação dos negócios jurídicos. O instituto jurídico é hoje expressamente contemplado pelo artigo 170 do Código Civil brasileiro.[1065] Nas suas origens, a doutrina alemã a ele deu gênese na segunda metade do século XIX, corporificando-o no § 140º do *BGB*. Conceitualmente, ensina Francisco Amaral[1066], a conversão é o processo pelo qual o negócio jurídico nulo pode produzir efeitos de um negócio diverso, fundamentado sobre o princípio interpretativo da conservação dos atos jurídicos, por meio do qual, diz o autor, em caso de

---

[1065] SCHMIEDEL, Raquel Campani. *Negócio jurídico. Nulidades e medidas sanatórias.* 2. ed. São Paulo: Saraiva, 1985, p. 84.

[1066] AMARAL, Francisco. *Direito Civil. Introdução.* 6. ed. Rio de Janeiro: Renovar, 2006, p. 533.

dúvida, deve interpretar-se no sentido de produzir algum efeito e não em sentido contrário.[1067]

A conversão é o meio jurídico em virtude do qual um negócio inicialmente nulo torna-se válido com o objetivo de salvaguardar na maior extensão possível a sua eficácia jurídica e social, isto é, o resultado prático a que as partes visavam com sua celebração.[1068] Revela a funcionalização do Direito e manifesta em especial os Princípios da operabilidade e da sociabilidade do Código Civil brasileiro. A seu respeito, Emilio Betti[1069] esclarece que a conversão "é a correção da qualificação jurídica do negócio"; é a "valoração como negócio jurídico diverso". Cuida-se, como dissemos, de uma manifestação do Princípio da conservação dos negócios jurídicos que estabelece a subsistência da atividade negocial para a realização do fim prático desejado e manifestado pelos envolvidos na relação jurídica. O artigo 170 do Código Civil introduz no sistema legal brasileiro a tipificação legal da conversão. Com apoio nas lições de Carvalho Fernandes, Renan Lotufo[1070] registra que nos termos em que foi introduzido no Código Civil de 2002, o perfil da conversão do negócio jurídico é muito próximo do perfil previsto no Código Civil português (art. 293º).[1071] Cuida-se, leciona o autor, de uma "uma re-valoração do comportamento negocial das partes mediante a atribuição de uma eficácia sucedânea da que ele se ajustaria se respeitasse os requisitos de validade e eficácia do negócio que elas intentam celebrar". Antonio Junqueira de Azevedo destaca que a conversão do negócio jurí-

---

[1067] AMARAL, Francisco. *Direito Civil. Introdução*. 6. ed. Rio de Janeiro: Renovar, 2006, p. 533-534.

[1068] A respeito da conversão substancial do negócio jurídico, ver: GUERRA, Alexandre; GARCIA, Paulo Henrique Ribeiro; BENASSI JUNIOR, Wander. Conversão substancial do negócio jurídico. In: GUERRA, Alexandre; BENACCHIO, Marcelo. (orgs.). TOLEDO, Armando Sérgio Prado de (coord.). *Negócio jurídico*. São Paulo: Quartier Latin, 2013.

[1069] BETTI, Emilio. *Interpretação da lei e dos atos jurídicos*. São Paulo: Martins Fontes, 2007. p. 315-316.

[1070] LOTUFO, Renan. *Código Civil comentado*. Parte Geral. São Paulo: Saraiva, 2003, v. 1, p. 471-472.

[1071] O Código Civil de Portugal prevê o instituto em foco no artigo 293º: "Art. 293°: O negócio nulo ou anulado pode converter-se num negócio de tipo ou conteúdo diferente, do qual contenha os requisitos essenciais de substância e de forma, quando o fim prosseguido pelas partes permita supor que elas o teriam querido, se tivessem previsto a invalidade".

dico (ou conversão substancial)[1072] já se manifestava no Direito brasileiro mesmo antes da vigência do Código Civil de 2002.[1073]

Teresa Luso Soares[1074], em Portugal, define o instituto em testilha como "o meio jurídico em virtude do qual, verificados certos requisitos, se transforma noutro um negócio jurídico inválido, para salvaguardar, na medida do possível, o resultado prático que as partes visavam alcançar com aquele. Em questão está a possibilidade de um tratamento conforme a intenção prática normal das partes e idóneo para o realizar".[1075]

João Alberto Schützer Del Nero[1076] ensina que a conversão do negócio jurídico consiste no procedimento do "ato de qualificação jurídica" de negócio jurídico que diante de um "dilema maior grau de correspondência isomórfica ou homóloga entre o negócio jurídico e outro modelo jurídico (ineficácia do negócio jurídico *versus* menor grau de correspondência isomórfica ou homóloga entre o negócio jurídico e outro modelo jurídico - eficácia do negócio jurídico) decide-se "em parte vinculadamente e, em parte, discricionariamente (jamais arbitrariamente)" pelo segundo binômio.

No processo de conversão em tela, o intérprete prestigia, nos seus dizeres, o menor grau de "correspondência isomórfica ou homóloga" entre o negócio jurídico e o outro modelo jurídico. Na conversão substancial, adverte, há a proteção da eficácia do negócio jurídico com a finalidade de lhe "atribuir ou reconhecer (alguma) eficácia"[1077], observa o autor, em atenção ao Princípio da conservação dos negócios jurídicos. O fundamento mediato da conversão substancial está no poder dispensado pela ordem

---

[1072] Na lição de Antonio Junqueira de Azevedo, a conversão "é ato pelo qual a lei ou juiz consideram um negócio, que é nulo, anulável ou ineficaz, como sendo de tipo diferente do efetivamente realizado, a fim de que, através desse artifício, ele seja considerado válido e possam se produzir pelo menos alguns dos efeitos manifestados pelas partes como queridos" (AZEVEDO, Antônio Junqueira de. *Estudos e Pareceres de Direito Privado*. A conversão dos negócios jurídicos: seu interesse teórico e prático. São Paulo: Saraiva, 2004, p. 126).

[1073] AZEVEDO, Antônio Junqueira de. A conversão dos negócios jurídicos: seu interesse teórico e prático. *Estudos e Pareceres de Direito Privado*. São Paulo: Saraiva, 2004, p. 127.

[1074] SOARES, Teresa Luso. *A conversão do negócio jurídico*. Lisboa: Almedina, 1986, p. 13.

[1075] MIRANDA, Custódio da Piedade Ubaldino. *Teoria Geral do negócio jurídico*. 2. ed. São Paulo: Atlas, 2009, p. 172-173.

[1076] DEL NERO, João Alberto Schützer. *Conversão substancial do negócio jurídico*. Biblioteca de teses. Rio de Janeiro: Renovar, 2001, p. 447.

[1077] DEL NERO, João Alberto Schützer. *Conversão substancial do negócio jurídico*. Biblioteca de teses. Rio de Janeiro: Renovar, 2001, p. 449-450.

jurídica para os agentes jurídicos, ou seja, às partes e à autoridade judicial, no sentido de que nele se reconheça a máxima expansão dos efeitos e a concretude do Princípio da conservação dos negócios jurídicos.[1078]

9.2. A conversão substancial dos negócios jurídicos como uma manifestação do Princípio da conservação negocial

A conversão substancial dos negócios jurídicos corresponde, a nosso juízo, a uma clara manifestação do Princípio da conservação dos negócios jurídicos.[1079] Sempre que possível, tanto o legislador quanto o intérprete devem evitar que o negócio não produza efeito algum. É dizer, devem observar a máxima *utile per inutile non vitiatur*, ainda que diante de negócios jurídicos nulos, como verbera o artigo 170 do Código Civil.[1080]

Trata-se de uma medida sanatória da invalidade negocial apta a materializar o Princípio da conservação dos negócios jurídicos orientando-o a partir da "equidade, boa-fé, funcionalidade e necessidade de conferir efeitos sociais à vontade das partes". Visa promover a circulação jurídica de bens e de riquezas. Como anota Zeno Veloso, o instituto atende não somente aos interesses privatísticos das partes, mas igualmente tutela aos anseios sociais superiores; "a conversão emana dos princípios gerais do direito e não, exclusivamente, da norma legal".[1081]

A doutrina portuguesa também reconhece no instituto o Princípio da conservação dos negócios jurídicos. É essencial, diz Teresa Luso Soares[1082], a substituição de um negócio jurídico inválido com o objetivo de proteger e de guardar a relevância jurídica da declaração de vontade que lhe deu origem.

José Abreu Filho, no Brasil, sustenta que o instituto em apreço é o meio jurídico em virtude do qual um negócio nulo "se salva" dessa nulidade,

---

[1078] DEL NERO, João Alberto Schützer. *Conversão substancial do negócio jurídico*. Biblioteca de teses. Rio de Janeiro: Renovar, 2001, p. 448.

[1079] VELOSO, Zeno. *Invalidade do negócio jurídico. Nulidade e anulabilidade*. 2. ed. Belo Horizonte: Del Rey, 2005, p. 125 ss.

[1080] AZEVEDO, Antônio Junqueira de. *Estudos e Pareceres de Direito Privado*. A conversão dos negócios jurídicos: seu interesse teórico e prático. São Paulo: Saraiva, 2004, p. 134.

[1081] VELOSO, Zeno. *Invalidade do negócio jurídico. Nulidade e anulabilidade*. 2. ed. Belo Horizonte: Del Rey, 2005, p. 125.

[1082] SOARES, Teresa Luso. *A conversão do negócio jurídico*. Lisboa: Almedina, 1986, p. 13 ss.

CONVERSÃO DO NEGÓCIO JURÍDICO

convertendo-se em outro negócio jurídico distinto, o qual substitui o primeiro *na medida do possível*, salvaguardando-o dentro dos limites o fim colimado pelas partes.[1083]

José Luis de Los Mozos[1084], na Espanha, no final da década de 50, igualmente sedimentou a compreensão da conversão substancial no Princípio da conservação dos negócios jurídicos. A conversão, argumenta o autor, deve ser admitida sempre que as partes não tenham expressamente declarado a vontade contrária à conversão e desde que o negócio nulo contenha na sua estrutura os requisitos de substância e de forma exigidos para o negócio para o qual se converte.

Como destaca Teresa Luso Soares, a conversão do negócio jurídico visa precipuamente conservar o que foi feito pelos sujeitos de direito como decorrência necessária, em nosso entender, da expressão da autonomia privada protegida pelo ordenamento jurídico.[1085] Mais interessam os fins que levaram as partes a contratar que os meios eleitos a esse escopo, sustenta a autora. Os meios eleitos não são necessária e plenamente conhecidos por todos os agentes que se valem da autonomia privada, especialmente no campo de negócios jurídicos solenes. Ainda que se aja de forma leal, as partes podem incorrer em erro, decerto. Ocorre que tal vício merece ser superado por mecanismos de que dispõe o próprio ordenamento jurídico, observa Custódio da Piedade Ubaldino Miranda.[1086]

[1083] ABREU FILHO, José. *O negócio jurídico e a sua teoria geral*. De acordo com o novo Código Civil (Lei n. 10.406, de 10.1.2002). 5 ed. São Paulo: Saraiva, 2003, p. 386. No mesmo sentido, ver: BUSSATA, Eduardo Luiz. Princípio da conservação dos contratos. In: HIRONAKA, Giselda Maria Fernandes Novaes; TARTUCE, Flávio (coords.). *Direito contratual*: temas atuais. São Paulo: Método, 2007. Como afirma o autor em referência, "a conversão apresenta-se como o aproveitamento do suporte fático que não bastou a um negócio jurídico em razão de sua nulidade, ou anulabilidade, para outro negócio jurídico, para o qual é suficiente" (BUSSATA, Eduardo Luiz. Princípio da conservação dos contratos. In: HIRONAKA, Giselda Maria Fernandes Novaes; TARTUCE, Flávio (coords.). *Direito contratual*: temas atuais. São Paulo: Método, 2007, p. 151).

[1084] LOS MOZOS, José Luiz de. *La conversión del negocio jurídico*. Barcelona: Casa Edictorial Bosch, 1959, p. 159.

[1085] SOARES, Teresa Luso. *A conversão do negócio jurídico*. Lisboa: Almedina, 1986, p. 21.

[1086] MIRANDA, Custódio da Piedade Ubaldino. *Teoria Geral do negócio jurídico*. 2. ed. São Paulo: Atlas, 2009, p. 178.

A conversão do negócio jurídico excepciona a regra segundo a qual o destino de um negócio jurídico imperfeito (seja porque inválido, seja porque ineficaz) é invariavelmente a sua imprestabilidade (isto é, a ineficácia jurídica e social do negócio eivado de invalidade). O seu fundamento ideológico reside no espírito da sanação dos atos e dos negócios jurídicos, o qual, como reiteradamente dissemos, subjaz sob toda a Ciência do Direito.[1087] Na sua essência, a conservação dos negócios jurídicos revela nitidamente a tendência de aproveitar ao máximo o mínimo dos elementos constitutivos do suporte fático para a obtenção da eficácia jurídica e social na maior extensão possível[1088], permitindo-lhe a máxima expansão dos efeitos, como assevera igualmente Vincenzo Roppo.[1089]

9.3. Antecedentes históricos da conversão substancial do negócio jurídico

No Direito romano, revelou-se a existência de preceitos que permitiram a conversão dos negócios. As normas de *ius civile* e de *ius honorarium*, ensina Teresa Luso Soares[1090], levaram-nos a reconhecer que um negócio poderia ser válido para o primeiro não para o segundo, ou o inverso. Em Roma, as chamadas *leges minus quam perfectae* e as *leges imperfectae* proibiam certos negócios, mas não previam expressamente a sua nulidade se fossem cele-

---

[1087] AZEVEDO. Antônio Junqueira de. *Novos estudos e pareceres de direito privado.* (Parecer) Nulidade parcial de ato normativo. Lei parcialmente inconstitucional. *Utile per inutile non vitiatur.* Certeza e segurança jurídica. Eficácia *ex nunc* de jurisprudência quando há reviravolta de jurisprudência consolidada. Aplicação da boa-fé objetiva ao Poder Público. São Paulo: Saraiva, 2009, p. 15-32.

[1088] MIRANDA, Custódio da Piedade Ubaldino. *Teoria Geral do negócio jurídico.* 2 ed. São Paulo: Atlas, 2009, p. 172 ss.

[1089] ROPPO, Vincenzo. *Trattato del contratto.* Remedi 1. [a cura di Aurelio Gentili]. Milano: Dott. A. Giuffrè Editore, 2006, p. 154.

[1090] Tira-se da pena de Teresa Luso Soares: "é possível vislumbrar hipóteses de conversão, as quais permitem verificar os requisitos já então impostos, para a sua realização. Assim, a *acceptilatio*, forma solene de extinção das obrigações verbais (D.46.4.1.; D.46.4.8.3.) é nula quando aplicada a obrigações reais (D.46.4.19.) e às consensuais (D.46.4.23.; D.18.5.5.). A sua nulidade impede-lhe de extinguir, por si, a obrigação. Admite-se, todavia, a conversão do acto que como *acceptilatio* seria nulo, em *pactum de non petendo* (D. 46.4.19.; D.18.5.5. e D.2.14. 27.9.). A *acceptilatio* - declaração formal de ter recebido -, feita com o intento de extinguir a obrigação pode, apesar de nula enquanto tal, valer como *pactum de non petendo*, tendo em vista o escopo que a determinou" (SOARES, Teresa Luso. *A conversão do negócio jurídico.* Lisboa: Almedina, 1986, p. 28-29).

CONVERSÃO DO NEGÓCIO JURÍDICO

brados contra essa proibição; trazem em si, destarte, a raiz do instituto em exame.

Leonardo de Andrade Mattietto[1091] afirma igualmente que a figura da conversão era conhecida pelo Direito romano. Segundo a regra contida no *Digesto*, diz o autor, deveria preferir-se a interpretação que fizesse valer o ato sempre que ele não pudesse subsistir com a forma sob a qual se apresentava. Assim, anota, era possível converter um negócio em outro por meio do qual pudesse valer; "o contrato de compra e venda sob a condição de não se poder exigir o preço *(ne petatur pretium)* se transformava em doação"

Na Idade Média, João Alberto Schützer Del Nero[1092] leciona que a suficiência do mero acordo de vontades para a celebração de negócios jurídicos diminuiu sensivelmente a extensão conhecida pelos romanos da esfera de nulidade dos negócios jurídicos. Aliás, foi o que predominou em todo Direito Intermédio. A partir do final do século XIX, os glosadores tiveram que enfrentar os meios de resolução entre o princípio que vinculava ao mero acordo como suficiente para o negócio jurídico (consensualismo) e os princípios romanos relativos ao aperfeiçoamento dos negócios jurídicos. Nesse cenário, para evitar o reconhecimento da ineficácia total de um ato deficiente quanto à forma, conceberam-se dois mecanismos, que o autor afirma serem pertinentes à conversão do negócio jurídico: i) o juramento confirmatório e ii) as cláusulas acautelatórias.

Quanto ao medieval *juramento confirmatório*, podemos dizer que correspondia ao ato celebrado pelas partes para reforçar uma obrigação principal e para garantir a sua execução. Caso fosse nula a obrigação, anota, o juramento a convalidava, segundo uns, ou lhe substituía, de acordo com outros autores, servindo de toda forma como *promessa vinculativa*. Houve o desenvolvimento de um mecanismo para salvar na medida do possível um negócio jurídico nulo "porque o juramento prestado demonstra a vontade das partes de dar execução ao próprio ato, era óbvio usar a vontade e os elementos isolados (...) do ato, de modo que pudessem eles valer com a função e na forma de outro contrato, que conduzisse à finalidade econômica quase igual. Dessa forma, do contrato inválido e do juramento passa-

---

[1091] MATTIETTO, Leonardo de Andrade. Invalidade dos atos e negócios jurídicos. In: TEPEDINO, Gustavo (coord.). *A parte geral do novo Código Civil. Estudos na perspectiva civil-constitucional.* Rio de Janeiro: Renovar, 2007, p. 356.

[1092] DEL NERO, João Alberto Schützer. *Conversão substancial do negócio jurídico.* Biblioteca de teses. Rio de Janeiro: Renovar, 2001, p. 448.

-se à conversão do negócio jurídico, e ao juramento se atribui o valor da cláusula *omni meliori modo*".[1093] As *cláusulas acautelatórias*, como ensina Del Nero, ainda na Era Medieval, representavam a vontade das partes de que o ato por elas celebrado valesse de *qualquer outro modo*, não obstante fosse ineficaz quando de sua celebração.[1094]

Segundo Carlos Roberto Barbosa Moreira[1095], a doutrina majoritária ensina que nos sistemas jurídicos contemporâneos, o que primeiro disciplinou a conversão do negócio foi o alemão. O Código Civil alemão de 1900 tratou a matéria em seu § 140º, nos seguintes termos, em tradução livre: "presentes num negócio jurídico nulo os requisitos de outro negócio jurídico, vale o último, se for de presumir-se que a validade dele, à vista do conhecimento da nulidade, teria sido querida". O Código Civil italiano de 1942, diz Barbosa Moreira, "parafraseou a fórmula tedesca" nos seguintes termos: "art. 1.424. Conversão do contrato nulo. O contrato nulo pode produzir os efeitos de um contrato diverso, do qual contenha os requisitos de substância e de forma, quando, à vista do objetivo perseguido pelas partes, deva entender se que elas o teriam desejado se houvessem conhecido a nulidade". O Código Civil de Portugal, de 1966, por sua vez, adverte, contém norma correlata a respeito do tema no seu artigo 293º, cuja redação é similar ao diploma italiano: "Art. 293º. o negócio jurídico nulo ou anulado pode converter-se num negócio de tipo ou conteúdo diferente, do qual contenha os requisitos essenciais de substância e de forma, quando o fim perseguido pelas partes permita supor que elas o teriam querido, se tivessem previsto a invalidade"[1096].

Renan Lotufo[1097] afirma que a conversão substancial do negócio jurídico encontrava-se, no direito estrangeiro, no § 140º ao *BGB*, no artigo 1.424

[1093] DEL NERO, João Alberto Schützer. *Conversão substancial do negócio jurídico*. Biblioteca de teses. Rio de Janeiro: Renovar, 2001, p. 178-179.

[1094] DEL NERO, João Alberto Schützer. *Conversão substancial do negócio jurídico*. Biblioteca de teses. Rio de Janeiro: Renovar, 2001, p. 184 ss.

[1095] MOREIRA, Carlos Roberto Barbosa. *Aspectos da conversão do negócio jurídico*. Revista da Escola Nacional da Magistratura, ano III, 5. ed. Brasília: Escola Nacional da Magistratura, 2008, p. 76-77.

[1096] Sobre o tema, ainda, ver: MOREIRA, Carlos Roberto Barbosa. *Aspectos da conversão do negócio jurídico*. Revista da Escola Nacional da Magistratura, ano III, 5. ed. Brasília: Escola Nacional da Magistratura, 2008, p. 77.

[1097] LOTUFO, Renan. *Código Civil comentado*. Parte Geral (arts. 1º a 232). São Paulo: Saraiva, 2003, v. 1, p. 470.

do Código Civil italiano[1098] e no artigo 293º do Código Civil português.[1099] No Brasil, acentua, no direito anterior ao Código Civil de 2002, cumpre registrar, não havia a previsão expressa ao instituto no Código Beviláqua. No entanto, outros ordenamentos haviam-no já acolhido. Antonio Junqueira de Azevedo[1100] registra que o artigo 68 do Anteprojeto de Código das Obrigações de Caio Mário da Silva Pereira previu a disciplina jurídica da conversão, mas de forma restrita, isto é, uma conversão limitada aos negócios nulos somente por defeito de forma. Foi o entendimento que originariamente prevaleceu no Projeto de Código das Obrigações de 1965, assim como no artigo 172 do Anteprojeto de Código Civil de 1972, na trilha apresentada pelo § 140º do *BGB* e pelo art. 1.424 do Código Civil italiano. A redação final, contudo, foi a apresentada no artigo 170 do Código Civil brasileiro em vigor. As críticas ao seu respeito serão adiante formuladas.

9.4. Requisitos da conversão substancial do negócio jurídico

Francisco Amaral[1101] afirma serem três os requisitos da conversão: i) a identidade de substância e de forma entre o negócio nulo e o convertido; ii) a identidade de objeto negocial e iii) a adequação do negócio substitutivo à *vontade hipotética* das partes. Renan Lotufo[1102] leciona haver três requisitos de validade à conversão: i) a necessidade de que o negócio jurídico em que se converte tenha suporte fático no negócio jurídico inicial nulo (requisito objetivo); ii) a vontade dos contratantes na ocorrência do resultado prático da conversão (requisito subjetivo, a *vontade hipotética ou conjectural*) e iii) a *ignorância* pelas partes do vício que inquina o negócio no momento de sua celebração, ou seja, o desconhecimento da nulidade (traduzindo sua boa-fé nos termos exigidos pelos artigos 113 e 421 do Código Civil).

[1098] A respeito da disciplina da conversão no Direito italiano, *v.* SATTA, Giuseppe. *La conversione dei negozi giuridici*. Milano: Societá Editrice Libraria, 1908.
[1099] LOTUFO, Renan. *Código Civil comentado*. Parte Geral (arts. 1º a 232). São Paulo: Saraiva, 2003, v. 1, p. 470.
[1100] AZEVEDO, Antônio Junqueira de. *Estudos e Pareceres de Direito Privado. A conversão dos negócios jurídicos: seu interesse teórico e prático*. São Paulo: Saraiva, 2004, p. 130.
[1101] AMARAL, Francisco. *Direito Civil. Introdução*. 6. ed. Rio de Janeiro: Renovar, 2006, p. 534.
[1102] LOTUFO, Renan. Código Civil comentado. Parte Geral (arts. 1º a 232º). São Paulo: Saraiva: 2003, v. 1, p. 472.

Em Portugal, a conversão substancial do negócio jurídico possui requisitos objetivos substanciais e formais. Nos termos do artigo 293º do Código Civil português, o negócio inválido deve conter os requisitos essenciais de substância e de forma daquele em que se converte. Teresa Luso Soares[1103] enfatiza que o negócio jurídico, no Direito português, exige uma manifestação de vontade e, quanto aos elementos essenciais objetivos, reclama o conteúdo e a causa.[1104] Para a conversão, é exigido o desconhecimento das partes da invalidade do negócio jurídico por elas celebrado.[1105] Inocêncio Galvão Telles[1106] preleciona que a conversão substancial do negócio jurídico exige dois requisitos apenas: i) a necessidade de o negócio resultante da conversão dever ter o mesmo objeto material do negócio tido como nulo (elemento objetivo) e ii) a harmonia com a vontade hipotética das partes (elemento subjetivo), isto é, deve o julgador convencer-se de que se as partes conhecessem o vício negócio primitivo, teriam querido celebrar o sucedâneo.

A nosso ver, a vontade hipotética das partes não deve ser considerada um requisito essencial para a conversão substancial do negócio jurídico. A esse respeito, valem as críticas que lançamos no capítulo oitavo a respeito da redução parcial dos negócios jurídicos. Doravante realizaremos, a par disso, a análise crítica à forma pela qual foi redigido o artigo 170 do Código Civil brasileiro, que não se destaca pela perfeição de técnica redacional. A concepção preceptiva do negócio jurídico exige a sua compreensão como um ato de autonomia privada, como dissemos. Nesse contexto, a ordem jurídica confere a ele existência jurídica e utilidade concreta no

---

[1103] Colhe-se da pena de Teresa Luso Soares: "se as partes sabem que dado negócio é inválido e, mesmo assim, celebram é porque não se pretendem vincular por ele. Semelhante princípio já era acolhido no Direito Romano. ULPIANO, em D.16.4.8., afirma: (...). O fragmento significa, precisamente, que o credor, sabedor de que a *acceptilatio* que realiza é nula e, não obstante a efectua, demonstra não ter intenção de extinguir a obrigação e, consequentemente, não haverá conversão em *pactum* de *non petendo*. Se apesar da previsão da nulidade do negócio as partes o celebram, então, não querem utilizar a tutela jurídica para a consecução do seu intento prático. A conversão não iria, por conseguinte, salvaguardar *ou* conservar quaisquer valores jurídicos e, por outro lado, iria contrariar os interesses das partes." (SOARES, Teresa Luso. *A conversão do negócio jurídico*. Lisboa: Almedina, 1986, p. 60-61).

[1104] SOARES, Teresa Luso. *A conversão do negócio jurídico*. Lisboa: Almedina, 1986, p. 52-53.

[1105] SOARES, Teresa Luso. *A conversão do negócio jurídico*. Lisboa: Almedina, 1986, p. 56.

[1106] TELLES, Inocêncio Galvão. *Manual dos contratos em geral*. 4. ed. Coimbra: Coimbra Editora: 2002, p. 346.

CONVERSÃO DO NEGÓCIO JURÍDICO

meio social, desprendendo-o do elemento subjetivo. A eficácia jurídica e social que anima o negócio jurídico impõe ao intérprete reconhecer que as exigências de segurança jurídica não devem remanescer à mercê da captação da vontade *hipotética* das partes[1107], a qual se mostra fluida pela sua própria essência, como antes anotamos por ocasião do método realista de interpretação.

9.5. Espécies de conversão dos negócios jurídicos

9.5.1. Conversão substancial e formal

A conversão dos negócios jurídicos, como se observa em relação às demais medidas sanatórias das invalidades, conspira em favor do Princípio da conservação. O legislador, o magistrado, o intérprete, e todos envolvidos no processo de revelação do conteúdo negocial, devem evitar conscientemente que deixem de se operar os efeitos do negócio realizado, conquanto eivado de invalidade, num incessante (e árduo) labor de "acender velas" para amainar a escuridão que brota da própria invalidade (a qual, como regra, conduz à ineficácia negocial).

A conservação do negócio jurídico é um meio eficaz para obter as soluções equânimes e justas à medida da realidade social posta a desate. Uma rigorosa aplicação dos preceitos legais sobre as invalidades pode conduzir o intérprete, como vimos, a situações injustas, o que é de ser repelido no processo de interpretação e aplicação do Direito.[1108] A noção que apresentamos até o momento é a de conversão *substancial* do negócio jurídico. Por meio dela, ocorre a mudança do tipo negocial com a alteração da "qualificação categorial do negócio jurídico", na expressão de Antonio Junqueira de Azevedo[1109]. Significa dizer que a conversão é *substancial* quando importa

---

[1107] Sobre a simulação negocial, ver: GAINO, Itamar. *A simulação dos negócios jurídicos.*. 1. ed. 2 tir. São Paulo: Saraiva, 2008, p. 99-100.

[1108] AZEVEDO, Antônio Junqueira de. A conversão dos negócios jurídicos: seu interesse teórico e prático. *Estudos e Pareceres de Direito Privado*. São Paulo: Saraiva, 2004, p. 127.

[1109] AZEVEDO, Antônio Junqueira de. A conversão dos negócios jurídicos: seu interesse teórico e prático. *Estudos e Pareceres de Direito Privado*. São Paulo: Saraiva, 2004, p. 127.

em mudança de tipo do negócio jurídico, como acentuam Francisco Amaral[1110] e Antonio Junqueira de Azevedo[1111].

A conversão material (substancial), portanto, ocorre quando o negócio inválido se converte em um negócio de tipo ou de conteúdo diferente do qual se contenham os requisitos substanciais e formais, quando for possível admitir que as partes o teriam desejado se fosse prevista tal invalidade. "Há uma transformação ou substituição do negócio jurídico", nas palavras de Teresa Luso Soares.[1112]

Ao lado da conversão substancial do negócio jurídico, podemos observar a conversão formal. Na conversão formal, sinteticamente, não há a alteração de tipo negocial. Há, sim, a alteração de uma *forma* originariamente utilizada. Persiste, portanto, o próprio negócio jurídico em si tal como celebrado quanto à função e à finalidade, salvo no concernente ao elemento formal, passando a se adotar requisitos menos rígidos quanto à solenidade. Como exemplifica Antonio Junqueira de Azevedo a partir do Digesto de Ulpianus (Lib. 2. ad Sabinum, 29.1.3), "consiste no caso do soldado que, podendo testar através do chamado *testamentum militis* (que valia qualquer que fosse sua forma), decidiu, porém, testar segundo o direito comum". Prossegue o autor: "ora, havendo morrido sem que tivesse completado o testamento pela forma ordinária, mas já tendo se manifestado de um modo que seria válido como testamento militar, à pergunta sobre se não se poderia considerar o que já havia sido feito como testamento militar, respondeu Ulpiano que sim". Em arremate esclarece Antonio Junqueira de Azevedo a respeito da conversão formal do negócio jurídico: "deu-se, pois, no caso, uma mudança da forma de negócio, sem que houvesse alteração de categoria"[1113].

9.5.2. Conversão legal e judicial

A conversão do negócio jurídico pode ser legal ou judicial. Custódio da Piedade Ubaldino Miranda diz que a conversão legal é a que se opera *ope legis*.

[1110] AMARAL, Francisco. *Direito Civil*. Introdução. 6. ed. Rio de Janeiro: Forense, 2006, p. 534.

[1111] AZEVEDO, Antônio Junqueira de. A conversão dos negócios jurídicos: seu interesse teórico e prático. *Estudos e Pareceres de Direito Privado*. São Paulo: Saraiva, 2004, p. 128.

[1112] SOARES, Teresa Luso. *A conversão do negócio jurídico*. Lisboa: Almedina, 1986, p. 21.

[1113] AZEVEDO, Antônio Junqueira de. A conversão dos negócios jurídicos: seu interesse teórico e prático. *Estudos e Pareceres de Direito Privado*. São Paulo: Saraiva, 2004, p. 128.

CONVERSÃO DO NEGÓCIO JURÍDICO

A conversão judicial decorre da manifestação do Estado-Juiz, a pedido de uma das partes. A conversão legal observa-se em virtude da transformação de um negócio jurídico em outro quando a própria lei assim o determina em razão da invalidade do primeiro. É dizer, a própria lei atribui ao negócio os efeitos próprios de outro.[1114]

A conversão é considerada *legal*, como é elementar, quando é a própria lei que a estabelece direta e especificamente. É o que se observa no artigo 431 do Código Civil ("a aceitação fora do prazo, com adições, restrições ou modificações importará nova proposta"). Aqui, a conversão existente irá prender-se não à vontade das partes, mas, sim, à vontade da lei. Daí a razão de sustentar-se estar diante de uma conversão imprópria, como igualmente ocorre nos casos de conversão formal do negócio jurídico. Com efeito, o ato convertido apresenta a forma diversa daquela eleita para o ato originário, mas mantém a mesma substância. Podemos exemplificar, a propósito, com a escritura pública de compra e venda nula por desobediência de solenidade que pode em relação a qual se admitir a conversão à promessa de compra e venda por escrito particular (compromisso particular de compra e venda)[1115], como antes sublinhamos a partir das observações de Cristiano de Souza Zanetti.[1116]

A conversão do negócio jurídico pode ser legal ou judicial, a depender de quem estará a operá-la. A conversão judicial[1117] ocorre nos casos de novação subjetiva, por exemplo, nos casos de mudança do devedor em uma obrigação originária quando o devedor já se encontra em mora, sendo nula a novação, caso em que pode a autoridade judicial fazê-la valer como a renúncia do credor às vantagens para ele provenientes da mora.[1118]

[1114] MIRANDA, Custódio da Piedade Ubaldino. *Teoria Geral do negócio jurídico.* 2 ed. São Paulo: Atlas, 2009, p. 176; SOARES, Teresa Luso. *A conversão do negócio jurídico.* Lisboa: Almedina, 1986, p. 22-24.

[1115] AMARAL, Francisco. *Direito Civil.* Introdução. 6. ed. Rio de Janeiro: Forense, 2006, p. 534.

[1116] ZANETTI, Cristiano de Souza. *A conservação dos contratos nulos por defeitos de forma.* Faculdade de Direito da Universidade de São Paulo (Tese – Livre-Docência). São Paulo, 2010, 303 p. A respeito, ver, ainda, AZEVEDO JUNIOR, José Osório. *Direitos imobiliários da população de baixa renda.* São Paulo: Sarandi, 2011 (Capítulo I – Comprador de lote de terreno).

[1117] SOARES, Teresa Luso. *A conversão do negócio jurídico.* Lisboa: Almedina, 1986, p. 21.

[1118] DEL NERO, João Alberto Schützer. *Conversão substancial do negócio jurídico.* Biblioteca de teses. Rio de Janeiro: Renovar, 2001, p. 337 ss.

9.6. O "interesse *teórico*" na conversão substancial do negócio jurídico: reflexões a respeito da redação do artigo 170 do Código Civil a partir das lições de Antonio Junqueira de Azevedo

O texto legal do artigo 170 do Código Civil dispõe, *in verbis*: "Se, porém, o negócio jurídico nulo contiver os requisitos de outro, subsistirá este quando o fim a que visavam as partes permitir supor que o teriam querido, se houvessem previsto a nulidade".

Antonio Junqueira de Azevedo[1119] destaca que a conversão dos negócios jurídicos, concebida como uma forma de aplicação do Princípio da conservação dos negócios jurídicos, pode se apresentar sob as vertentes *teórica* e *prática*. Na vertente teórica, diz, sobressai a análise da regra constante no artigo 170 do Código Civil, a qual será no presente momento desenvolvida. Cumpre-nos destacar que todas as críticas doutrinárias de Antonio Junqueira de Azevedo adiante apresentadas são inteiramente aceitas, em relação as quais se entende contribuir decisivamente para a aplicação concreta da conversão dos negócios jurídicos.

9.6.1. Primeira objeção: a deficiência na redação do artigo 170 do Código Civil em virtude de sugerir o apego à "concepção voluntarista" do negócio jurídico

Em primeiro lugar, impende assinalar que sob a forma pela qual foi redigida, a regra que consta no artigo 170 do Código Civil sugere o excessivo apego do legislador à concepção do negócio jurídico como um ato de vontade (teoria voluntarista), como apresentamos no capítulo segundo. Ocorre que no Direito contemporâneo, observamos uma verdadeira superação da concepção voluntarista do negócio jurídico. Tal forma de compreensão do fenômeno reflete a perspectiva psicológica, a qual não mais está afinada com o cariz social que assume o Direito nos dias que correm.

Hodiernamente, como antes referimos, o negócio jurídico deve ser compreendido como a expressão genuína da autonomia privada. Daí porque

---

[1119] AZEVEDO, Antonio Junqueira de. A conversão dos negócios jurídicos: seu interesse teórico e prático. *Estudos e Pareceres de Direito Privado*. São Paulo: Saraiva, 2004, p. 131-133.

se reclama o critério realista de interpretação[1120]. Significa dizer: "o negócio não é (...) propriamente o ato de vontade de alguém, mas, sim, o que a sociedade vê como sendo o ato da vontade de alguém".[1121] Como esclarece Antonio Junqueira de Azevedo, o intérprete não mais deve preocupar-se excessivamente em perquirir o foro íntimo do agente (a sua intenção). A análise no plano essencialmente subjetivo é hoje afastada. Não há lugar para desvendar-se aquilo que se quis e que não se fez manifestar. Deve o intérprete atender às circunstâncias conformadoras do próprio negócio jurídico, as quais socialmente lhe fixam os contornos adequados.

Vale dizer, a preocupação do intérprete contemporâneo do negócio jurídico deve residir fundamentalmente no que a ordem social revela como o desejo dos agentes e não como o que intimamente os agentes pretenderam. A orientação perfilhada procura assim se distanciar do "dogma da vontade". Por consequência, a conversão do negócio jurídico pode realmente gerar, em determinadas situações, um negócio jurídico que, ao menos no plano da realidade, não foi exatamente o de início desejado pelas partes, como enfatiza o autor em referência.

Nas palavras de Antonio Junqueira de Azevedo[1122], a perspectiva que esposamos "coloca em xeque toda a concepção do negócio como ato de vontade", pois,

> Na conversão legal, é a lei que quer o negócio que a final produz efeitos: a oferta jamais foi querida como oferta por quem manifestou sua aceitação. Na conversão judicial, por sua vez, é o juiz que atribui ao negócio efeitos de outro negócio que as partes efetivamente não realizaram; ele deixa de lado a qualificação categorial que as partes deram ao ato que praticaram. Assim, se as partes realizaram, depois que o devedor originário já estava em mora, uma novação subjetiva (com simples mudança do devedor) e se essa novação, que é ato plurilateral, visando extinguir a obrigação antiga e criar uma obrigação nova, for nula, o juiz poderá aproveitá-la como ato unilateral do cre-

---

[1120] DANZ, E. *La interpretación de los negocios juridicos*. 3. ed. Madrid: Editorial Revista de Derecho Privado, 1955.

[1121] AZEVEDO, Antonio Junqueira de. A conversão dos negócios jurídicos: seu interesse teórico e prático. *Estudos e Pareceres de Direito Privado*. São Paulo: Saraiva, 2004, p. 131.

[1122] AZEVEDO, Antonio Junqueira de. A conversão dos negócios jurídicos: seu interesse teórico e prático. *Estudos e Pareceres de Direito Privado*. São Paulo: Saraiva, 2004, p. 131.

dor, pelo qual este renuncia às consequências da mora; dessa forma, o juiz, mantendo a obrigação antiga, permitirá ao devedor originário extingui-la, sem maiores ônus, pelo pagamento.

9.6.2. A segunda objeção: a deficiência lógica revelada na asserção *"se houvesse previsto a nulidade..."* constante no artigo 170 do Código Civil

A segunda objeção que Antonio Junqueira de Azevedo lança contra a forma em que redigido foi o dispositivo legal em testilha diz respeito ao emprego pelo legislador da expressão *"se houvessem previsto a nulidade"*. Razão lhe assiste, uma vez mais.

A locução em referência não faz sentido algum se interpretada pela via puramente gramatical. Diante do que dispõe a literalidade da disposição de lei em estudo, para realizar-se a conversão, deve o intérprete efetivamente supor que as partes "quereriam" o novo negócio "se houvessem previsto a nulidade do negócio inicialmente celebrado". Trata-se, decerto, de verdadeiro despropósito.[1123] Fere a lógica, obviamente. A redação do artigo 170 do Código Civil, em uma análise gramatical, sugere um "evidente preconceito voluntarista", diz Antonio Junqueira de Azevedo. Com efeito, considerando que a conversão substancial implica que o negócio jurídico convertido (isto é, o produto do processo de conversão) tenha sido "querido" pelas partes, o processo hermenêutico exigiria do intérprete também uma "pressuposição" de qual teria sido o negócio ideal (idealizado) realizado pelas partes, ou seja, de qual teria sido o negócio realmente desejado.

A crítica que se apresenta à situação criada pela literalidade da regra em estudo diz respeito à existência de uma "ilógica vontade presumida das partes" em descompasso com o articulado, como acentua Azevedo. Se o negócio for realizado nulo ou se contiver os requisitos de outro, o juiz pode deixar substituí-lo por outro quando o fim a que visavam às partes "permitir supor" que o teriam "querido" "se houvessem previsto a nulidade". Rematado contrassenso, por certo, como dissemos. A falta de senso que decorre da interpretação gramatical do artigo 170 do Código Civil nesse ponto é patente. Ao intérprete, fica, portanto, o dever de afastar-se do aspecto puramente psicológico do negócio jurídico. Como vimos no

---

[1123] AZEVEDO, Antônio Junqueira de. A conversão dos negócios jurídicos: seu interesse teórico e prático. *Estudos e Pareceres de Direito Privado*. São Paulo: Saraiva, 2004, p. 132.

capítulo 2º, o excessivo apego voluntarista não mais se ajusta à interpretação adequada sob a visão estrutural e realista.

Nos dizeres de Antonio Junqueira de Azevedo[1124]:

> (...) Isto, de acordo com o que comumente acontece, encerra um absurdo: se as partes houvessem previsto a nulidade do primeiro negócio, a lógica das coisas impõe a conclusão de que elas procurariam, antes de mais nada, evitar essa nulidade.
>
> Não há razão para *a priori* supor que, havendo previsto a nulidade, elas deixassem de realizar o negócio que realizaram, para realizar negócio diverso.
>
> Portanto, o preceito obriga o juiz a raciocinar em bases falsas, o que, além de inútil, é inconveniente (...)
>
> Parece-nos, em primeiro lugar, que somente um preconceito teórico poderia criar a necessidade de imaginar uma vontade presumida; afinal, que vem a ser uma vontade presumida?
>
> Essa vontade que o juiz presume, essa vontade por ele suposta, será, de fato, vontade das partes?
>
> Pensamos que não; vontade presumida não é vontade (e esta frase, sem elipse, significa: vontade de alguém, presumida por outrem, não é vontade de alguém).
>
> Segue-se daí que o recurso à "vontade presumida" parece-nos, no mínimo, inútil.

9.6.3. A terceira objeção: a possibilidade de ampla aplicação da norma jurídica em foco, estendendo-a aos casos de anulabilidade dos negócios jurídicos

A terceira objeção de Antonio Junqueira de Azevedo[1125] diz respeito à forma pela qual foi redigido o artigo 170 do Código Civil brasileiro. A conversão substancial pode ser aplicada não somente aos casos de nulidade, mas também às situações de anulabilidade. Abarca todas as formas de invalidade

---

[1124] AZEVEDO, Antônio Junqueira de. A conversão dos negócios jurídicos: seu interesse teórico e prático. *Estudos e Pareceres de Direito Privado*. São Paulo: Saraiva, 2004, p. 132.

[1125] AZEVEDO, Antônio Junqueira de. A conversão dos negócios jurídicos: seu interesse teórico e prático. *Estudos e Pareceres de Direito Privado*. São Paulo: Saraiva, 2004, p. 132.

do negócio jurídico, exceto o plano da existência, por força das limitações que se reconheceu no capítulo primeiro.

O negócio jurídico anulável, como destacamos, é aquele celebrado sob a menor reprovação do ordenamento jurídico se o compararmos com as situações caracterizadoras de nulidade, como salientamos no capítulo terceiro[1126]. Se assim o é, realmente não há razão para se deixar de admitir também a conversão do negócio jurídico anulável. No entanto, por certo, a lei civil em foco refere apenas e tão-só ao negócio jurídico *nulo*. Nada diz em elação ao *anulável*.

Destarte, em uma primeira leitura, a conversão seria um instituto jurídico próprio apenas e tão-só das invalidades sob a forma de nulidades, tendo o sistema jurídico reservado para as anulabilidades os remédios da confirmação e da convalidação, apenas. Não é assim, entretanto, a nosso ver. Melhor seria se o legislador houvesse referido a ambas as formas explicitamente (à nulidade e à anulabilidade), ou que aludisse acertadamente ao gênero *invalidade*, como fez nomear o Capítulo V do Título I do Livro III da Parte Geral do Código Civil brasileiro.[1127] Não haveria qualquer prejuízo ao instituto se assim o fizesse. A sua aplicação seria possível para abarcar todas as formas de invalidade em questão (assim como contemplaria as hipóteses de ineficácia do negócio jurídico).

Em síntese, a conversão substancial dos negócios jurídicos reclama uma solução objetiva, como fez observar o autor em foco. A conversão deve operar-se sempre que for possível, e de forma objetiva, salientemos. Deve o intérprete aferir que o novo negócio (isto é, o negócio jurídico convertido) esteja contido, em alguma medida, naquela estrutura negocial que foi efetivamente declarada pelas partes independentemente de recorrer-se à "entidade mítica" da vontade presumida das partes.

Antonio Junqueira de Azevedo[1128] enfatiza que melhor seria a redação do art. 170 do Código Civil brasileiro nos seguintes termos: "Se um negócio jurídico inválido ou ineficaz contiver todos os requisitos de outro, subsistirá

[1126] A respeito da conformação doutrinária das anulabilidades no Direito português, ver MONCADA, Luís Cabral de. *Lições de Direito Civil*. 4. ed. rev. Coimbra: Almedina: 1995, p. 716-717.

[1127] AZEVEDO, Antônio Junqueira de. A conversão dos negócios jurídicos: seu interesse teórico e prático. *Estudos e Pareceres de Direito Privado*. São Paulo: Saraiva, 2004, p. 132.

[1128] AZEVEDO, Antônio Junqueira de. *Estudos e Pareceres de Direito Privado (A conversão dos negócios jurídicos: seu interesse teórico e prático)*. São Paulo: Saraiva, 2004, p. 134.

este, quando o fim, que dele resulta, permitir supor não ser ele contrário à vontade das partes, tal e qual foi declarada". É igualmente como vimos.

Se assim o fosse, não haveria a necessidade de perquirir qual teria sido a vontade das partes se houvessem previsto a invalidade. Para o intérprete, bastaria que o fim do novo negócio não fosse contrário ao que as partes efetivamente declararam querer no momento da gênese do negócio jurídico. Não haveria lugar para o excessivo apego à vontade das partes, à medida que se cuidaria estruturalmente da vontade declarada. Ficariam, ainda, afastadas as temerárias suposições a respeito de qual seria a vontade *interna* (ou a "vontade hipotética").[1129]

9.7. A excepcional possibilidade de conversão substancial judicial *ex officio* do negócio jurídico em atenção à perspectiva preceptiva e da eficácia jurídica e social externa: a superação do *dogma* da *vontade hipotética das partes*

O papel ocupado pelo requisito subjetivo para a conversão do negócio jurídico ("a vontade de converter-se") exige ainda uma particular análise final. A despeito de haver firme orientação doutrinária em sentido contrário[1130], entendemos que a exigência da vontade das partes no sentido de operar--se a conversão é excepcional e, portanto, dispensável pelo intérprete no processo de conversão substancial.

Segundo Teresa Luso Soares, o eixo central da conversão é a vontade hipotética das partes. Em caso de dúvida sobre qual é a vontade hipotética, diz, a conversão do negócio jurídico não deve se operar. No entanto, com apoio em Manuel de Andrade, informa ela que não se há excluir peremptoriamente a admissibilidade da conversão a independer do preenchimento do requisito subjetivo "quando a justiça contratual a reclame", nas suas palavras.

Invocando Xavier Perrin, Teresa Luso Soares acrescenta que o juiz não deve apreciar se as partes subjetivamente *teriam querido* a conversão: deve o julgador, com base nas declarações expressas, apenas aferir se as partes, ao reverso, num dado caso concreto, teriam expressamente descartado a

---

[1129] AZEVEDO, Antônio Junqueira de. *Estudos e Pareceres de Direito Privado (A conversão dos negócios jurídicos: seu interesse teórico e prático)*. São Paulo: Saraiva, 2004, p. 134.

[1130] Por todos, v. MIRANDA, Custódio da Piedade Ubaldino. *Teoria do negócio jurídico*. 2 ed. São Paulo: Atlas, 2009, p. 174.

PRINCÍPIO DA CONSERVAÇÃO DOS NEGÓCIOS JURÍDICOS

possibilidade de converter-se. Nisso, estamos plenamente de acordo, como há pouco desenvolvemos. Se assim não for, sublinha, deve ser admitida a conversão em caráter excepcional, independentemente do preenchimento requisito subjetivo em foco[1131].

Na teoria estrutural do negócio jurídico (de base objetiva) a vontade não deve ser considerada como um elemento decisivo para viabilizar a conversão em estudo. À vontade dos sujeitos (seja real, seja hipotética) é atribuída uma função secundária no processo de conversão substancial.[1132] As partes dirigem a vontade, como enfatiza a doutrina, para os "fins práticos ou empíricos" que devem prevalecer. As partes pretendem realizar o seu intento prático. Para isso, submetem os seus atos a uma "valoração do direito". E desse "juízo de valor que se opera à vista do Direito" resulta justamente "a concessão ou a negação de juridicidade", nas palavras de Teresa Luso Soares. A vontade humana, contudo, não tem poder suficiente para determinar, concreta e autonomamente, quais os efeitos jurídicos dos negócios celebrados (isto é, quais efeitos lhe são impostos pela própria ordem jurídica), o que é próprio da Ciência do Direito.

As teorias que se sustentam sobre a vontade das partes são duas, como vimos: i) a teoria da vontade real e ii) a teoria da vontade hipotética ou vontade conjectural. A teoria da vontade real, defendida por Giuseppe Satta[1133], exige a inicial vontade das partes em virtude da qual os elementos do negócio jurídico nulo se verificam sob a forma de um novo negócio jurídico. A vinculação das partes ao novo negócio somente deve ser acolhida, dizem os seus sectários, com base na vontade manifestada.[1134] Pela teoria da vontade hipotética ou conjectural, de outro lado, somente será possível a conversão do negócio jurídico se o julgador se convencer de que as partes "teriam querido o outro negócio" (o negócio sucedâneo) se tivessem conhecido a invalidade do negócio que celebraram. Não se trata de averiguar o que "provavelmente quiseram". Trata-se, sim, ainda que remotamente, de o intérprete aferir o que as partes "teriam querido" dentro das reais circunstâncias em que se concluiu o negócio jurídico a converter-se.

[1131] SOARES, Teresa Luso. *A conversão do negócio jurídico*. Lisboa: Almedina, 1986, p. 57-58.

[1132] SOARES, Teresa Luso. *A conversão do negócio jurídico*. Lisboa: Almedina, 1986, p. 39-40.

[1133] *V.* SATTA, Giuseppe. *La conversione dei negozi giuridici*. Milano: Societá Editrice Libraria: 1908.

[1134] SOARES, Teresa Luso. *A conversão do negócio jurídico*. Lisboa: Almedina, 1986, p. 39.

CONVERSÃO DO NEGÓCIO JURÍDICO

A subjetividade e a consequente dificuldade de segura aferição da vontade faz evanescer a impossibilidade da adoção da teoria da vontade hipotética ou da vontade conjectural, a nosso ver. Como esclarece Teresa Luso Soares, de acordo as teorias da vontade em foco, "basta que se possa presumir que teria sido querido caso conhecessem a invalidade, atendendo ao fim prosseguido pelas partes. Desde que com este negócio se alcance o fim económico do primeiro, ainda que só parcialmente ou de modo não tão perfeito, justifica-se aquela suposição". [1135]

Como referimos no capítulo segundo, aliás, as teorias subjetivas são fortemente vinculadas à conformação voluntarista do negócio jurídico e não mais refletem a posição contemporânea suficiente a respeito da conversão, notadamente à luz do Princípio da conservação dos negócios jurídicos. Como observa Antonio Junqueira de Azevedo[1136], impende destacar que se realmente as partes tivessem previsto a nulidade no próprio momento de contratação, evidentemente elas (as próprias partes) nela não teriam incorrido. Por tal razão se afirma que o requisito subjetivo deve ser considerado dispensável no processo de conversão substancial do negócio jurídico.[1137]

Raquel Campani Schmiedel[1138] observa, a seu turno, que o fundamento objetivo da conversão deve sobressair nesse processo interpretativo de construção e de revelação do conteúdo negocial. O pressuposto subjetivo deve ser assim relativizado. Não mais se há reconhecer o pressuposto subjetivo como um elemento indispensável para a conversão. Ao reverso, o intérprete deve atentá-lo como um limite negativo à conversão.[1139] Significa dizer, deve o intérprete apenas verificar que está concretamente ausente uma vontade contrária de ambos à ocorrência conversão.[1140]

[1135] SOARES, Teresa Luso. *A conversão do negócio jurídico*. Lisboa: Almedina, 1986, p. 43-44.

[1136] AZEVEDO, Antônio Junqueira de. A conversão dos negócios jurídicos: seu interesse teórico e prático. *Estudos e Pareceres de Direito Privado*. São Paulo: Saraiva. 2004, p. 130-133.

[1137] SOARES, Teresa Luso. *A conversão do negócio jurídico*. Lisboa: Almedina, 1986, p. 21.

[1138] SCHMIEDEL, Raquel Campani. *Negócio jurídico. Nulidades e medidas sanatórias*. 2. ed. São Paulo: Saraiva, 1985, p. 83-85.

[1139] SCHMIEDEL, Raquel Campani. *Negócio jurídico. Nulidades e medidas sanatórias*. 2. ed. São Paulo: Saraiva, 1985, p. 85.

[1140] VELOSO, Zeno. *Invalidade do negócio jurídico. Nulidade e anulabilidade*. 2 ed. Belo Horizonte: Del Rey, 2005, p. 124; BUSSATA, Eduardo Luiz. Princípio da conservação dos contratos. In. HIRONAKA, Giselda Maria Fernandes Novaes e TARTUCE, Flávio (coords). *Direito Contratual. Temas atuais*. São Paulo: Forense, 2009, p. 155.

Carlos Alberto Mota Pinto[1141] lembra que na conversão, não se trata de tutelar as partes em oposição à autonomia privada. É preciso atender, diz ele, ao sentido da vontade das partes e às "representações sobre os interesses respectivos". Não se cuida, assim, de proceder à interpretação de uma "vontade empírica" como uma "realidade psicológica". Na conversão, acentua o autor, estamos diante de uma verdadeira "colaboração" prestada pelo ordenamento jurídico para a autonomia privada para conferir "expressão a uma vontade potencial, não formulada, alargando assim o campo de acção da autonomia."

Vejamos, diante do exposto, que a conversão do negócio jurídico, em primeiro lugar, não exige a prova da vontade hipotética ou da vontade conjectural das partes[1142]. Exige apenas a demonstração de que não houve sua explícita exclusão do negócio jurídico substituto pelas próprias partes no momento da sua celebração. É dizer, há reconhecer a possibilidade de as partes assim procederem pela não exclusão da possibilidade de converter-se, caso em que realmente o intérprete deve então prestigiar ao Princípio da autonomia privada. Isto é, somente se há nega-la quando se manifestar de forma explícita contrariamente à sua eventual modificação pelo intérprete por meio da conversão substancial do negócio jurídico.

O método realista de interpretação jurídica[1143] que ora estamos a sustentar impõe ao intérprete renunciar à tarefa de investigar qual foi a vontade interna das partes. Deve ele apenas aferir como duas "pessoas normais" teriam entendido a conduta que se constitui na declaração de vontade ao final, isto é, como outros a teriam cumprido em igual caso. As exigências de boa-fé lealdade e da segurança jurídica, bem assim o Princípio da conservação dos negócios jurídicos, recomendam conjuntamente a desnecessidade de atendimento do requisito subjetivo de vontade hipotética das partes, a nosso ver, como pondera Carlos Alberto da Mota Pinto.[1144]

[1141] PINTO, Carlos Alberto da Mota. *Teoria geral do direito civil*. 4. ed. por MONTEIRO, António Pinto e MOTA PINTO, Paulo. Coimbra: Coimbra Editora, 2005, p. 311.

[1142] SOARES, Teresa Luso. *A conversão do negócio jurídico*. Lisboa: Almedina, 1986, p. 21.

[1143] Sobre o método realista de interpretação, ver: DANZ, E. *La interpretación de los negocios jurídicos*. 3. ed. Madrid: Editorial Revista de Derecho Privado, 1955.

[1144] PINTO, Carlos Alberto da Mota. Teoria geral do direito civil. 4. ed. por MONTEIRO, António Pinto e MOTA PINTO, Paulo. Coimbra: Coimbra Editora, 2005, p. 311.

CONVERSÃO DO NEGÓCIO JURÍDICO

José Luis Los Mozos[1145], no Direito espanhol, também admite a conversão do negócio jurídico independentemente da aferição da "vontade hipotética das partes". Seguindo a tese que ora acolhemos, sustenta o autor não ser ela cabível somente se o caso concreto revelar o contrário objetivamente. Isto é, que as partes, por força da autonomia privada, em igualdade de condições, realmente excluíram de forma explícita a possibilidade de ocorrer a conversão do negócio jurídico, o que, admitamos, será situação excepcionalmente verificada nas relações negociais.

Em suma, a nosso ver, a vontade hipotética das partes não deve ser considerada um requisito essencial para a conversão substancial do negócio jurídico. A concepção preceptiva do negócio jurídico como um ato de autonomia privada confere a ele existência jurídica e utilidade concreta no meio social, desprendendo-o do subjetivismo antes reinante. A sua eficácia jurídica e social também acena à segurança jurídica, que não deve remanescer à mercê de tal vontade hipotética.[1146] É certo que a conversão do negócio jurídico pode prescindir da vontade hipotética das partes para realizar-se, portanto. Confirma tal entendimento o fato de que o ordenamento jurídico dispensa tal vontade hipotética ao versar a respeito da conversão legal, caso em que sequer alusão há à vontade, como antes referimos.[1147]

A conversão substancial pode ocorrer independentemente de postulação expressa das partes, a nosso ver, em atenção à função social (na qual se inclui a perspectiva ética de preservação da eficácia do negócio). A funcionalização do negócio jurídico (especificamente revelada no contrato no artigo 421 do Código Civil brasileiro), no caso concreto, pode sobrepor-se aos interesses das próprias partes, pois, como anota Cláudio Luiz Bueno de

---

[1145] LOS MOZOS, José Luis. *La conversión del negocio jurídico*. Barcelona: Casa Edictorial Bosch, 1959, p. 83-84.

[1146] A conversão substancial do negócio jurídico é cabível também em relações jurídicas regidas pelo Direito de família, como expressamente a admite João Alberto Schützer Del Nero, ainda que as partes não a pretendam em juízo explicitamente (DEL NERO, João Alberto Schützer. *Conversão substancial do negócio jurídico*. Biblioteca de teses. Rio de Janeiro: Renovar, 2001, p. 186-187).

[1147] Urge salientar que a conversão substancial do negócio jurídico independentemente de aferição da "vontade hipotética das partes" não afronta ao enunciado proposto a respeito do art. 170 nas III Jornadas de Direito Civil formulado a respeito do art. 170 do Código Civil nos seguintes termos: "O aspecto objetivo da conversão requer a existência do suporte fático no negócio a converter-se".

Godoy[1148], "os bons e os maus contratos repercutem socialmente", ambos produzindo o que denomina o autor um "efeito cascata" sobre a economia. Os bons contratos, observa Godoy, "promovem a confiança nas relações sociais". Os contratos inquinados de cláusulas abusivas (que denomina como "maus contratos"), de seu turno, anota com acerto, "resultam em desprestígio aos fundamentos da boa-fé e quebra da solidariedade social". Em virtude de tal observação se pode reconhecer a aplicação concreta do Princípio da conservação dos negócios jurídicos por meio da conversão substancial independentemente da expressa postulação das partes para que assim o seja.

9.8. A aplicação concreta da conversão substancial dos negócios jurídicos

De acordo com Humberto Theodoro Júnior[1149], é possível extrair da doutrina os seguintes exemplos de conversão substancial do negócio jurídico: i) a letra de câmbio ou nota promissória nula por defeito de forma que pode valer como recibo ou confissão de dívida; ii) a cessão de crédito que pode servir como procuração quando insusceptível de transferência; iii) a compra e venda que passa a valer como contrato de opção na hipótese de referir a prédio futuro, na inviabilidade de condição suspensiva; iv) a compra e venda (nula como tal) que passa a valer como compromisso de compra e venda e v) a venda do direito de uso de serventia inseparável de certa unidade entre proprietários de dois apartamentos, que passa a valer como servidão.

Sublinha Humberto Theodoro Junior que[1150] que João Alberto Schützer Del Nero refere a diversos outros casos de conversão do negócio jurídico, dentre os quais pinça: i) a falsa declaração de paternidade, que se converte em adoção; ii) o direito de retenção a decorrer de penhor que desatende à formalidade legal; iii) a cessão do direito de usufruto na hipótese

---

[1148] GODOY, Claudio Luiz Bueno de. PELUSO, Cezar (coord.). *Código Civil comentado*. Barueri: Manole, 2007, p. 312.

[1149] THEODORO JÚNIOR, Humberto. *Comentários ao novo Código Civil. Livro III – Dos fatos jurídicos. Do negócio jurídico*. TEIXEIRA, Sálvio de Figueiredo (coord.) v. III, t. 1. Rio de Janeiro: Forense, 2008, p. 553.

[1150] THEODORO JÚNIOR, Humberto. *Comentários ao novo Código Civil. Livro III – Dos fatos jurídicos. Do negócio jurídico*. TEIXEIRA, Sálvio de Figueiredo (coord.) v. III, t. 1. Rio de Janeiro: Forense, 2008, p. 553-554.

de nulidade de alienação de usufruto; iv) a constituição de servidão em conversão de renúncia pura a elementos do domínio, se não for admitido por lei; v) a renda sobre imóvel convertida em usufruto em caso de nulidade; vi) a doação de bem inalienável que se converte em usufruto ou uso, vii) o direito real de retrato, que se converte em direito pessoal de preferência se for nula a fixação do direito real; viii) a cessão de direitos eivada de nulidade que pode valer como constituição de penhor ou caução; ix) a cessão de direitos intransferíveis de sócio que passa a valer como cessão de direitos cessíveis; x) a compra e venda de imóvel que por nulidade do instrumento passa a valer como compromisso de compra e venda, a qual não depende daquela solenidade para valer; xi) o contrato real de mútuo que se converte em contrato consensual de abertura de crédito à falta de prévia tradição; xii) a cessão de direito de voto (não-passível de cessão) em sociedade que vale como mandato e xiii) a renúncia antecipada de prescrição que pode converter-se em reconhecimento de dívida e servir como causa de interrupção de fluência do prazo prescricional.

Da própria pena de João Alberto Schützer Del Nero[1151] tiram-se as seguintes hipóteses de conversão substancial: i) o contrato de fornecimento que feito pelo pai sem ordem judicial sobre fundo de comércio do filho (e que assim deveria ser totalmente ineficaz por ultrapassar os limites da administração ordinária) é convertido em compra e venda de bens móveis para as coisas já entregues; ii) o contrato de mútuo em que não houve a tradição convertido em promessa de mútuo ou em contrato de abertura de crédito; iii) a renúncia antecipada da prescrição que, não valendo como renúncia (Código Civil, artigo 161), é convertida em interrupção da prescrição; iv) o testamento nulo convertido em codicilo; v) a falsa declaração de paternidade e maternidade, que conquanto seja crime (Código Penal, artigo 242), é convertida em legitimação adotiva.

Sob a égide do Código Civil de 1916, Antonio Junqueira de Azevedo[1152] destaca os seguintes casos de conversão do negócio jurídico: i) a aceitação convertida em oferta, na forma do art. 1.083 do Código Civil de 1916; ii) o reconhecimento de filho incestuoso ou adulterino durante a vigência da sociedade conjugal, que é nulo como reconhecimento, mas, de acordo com

---

[1151] Os exemplos são todos de DEL NERO, João Alberto Schützer. *Conversão substancial do negócio jurídico*. Biblioteca de teses. Rio de Janeiro: Renovar, 2001, p. 422.

[1152] AZEVEDO, Antônio Junqueira de. A conversão dos negócios jurídicos: seu interesse teórico e prático. *Estudos e Pareceres de Direito Privado*. São Paulo: Saraiva. 2004, p. 133-134.

o art. 405, vale para os efeitos de prestação de alimentos; iii) a instituição de fideicomisso em que sendo nula a indicação do fiduciário, converte-se em substituição vulgar e iv) a compra e venda com pacto de retrovenda quando se trata de negócio simulado, a qual, se nos termos do art. 1º do Decreto-Lei n. 2.689/40, é nula, mas o instrumento vale como prova do mútuo, assegurando ao suposto vendedor o direito de pleitear o reajuste compulsório, como proprietário de imóvel, e ao suposto comprador a preferência que compete ao credor hipotecário; neste caso, a compra e venda com pacto de retrovenda se converte em mútuo com garantia hipotecária.

SÍNTESE

Ao findar o exame do tema eleito, apresentamos a síntese dos trabalhos à luz das pesquisas e das reflexões realizadas.

1. *Ex facto oritur jus*: O Direito é uma Ciência que exige a correta compreensão dos fatos que lhe são submetidos. O trabalho interpretativo deve ser adequado aos seus propósitos e deve ser ajustado à realidade social que o cerca. Os fatos juridicamente relevantes são aqueles como tais considerados pelo Direito, isto é, os fatos que o próprio Direito confere relevância e atribui consequências de Direito para os seus protagonistas. O fato jurídico é uma noção ampla, a qual se divide em fatos naturais e em ações humanas. As ações humanas ora decorrem da vontade da lei, ora decorrem da vontade dos agentes. As decorrentes da vontade dos agentes correspondem aos atos jurídicos. Os atos jurídicos, por sua vez, subdividem-se em atos ilícitos e atos lícitos. Nos últimos (os atos lícitos) reside o negócio jurídico, conceito central e instituto elementar para o desenvolvimento da vida em sociedade.

2. O negócio jurídico é uma espécie de ato jurídico que se origina a partir de um ato de vontade individual, a qual, uma vez declarada, faz instaurar uma relação jurídica entre dois os mais sujeitos, visando atingir um determinado objetivo protegido pelo Direito. É uma manifestação da autonomia privada, ou seja, do poder de autodeterminação concedido pela ordem jurídica para os seus mem-

bros. A liberdade individual serve para a autorregulamentação dos interesses privados. Na sua estrutura, o negócio jurídico é composto por uma declaração de vontade e pela subordinação dos efeitos da situação jurídica às exigências dessa declaração de vontade nos limites impostos pelo ordenamento jurídico. A liberdade que o Direito dispensa para os sujeitos não é absoluta, por certo, conquanto seja um Direito fundamental, nem tampouco deve ser excessivamente tolhida pelo Estado, mas somente à medida das exigências da própria coletividade. Deve ser conformada a autonomia privada, ao final, pelas balizas que o próprio sistema jurídico faz delinear.

3. Quando se realiza um negócio jurídico, no plano do *ser*, o que na verdade desejam as partes são os efeitos jurídicos que dimanam do negócio jurídico. Tal asserção é central para a compreensão do espírito de nossas reflexões. Essa posição põe em necessário destaque o papel da eficácia jurídica e social no estudo do negócio jurídico. Nos tradicionais manuais do Direito Civil, a nosso ver, o plano da eficácia não recebe a atenção necessária sob a forma apropriada. No mais das vezes, isso se deve à exacerbada concentração que se dispensa ao plano da validade sem razão que justifique tal absoluta primazia da validez. A análise do negócio jurídico pelos três planos sucessivos (planos da existência, da validade e da eficácia) é de todo pertinente, porque, por meio de um juízo (critério) de exclusão sucessiva, a importância das fases iniciais (de existência e de validade) deve ser reconhecida (e, portanto, relativizada) a partir do foco de incidência maior do plano da produção dos efeitos sociais e jurídicos (o plano da eficácia). No plano da eficácia, na tentativa de superação da crise de eficácia que se verifica na contemporaneidade, sobressai o papel do Princípio da conservação dos negócios jurídicos. Cuida-se de um princípio geral do direito veiculado por meio de cláusulas gerais que decorre do Princípio da sanação dos atos jurídicos. O princípio em tela exige do intérprete, conscientemente, no processo hermenêutico teleológico-finalístico, que se adotem todos os meios eficazes (eficientes) para extrair do negócio jurídico a maior eficácia social e jurídica possível, a despeito das suas deficiências (invalidades). O princípio em tela garante a máxima expansão dos efeitos de todo negócio jurídico.

4. Analisando o negócio jurídico sob a clássica divisão dos três planos, o plano da existência, em primeiro lugar, é o ambiente próprio dos seus elementos. Sem os seus elementos, em suma, não há negócio jurídico. Os seus contornos, entretanto, merecem constante (re) adaptação às mutáveis exigências da sociedade que o cerca, como observamos no casamento entre pessoas do mesmo sexo, consoante orientação aceita na atualidade pelas Cortes Superiores.

5. No plano da validade, aos requisitos elencados no artigo 104 do Código Civil, devemos aderir decisivamente um quarto requisito: a boa-fé. A boa-fé lealdade é prevista no artigo 113 do Código Civil, dentre outras passagens (artigos 187 e 421). As exigências do Direito contemporâneo reclamam a aceitação da chamada função promocional, com os contornos que lhe confere o *Direito premial*. Ao conceito clássico de *sanção* (mandamento puramente repressivo), acrescentamos hoje a chamada *sanção positiva*. Diz respeito aos prêmios e às recompensas dispensados pela ordem jurídica àqueles que atendem às exigências do Direito no exercício legítimo de sua autonomia privada. A sanção jurídica, portanto, não mais é de ser compreendida apenas como uma punição imposta aos infratores das normas jurídicas. Deve, sim, ser igualmente também como uma reação positiva às ações *conformes* o Direito, o que é seu escopo.

6. O plano da eficácia (plano de emanação concreta dos efeitos jurídicos e sociais do fato jurídico) deve sobressair no estágio atual do desenvolvimento da ciência do Direito no processo consciente de superação das invalidades do negócio jurídico. Do latim *efficax*, a eficácia significa "aquilo que tem virtude", isto é, aquilo que "chega ao fim". Para o Direito não interessa apenas eficácia social, pois mesmo os atos a ele contrários igualmente podem tê-la. O Direito preocupa-se a um só tempo com a eficácia social e a eficácia jurídica. No processo de revelação do Direito, o intérprete deve respeitar ao "Princípio de efetividade". Trata-se do fundamento axiológico de existência da própria norma jurídica de direito positivo. A primazia do papel da eficácia concita a uma revisão da teoria tradicional das invalidades dos negócios jurídicos, a qual dispensa excessivo apego ao plano da validade negocial em uma concepção marcadamente

PRINCÍPIO DA CONSERVAÇÃO DOS NEGÓCIOS JURÍDICOS

estrutural. No Direito contemporâneo, o realce deve concentrar-se na perspectiva funcional do Direito e dos seus institutos. O intérprete deve predispor-se a abandonar o injustificado apego a critérios outros que não definam necessariamente a utilidade dos negócios jurídicos na sociedade. Na dogmática jurídica contemporânea, os elementos acidentais do negócio jurídico previstos nos artigos 121 a 137 do Código Civil brasileiro não devem esgotar as reflexões sobre o plano da eficácia. Tais dispositivos revelam tão-só uma mínima porção das amplas e reais potencialidades da compreensão do fenômeno jurídico eficácia.

7. Na adequada compreensão do negócio jurídico, a vontade humana ocupa papel de relevo. Desde os primórdios até os dias que correm, a vontade mantém-se presente no negócio, mas com distintas conformações e graus de importância. Sempre presente esteve, contudo. A respeito da vontade, confrontaram-se nas suas origens as teorias voluntaristas (as quais põem em relevo a perspectiva individualista) e as teorias preceptivas (que sublinham o negócio jurídico como o meio que o ordenamento jurídico oferece à produção de efeitos jurídicos). O individualismo excessivo próprio das teorias subjetivas cede hoje à concepção do negócio jurídico como uma nova norma jurídica concreta. É preciso atentar às exigências das teorias da confiança e da autorresponsabilidade do autor da declaração negocial. A partir da estrutura normativa do negócio jurídico, a definição estrutural do negócio jurídico põe em destaque uma "declaração de vontade socialmente relevante", acentua a doutrina. A posição que acedemos é de compreensão do negócio jurídico como uma genuína revelação da autonomia privada negocial. Deve produzir os efeitos colimados pelas partes e autorizados pelo sistema jurídico em nome da liberdade e da responsabilidade individual, atendendo assim à sua função econômica e social.

8. O exame das invalidades dos negócios jurídicos (nulidades e anulabilidades) deve ser realizado a partir da funcionalização dos institutos jurídicos e da primazia da eficácia jurídica e social. Nas anulabilidades, havendo dissonâncias entre a vontade real e a vontade declarada, os Princípios da segurança jurídica e da confiança

legítima são vetores seguros que devem ser ponderados concretamente no processo de preservação dos negócios jurídicos e seus efeitos, seja em relação às partes, sejam em relação aos terceiros. Não se há olvidar que também na perspectiva de análise econômica do contrato (instituto inserido no negócio jurídico), a toda sociedade interessa a preservação e a máxima expansão dos seus efeitos jurídico-sociais, por dever ele ser considerado a veste jurídica de uma operação econômica e um instrumento para a circulação de riqueza, como anota mais abalizada doutrina, notadamente em relações de consumo e numa sociedade de contratação massiva.

9. Na sua essência, as nulidades dos negócios ocorrem nas situações previstas no artigo 166 do Código Civil. Nesse solo, sobressai o problema da simulação que, no Código Civil de 1916, correspondia à hipótese de anulabilidade negocial e, atualmente, por exigência do artigo 167 do Código Civil, compõe o rol de nulidades. Conquanto a lei não as diferencie, considerando o dever de atribuição de máxima eficácia jurídica e social para os negócios que se impõe ao intérprete pelo sistema de Direito, nos casos de "simulação inocente", é possível admitir a eficácia do negócio jurídico desde que não haja lesão à ordem jurídica concretamente considerada ou aos direitos de terceiros.

10. No Direito brasileiro, não deve ser acolhida a expressão "nulidade de pleno direito" como se fosse possível reconhecer nulidades que independessem do seu concreto reconhecimento pelo julgador. Diante da celebração de um contrato, o Princípio da conservação dos negócios jurídicos exige a afirmação do vício em foco pelo julgador. Não acedemos ao entendimento da imprescritibilidade do direito de pretender a declaração de nulidade. A prescritibilidade de tal direito é sempre presente, ao reverso, e milita em favor do Princípio da conservação dos negócios jurídicos. Serve para estabilizar as relações sociais e negociais. Os efeitos da sentença nas ações declaratórias de nulidade e desconstituivas de negócios jurídicos anuláveis são necessariamente os mesmos, isto é, sempre retroativos à data de celebração do negócio jurídico inválido (ambos com eficácia *ex tunc*). Destarte, os efeitos das sentenças nas ações em que

se discute a nulidade ou a anulabilidade não são um critério doutrinário seguro para diferenciar a nulidade da anulabilidade. Em ambas as situações, indistintamente, o ordenamento jurídico prefere a sanação da invalidade negocial à sua invalidação.

11. As anulabilidades dos negócios jurídicos vêm previstas especialmente no artigo 171 do Código Civil. Sobre elas todas paira o Princípio da conservação dos negócios jurídicos, que cria mecanismos de superação das deficiências negociais em nome da sua eficácia jurídico-social. Na incapacidade relativa do agente, as exigências da contemporaneidade impõem a recompreensão do tema à vista das chamadas "situações jurídicas existenciais" (as quais se afastam das situações de cunho exclusivamente patrimonial). Impõe-se a particular reflexão a respeito da "capacidade para consentir" aos tratamentos médicos para pacientes em estágio avançado e de cura improvável sem os contornos próprios das relações ocorridas na órbita patrimonial, bem assim em relação à chamada tomada de decisão assistida prevista no Estatuto de Pessoa portadora de Deficiência. No plano dos vícios do consentimento, as situações de recognoscibilidade do erro, de essencialidade do dolo, de expressividade e relevância da coação, de possibilidade de estabelecer-se o equilíbrio contratual e de proporcionalidade das prestações nas situações de estado de perigo e lesão (Código Civil, art. 157, § 2º), assim como a complementação do preço da coisa pelo adquirente nas situações de fraude contra credores são manifestações claras do Princípio da conservação dos negócios jurídicos.

12. Nas anulabilidades dos negócios jurídicos, avulta a proteção jurídica dispensada para o terceiro de boa-fé. Igualmente se destacam as medidas sanatórias (ou as medidas de aproveitamento ou de superação das invalidades dos negócios jurídicos). É preciso que o intérprete reconheça hoje a existência de um verdadeiro sistema jurídico de convalescença dos atos e dos negócios jurídicos inválidos. A confirmação, a convalidação e a redução parcial dos negócios jurídicos conspiram em favor do mesmo Princípio da conservação dos negócios jurídicos. Também militam em favor do princípio objeto de nosso ensaio a exiguidade do prazo decadencial previsto

nos artigos 178 e 179 do Código Civil para pretender a anulação é manifestação de referido princípio, o regime dos negócios celebrados por incapazes sob as exigências previstas no art. 180 a 181 do Código Civil e a possibilidade de superação das exigências de forma prevista em seu artigo 183. Todas as situações conjuntamente assinaladas correspondem às clássicas manifestações do Princípio da conservação dos negócios jurídicos.

13. A superação das invalidades dos negócios jurídicos se faz por nítida manifestação concreta do Princípio da conservação dos negócios jurídicos, veiculado por meio de cláusulas gerais. As exigências da justiça contratual, a funcionalização dos institutos jurídicos, a atenção à boa-fé lealdade, a tutela à confiança despertada e a autorresponsabilidade dos agentes exigem a superação de uma ótica tradicional e excessivamente formalista mediante a literal interpretação das regras de Direito. O procedimento meramente subsuntivo não atende às exigências do Direito atual. Todos os elementos ora apontados (e reunidos) fazem deslocar a compreensão do fenômeno jurídico, decisiva e conscientemente, para o plano da eficácia. Do intérprete são exigidas novas posturas hermenêuticas em virtude dos novos perfis assumidos pelo próprio Direito contratual.

14. A superação das invalidades no Direito contemporâneo é também reconhecida nos campos do Direito Público, como se observa, dentre outras passagens, pela regra contida no artigo 27 da Lei nº 9.868/99, e, no Direito Processual Civil, pela mitigação dos rigores formais e procedimentais. Nesse quadro, sobressai o exame da finalidade dos atos processuais e o prejuízo efetivamente suportado pela parte. O saneamento dos atos processuais deve ser a regra de aplicação do Direito e o não aproveitamento do ato processual inválido deve ser a sua exceção.

15. O Princípio da conservação dos negócios jurídicos é veiculado por meio de cláusulas gerais dotadas de elevada carga axiológica. Estruturalmente, impõe ele a interpretação teleológica e funcional dos negócios jurídicos. Na sua essência, deriva do Princípio da sanação dos atos jurídicos. Exige que o intérprete conscientemente procure

salvar todo o possível de um negócio jurídico nos planos da existência, da validade e da eficácia (e fundamentalmente no último plano). Visa conferir tutela jurídica eficaz para os comportamentos úteis surgidos da autonomia privada. Revela a utilidade e a eficácia social a ser dispensada para cada negócio jurídico. Na sua acepção restrita, o Princípio da conservação é aplicado somente no plano da interpretação do negócio jurídico. Não acedemos a tal interpretação. Na acepção ampla a que aderimos, é um princípio geral do Direito aplicável a todo o processo de revelação (criação) das normas jurídicas. Encontra assento constitucional, dentre outros, no artigo 1º, inciso IV, e no art. 170, *caput*, da Carta da República de 1988. Tem correspondência legislativa em diversos Códigos Civis estrangeiros. Indistintamente, deve ser aplicado às fases recognitiva e de hermenêutica complementar dos negócios jurídicos. No plano legislativo, é observado, dentre outros, nos artigos 142, 144, 150, 157, § 2º, 170, 183, 184 e no art. 51, § 2º, do Código de Defesa do Consumidor. Acena à compreensão do Direito como uma linguagem e como uma finalidade a ser alcançada pelo intérprete (compreendendo-se o Direito e o negócio jurídico como *estrutura* e como *função*, pois). Milita tal princípio em favor da função social da própria hermenêutica contemporânea. Guarda especial afinidade com o método realista de interpretação jurídica, por meio do qual deve afastar de concepções puramente voluntaristas.

16. No campo do Direito empresarial, o Princípio da conservação dos negócios jurídicos mantém relação com a função social da empresa, assim como com as exigências impostas pela Lei de Falências e Recuperação de Empresas (Lei nº 11.101/05). Especificamente no cenário atual, avulta o plano de recuperação judicial. Deve ser compreendido como um negócio jurídico e se submete às exigências de mencionado princípio. Devem ser respeitados os limites impostos pela Ciência do Direito (e particularmente pelos valores nela contemplados). A "soberania" das decisões da Assembleia-Geral de Credores como afirmado por lei não escapa de um amplo controle judicial eficiente. Todo o Direito falimentar (melhor, recuperacional) conspira em favor do Princípio da conservação dos negócios jurídicos. É o que se visualiza, por exemplo, diante dos atos jurí-

dicos previstos nos artigos 129 e 130 da Lei nº 11.101/05. São hipóteses de mera ineficácia do negócio jurídico, de modo que se lhes assegura a integridade dos planos antecedentes da existência e da validade, como regra. No Direito do Consumidor, explicitamente ocupa papel de relevo o Princípio da conservação dos negócios jurídicos no plano contratual, como se infere nitidamente no parágrafo 2º do artigo 51 da Lei nº 8.078/90 (Código Brasileiro de Defesa do Consumidor).

17. No que diz respeito aos negócios jurídicos solenes, pretendemos incitar o leitor à compreensão adequada que se deve manter com o necessário distanciamento da literalidade do inciso IV do artigo 166 do Código Civil. Se por um lado não se reconhece benefícios na absoluta extirpação de formas solenes, por outro lado (e com a mesma razão) o intérprete deve identificar mecanismos úteis para a sobrevivência de um negócio jurídico a despeito do seu eventual desatendimento das exigências de solenidades. A conversão substancial do negócio jurídico, dentre outros modelos teóricos, assume particular destaque nesse processo por força da regra prevista no artigo 462 do Código Civil. Autoriza-se a conversão de um contrato final em um contrato preliminar sem quaisquer exigências de solenidades quanto à forma, assim o preservando. A tutela da confiança, a boa-fé (na acepção lealdade contratual) e a segurança legítima conspiram também em favor da eficácia dos negócios jurídicos nulos por defeito de forma. O excessivo apego à estrutura solene e estanque do negócio jurídico e a desatenção aos valores e à função das próprias solenidades não mais se amoldam às exigências atuais da Ciência do Direito.

18. O Princípio da conservação dos negócios jurídicos deita as suas raízes sobre os três princípios fundamentais do Código Civil brasileiro, como tais afirmados por Miguel Reale: i) eticidade (boa-fé lealdade, em especial); ii) sociabilidade (com relevo à função social externa do contrato) e iii) operabilidade (pautado nitidamente pela eficácia jurídica dos comportamentos abarcados pelo Direito, distanciando-o de acepções extremamente formais). A fulcral distinção que o Direito das obrigações estabelece entre os conceitos de mora e de inadim-

PRINCÍPIO DA CONSERVAÇÃO DOS NEGÓCIOS JURÍDICOS

plemento absoluto igualmente prende-se ao Princípio da conservação dos negócios jurídicos. O desejo de sanação e de sobrevivência de todo o sistema jurídico e de tudo o que nele se insere subjaz e justifica a incidência concreta do princípio em estudo.

19. Além das medidas sanatórias das invalidades dos negócios jurídicos, o Princípio da conservação dos negócios jurídicos exibe-se nos mecanismos vocacionados ao equilíbrio das prestações contratuais (*favor contractus*): i) pela revisão judicial dos contratos ("tudo deve mudar para que tudo fique como está"); ii) pela cláusula *hardship* e iii) pela teoria do adimplemento substancial dos negócios jurídicos. Também revelam o princípio em estudo as regras previstas nos artigos 479 (modificação equitativa das condições do contrato), 413 (permissiva da alteração judicial da cláusula penal) e 318, todas do Código Civil brasileiro (a qual autoriza a conversão em moeda nacional no câmbio do vencimento das obrigações contraídas em ouro ou moeda estrangeiras, as quais, pela literalidade da regra em tela, seriam *nulas*). No plano dos Princípios UNIDROIT, o Princípio da conservação dos negócios jurídicos apresenta-se explícito e em particular proeminência (sob a rubrica *favor contractus*), assim como no Projeto Preliminar do Código Europeu dos Contratos.

20. Nos contratos relacionais, contratos cativos ou contratos de longa duração, o Princípio da conservação dos negócios jurídicos manifesta-se com vigor, o que é assim exigido do intérprete. O mesmo se aplica indistintamente às relações pautadas pelo Código de Defesa do Consumidor, conferindo pela sua aplicação concreta a necessária proteção dispensada pelo legislador constitucional em favor do hipossuficiente. Também a dicotomia contratual originalmente proposta por Antonio Junqueira de Azevedo entre os contratos existenciais, de um lado, e os contratos empresarias (ou de lucro), de outro lado, serve como um critério científico adequado para fazer incidir em diferentes graus o Princípio da conservação dos negócios jurídicos.

21. No que diz respeito às medidas sanatórias das invalidades negociais, a exiguidade do prazo decadencial previsto nos artigos 178 e 179 do

Código Civil atende às necessidades do Princípio da conservação dos negócios jurídicos. Permite que com o seu decurso convalesça o negócio jurídico que doravante deve o intérprete reputar existente, válido e eficaz. Nos casos que envolvem anulabilidades negociais, é preciso guardar a eficácia dos negócios jurídicos até que haja decisão definitiva que afirme a invalidade, com efeitos retroativos ao momento da sua celebração, como tais disciplinados pelo artigo 182 de referido diploma. É necessário respeitar, ainda e sempre, os direitos dos terceiros de boa-fé.

22. A confirmação dos negócios jurídicos é medida sanatória da invalidade reservada aos negócios jurídicos anuláveis (Código Civil, art. 169). Por sua vez, a ratificação não reclama tratamento dogmático autônomo no campo da superação das invalidades no Direito brasileiro. A nomenclatura adequada é confirmação, a nosso ver. Tal instituto alude a todas as situações previstas nos artigos 169 e 172 a 175 do Código Civil. A convalidação diz respeito somente à situação apontada pelo artigo 176 do Código Civil (isto é, a anulabilidade do ato ou negócio jurídico decorrente de falta de autorização de terceiro quando exigida por lei, o qual está autorizado a validá-lo posteriormente). A confirmação pode ser expressa ou tácita, total ou parcial. Sempre deve respeitar aos direitos de terceiros. Dentre outras mediadas, a convalidação corporifica-se nas situações previstas nos artigos 496 e 1647 do Código Civil.

23. A redução parcial dos negócios jurídicos é a medida sanatória da invalidade (ou de aproveitamente do negócio jurídico inválido) prevista no artigo 184 do Código Civil que alberga o Princípio da conservação dos negócios jurídicos. Com origens romanas, conspira, como os demais institutos versados, no sentido de preservação e de sanação negocial. Na cindibilidade do negócio, é extirpada somente a porção contaminada pela invalidade. Permite assim analisar a estrutura global do negócio em nome da regra *utile per inutile non vitiatur*. A doutrina exige o respeito à "vontade hipotética das partes" no sentido da redução parcial. A vontade deve ser compreendida à luz do critério realista de interpretação jurídica, cujo fim é a realização do efeito concreto da própria relação jurídica. Excep-

cionalmente, pode ocorrer a redução parcial do negócio jurídico inválido por ordem judicial ainda que não haja pretensão expressa das partes.

24. A conversão substancial do negócio jurídico é uma medida sanatória de invalidade prevista no artigo 170 do Código Civil. Marca explicitamente a sobrevivência da atividade negocial no negócio nulo para a realização do fim prático colimado pelos titulares da relação jurídica de direito material. Cuida-se do aproveitamento do suporte fático de um negócio jurídico para a obtenção da maior eficácia possível. Substancial ou formal, legal ou judicial, é sempre inequívoca expressão do Princípio da conservação. A redação do artigo 170 do Código Civil não se afina às exigências atuais do instituto, quer por aludir à concepção voluntarista, quer por referir à vontade presumida das partes, quer por não concernir expressamente aos planos da anulabilidade e da ineficácia, nos quais seriam igualmente cabíveis. A nosso ver, a exigência de respeito à vontade hipótetica de ambas as partes pode ser superada excepcionalmente em nome da proteção dos valores superiores protegidos pelo Direito e da eficácia jurídica e social dos negócios aos demais membros da coletividade, cujos interesses podem sobrepor-se aos das partes, a menos que haja a expressa manifestação das próprias partes no sentido contrário à conversão, assim revelada no momento de gênese negocial, o que se há respeitar em atenção ao Princípio da autonomia privada.

CONCLUSÕES

Diante de todo o exposto, no campo dos negócios jurídicos, podemos afirmar com segurança que o intérprete deve observar precipuamente o plano da eficácia, no qual se revela o Princípio da autonomia privada. Nessa reflexão, a referência a centenas de obras e a autores nacionais e estrangeiros faz revelar que a despeito da ausência de explícita sistematização científica, o Princípio da conservação dos negócios jurídicos encontra ampla acolhida no Direito brasileiro.

A eficácia jurídico-social é decisiva para o Direito na contemporaneidade. São exigidos do intérprete, conscientemente, esforços eficazes voltados para a superação das invalidades do negócio jurídico.

Nesse contexto, o plano da eficácia deve se sobrepor aos demais (os seus planos antecedentes da existência e da eficácia). O estudo no Direito Civil na pos-modernidade reclama a análise da perspectiva funcional dos institutos jurídicos. A necessária releitura do Direito Civil deve partir dos valores constitucionais, os quais se sobrepõem às exigências de forma solenes, as quais são por vezes incompatíveis com os princípios acolhidos pelo Direito.

O Princípio da conservação dos negócios jurídicos é um princípio geral de Direito derivado do princípio da sanação dos atos e negócios jurídicos e introduzido por meio de cláusulas gerais, que se espraiam decisivamente sobre todo o campo da interpretação das normas jurídicas.

O negócio jurídico é a expressão maior da autonomia privada. Como tal, deve atender aos interesses superiores além das próprias partes, por afetar a todo meio social. Nos negócios jurídicos solenes, a superação das deficiên-

PRINCÍPIO DA CONSERVAÇÃO DOS NEGÓCIOS JURÍDICOS

cias formais deve ser prestigiada se assim for necessário para salvaguardar o fundamento axiológico-constitucional albergado pela ordem jurídica.

O Princípio da conservação dos negócios jurídicos, que como dissemos nasce da romana sanação dos atos jurídicos, inspira decisivamente toda a teoria da interpretação, da qual se exige respeito à função social. A conveniência do respeito aos interesses puramente individuais não sobressai quando em confronto com as exigências do interesse social.

Desde os primórdios, o desejo de manter-se vivo (isto é, de se ser fática e juridicamente eficaz) ínsito ao princípio em tela, adormece sob a vida e sob a Ciência do Direito. Biológica ou psicologicamente, tal desejo é próprio da condição de todo ser vivo. Na psicologia, por exemplo, Sigmund Freud demonstra com precisão a existência de dois instintos opostos no ser humano: um de *preservação*, de vida e de prazer (Eros) e outro instinto de *destruição*, de morte (Tanatos).[1153] O intérprete deve compreender o instinto de vida em todo ser. E a partir da sua compreensão, deve afirmá-lo conscientemente nos seus juízos.

Os estudiosos da vida ensinam que todo ser vivo (desde a forma mais primitiva) deseja, antes e acima de tudo, manter-se vivo. Todos os instintos orgânicos são conservadores e adquiridos historicamente. Tendem os instintos orgânicos sempre à manutenção (ou à restauração) de um estado anterior de coisas. A entidade viva elementar desde o seu início e sob as mesmas condições, nada faz senão constantemente repetir o curso da vida.

Sob as luzes da ética e da razão, o jurista deve assumir que as coisas não passam de forma estruturalmente distinta no mundo do Direito. A hermenêutica jurídica contemporânea é inspirada por valores, por princípios e por uma perspectiva funcional. Tais vetores recomendam a interpretação construtiva dos negócios jurídicos, assim marcando a operabilidade e a função social que devem todos exercer.

No processo de interpretação jurídica, a consciente opção do intérprete pela vitalidade dos seres criados pelo Direito marca a autonomia privada.

[1153] A psicologia afirma a *compulsão à repetição* no plano existencial dos seres vivos. Cuida-se de força de decorre da própria natureza dos instintos. Mostra-se suficientemente intensa para afastar-se de outras forças que incidem sobre o ser. A *pulsão de vida*, diz Freud, é presente em todo ser vivo. Contrapõe-se à *pulsão de morte*. Na Ciência do Direito, entendemos nós, a *pulsão de vida* encontra a sua concretude no Princípio da conservação dos negócios jurídicos (v. http://lacan.orgfree.com/freud/textosf/alemdoprincipiodeprazer.pdf. Acesso em 23 de maio de 2013).

CONCLUSÕES

O mesmo deve ser dito em relação ao negócio jurídico. O Princípio da conservação dos negócios jurídicos permite a superação dos vícios formais e substanciais, flexibilizando-os produtivamente em atenção aos interesses superiores que nele se encerram.

Se o fim da norma jurídica é um valor que a própria ordem jurídica visa a preservar armando-a de sanções, a mesma ordem jurídica (de estrutura essencialmente axiológica) sugere a preeminência do Princípio da conservação dos negócios jurídicos como um vetor no processo de revelação do Direito.

Os valores acolhidos pelo Direito não foram feitos para serem simplesmente admirados como se inatingíveis fossem, ensina Renan Lotufo. Devem, sim, ser realidade "conquistada pela atividade dos que creem no Direito e têm sede de justiça".

O Princípio da conservação dos negócios jurídicos exige do intérprete a busca consciente (ainda que sob os escombros da invalidade do negócio jurídico) de algo que lhes confira eficácia jurídica e social, ainda que em extensão menor do que a inicialmente colimada pelas partes, mas sempre em alguma medida útil e eficaz. Nessa perspectiva, a invalidade deve ser considerada uma medida de exceção, somente recognoscível quando o negócio jurídico e o vício que o inquina encontrarem-se em contraste com os valores superiores do Direito, notadamente os de índole constitucional.

O Direito é uma criação da inteligência humana. Somente a bem do próprio homem e da civilização deve servir. Sem eficácia jurídico-social, não há realização para o Direito, mas somente a sua antítese (frustração).

A eficácia jurídico-social é a razão de todo ato jurídico. É a sua finalidade, a qual deve para o intérprete sobressair.

A ordem jurídica, como procuramos salientar ao longo de toda nossa exposição, não há de ser "inimiga" dos interesses individuais. A ordem jurídica não é contrária ao desenvolvimento da vida social. Logo, para que o negócio jurídico seja verdadeiramente compreendido (e somente assim seja considerado eficiente) deve o intérprete, consciente e deliberadamente, "acender velas".

REFERÊNCIAS BIBLIOGRÁFICAS

ABBAGNANO, Nicola. *Dicionário de filosofia.* São Paulo: Martins Fontes, 2012.

ABREU FILHO, José. *O negócio jurídico e a sua teoria geral:* de acordo com o novo Código Civil (Lei n. 10.406, de 10.1.2002). 5. ed. São Paulo: Saraiva, 2003.

AGUIAR JUNIOR, Rui Rosado de. *Contratos relacionais, existenciais e de lucro.* Revista Trimestral de Direito Civil n. 45. Editora Parma, jan/mar 2011.

ALEXY, Robert. *Teoria dos direitos fundamentais.* Trad. de Virgílio Afonso da Silva. São Paulo: Malheiros, 2008.

_____. *Conceito e validade do Direito.* São Paulo: Martins Fontes, 2009.

ALLARA, Mario. *La teoria generale del contrato.* Corso di diritto civile. Torino: G. Giappichelli Editore, 1955.

ALMEIDA, Carlos Ferreira de. *Texto e enunciado na teoria do negócio jurídico.* Coleção Teses. Coimbra: Almedina, 1992, v. 1.

ALMEIDA FILHO, Agassiz; MELGARÉ, Plínio (coords). *Dignidade da pessoa humana*: fundamentos e critérios interpretativos. São Paulo: Malheiros, 2010.

ALPA, Guido. *I Principi Generali*: Milano, Giuffrè, 1993; CANARIS, Claus Wilhelm. *Direitos Fundamentais e Direito Privado.* Coimbra: Almedina, 2003.

_____. *I Principi Generali.* Trattato di diritto privato (a cura di Giovanni Iudica e Paolo Zatti). Milano: Giuffrè, 1993.

_____. *Fontamenti del diritto privato europeo.* Trattato di Diritto Privato a cura di Giovanni Iudica e Paolo Zatti. Milano: Dott. A. Giuffré Editore, 2005.

_____; BESSONE, Mario; ROPPO, Enzo. *Rischio Contrattuale e Autonomia Privata.* Napoli: Jovene Editore, 1982.

ALTERINI, Atílio Aníbal. Algunos perfiles actuales del contrato. In: GALLARDO, Leonardo B. Pérez (coord.). *El Derecho de contratos em los umbrales del siglo XXI.* Memorias de las jornadas internacionales de derecho de contratos celebrados en la Habana, Cuba, em él período 2001-2007. São Paulo: Academia Brasileira de Direito, 2007.

ALVES, José Carlos Moreira. O novo Código Civil Brasileiro e o Direito Romano: seu exame quanto às principais inovações no tocante ao negócio jurídico. In: NETTO, Domingos Franciulli. MENDES, Gilmar Ferreira. MARTINS FILHO, Ives Gandra da Silva.

O novo Código Civil. Estudos em homenagem ao Prof. Miguel Reale. 2. tir. São Paulo: Ltr, 2003.

_____. *A Parte Geral do Projeto do Código Civil:* com análise do texto aprovado pela Câmara dos Deputados. São Paulo: Saraiva, 1986.

_____. *Direito Romano.* 14. ed. Rio de Janeiro: Forense, 2008.

ALVES, Jones Figueirêdo. A teoria do adimplemento substancial (*substancial performance*) do negócio jurídico como elemento impediente ao direito de resolução do contrato. In: DELGADO, Mário Luiz; ALVES, Jones Figueirêdo (Coords.). *Novo Código Civil: questões controvertidas no direito das obrigações e dos contratos.* São Paulo: Método, 2005, p. 405-414 (Série Grandes Temas de Direito Privado, v. 4).

_____. *O adimplemento substancial como elemento decisivo à preservação do contrato.* Revista jurídica Consulex. Brasília, n. 240, jan/ 2007.

ALVES, Laura Scalldaferri. *Pensar o final e honrar a vida:* direito à morte digna. São Paulo: Saraiva, 2013.

ALVIM, Agostinho. *Da inexecução das obrigações e suas consequências.* São Paulo: Saraiva, 1949.

AMADIO, Giuseppe. Nullità anormale e conformazione del contratto. IN: SIRENA, Pietro. *Il Diritto Europeo dei Contratti D'Impresa. Autonomia negoziale dei privati e regolazione del mercato.* Milão: Giuffrè Editore, 2006.

AMARAL, Francisco. *Direito Civil. Introdução.* 6. ed. Rio de Janeiro: Renovar, 2006.

ANDRADE, Manuel A. Domingues de. *Teoria geral da relação jurídica.* 3 reimp. Almedina: Coimbra, 1972, v. II.

ANGEL DEL ARCO, Miguel; DORAL, Jose Antônio. *El negocio juridico.* Madrid: Trivium, 1982.

ARAÚJO, Clarice Von Oertzen. *Semiótica do Direito.* São Paulo: Quartier Latin do Brasil, 2005.

_____. Semiótica na hermenêutica e a interpretação constitucional. In: MOREIRA, Eduardo Ribeiro; GONCALVES JUNIOR, Jerson Carneiro; BETTINI, Lucia Helena Polleti (Orgs.). *Hermenêutica constitucional.* Homenagem aos 22 anos do grupo de estudos Maria Garcia. Florianópolis: conceito editorial, 2010.

_____. *Introdução à Ciência do Direito.* 3. ed. rev. atual. Rio de Janeiro: Forense, 2005.

ASCENSÃO, José de Oliveira. As pautas de valoração do conteúdo dos contratos no Código de Defesa do Consumidor e no Código Civil. In. LOTUFO, Renan; MARTINS, Fernando Rodrigues (coords.). *20 anos do Código de Defesa do Consumidor. Conquistas, desafios e perspectivas.* São Paulo: Saraiva, 2011.

_____. *Direito Civil. Teoria Geral.* vol. II. Acções e factos jurídicos. 2 ed. Coimbra: Coimbra editora, 2003.

_____. *Direito Civil. Teoria Geral.* vol. III. Relações e situações jurídicas. Coimbra: Coimbra editora, 2002.

_____. *Introdução à ciência do Direito.* 3 ed. Rio de Janeiro: Renovar, 2005.

ÁVILA, Humberto. *A teoria dos princípios:* da definição à aplicação dos princípios jurídicos. 11. ed. São Paulo: Malheiros, 2010.

AZEVEDO, Antônio Junqueira de. A conversão dos negócios jurídicos: seu interesse teórico e prático. *Estudos e Pareceres de Direito Privado.* São Paulo: Saraiva. 2004.

_____. *Novos estudos e pareceres de direito privado.* (Parecer) Nulidade parcial de ato normativo. Lei parcialmente inconstitucional. *Utile per inutile non vitiatur.* Certeza e segurança

REFERÊNCIAS BIBLIOGRÁFICAS

jurídica. Eficácia *ex nunc* de jurisprudência quando há reviravolta de jurisprudência consolidada. Aplicação da boa-fé objetiva ao Poder Público. São Paulo: Saraiva, 2009.

_____. *Negócio jurídico*: existência, validade e eficácia. 4. ed. atual. de acordo com o novo Código Civil (Lei n. 10. 406, de 10.1.2002). São Paulo: Saraiva, 2002.

_____. Negócio jurídico e declaração negocial (noções gerais e formação da declaração negocial). São Paulo: Saraiva, 1986.

_____. (Parecer). Natureza jurídica do contrato de consórcio (sinalagma indireto). Onerosidade excessiva em contrato de consórcio. Resolução parcial do contrato. In: *Novos estudos e pareceres do direito privado*. São Paulo: Saraiva, 2009.

AZEVEDO, Álvaro Villaça. *Teoria geral dos contratos típicos e atípicos*: curso de direito civil. 3. ed. São Paulo: Atlas, 2009.

_____. *Teoria Geral do Direito Civil*: Parte Geral. São Paulo: Atlas, 2011.

AZEVEDO JÚNIOR, José Osório de. *Compromisso de compra e venda*. 5 ed. rev. amp. De acordo com o Código Civil de 2002 . São Paulo: Malheiros, 2006.

_____. Juízo prudencial e dano moral. In: GUERRA, Alexandre; BENACCHIO, Marcelo (coords.). *Responsabilidade civil bancária*. São Paulo: Quartier latin, 2012, p. 185-197.

_____. *Direitos imobiliários da população de baixa renda*. São Paulo: Sarandi, 2011.

BAGGIO, Andreza Cristina. *O direito do consumidor brasileiro e a teoria da confiança*. São Paulo: Revista dos Tribunais, 2012, Biblioteca de Direito do Consumidor v. 41.

BARGELLI, Elena. *Il sinalagma rovesciato*. Milão: Dott. A. Giuffrè Editore: 2010.

BARROSO, Luis Roberto; MARTEL, Letícia de Campos Velho. A morte como ela é: dignidade e autonomia individual no final da vida. In: GOZZO, Débora; LIGIERA, Wilson Ricardo (orgs.). *Bioética e Direitos fundamentais*. São Paulo: Saraiva, 2012.

BATALHA, Wilson de Souza Campos. *Defeitos dos negócios jurídicos*. Rio de Janeiro: Forense, 1988.

BECKER, Anelise. *A natureza jurídica da invalidade cominada às cláusulas abusivas pelo Código de Defesa do Consumidor*. São Paulo: Revista de Direito do Consumidor n. 22, abr/1997.

BEDAQUE, José Roberto dos Santos. *Efetividade do processo e técnica processual*. 3. ed. São Paulo: Malheiros, 2010.

BDINE JÚNIOR, Hamid Charaf. O erro como defeito do negócio jurídico. In: *Temas relevantes do Direito Civil contemporâneo. Reflexões sobre os cinco anos do Código Civil. Estudos em homenagem ao Professor Renan Lotufo*. NANNI, Giovanni Ettore (coord.). São Paulo: Atlas, 2008.

_____. *Efeitos do negócio jurídico nulo*. São Paulo: Saraiva, 2010.

_____. Fraude contra credores – arts. 158 a 165. In: LOTUFO, Renan; NANNI, Giovanni Ettore (coords). *Teoria Geral do Direito Civil*. São Paulo: Atlas, 2010.

BELMONTE, Cláudio Petrini. *A redução do negócio jurídico e a proteção dos consumidores - uma perspectiva luso-brasileira*. Boletim da Faculdade de Direito da Universidade de Coimbra (Studia Iuridica 74). Coimbra: Coimbra editora, 2003.

BENACCHIO, Marcelo. *Responsabilidade civil contratual*. São Paulo: Saraiva, 2011.

BENJAMIN, Antônio Herman V., MARQUES, Claudia Lima e BESSA, Leonardo Roscoe. *Manual de Direito do Consumidor*, 2 ed. 2 tir. São Paulo: Revista dos Tribunais, 2009.

BESSONE, Darcy. *Do contrato. Teoria geral*. São Paulo: Saraiva, 1997.

BETTI, Emilio. *Interpretação da lei e dos atos jurídicos*. São Paulo: Martins Fontes, 2007.

_____. *Teoria geral do negócio jurídico*. Campinas: Servanda, 2008.

_____. *Teoria geral das obrigações*. Trad. Francisco José Galvão Bruno. Campinas: Bookseller, 2006.

BEVILÁQUA, Clóvis. *Código Civil dos Estados Unidos do Brasil*. Edição histórica. 4 tir. Rio de Janeiro: Rio, 1979.

_____. *Teoria Geral do Direito Civil*. Campinas: Servanda, 2007.

BEZERRA FILHO, Manoel Justino. *Nova lei de recuperação e falências comentada*. Lei 11.101, de 9 de fevereiro de 2005, comentário artigo por artigo. 3. ed. 2. Tir. São Paulo: Revista dos Tribunais, 2005.

BIANCA, C. Massimo. *Diritto civile*. Il contrato. Milano: Dott. A. Giuffrè Editore, 2000, v. 3.

_____. *Diritto civile*. Il contrato. 2. ed. Giuffrè Editore: Milão, 2003, v. 3.

_____. *Realtà sociale ed efettività della norma*. Scritti giuridici. Milano: Giuffrè Editore, 2002. v. 1., t.1.

_____. *Realtà sociale ed efettività della norma*. Scritti giuridici. Milano: Giuffrè Editore, 2002. v. 2., t.2

BITTAR, Carlos Alberto. *Teoria Geral do Direito Civil*. 2 ed. rev., atual. e amp. Rio de Janeiro: Forense Universitária, 2007.

_____; BITTAR FILHO, Carlos Alberto. *Direito Civil Constitucional*. 3. ed. rev. atual. São Paulo: Revista dos Tribunais, 2003.

BOBBIO, Norberto. *O positivismo jurídico. Lições de Filosofia do Direito*. São Paulo: Ícone, 2006.

_____. *Teoria do ordenamento jurídico*. São Paulo: Martins Fontes, 2010.

_____. *Da estrutura à função: novos estudos de teoria do direito*. Trad. de Daniela Beccacia Versiani. São Paulo: Manole, 2007.

_____. *A Era dos Direitos*. Trad. de Carlos Nelson Coutinho. Rio de Janeiro: Elsevier, 2004.

BORDA, Guillermo A. *Tratado de derecho civil*. Parte general. v. II. 10. ed. Buenos Aires: Edictorial Perrot, 1999.

BONDIOLI, Luis Guilherme Aidar. *Nulidades processuais e mecanismos de controle*. São Paulo: Revista de Processo v. 145. Revista dos Tribunais, mar./2007.

BUENO, Cassio Scarpinella. *Curso sistematizado de Direito Processual Civil*: Teoria geral do direito processual civil. 4. ed. rev. atual. São Paulo: Saraiva, 2010.

BURANELLO, Renato M. Fundamentos da teoria contratual e os contratos agrários. In: VENOSA, Silvio de Salvo; GAGLIARDI, Rafael Villar; NASSER, Paulo Magalhães (coords.). *10 anos do Código Civil: Desafios e perspectivas*. São Paulo: Atlas, 2012.

BUSSATA, Eduardo Luiz. *Resolução dos contratos e teoria do adimplemento substancial*. 2. ed. São Paulo: Saraiva, 2008.

_____. Princípio da conservação dos contratos. In. HIRONAKA, Giselda Maria Fernandes Novaes e TARTUCE, Flávio (coords). *Direito Contratual. Temas atuais*. São Paulo: Forense, 2009.

_____. Teoria da ineficácia do negócio jurídico. In: CATALAN, Marcos Jorge (coord.). *Negócio jurídico. Aspectos controvertidos à luz do novo Código Civil*. São Paulo: Mundo Jurídico, 2005.

CALÇAS, Manoel de Queiroz Pereira. *A segurança jurídica é fator de desenvolvimento*. Diálogos e debates da Escola Paulista da Magistratura. Revista Trimestral ano 12, n. 3, ed.

REFERÊNCIAS BIBLIOGRÁFICAS

45. São Paulo: Escola Paulista da Magistratura, março/2012.

_____. *Sociedade limitada no novo Código Civil*. São Paulo: Atlas, 2003.

CALDERINI, Vincenzo. *Le nullità speciali di diritto commerciale*: la nullità delle intese restrittive delle concorrenza. Tesi di Dottorato. Napoli: Università degli studi di Napoli Federico II, 2008.

CÂMARA LEAL, Antônio Luis. *Da prescrição e da decadência*. São Paulo: Forense, 1982.

CANARIS, Claus-Wilhelm. *Direitos fundamentais e o direito privado*. Trad. de Ingo Wolfgang Sarlet e Paulo Mota Pinto. Reimpr. Coimbra: Almedina, 2006.

_____. *Pensamento sistemático e conceito de sistema na ciência do Direito*. Introd. e trad. de A. Menezes Cordeiro. 4. ed. Lisboa: Fundação Calouste Gulbenkian, 2008.

CARLUCCI, Aída Kemelmajer de. Reflexiones sobre la interpretación de los contratos. In: GALLARDO, Leonardo B. Pérez (coord.). *El Derecho de contratos em los umbrales del siglo XXI*. Memorias de las jornadas internacionales de derecho de contratos celebrados en la Habana, Cuba, em él período 2001-2007. São Paulo: Academia Brasileira de Direito, 2007.

CARNELUCCI, Francesco. *Teoria Geral do Direito*. Trad. de A. Rodrigues Queirós e Artur Anselmo de Castro. Rio de Janeiro: Âmbito Cultural, 2006.

CARRIDE, Norberto de Almeida. *Vícios do negócio jurídico*. São Paulo: Saraiva, 1997.

CHALHUB, Melhin Mamem. *A purgação da mora nos contratos de alienação fiduciária de bens móveis*. Revista de Direito do consumidor n. 66. São Paulo: Revista dos Tribunais, abr/ 2008.

BESSONE, Mario; ROPPO, Enzo. *Rischio Contrattuale e Autonomia Privata*. Napoli: Jovene Editore, 1982, v. 1.

CASELLA, Mario. *Nullità parziale dei contratto e inserzione automatica di clausole*, Milano, Giuffre, 1974.

CATALAN, Marcos Jorge. Autonomia privada: o poder jurígeno dos sujeitos de direito. In: CATALAN, Marcos Jorge (coord.). *Negócio jurídico. Aspectos controvertidos à luz do novo Código Civil*. São Paulo: Mundo Jurídico, 2005.

CIAN, Giogio; TRABUCCHI, Alberto. *Commentario breve al Codice Civile*. 4 ed. Milano: Casa Editrice Dott. Antonio Milani (CEDAM), 1996.

CIFUENTES, Santos. *Negocio jurídico*. Estructura. Vicios. Nulidades. Buenos Aires: Edictorial Astrea de Alfredo y Ricardo Depalma, 1986.

CRISCUOLI, Giovanni. *La nullitá parziale del negozio giuridico*. Teoria generale. Milano: Dott. A. Giufrrè Editore, 1959.

COOTER, Robert; ULEN, Thomas. Direito & Economia. Tradução de Luis Marcos Sander e Francisco Araújo da Costa. 5. ed. Porto Alegre: Bookman, 2010.

CORDEIRO, António Manuel da Rocha e Menezes. *Da confirmação no direito civil*. Almedina: Coimbra, 2008.

_____. *Litigância de má-fé, abuso do direito de acção e culpa "in agendo"*. Coimbra: Almedina, 2005.

_____. *Da modernização do Direito Civil*. Aspectos gerais. Coimbra: Livraria Almedina, 2004, v. I.

_____. *Da boa-fé no direito privado*. Coleção Teses. Coimbra: Almedina, 2001.

_____. *Tratado de Direito Civil Português*. Parte Geral. Coimbra: Almedina, 2005, t. IV, v. I.

PRINCÍPIO DA CONSERVAÇÃO DOS NEGÓCIOS JURÍDICOS

_____. *Da boa-fé no direito civil*, 2. reimpr., Coimbra: Almedina, 2001.

_____. *Tratado de Direito Civil português*. Parte geral. Coimbra: Livraria Almedina, 2005, tomo IV.

CORDEIRO, Carlos José; GOMES, Josiane Araújo. *Revisão judicial dos contratos como instrumento de equilíbrio econômico contratual*. São Paulo: Revista Síntese n. 73. Direito Civil e Processual Civil. Ano XII.

CORREA, Luiz Fabiano. *A proteção da boa-fé nas aquisições patrimoniais*: esboço de uma teoria geral da proteção dispensada pelo direito privado brasileiro à confiança na aparência de direito em matéria patrimonial. Campinas: Interlex informações jurídicas Ltda., 2001.

CORTEZ, Luís Francisco Aguilar. Responsabilidade Civil Extracontratual no Direito Privado e no Direito Público: persistem as diferenças? In: GUERRA, Alexandre Dartanhan de Mello; PIRES, Luis Manuel Fonseca; BENACCHIO, Marcelo (coords.). *Responsabilidade civil do Estado*: desafios contemporâneos. São Paulo: Quartier Latin, 2010.

COSTA, José Eduardo. A responsabilidade pelas despesas e tributos imobiliários e as obrigações *propter rem*. In: GUERRA, Alexandre; BENACCHIO, Marcelo. *Direito imobiliário brasileiro*: novas fronteiras na legalidade constitucional. São Paulo: Quartier Latin, 2011.

_____; SACRAMONE, Marcelo Barbosa. *Negócio jurídico associativo e o ato constitutivo de sociedade*. In: TOLEDO, Armando Sérgio Prado de (coord.); GUERRA, Alexandre; BENACCHIO, Marcelo (orgs.). Negócio jurídico. São Paulo: Quartier Latin, 2013, p. 250-268.

_____. A revisão dos contratos: entre o pacta sunt servanda e o equilíbrio econômico. In: LOTUFO, Renan; NANNI, Giovanni Ettore; MARTINS, Fernando Rodrigues (coords.). *Temas relevantes do Direito Civil contemporâneo. Reflexões sobre os 10 anos do Código Civil*. São Paulo: Atlas, 2012.

_____; SACRAMONE, Marcelo Barbosa. *Negócio jurídico associativo e o ato constitutivo de sociedade*. In: TOLEDO, Armando Sérgio Prado de (coord.); GUERRA, Alexandre; BENACCHIO, Marcelo (orgs.). Negócio jurídico. São Paulo: Quartier Latin, 2013.

COSTA, Mário Júlio de Almeida. *Direito das Obrigações*. 9 ed. Coimbra: Almedina, 2006.

CUNHA, Wladimir Alcebíades Marinho Falcão. *Revisão judicial dos contratos: do Código de Defesa do Consumidor ao Código Civil de 2002*. Coleção Professor Rubens Limongi França 3. São Paulo: Método, 2007.

DAMAS, Joaquim Augusto Domingues. *A redução do negócio jurídico*. Lisboa: Faculdade de Direito da Universidade de Lisboa, 1984.

DANTAS, San Tiago. *Programa de Direito Civil. Parte Geral*. Rio de Janeiro: Editora Rio, 1979.

DANZ, E. *La interpretación de los negocios jurídicos*. 3. ed. Madrid: Editorial Revista de Derecho Privado, 1955.

DALLARI, Dalmo de Abreu. Direito à vida e liberdade para morrer. In: CAMPOS, Diogo Leite de; CHINELLATO, Silmara Juny de Avreu (coords.). *Pessoa humana e Direito*. Coimbra: Almedina.

DIAS, Maria Berenice. *Manual de Direito das Famílias*. 5. ed. rev. atual. amp. São Paulo: Revista dos Tribunais, 2009.

DÍEZ-PICAZO, Luis; TRIAS, E. Roca; MORALES, A.M. *Los principios del derecho europeo de contratos*. Madrid: Civitas, 2002.

_____; GULLON, Antonio. *Sistema de derecho civil*. v. 1. Editorial Tecnos: Madrid, 2003.

REFERÊNCIAS BIBLIOGRÁFICAS

DINAMARCO, Cândido Rangel. *Instituições de Direito Processual civil*. São Paulo: Malheiros, 2009, v. II.

_____. *Vocabulário do processo civil*. São Paulo: Saraiva, 2009.

_____. *Capítulos da sentença*. São Paulo: Malheiros, 2002.

DINIZ, Maria Helena. *Direito Civil Brasileiro*. Teoria Geral do Direito Civil. 20 ed. 1 v. São Paulo: Saraiva, 2003.

_____. *Código civil anotado*. 9 ed. São Paulo: Saraiva, 2003.

DIP, Ricardo. *Segurança jurídica e crise pós-moderna*. São Paulo: Quartier Latin, 2012.

DUARTE, Nestor *et al. Código Civil comentado. Doutrina e jurisprudência*. PELUSO, Cezar (coord.). Barueri: Manole, 2007.

DWORKIN, Ronald. *Levando os Direitos a sério*. São Paulo: Martins Fontes, 2007.

EHRHARDT JÚNIOR, Marcos. Vícios do consentimento na teoria do fato jurídico: breves anotações sobre os defeitos do estado de perigo e da lesão nos negócios jurídicos. In: DIDIER JÚNIOR, Fredie; EHRHARDT JÚNIOR, Marcos (coords.). *Revisitando a teoria do fato jurídico*: homenagem a Marcos Bernardes de Mello. São Paulo: Saraiva, 2010.

ESPÍNDOLA, Ruy Samuel. *Conceito de princípios constitucionais*: elementos teóricos para uma formulação dogmática constitucionalmente adequada. São Paulo: Revista dos Tribunais, 1999.

FACHIN, Luiz Edson. *Estatuto jurídico do patrimônio mínimo*. 2. ed. Rio de Janeiro: Renovar, 2006.

_____. Direito civil e dignidade da pessoa humana: um diálogo constitucional contemporâneo. In: ALMEIDA FILHO, Agassiz; MELGARÉ, Plínio. *Dignidade da pessoa humana. Fundamentos e critérios interpretativos*. São Paulo: Malheiros, 2010.

ESPINOLA, Eduardo. *Systema do Direito Civil brasileiro*. 1 v. 3 ed. Rio de Janeiro: Livraria Francisco Alves, 1938.

FALCÓN Y TELLA, María José. *Lições de Teoria geral do Direito*. Trad da 4ª ed. Espanhola. São Paulo: Revista dos Tribunais, 2011.

FALZEA, Angelo. *Ricerche di Teoria Generale del Diritto e di Dogmatica Giuridica*. Milão: Giuffré, 1999.

FARIA, Jorge Leite Areias Ribeiro de. *Direito das Obrigações*. v. I. Coimbra: Almedina, 2003.

FERRAZ, Sergio. Responsabilidade estatal e segurança jurídica. In: GUERRA, Alexandre Dartanhan de Mello; PIRES, Luis Manuel Fonseca; BENACCHIO, Marcelo (coords.). *Responsabilidade civil do Estado*: desafios contemporâneos. São Paulo: Quartier Latin, 2010.

FERRAZ JÚNIOR, Tércio Sampaio. *Introdução ao Estudo do Direito*: técnica, decisão, dominação. 2. ed. São Paulo: Atlas, 1994.

_____. *Introdução ao Estudo do Direito*. São Paulo: Atlas, 2001.

FERRI, Giovanni B. *Il negocio giuridico*. 2. ed. Padova: Casa Editrice Dott. Antonio Milani – Cedam, 2004.

FERRARA, Luigi Cariota. *Il negozio giuridico nel diritto privato italiano*. A. Morano Napoli: Morano Editore, s/d.

FERRI, Luigi. *L'autonomia privata*. Giuffrè: Milano, 1959.

FILANTO, Giancarlo. *Inesistenza e nullitá del negozio giuridico*. Universitá di Cagliari. Pubblicazioni della facoltà di giurisprudenza. Serie I. v. 29. Napoli: Casa Editrice Dott.

PRINCÍPIO DA CONSERVAÇÃO DOS NEGÓCIOS JURÍDICOS

Eugenio Jovene, 1983.

FILLIPO, Thiago Baldani Gomes de. Nulidades do negócio jurídico. In: GUERRA, Alexandre; BENACCHIO, Marcelo. (orgs.). TOLEDO, Armando Sérgio Prado de (coord.). *Negócio jurídico*. São Paulo: Quartier Latin, 2013.

FLÓREZ-VALDES, Joaquin Arce y. *Los Principios Generales del Derecho y su formulación constitucional*. Madrid: Cuadernos Civitas, 1990.

FLUME, Werner. *El negocio jurídico*. Parte general del Derecho Civil. 4. ed. Trad. José Maria Miguel Gonzáles e Esther Gómez Calle. Madrid: Fundación Cultural del Notariado, 1998.

FORGIONI, Paula A. A interpretação dos negócios empresariais. In: FERNANDES, Wanderley. *Fundamentos e princípios dos contratos empresariais*. São Paulo: Saraiva, 2007 (Série GVLaw).

_____. Interpretação contratual: o problema e o processo. In: FERNANDES, Wanderley. *Fundamentos e princípios dos contratos empresariais*. São Paulo: Saraiva, 2007 (Série GVLaw).

FORTES, Rodrigo Pereira. *Da conversão de negócio jurídico*. Revista Trimestral de Direito Civil n. 38, Editora Parma, abr/jun 2009.

FRADA, Manuel António de Castro Portugal Carneiro da. *Teoria da confiança e responsabilidade civil*. Coimbra: Almedina, 2007.

FRANÇA, R. Limongi. *Princípios Gerais de Direito*. 3. ed. rev. atual. São Paulo: Revista dos Tribunais, 2010.

_____(coord.) *Enciclopédia Saraiva do Direito*. v. 18. São Paulo: Saraiva, 1977.

FRANCO, Vera Helena de Mello. *Teoria geral do contrato*: confronto com o direito europeu futuro. São Paulo: Revista dos Tribunais, 2011.

FRANZONI, Massimo. *Codice Civile Commentatto*. Dell'annullabilità del contratto. 2 ed., Giuffrè, Milano, 2005.

FRANZOLIM, Cláudio José. *Negócios jurídicos: intepretação, integração, conteúdo negocial e efeitos*. Revista de Direito Privado n. 39. São Paulo: Revista dos Tribunais, jul/ 2009.

FRAZÃO, Ana. *Função social da empresa*: repercussões sobre a responsabilidade civil dos controladores e administradores de S/A. Rio de Janeiro: Renovar, 2011.

FREIRE, André Luiz. *Manutenção e retirada dos contratos administrativos inválidos*. Coleção Temas de Direito Administrativo. v. 20. São Paulo: Malheiros, 2008.

FREITAS, Juarez. *A interpretação sistemática do direito*. 5. ed. São Paulo: Malheiros, 2010.

GADAMER, Hans-Georg. *Verdade e método I. Traços fundamentais de uma hermenêutica filosófica*. 10 ed. Petrópolis: Vozes, 2008.

_____. *Verdade e método II. Complementos e índice*. 5 ed. 10 ed. Petrópolis: Vozes, 2008.

GAGLIARDI, Rafael Villar. *Exceção de contrato não cumprido*. In: LOTUFO, Renan (coord.) Coleção Prof. Agostinho Alvim. São Paulo: Saraiva, 2010.

GAINO, Itamar. *A simulação dos negócios jurídicos*. 1. ed. 2 tir. São Paulo: Saraiva, 2008.

GALLO, Paolo. *Contrato e buona fede. (Buona fede in senso oggetivo e transformazioni del contrato)*. Torino: Utet giuridica, 2009.

_____. *Trattato del contratto*. I remedi, la fidúcia, l'apparenza. Roma: UTET Giuridica: 2010, t. 3.

GAMA JUNIOR, Lauro. *Prospects for the UNIDROIT Princípios in Brazil*. Uniform Law Review. Revue de Droit Uniforme NS v. XVI, 2011.

REFERÊNCIAS BIBLIOGRÁFICAS

GAMA, Guilherme Calmon Nogueira da. Direito contratual contemporâneo: a função social do contrato. In: TEPEDINO, Gustavo; FACHIN, Luiz Edson (coords.). *O Direito e o tempo*: embates jurídicos e utopias contemporâneas. Estudos em homenagem ao professor Ricardo Pereira Lira. Rio de Janeiro: Renovar, 2008.

GAMBARO, A. e MORELLO. U. *Tratatto dei diritti reali*. v. 1. Proprietá e possesso. Milão: Giuffré Editore, 2010.

GARCEZ NETO, Martinho. *Das nulidades dos atos jurídicos*. 3 ed. atual. Rio de Janeiro: Renovar, 1997.

_____. Contrato: evolução, crise e destino. In: *Temas atuais de direito civil*. Renovar: Rio de Janeiro, 2000.

_____. Autonomia da vontade. In: *Temas atuais de direito civil*. Renovar: Rio de Janeiro, 2000.

_____. Consentimento. In: *Temas atuais de direito civil*. Renovar: Rio de Janeiro, 2000.

GHERSI, Carlos Alberto. *Contratos civiles y comerciales. Partes general y especial*. Tomo 2. Buenos Aires. Edictorial Astrea de Alfredo y Ricardo Depalma, 1994.

GILISSEN, John. *Introdução histórica ao Direito*. 5. ed. Lisboa: Fundação Calouste Gulbenkian, 1986.

GLITZ, Frederico Eduardo Zenedin. *Uma leitura da contemporaneidade contratual: lesão, cláusula de hardship e conservação do contrato*. 2005. 218 f. Dissertação (Mestrado em Direito) - Universidade Federal do Paraná. Curitiba, 2005.

_____. SAMPAIO, Rui Carneiro. *Cláusula compromissória e contratos nulos: breves anotações sobre a autonomia e conservação do contrato*. Revista do Curso de Mestrado em Direito negocial da UEL. Sciencia juris, v. 14, 2010.

GODOY, Claudio Luiz Bueno de. *Função social do contrato*: os novos princípios contratuais. 2. ed. rev. atual. São Paulo: Saraiva, 2007.

_____. Dos fatos jurídicos e do negócio jurídico. In: LOTUFO, Renan; NANNI, Giovanni Ettore (coords.). *Teoria Geral do Direito Civil*. São Paulo: Atlas, 2008.

_____. In: PELUSO, Cezar. *Código Civil comentado*. Barueri: Manole, 2007.

GOMES, Orlando. *Ensaios de Direito Civil e de Direito do Trabalho*. O Princípio da boa-fé no código civil português. Rio de Janeiro: Aide Editora, 1986.

_____. Classificação dos atos jurídicos na obra de publicistas. In: *Ensaios de Direito Civil e de Direito do Trabalho*. Rio de Janeiro: Aide, 1986.

_____. *Introdução ao Direito Civil*. 19 ed. Rio de Janeiro: Forense, 2007.

_____. *Raízes históricas e sociológicas do Código Civil brasileiro*. São Paulo: Martins Fontes, 2005.

_____. *Contratos*. Rio de Janeiro: Forense, 2008.

GONÇALVES, Aroldo Plínio. *Nulidades no processo*. Rio de Janeiro: Aide, 1993.

GONÇALVES, Carlos Roberto. *Direito Civil Brasileiro*. Parte Geral. 10. ed. São Paulo: Saraiva, 2012, v. 1.

GRAU, Eros Roberto. *Ensaio e discurso sobre a interpretação/aplicação do Direito*. 3 ed. São Paulo: Malheiros, 2005.

GUASTINI, Riccardo. *Das fontes às normas*. São Paulo: Quartier latin do Brasil, 2005.

GUERRA, Alexandre Dartanhan de Mello; OLIVEIRA, Roque Antonio Mesquita de. *Revisão judicial dos contratos bancários de concessão de crédito*. Revista Brasileira de Direito

Bancário e Mercado de capitais n. 52. São Paulo: Revista dos Tribunais, 2010.

_____. *Responsabilidade civil por abuso do direito*: entre o exercício inadmissível de posições jurídicas e o direito de danos. São Paulo: Saraiva, 2011.

_____; PIRES, Luis Manuel Fonseca e BENACCHIO, Marcelo. *Responsabilidade Civil do Estado. Desafios contemporâneos*. São Paulo: Quartier Latin do Brasil, 2010.

_____; BENACCHIO, Marcelo. *Direito imobiliário brasileiro*: novas fronteiras na legalidade constitucional. São Paulo: Quartier Latin do Brasil, 2011.

_____; BENACCHIO, Marcelo. Teoria geral dos contratos aplicada aos contratos administrativos. In: MARINELA, Fernanda; BOLZAN (Fabrício). *Leituras complementares de Direito Administrativo*: licitações e contratos. Belo Horizonte: JusPodium, 2012.

_____. BENACCHIO, Marcelo. Apresentação. In: TOLEDO, Armando Sérgio Prado de. (coord.). *Negócio jurídico*. São Paulo: Quartier Latin, 2013.

_____; GARCIA, Paulo Henrique Ribeiro; BENASSI JUNIOR, Wander. Conversão substancial do negócio jurídico. In: GUERRA, Alexandre; BENACCHIO, Marcelo. (orgs.). TOLEDO, Armando Sérgio Prado de (coord.). Negócio jurídico. São Paulo: Quartier Latin, 2013.

GUERREIRO, José Alexandre Tavares. Contrato de fiança. In.: BRUSCHI, Gilberto Gomes; COUTO, Monica Bonetti; SILVA, Ruth Maria Junqueira de A. Pereira e; PEREIRA, Thomaz Henrique Junqueira de A. (orgs.). *Direito Processual Empresarial*: estudos em homenagem a Manoel de Queiroz Pereira Calças. São Paulo: Campus Elsevier, 2012.

GULLON, Antonio. *Sistema de derecho civil. v. 1. Introduccion. Derecho de la persona.* Negocio jurídico. Madrid: Edictorial Tecnos, 1976.

GRAMSTRUP, Erik Frederico. Contratos relacionais. In: LOTUFO, Renan; NANNI, Giovanni Ettore (coords.). *Teoria geral dos contratos.* São Paulo: Altas, 2011.

HÄBERLE, Peter. *Hermenêutica constitucional. A sociedade aberta dos interpretes da Constituição*: contribuição para a interpretação pluralista e "procedimental" da Constituição. Tradução de Gilmar Ferreira Mendes. Porto Alegre: Sergio Antonio Fabris Editor, 2002.

HADDAD, Luís Gustavo. *Função social do contrato: um ensaio sobre seus usos e sentidos*. Coleção direito em contexto: problemas dogmáticos. São Paulo: Saraiva, 2013.

HÖRSTER, Heinrich Ewald. *A parte geral do Código Civil português. Teoria geral do direito civil.* Coimbra: Almedina, 2007.

IHERING, Rudolf Von. *Culpa "in contrahendo" ou indemnização em contratos nulos ou não chegados à perfeição.* Trad. e nota introdutória de Paulo Mota Pinto. Coimbra: Almedina, 2008.

IRTI, Natalino. Princìpi e problemi di interpretazione contrattuale. In: *L'interpretazione del contratto nella dottrina italiana.* Milano: Casa Editrice Dott. Antonio Milani, 2000.

ITURRASPE, Jorge Mosset; PIEDECASAS, Miguel A. *Responsabilidad civil y contratos:* la revisión del contrato. Santa Fe: Rubinzal-Culzoni, 2008.

JORGE JÚNIOR, Alberto Gosson. Do erro ou ignorância – arts. 138 a 144. In: LOTUFO, Renan; NANNI, Giovanni Ettore (coords). *Teoria Geral do Direito Civil.* São Paulo: Atlas, 2010.

KELSEN, Hans. *Teoria geral do direito e do Estado.* Trad. de Luís Carlos Borges. 4. ed. São Paulo: Martins Fontes, 2005.

KLIEMANN, Ana Carolina. *Erro invalidante na dogmática do negócio jurídico.* [Dissertação de Mestrado]. Universidade Federal do Rio Grande do Sul. Porto Alegre, 2006.

REFERÊNCIAS BIBLIOGRÁFICAS

KOMATSU, Roque. *Da invalidade no processo civil*. São Paulo: Revista dos Tribunais, 1991.

KUHN, Thomas S. *Estrutura das revoluções científicas*. 10 ed. São Paulo: Perspectiva, 2011.

KUHN, Adriana Menezes de Simão. O tempo e a catividade nos contratos: elementos para uma abordagem sistêmica da teoria dos contratos; KARAN-SILVEIRA, Marco Antonio. Contratos cativos de longa duração: tempo e equilíbrio nas relações contratuais. In: MARQUES, Claudia Lima. *A nova crise do contrato: estudos sobre a nova teoria contratual*. São Paulo: Revista dos Tribunais, 2007.

LAFER, Celso. *Norberto Bobbio: trajetória e obra*. São Paulo: Perspectiva, 2013.

LARENZ, Karl. *Metodologia da Ciência do Direito*. 4 ed. Trad. José Lamego. Lisboa: Fundação Calouste Gulbenkian, 2005.

_____. *Base del negocio jurídico y cumplimiento de los contratos*. Trad. Carlos Fernandez Rodriguez. Madrid: Editorial Revista de Derecho Privado, 1956.

_____. *Derecho Civil. Parte general*. Trad. Miguel Izquierdo Y Macías-Picavea. Madrid: Editorial Revista de Derecho Privado, 1978.

_____. *Derecho de Obligaciones*. Tomo I. Trad. Jaime Santos Briz. Madrid: Editorial Revista de Derecho Privado, 1959.

_____. *Derecho de Obligaciones*. Tomo II. Trad. Jaime Santos Briz. Madrid: Editorial Revista de Derecho Privado, 1959.

LEITÃO, Luís Manuel Teles de Menezes. Direito das obrigações. Transmissão e extinção das obrigações. Não cumprimento e garantias de crédito. 4. ed. Coimbra: Almedina, 2006, v. II.

LEITE, Carlos Henrique Bezerra. Justiça, validade e eficácia das normas jurídicas. In: LOTUFO, Renan. (coord.). *A validade e a eficácia das normas jurídicas*. Barueri: Manole, 2005.

LIEBMAN, Enrico Tullio. *Manual de Direito Processual Civil*. Trad. e notas de Cândido Rangel Dinamarco. 2. ed. São Paulo: Malheiros, 2005. v. 1.

LISBOA, Roberto Senise. *Manual de Direito Civil. Teoria Geral do Direito Civil*. 6 ed. v. 1. São Paulo: Saraiva, 2010.

LÔBO, Paulo. *Direito Civil*. Parte Geral. 2 ed. São Paulo: Saraiva, 2010.

_____.Teoria Geral das Obrigações. São Paulo: Saraiva, 2005.

_____. Contratos. São Paulo: Saraiva, 2011.

_____. Contratos no Código do Consumidor. In: MARQUES, Claudia Lima; MIRAGEM, Bruno (orgs.). *Doutrinas essenciais*. Direito do Consumidor. São Paulo: Revista dos Tribunais, 2011, v. IV.

LOPES, João Batista. *Curso de Direito Processual Civil*. Parte Geral. São Paulo: Atlas, 2005, v. 1.

_____. *Curso de Direito Processual Civil*. Processo de conhecimento. São Paulo: Atlas, 2006, v. 2.

LOPES, Miguel Maria de Cerpa. Curso de Direito Civil. v. 1. 8. ed. rev. atual. Rio de Janeiro: Freitas Bastos, 1996.

LOPEZ, Teresa Ancona. Principais linhas da responsabilidade civil no direito brasilciro contemporâneo. In: AZEVEDO, Antonio Junqueira de; TÔRRES, Heleno Taveira; CARBONE, Paolo (coords.). *Princípios do novo Código Civil brasileiro e outros temas*: homenagem a Tullio Ascarelli. São Paulo: Quartier Latin. 2008.

_____. *Princípio da precaução e evolução da responsabilidade civil*. São Paulo: Quartier Latin,

2010.

_____. Princípios contratuais. In. FERNANDES, Wanderley (coord.). *Fundamentos e princípios dos contratos empresariais*. São Paulo: Saraiva, 2007 (Série GVlaw).

_____. *O estado de perigo como defeito do negócio jurídico*. Revista do Advogado, ano XXII, n. 68. São Paulo: Associação dos Advogados de São Paulo, dez. 2002.

LOPEZ, Teresa Ancona. O negócio jurídico concluído em estado de perigo. In: FRANCESCO, José Roberto Pacheco di. *Estudos em homenagem ao Professor Silvio Rodrigues*. São Paulo: Saraiva, 1989.

LOTUFO, Renan. Código Civil comentado. Parte Geral (arts. 1º a 232º). São Paulo: Saraiva: 2003, v. 1.

_____. Código Civil comentado. Obrigações (arts. 233 a 420). São Paulo: Saraiva, 2003. v. 2.

_____. *Curso Avançado de Direito Civil*. Parte Geral. CAMBLER, Everaldo (coord.). 2 ed. São Paulo, Revista dos Tribunais, 2003, v. 1.

_____. *O pioneirismo de Clóvis Beviláqua quanto ao Direito Civil Constitucional*. Revista dos Tribunais n. 768, ano 88, São Paulo: RT, outubro/1999.

_____. Teoria Geral dos contratos. In: LOTUFO, Renan; NANNI, Giovanni Ettore (coods.). *Teoria Geral dos contratos*. São Paulo: Atlas, 2011.

_____. (Coord.). *Validade e a eficácia das normas jurídicas*. São Paulo: Manole, 2004.

_____. Inédito. Palestra de abertura do I Congresso de Direito Civil – As *cláusulas gerais vistas pela jurisprudência no limiar da primeira década de vigência do Código Civil brasileiro* -, intitulada A Parte Geral do Código Civil: seus princípios e o papel das cláusulas gerais, realizada em 08.08.2011, no Salão Nobre da Faculdade de Direito de Sorocaba.

_____. *Questões relativas a mandato, representação e procuração*. São Paulo: Saraiva, 2001.

_____. *Teoria geral dos contratos*. In: LOTUFO, Renan; NANNI, Giovanni Ettore (coords.). Teoria geral dos contratos. São Paulo: Altas, 2011.

_____. (Coord.). *Validade e a eficácia das normas jurídicas*. Manole: São Paulo, 2004.

LOS MOZOS, José Luis. *La conversión del negocio jurídico*. Barcelona: Casa Edictorial Bosch, 1959.

LOUREIRO, Francisco Eduardo. Extinção dos contratos. LOTUFO, Renan; NANNI, Giovanni Ettore. *Teoria Geral dos contratos*. São Paulo: Atlas, 2011.

_____. *Código Civil comentado*: doutrina e jurisprudência. PELUSO, Cezar (coord.). Barueri: Manole, 2007.

LOUREIRO, Luiz Guilherme de Andrade Vieira. Contratos no novo Código Civil: teoria geral e contratos em espécie. 2. ed. rev. atual. e ampl. São Paulo: Método, 2005.

LUÑO, Antonio E. Pérez. *Los derechos fundamentales*. Temas Clave de la Constitución Española. 10. ed. Madrid: Tecnos, 2011.

MAC CRORIE, Benedita Ferreira da Silva. *A vinculação dos particulares aos direitos fundamentais*. Coimbra: Almedina, 2005.

MACEDO JÚNIOR, Ronaldo Porto. *Contratos relacionais e defesa do consumidor*. São Paulo: Revista dos Tribunais, 2006.

MAGALHÃES, Ana Alvarenga Moreira. *O erro no negócio jurídico*: autonomia da vontade, boa-fé objetiva e teoria da confiança. São Paulo: Atlas, 2011.

MANDELBAUM, Renata. *Contratos de adesão e contratos de consumo*. São Paulo: Revista dos

REFERÊNCIAS BIBLIOGRÁFICAS

Tribunais, Biblioteca de Direito do Consumidor, 1996.

MARCARIO, Francesco. Le Invalidità e i rimedi – L'abuso dell'autonomia negoziale nei contratti tra impreditori. IN: SIRENA, Pietro. *Il Diritto Europeo dei Contratti D'Impresa. Autonomia negoziale dei privati e regolazione del mercato.* Milano: Giuffrè Editore, 2006.

MARINO, Francisco Paulo De Crescenzo. *Contratos coligados no direito brasileiro.* São Paulo: Saraiva, 2009.

_____. Notas sobre o negócio jurídico fiduciário. *Revista Trimestral de Direito Civil* v. 20. RTDC. Rio de Janeiro: Padma, out./dez./2004.

_____. Interpretação e integração dos contratos. In: JABUR, Gilberto Haddad; PEREIRA JÚNIOR, Antonio Jorge. *Direito dos Contratos.* São Paulo: Quartier Latin, 2006.

_____. *Interpretação do negócio jurídico: panorama geral e atuação do princípio da conservação.* [Dissertação de Mestrado] apresentada à Faculdade de Direito da Universidade de São Paulo, 2003.

_____. *Interpretação do negócio jurídico.* São Paulo: Saraiva, 2011.

MARQUES, Cláudia Lima, Os contratos no Código de Defesa do Consumidor: o novo regime das relações contratuais. 6 ed. rev. atual. amp. São Paulo: Revista dos Tribunais, 2011.

_____. *A nova crise do contrato. Estudos sobre a Nova Teoria Contratual.* São Paulo: Revista dos Tribunais, 2007.

MARTINS, Fernando Rodrigues. *Princípio da Justiça contratual.* São Paulo: Saraiva, 2009.

_____; FERREIRA, Karla Pacheco. *Contratos existenciais e intangibilidade da pessoa humana na órbita privada.* Homenagem ao pensamento vivo e imortal de Antonio Junqueira de Azevedo. Revista de Direito do Consumidor n. 79. São Paulo: Revista dos Tribunais, jul/2011.

MARTINS, Ricardo Marcondes. *Efeitos dos vícios do ato administrativo.* Coleção Temas de Direito Administrativo. 3 ed. v. 1. São Paulo: Malheiros, 2008.

MARTINS-COSTA, Judith. A boa-fé no direito privado: sistema e tópica no processo obrigacional. 2. tir. São Paulo: Revista dos Tribunais, 2000.

_____. A cláusula de hardship e a obrigação de renegociar os contratos de longa duração. In: MOTA, Maurício; KLOH, Gustavo (orgs.). *Transformações contemporâneas do Direito das Obrigações.* Rio de Janeiro: Elsevier, 2011.

_____. Almiro do Couto e Silva e a Re-significação do Princípio da Segurança Jurídica na relação entre o Estado e os Cidadãos. In: ÁVILA, Humberto (org.). *Fundamentos do Estado de Direito*: estudos em homenagem ao Professor Almiro do Couto e Silva. São Paulo: Malheiros, 2005.

_____. O método de concreção e a intepretação contratual: primeiras notas de uma leitura. In: NANNI, Giovanni Ettore (coord.). *Temas relevantes do direito civil contemporâneo. Reflexões sobre os cinco anos do Código Civil.* Estudos em homenagem ao Professor Renan Lotufo. São Paulo: Atlas, 2008.

MATTIETTO, Leonardo de Andrade. Invalidade dos atos e negócios jurídicos. IN: TEPEDINO, Gustavo (coord.). *A parte geral do novo Código Civil. Estudos na perspectiva civil--constitucional.* Rio de Janeiro: Renovar, 2007.

MATTIETTO, Negócio jurídico simulado (notas ao artigo 167 do Código Civil). Revista de Direito da Procuradoria Geral do Rio de Janeiro n. 61. Rio de Janeiro, 2006, p. 218-

231. Disponível em:
http://download.rj.gov.br/documentos/10112/751060/DLFE45606.pdf/Revista_61_Doutrina_pg_218_a_231.pdf. Acesso em 20 jul 2012.

MAURO, Antonio de; FORTINGUERRA, Fabio; TOMMASI, Sara. *Lá responsabilità precontratuale*. 2. ed. Milano: Dott. A. Giuffré Editore, 2007.

MAXIMILIANO, Carlos. *Hermenêutica e aplicação do Direito*. 18 ed. Rio de Janeiro: Forense, 2000.

MELO, Diogo L. Machado de. Cláusulas contratuais gerais (contratos de adesão, cláusulas abusivas e o Código Civil de 2002). São Paulo: Saraiva, 2008.

MELLO, Celso Antonio Bandeira de. *Curso de Direito Administrativo*. 28 ed. São Paulo: Malheiros, 2011.

_____. *Poder Constituinte*. Revista de Direito Constitucional e consciência política. Ano III, n. 4. Rio de Janeiro: Forense, 1985, jan./jun.1985.

MELLO, Marcos Bernardes de. *Teoria do fato jurídico. Plano de existência*. 15 ed. São Paulo: Saraiva, 2008.

_____. *Teoria do fato jurídico. Plano da validade*. 8 ed. São Paulo: Saraiva, 2008.

_____. *Teoria do fato jurídico. Plano da eficácia*. 1ª parte. 4 ed. São Paulo: Saraiva, 2008.

MENKE, Fabiano. A intepretação das cláusulas gerais. A subsunção e a concreção dos conceitos. In: MARQUES, Claudia Lima; MIRAGEM, Bruno (orgs.). Doutrinas essenciais. Direito do Consumidor. São Paulo: Revista dos Tribunais, 2011, v. IV.

MESSINEO, Francesco. *Il Contrato in Genere*. Milano: Giuffrè, v. 2.1973.

MIRAGEM, Bruno. *Curso de Direito do Consumidor*. 2 ed. São Paulo: Revista dos Tribunais, 2010.

MIRANDA, Custódio da Piedade Ubaldino. *Teoria do negócio jurídico*. 2 ed. São Paulo: Atlas, 2009.

MIRANDA, Pontes de. *Tratado de Direito Privado*. Parte Geral. São Paulo: Revista dos Tribunais, 1983, v. 5.

_____. *Tratado das ações*. Ação, classificação e eficácia. São Paulo: Revista dos Tribunais, 1970. t.1.

_____. *Tratado das ações*. Tomo II. Ações declarativas. São Paulo: Revista dos Tribunais, 1971.

_____. *Tratado de Direito Privado. Parte Geral. Tomo IV. Validade, nulidade, anulabilidade*. 4. ed. São Paulo: Revista dos Tribunais, 1983.

_____. *Tratado de Direito Privado. Parte Geral. Tomo V*. 4 ed. São Paulo: Revista dos Tribunais, 1983.

_____. *Tratado de Direito Privado. Parte Geral. Tomo VI. Exceções. Direitos mutilados. Exercício de direitos, pretensões, ações e exceções*. 4 ed. São Paulo: Revista dos Tribunais, 1983.

MONCADA, Luís Cabral de. *Lições de Direito Civil*. 4. ed. rev. Coimbra: Almedina: 1995.

MORAES, Antão de. *Problemas e negócios jurídicos*. Direito Civil. 1 v. São Paulo: Max Limonad, 1948.

MORCHON, Gregorio Robles. *Teoria del Derecho*: Fundamentos de Teoria Comunicacional del Derecho. 1. ed. Madrid: Editorial Civitas S/A, 1998, v. 1.

_____. *O direito como texto*: quatro estudos de teoria comunicacional do direito. Trad. de Roberto Barbosa Alves. Barueri: Manole, 2005.

REFERÊNCIAS BIBLIOGRÁFICAS

_____. *Teoria del Derecho*: fundamentos de Teoria Comunicacional del Derecho. 1. ed. Editorial Civitas S/A: Madrid, 1998, v. 1.

MOREIRA, Carlos Roberto Barbosa. *Aspectos da conversão do negócio jurídico*. Revista da Escola Nacional da Magistratura. Ano III. 5 ed. Brasília: Escola Nacional da Magistratura, 2008.

MORSELLO, Marco Fabio. Contratos existenciais e de lucro. Análise sob a ótica dos princípios contratuais contemporâneos. In: LOTUFO, Renan; NANNI, Giovanni Ettore; MARTINS, Ricardo Rodrigues (coords.). *Temas relevantes do Direito civil contemporâneo*. Reflexões sobre os 10 anos do Código Civil. São Paulo: Atlas, 2012.

MOZOS, José Luis de Los. *La conversión del negocio jurídico*. Barcelona: Casa Edictorial Bosch. 1959.

_____. *El negocio jurídico* (estudios del derecho civil). Editorial Montecorvo S/A: Madrid, 1987.

MULHOLLAND, Caitlin. O princípio da relatividade dos efeitos contratuais. In: MORAES, Maria Celina Bodin de (coord.). *Princípios do Direito Civil contemporâneo*. Rio de Janeiro: Renovar, 2006.

MUÑOZ, Alberto Alonso; MALFATTI, Alexandre David; PALHARES, Cinara. Negócio jurídico de consumo. Apontamentos sobre os planos da existência, validade e eficácia. In: GUERRA, Alexandre; BENACCHIO, Marcelo. (orgs.). TOLEDO, Armando Sérgio Prado de (coord.). Negócio jurídico. São Paulo: Quartier Latin, 2013.

NADER, Paulo. *Curso de Direito Civil*. Parte Geral. v. 1. 6 ed. Rio de Janeiro: Forense, 2009.

NALIN, Paulo. A boa-fé como elemento de existência do negócio jurídico. In: DELGADO, Mário Luiz; ALVES, Jones Figueirêdo (Coords.). *Novo Código Civil*: questões controvertidas. Parte geral do Código Civil. São Paulo: Método, 2007, p. 344. (Série Grandes Temas de Direito Privado, v. 6).

NANNI, Giovanni Ettore. *Enriquecimento sem causa*. In: LOTUFO, Renan (coord.) Coleção Professor Agostinho Alvim. São Paulo: Saraiva, 2004.

_____. O dever de cooperação nas relações obrigacionais à luz do princípio constitucional da solidariedade. In: NANNI, Giovanni Ettore (coord.) *Temas relevantes do Direito Civil contemporâneo*. Reflexões sobre os cinco anos do Código Civil. Estudos em homenagem ao Professor Renan Lotufo. São Paulo: Atlas, 2008.

_____. *A capacidade para consentir*: uma nova espécie de capacidade negocial. Letrado. Instituto dos Advogados de São Paulo. Informativo 96. São Paulo: IASP, set./out. 2008.

_____. Cláusula compromissória como negócio jurídico: análise de sua existência, validade e eficácia. In: LOTUFO, Renan; NANNI, Giovanni Ettore; MARTINS, Fernando Rodrigues (coords.). *Temas relevantes do Direito Civil contemporâneo. Reflexões sobre os 10 anos do Código Civil*. São Paulo: Atlas, 2012.

_____. *A obrigação de renegociar no Direito Contratual brasileiro*. São Paulo: Revista do Advogado n. 116. Ano XXXII. Associação dos Advogados de São Paulo, julho de 2012

NITSCHKE, Guilherme Carneiro Monteiro. *Revisão, resolução, reindexação, renegociação: o juiz e o desequilíbrio superveniente de contratos de duração*. Rio de Janeiro: Revista Trimestral de Direito Civil v. 50, abril/junho de 2012.

NEGREIROS, Teresa. *Teoria do contrato. Novos paradigmas*. 2 ed. Rio de Janeiro: Renovar, 2006.

NERO, João Alberto Schützer del. *Conversão substancial do negócio jurídico*. Biblioteca de Teses. Rio de Janeiro: Renovar, 2001.

NERY, Ana Rita de Figueiredo. Revisao judicial dos contratos bancários e responsabilidade civil. In: GUERRA, Alexandre; BENACCHIO, Marcelo (coords.). *Responsabilidade civil bancária*. São Paulo: Quartier Latin do Brasil, 2012.

NERY JÚNIOR, Nelson. In. GRINOVER, Ada Pellegrini *et al. Código brasileiro de Defesa do Consumidor comentado pelos autores do anteprojeto*. 9ª ed. Rio de Janeiro: Forense universitária, 2007.

_____. *Vícios do ato jurídico e reserva mental*. São Paulo: Revista dos Tribunais, 1983.

_____; SANTOS, Thiago Rodovalho dos. *Renegociação contratual*. São Paulo: Revista dos Tribunais, ano 100, vol. 906, abril de 2011.

_____. *Os princípios gerais do Código Brasileiro de Defesa do Consumidor*. São Paulo: Revista de Direito do Consumidor v. 3, jul/1992.

NEVES, José Roberto de Castro. *Uma introdução ao direito civil*. Parte Geral. 3 ed. Rio de Janeiro: GZ, 2011.

NORONHA, Fernando. *Direito das obrigações: fundamentos do direito das obrigações: introdução à responsabilidade civil*. São Paulo: Saraiva, 2003. v. 1.

_____. *O Direito dos contratos e seus princípios fundamentais*: autonomia privada, boa-fé e justiça contratual. São Paulo: Saraiva, 1994.

NUNES, Rizzatto. *Curso de Direito do Consumidor*. 4 ed. São Paulo: Saraiva, 2009.

OLIVEIRA, José Roberto Pimenta. *Os princípios da razoabilidade e da proporcionalidade no direito administrativo brasileiro*. Coleção Temas de Direito Administrativo. v. 16. São Paulo: Malheiros, 2006.

OSWALD, Walter. Toda a verdade ao doente? In: ASCENSÃO, José de Oliveira (coord.). *Estudos de Direito da Bioética*. v. II. Coimbra: Almedina, 2008.

PEREIRA, Caio Mario da Silva. Instituições de direito civil: introdução ao direito civil, teoria geral de direito civil. 22. ed. Rio de Janeiro: Forense, 2007.

PERLINGIERI, Pietro. *Perfis do direito civil*: introdução ao direito civil constitucional. Rio de Janeiro: Renovar, 1997.

_____. *O Direito Civil na legalidade constitucional*. Trad. Maria Cristina di Cicco. Rio de Janeiro: Renovar, 2009.

_____. *O Direito Civil na Legalidade Constitucional*. Trad. Maria Cristina de Cicco. Rio de Janeiro, Renovar, 2008.

PIMENTA, Paulo Roberto Lyrio Pimenta. Sobre a eficácia das regras, dos fatos e dos princípios jurídicos. In: DIDIER JÚNIOR, Fredie; EHRHARDT JÚNIOR, Marcos (coords.). *Revisitando a teoria do fato jurídico*: homenagem a Marcos Bernardes de Mello. São Paulo: Saraiva, 2010.

PINTO, Carlos Alberto da Mota. *Teoria geral do direito civil*. 4. ed. por MONTEIRO, António Pinto e MOTA PINTO, Paulo. Coimbra: Coimbra Editora, 2005.

_____. *Interesse contratual negativo e interesse contratual positivo*. v. I., Coimbra: Coimbra editora, 2008.

_____. *Interesse contratual negativo e interesse contratual positivo*. v. II., Coimbra: Coimbra editora, 2008.

_____. Notas sobre o direito ao livre desenvolvimento da personalidade e aos direitos

REFERÊNCIAS BIBLIOGRÁFICAS

da personalidade no direito português. In: SARLET, Ingo Wolfgang (coord.). *A Constituição concretizada. Construindo pontes com o público e o privado.* Porto Alegre: Livraria do Advogado, 2000.

PIRES, Luis Manuel Fonseca. *Controle judicial da discricionariedade administrativa*: dos conceitos jurídicos indeterminados às políticas púbicas. Rio de Janeiro: Elsevier, 2009.

_____; MARTINS, Ricardo Marcondes. *Um diálogo sobre a justiça*: a justiça arquetípica e a justiça deôntica. Belo Horizonte: Fórum, 2012.

PITHAN, Horácio Vanderlei N.;. DUARTE, Leonardo Avelino. Lesão contratual – art. 157. In: LOTUFO, Renan; NANNI, Giovanni Ettore (coords). *Teoria Geral do Direito Civil.* São Paulo: Atlas, 2010.

POPP, Caryle. A eficácia externa dos negócios jurídicos. LOTUFO, Renan; NANNI, Giovanni Ettore. *Teoria Geral dos contratos.* São Paulo: Atlas, 2011.

_____. *Responsabilidade civil pré-negocial*: o rompimento das tratativas. 1 ed. 5 tir. Pensamento jurídico. Curitiba: Juruá, 2006.

POTHIER, Robert Joseph. *Tratado das Obrigações.* Trad.de Adrian Sotero de Witt Batista e Douglas Dias Ferreira. Campinas: Servanda, 2001.

PRADO, Mauricio Almeida. *Le hardship dans le droit du commerce internacional.* FEDUCI (Fondation por l'Etude du Droit el des usages du Commerce Internacional – collection dirigée par Henry Lesguillons): Paris, 2003.

PRATA, Ana. *A tutela constitucional da autonomia privada.* Coimbra: Almedina, 1984.

PROENÇA, José Carlos Brandão. *A resolução do contrato no direito civil – do enquadramento e do regime.* Coimbra: Coimbra editora, 2006.

RÁO, Vicente. *Ato jurídico.* 4. ed. anot. rev. atual. São Paulo: Revista dos Tribunais, 1997.

REALE, Miguel. *Lições preliminares de Direito.* 26 ed. São Paulo: Saraiva, 2002.

_____. *Estudos preliminares do Código Civil.* São Paulo: Revista dos Tribunais, 2003.

_____. *História do Novo Código Civil.* São Paulo: Revista dos Tribunais, 2005.

_____. *O direito como experiência: introdução à epistemologia jurídica.* 2 ed. Saraiva: São Paulo, 1992.

_____. *Filosofia do Direito.* 1 v. 7 ed. São Paulo: Saraiva, 1975.

RENTERÍA, Pablo. Considerações acerca do atual debate sobre o princípio da função social do contrato. In: MORAES, Maria Celina Bodin de (coord.). *Princípios do Direito Civil contemporâneo.* Rio de Janeiro: Renovar, 2006.

RESTREPO, Sergio Rodríguez. *De la inexistencia jurídica.* Bogotá: Editorial Kelly, 1964.

RESWEBER, Jean-Paul. *A filosofia dos valores.* Coimbra: Almedina, 2002.

RIBAS, Conselheiro Joaquim. *Direito Civil brasileiro.* Rio de Janeiro: Editora Rio, 1983.

RIBEIRO, Joaquim de Souza. *Direito dos contratos*: estudos. Coimbra: Coimbra Editora, 2007.

RICOEUR, Paul. *Teoria da Interpretação*: o discurso e o excesso de significação. 2 reimp. Biblioteca de Filosofia contemporânea. Lisboa: Edições 70, 2009.

RIPERT, Georges. *A regra moral nas obrigações civis.* Trad. da 3. ed. francesa por Osório de Oliveira. Campinas: Bookseller, 2002.

RIZZARDO, Arnaldo. Parte Geral do Código Civil. 4 ed. Rio de Janeiro/ Forense, 2006.

ROCHA, Silvio Luis Ferreira da. *Direito Civil. Parte Geral.* v. 1. São Paulo: Malheiros, 2010.

ROBLES, Gregório. *As regras do direito e as regras dos jogos*: ensaio sobre a teoria analítica do Direito. São Paulo: Noeses, 2011.

_____; CARVALHO, Paulo de Barros (coords.). *Teoria comunicacional do direito*: diálogo entre Brasil e Espanha. São Paulo: Noeses, 2011.

ROCHA, Silvio Luis Ferreira da. *Curso Avançado de Direito Civil*. Contratos. CAMBLER, Everardo (coord.). São Paulo, Revista dos Tribunais, 2002, v. 3.

RODOTÁ. Stefano. *La vida y las reglas:* Entre el derecho y el no derecho. Trad. de Andrea Greppi. Madri: Editorial Trotta Fundación Alfonso Martín Escudero, 2010.

RODRIGUES, Silvio. *Vícios do consentimento*. 3. ed. atual. São Paulo: Saraiva, 1989.

ROPPO, Enzo. *O contrato*. Trad. de Ana Coimbra e M. Januário C. Gomes. Coimbra: Almedina, 2009.

ROPPO, Vincenzo. *Trattato del contratto*. Remedi 1. [a cura di Aurelio Gentili]. Milano: Dott. A. Giuffrè Editore, 2006.

ROSENVALD, Nelson. Da interpretação do negócio jurídico – arts. 112 a 114. In: LOTUFO, Renan; NANNI, Giovanni Ettore (coords). *Teoria Geral do Direito Civil*. São Paulo: Atlas, 2010.

_____. *As funções da responsabilidade civil*. A reparação e a pena civil. São Paulo: Atlas, 2013.

ROSITO, Francisco. *Os contratos conexos e sua intepretação*. São Paulo: Revista dos Tribunais n. 866, dez. 2007.

RUGGIERO, Roberto de. Instituições de Direito Civil. 2. ed. Campinas: Bookseller, 2005.

RUSSO JÚNIOR, Rômolo. *O poder de integrar o contrato à realidade: ótica do declínio da relatividade, do não isolamento, da função social orientadora e da dignidade da pessoa humana*. In: NERY, Rosa Maria de Andrade. *Função do Direito Privado no atual momento histórico*. São Paulo: Revista dos Tribunais, 2006.

SÁ, Fernando Augusto Cunha de. *Abuso do direito*. Coimbra: Almedina, 2005.

SALVI, Cesare. *Diritto Civile e Principi Costituzionali Europei e Italiani*. Torino: Casa Editrice G. Giappichelli, 2012.

SANCHÍS, Luis Prieto. *Apuntes de teoria del derecho*. Madrid: Editorial Trotta, 2005.

SACRAMONE, Marcelo Barbosa; GARCIA, Paulo Henrique R; FILLIPO; Thiago Baldani G. de. Anulabilidade dos negócios jurídicos. In: GUERRA, Alexandre; BENACCHIO, Marcelo. (orgs.). TOLEDO, Armando Sérgio Prado de (coord.). *Negócio jurídico*. São Paulo: Quartier Latin, 2013.

SANTOS, Boaventura de Souza. *Pela mão de Alice*: o social e o político na pós-modernidade. 7. ed. São Paulo: Cortez, 2000.

SANTOS, J. M. de Carvalho. *Código Civil brasileiro interpretado*. Parte geral. v. III. 5 ed. Rio de Janeiro: Livraria Freitas Bastos S/A, 1953.

SANTOS JUSTO, A. *Direitos reais*. 2. ed. Coimbra: Coimbra Editora, 2010.

SARLET, Ingo Wolfgang. *Dignidade da pessoa humana e direitos fundamentais na Constituição de 1988*. 9. ed. rev. atual. Porto Alegre: Livraria do Advogado, 2011.

_____; MARINONI Luiz Guilherme e MITIDIERO, Daniel. *Curso de Direito Constitucional*. São Paulo: Revista dos Tribunais, 2012.

SATTA, Giuseppe. *La conversione dei negozi giuridici*. Milano: Societá Editrice Libraria, 1908.

SCALISI, Vincenzo. Contratto e regolamento nel piano d'azione delle nullità di protezione. IN: SIRENA, Pietro. Il Diritto Europeo dei Contratti D'Impresa. Autonomia negoziale dei privati e regolazione del mercato. Milano: Giuffrè Editore, 2006.

REFERÊNCIAS BIBLIOGRÁFICAS

SCHAPP, Jan. *Metodologia do Direito Civil*. Trad. Maria da Glória Lacerda Rurack e Klaus-Peter Rurack. Porto Alegre: Sergio Fabris Editor, 2004.

SCHMITT, Cristiano Heineck. *Cláusulas abusivas nas relações de consumo*. 3. ed. São Paulo: Revista dos Tribunais, Biblioteca do Direito do Consumidor n. 27, 2010.

SCHMIEDEL, Raquel Campani. *Negócio jurídico. Nulidades e medidas sanatórias*. 2. ed. São Paulo: Saraiva, 1985.

_____. *O Princípio da conservação do negócio jurídico no direito brasileiro*. [Dissertação de Mestrado]. Departamento de Direito Civil. Faculdade de Direito da Universidade de São Paulo. São Paulo.

SCHREIBER, Anderson. *A representação no Novo Código Civil*. In. TEPEDINO, Gustavo (coord.). A parte geral do novo Código Civil Brasileiro. Estudos na perspectiva civil-constitucional. 3 ed. Rio de Janeiro: Renovar, 2007.

_____. O princípio do equilíbrio das prestações e o instituto da lesão. In: VENOSA, Silvio de Salvo; GAGLIARDI, Rafael Villar; NASSER, Paulo Magalhães (coords.). 10 anos do Código Civil: Desafios e perspectivas. São Paulo: Atlas, 2012.

SCOGNAMIGLIO, Renato. *Contributo alla teoria del negozio giuridico*. Ristampa seconda edizione. Napoli: Jovene Editore, 2008.

SCOTT, Robert E.; LESLIE, Douglas L. Contract Law and Theory. 2 ed. Virginia: The Michie Company – Law Publishers, 1993.

SIMÃO, José Fernando. *Responsabilidade civil do incapaz*. São Paulo: Atlas, 2008.

SILVA, Almiro do Couto e. *O Princípio da Segurança Jurídica (proteção à confiança no direito público brasileiro e o direito da Administração Pública de anular seus próprios atos administrativos: o prazo decadencial do art. 54 da Lei do Processo Administrativo da União (Lei nº 9.784/99)*. Revista de Direito Administrativo 237. Rio de Janeiro: Renovar, julho/set 2004.

SILVA, Clóvis V. do Couto e. *A obrigação como processo*. São Paulo: FGV, 2007.

SILVA, De Plácido e. *Vocabulário jurídico*. Rio de Janeiro: Forense, 1996, v. II.

SILVA, João Calvão da. *Responsabilidade civil do produtor*. Coleção Teses. Coimbra: Livraria Almedina, 1999.

SILVA, Luis Renato Ferreira da. Do dolo – arts. 145 a 150. In: LOTUFO, Renan; NANNI, Giovanni Ettore (coords). *Teoria Geral do Direito Civil*. São Paulo: Atlas, 2010.

SILVA, Virgilio Afonso da. *Direitos fundamentais*: conteúdo essencial, restrições e eficácia. 2. ed. São Paulo: Malheiros, 2010.

_____. *A constitucionalização do Direito*: os direitos fundamentais nas relações entre particulares. 1. ed. 2. tir. São Paulo: Malheiros, 2008.

SILVA FILHO, Arthur Marques da. Da coação – arts. 151 a 155. In: LOTUFO, Renan; NANNI, Giovanni Ettore (coords). *Teoria Geral do Direito Civil*. São Paulo: Atlas, 2010.

SILVEIRA, Reynaldo Andrade da. A ineficácia da hipoteca que onera imóvel financiado pelo Sistema Financeiro de Habitação em relação ao consumidor-adquirente. In: In: MARQUES, Claudia Lima; MIRAGEM, Bruno (orgs.). *Doutrinas essenciais. Direito do Consumidor*. São Paulo: Revista dos Tribunais, 2011, v. IV, p. 467-510.

SILVESTRE, Gilberto Fachetti; OLIVEIRA, Guilherme Fernandes de. *Reflexões em torno do Princípio da conservação do negócio jurídico* . Disponível em: http://www.conpedi.org.br/anais/36/07_1230.pdf. Acesso em 12 jul 2010.

SOARES, Teresa Luso. *A conversão do negócio jurídico*. Coimbra: Almedina, 1986.

SOARES, Ronnie Herbert de Barros; PASSOS, Josué Modesto. Perspectiva histórica do conceito de negócio jurídico. In: GUERRA, Alexandre; BENACCHIO, Marcelo. (orgs.). TOLEDO, Armando Sérgio Prado de (coord.). *Negócio jurídico*. São Paulo: Quartier Latin, 2013.

SOMBRA, Thiago Luís Santos. *Adimplemento contratual e cooperação do credor*. São Paulo: Saraiva, 2011.

SOUSA, Rabindranath Valentino Aleixo Capelo de. *Teoria Geral do Direito Civil*. Coimbra: Coimbra Editora, 2003, v. I.

SOUZA, Carlos Aurélio Mota de; CAVALCANTI, Thais Novaes. *Princípios Humanistas Constitucionais*: Reflexões sobre o Humanismo do Século XXI. São Paulo: Letras Jurídicas, 2010.

SOUZA, Sérgio Iglesias Nunes de. *Lesão nos contratos eletrônicos*. São Paulo: Saraiva, 2010.

STONE, Richard. *The modern law of contract*. 7 ed. England: Routledge-Cavendish. Taylor & Francis Group, 2008.

TEIXEIRA, Sálvio de Figueiredo. *Prazos e nulidades em processo civil*. Rio de Janeiro: Forense, 1987.

TELLES, Inocêncio Galvão. *Manual dos contratos em geral*. 4. ed. Coimbra: Coimbra Editora: 2002.

TELLES JÚNIOR, Goffredo. *Iniciação na ciência do direito*. São Paulo: Saraiva, 2001.

TEPEDINO, Gustavo; BARBOZA, Heloisa Helena; MORAES, Maria Celina Bodin de. *Código Civil interpretado conforme a Constituição da República*: parte geral e obrigações (arts. 1º a 420). Rio de Janeiro: Renovar, 2004. v. 1.

_____. Notas sobre a função social dos contratos; BARBOZA, Heloisa Helena. Notas sobre a autonomia negocial. In: TEPEDINO, Gustavo; FACHIN, Luiz Edson (coords.). *O Direito e o tempo*: embates jurídicos e utopias contemporâneas. Estudos em homenagem ao professor Ricardo Pereira Lira. Rio de Janeiro: Renovar, 2008.

THEODORO JÚNIOR, Humberto. *Comentários ao novo Código Civil. Livro III – Dos fatos jurídicos. Do negócio jurídico*. TEIXEIRA, Sálvio de Figueiredo (coord.) v. III, t. 1. Rio de Janeiro: Forense, 2008.

_____. *Fraude contra credores*: a natureza da sentença pauliana. 1. ed. 2.tir. Belo Horizonte: Livraria Del Rey, 1996.

_____. *Negócio jurídico. Existência. Validade. Eficácia. Vícios. Fraude. Lesão*. Revista dos Tribunais, ano 89, volume 780, outubro de 2000.

_____. Contrato. Interpretação. Princípio da boa-fé. Teoria do ato próprio ou da vedação do comportamento contraditório. São Paulo: Revista de Direito Privado n. 38. Revista dos Tribunais, abr/2009.

THEODORO NETO, Humberto. *Efeitos externos do contrato*: direitos e obrigações nas relações entre contratantes e terceiros: Rio de Janeiro: Forense, 2007.

TIMM, Luciano Benetti. *Direito contratual brasileiro: críticas e alternativas ao solidarismo jurídico*. 2. ed. São Paulo: Atlas, 2015.

TOMASZEWSKI, Adauto de Almeida. A lógica do razoável e o negócio jurídico: reflexões sobre a difícil arte de julgar. IN: CATALAN, Marcos Jorge (coord.). *Negócio jurídico. Aspectos controvertidos à luz do novo Código Civil*. São Paulo: Mundo Jurídico, 2005.

TÔRRES, Heleno Taveira. Teoria da simulação dos atos e negócios jurídicos. In: AZE-

REFERÊNCIAS BIBLIOGRÁFICAS

VEDO, Antonio Junqueira de; TÔRRES, Heleno Taveira; CARBONE, Paolo (coords.). *Princípios do novo Código Civil brasileiro e outros temas*: homenagem a Tullio Ascarelli. São Paulo: Quartier Latin. 2008.

TOSTA, Jorge; BENACCHIO, Marcelo. A intepretação dos negócios jurídicos. In: GUERRA, Alexandre; BENACCHIO, Marcelo. (orgs.). TOLEDO, Armando Sérgio Prado de (coord.). *Negócio jurídico*. São Paulo: Quartier Latin, 2013.

TRIMARCHI, Pietro. *Istituzioni di diritto privato*. 11. ed. Milano: Giuffrè, 1996.

VAN CAENEGEM, R.C. *Uma introdução histórica ao direito privado*. Trad. de Carlos Alberto Lima Machado. São Paulo: Martins Fontes, 2000.

VARELA, João de Matos Antunes. *Das obrigações em geral*. v. 1. 10 ed. Coimbra: Almedina, 2003.

_____. *Das obrigações em geral*. 10 ed. Coimbra: Almedina, 2003, v. 2.

VASCONCELOS, Pedro Pais de. *Teoria Geral do Direito Civil*. 6. ed. Coimbra: Almedina, 2010.

VELOSO, Zeno. *Invalidade do negócio jurídico. Nulidade e anulabilidade*. 2 ed. Belo Horizonte: Del Rey, 2005.

_____. Nulidade do negócio jurídico. In: ALVIM, Arruda; CÉSAR, Joaquim Portes de Cerqueira; ROSAS, Roberto. *Aspectos controvertidos do novo Código Civil. Escritos em homenagem ao Ministro José Carlos Moreira Alves*. São Paulo: Revista dos Tribunais, 2003.

VELTEN, Paulo. Função social do contrato: cláusula limitadora de liberdade contratual. In: NERY, Rosa Maria de Andrade. *Função do direito privado no atual momento histórico*. São Paulo: Revista dos Tribunais, 2006 (Coleção Perspectivas de Direito Privado), v. 1.

VENOSA, Sílvio de Salvo. *Direito Civil*. Parte Geral. São Paulo, Atlas, 2002, v. I.

_____. *Código Civil interpretado*. 2. ed. São Paulo: Altas, 2011.

VERA-CRUZ PINTO, Eduardo. Da diferença entre negócio (facto) e contrato (norma) na actual interpretação pelos juízes da justiça contratual. In: GUERRA, Alexandre; BENACCHIO, Marcelo. (orgs.). TOLEDO, Armando Sérgio Prado de (coord.). *Negócio jurídico*. São Paulo: Quartier Latin, 2013.

VIGO, Rodolfo Luis. *Interpretação jurídica. Do modelo jus-positivista legalista do século XIX às nossas perspectivas*. 2 ed. ver. Trad. Susana Elena Dalle Mura. São Paulo: Revista dos Tribunais, 2010.

VILANOVA, Lourival. *Estruturas lógicas e o sistema de direito positivo*. São Paulo: Noeses, 2005.

VILLELA, João Baptista. Princípios UNIDROIT: relativos aos contratos comerciais internacionais – 2004. São Paulo: Quartier Latin, 2009.

_____. Incapacidade transitória de expressão. In: AZEVEDO, Antonio Junqueira de; TÔRRES, Heleno Taveira; CARBONE, Paolo (Coords.). *Princípios do novo Código Civil brasileiro e outros temas. Homenagem a Tullio Ascarelli*. São Paulo: Quartier Latin, 2008.

VINCENZO, Roppo. Trattato del Contrato. 1. v. Milano: Dott. A. Giuffrè Edittore, 2006.

WALD, Arnold. Direito Civil. *Introdução e Parte Geral*. 9 ed. São Paulo: Saraiva, 2002.

_____. O equilíbrio econômico-financeiro e a revisão dos contratos. In: NEVES, Thiago Ferreira Cardoso (coord.). *Direito & Justiça Social: por uma sociedade mais justa, livre e solidária*. Estudos em homenagem ao Professor Sylvio Capanema de Souza. São Paulo: Altas, 2013.

WAMBIER, Teresa Arruda Alvim. *Nulidades do processo e da sentença*. 4. ed. rev. atual. amp.

Coleção Estudos de direito de processo Enrico Tullio Liebman, v. 16. São Paulo: Revista dos Tribunais, 1997.

WARAT, Luis Alberto. *O Direito e a sua linguagem*. 2 ed. Porto Alegre: Sergio Antonio Fabris Editor, 1995.

WEINGARTEN, Celia. El valor economico de la confianza para empresas y consumidores. In: MARQUES, Claudia Lima; MIRAGEM, Bruno (orgs.). Doutrinas essenciais. Direito do Consumidor. São Paulo: Revista dos Tribunais, 2011, v. IV, p. 58-77.

WESTERMANN, Harry. *Código Civil alemão. Parte Geral*. 3. ed. Trad. Luiz Dória Furquim. Porto Alegre, Sergio Antonio Fabris Editor, 1991.

ZANCANER, Weida. *Da convalidação e da invalidação dos atos administrativos*. Coleção Temas de Direito Administrativo. 3 ed. v. 1. São Paulo: Malheiros, 2008.

ZANETTI, Andrea Cristina. *Princípio do equilíbrio contratual*. São Paulo: Saraiva, 2012.

ZANETTI, Cristiano de Souza. Direito contratual contemporâneo: A liberdade contratual e sua fragmentação. Rio de Janeiro: Forense, 2008.

_____. *A conservação dos contratos nulos por defeitos de forma*. Faculdade de Direito da Universidade de São Paulo (Tese – Livre-Docência). São Paulo, 2010, 303 p.

ZANONI, Eduardo A. *Ineficácia y nulidad de los actos jurídicos*. Buenos Aires: Edictorial Astrea de Alfredo y Ricardo Depalma, 1986.

ZULIANI, Ênio Santarelli. Resolução do contrato por onerosidade excessiva. LOTUFO, Renan; NANNI, Giovanni Ettore. *Teoria Geral dos contratos*. São Paulo: Atlas, 2011.

ÍNDICE

AGRADECIMENTOS...7
APRESENTAÇÃO..9
PREFÁCIO 11
SUMÁRIO..13

INTRODUÇÃO 19

CAPÍTULO 1
FATOS, ATOS E NEGÓCIOS JURÍDICOS...27

CAPÍTULO 2
O NEGÓCIO JURIDICO: A VONTADE INTERNA
E A VONTADE DECLARADA...73

CAPÍTULO 3
A INVALIDADE DO NEGÓCIO JURÍDICO 89

CAPÍTULO 4
OS EFEITOS DO NEGÓCIO JURÍDICO NULO 139

CAPÍTULO 5
PERFIL DOGMÁTICO DO PRINCÍPIO DA CONSERVAÇÃO
DOS NEGÓCIOS JURÍDICOS...169

CAPÍTULO 6
DECADÊNCIA..281

CAPÍTULO 7
CONFIRMAÇÃO E CONVALIDAÇÃO DOS NEGÓCIOS JURÍDICOS...........293

CAPÍTULO 8
A REDUÇÃO PARCIAL DOS NEGÓCIOS JURÍDICOS 315

CAPÍTULO 9
CONVERSÃO DO NEGÓCIO JURÍDICO 331

SÍNTESE 357

CONCLUSÕES..369

REFERÊNCIAS BIBLIOGRÁFICAS 373